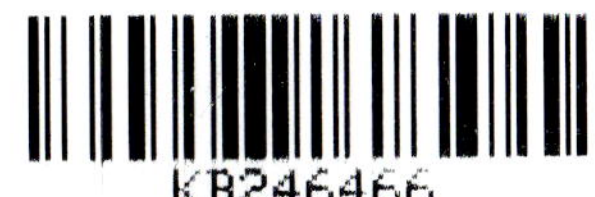

쉽게 배워 폼나게 활용하는

엑셀 2010 + 파워포인트 2010

IT연구회

해당 분야의 IT 전문 컴퓨터학원과 전문가 선생님들이 최선의 책을 출간하고자 만든 집필/감수 전문연구회로서, 수년간의 강의 경험과 노하우를 수험생 여러분에게 전달하고자 최선을 다하고 있습니다.

IT연구회에 참여를 원하시는 선생님이나 교육기관은 ccd770@hanmail.net으로 언제든지 연락주십시오. 좋은 교재를 만들기 위해 많은 선생님들의 참여를 부탁드립니다.

구경화_IT 전문강사	김경화_IT 전문강사	김선숙_IT 전문강사
김수현_IT 전문강사	김 숙_IT 전문강사	김시령_IT 전문강사
김현숙_IT 전문강사	남궁명주_IT 전문강사	노란주_IT 전문강사
류은순_IT 전문강사	민지희_IT 전문강사	문경순_IT 전문강사
박봉기_IT 전문강사	박상휘_IT 전문강사	박은주_IT 전문강사
백천식_IT 전문강사	변진숙_IT 전문강사	송기웅_IT 및 SW전문강사
송희원_IT 전문강사	신동수_IT 전문강사	신영진_신영진컴퓨터학원장
윤정아_IT 전문강사	이은미_IT 및 SW전문강사	이천직_IT 전문강사
임선자_IT 전문강사	장명희_IT 전문강사	장은경_ITQ 전문강사
장은주_IT 전문강사	조영식_IT 전문강사	조완희_IT 전문강사
조정례_IT 전문강사	최갑인_IT 전문강사	최은실_IT 전문강사
최은영_IT 전문강사	한윤희_IT 전문강사	김건석_교육공학박사
남승진_충주열린학교 IT 전문강사	양은숙_경남도립남해대학 IT 전문강사	엄영숙_권선구청 IT 전문강사
옥향미_인천여성의광장 IT 전문강사	이은직_인천대학교 IT 전문강사	조은숙_동안여성회관 IT 전문강사

BM 주식회사 도서출판 성안당
www.cyber.co.kr

Foreign Copyright:
Joonwon Lee
Address: 10, Simhaksan-ro, Seopae-dong, Paju-si, Kyunggi-do,
          Korea
Telephone: 82-2-3142-4151
E-mail: jwlee@cyber.co.kr

Easy 시리즈 13 쉽게 배워 똑같게 활용하는

엑셀 2010 + 파워포인트 2010

2016. 10. 10. 1판 1쇄 발행
2020.   2. 10. 1판 3쇄(통산 3쇄) 발행

지은이 | 박윤정, 한정수, IT연구회 지음
펴낸이 | 이종춘
펴낸곳 | BM (주)도서출판 성안당

주소 | 04032 서울시 마포구 양화로 127 첨단빌딩 3층(출판기획 R&D 센터)
      | 10881 경기도 파주시 문발로 112 출판문화정보산업단지(제작 및 물류)
전화 | 02) 3142-0036
      | 031) 950-6300
팩스 | 031) 955-0510
등록 | 1973. 2. 1. 제406-2005-000046호
출판사 홈페이지 | www.cyber.co.kr
내용 문의 | 엑셀2010) fivejung05@hanmail.net
          파워포인트2010) thismore@naver.com
ISBN | 978-89-315-5439-7 (13000)
정가 | 15,000원

이 책을 만든 사람들
책임 | 최옥현
진행 | 최창동
본문 디자인 | 인투
표지 디자인 | 박원석
홍보 | 김계향
국제부 | 이선민, 조혜란, 김혜숙
마케팅 | 구본철, 차정욱, 나진호, 이동후, 강호묵
제작 | 김유석

■ 도서 A/S 안내

성안당에서 발행하는 모든 도서는 저자와 출판사, 그리고 독자가 함께 만들어 나갑니다.
좋은 책을 펴내기 위해 많은 노력을 기울이고 있습니다. 혹시라도 내용상의 오류나 오탈자 등이
발견되면 **"좋은 책은 나라의 보배"**로서 우리 모두가 함께 만들어 간다는 마음으로 연락주시기
바랍니다. 수정 보완하여 더 나은 책이 되도록 최선을 다하겠습니다.
성안당은 늘 독자 여러분들의 소중한 의견을 기다리고 있습니다. 좋은 의견을 보내주시는 분께는
성안당 쇼핑몰의 포인트(3,000포인트)를 적립해 드립니다.
잘못 만들어진 책이나 부록 등이 파손된 경우에는 교환해 드립니다.

Easy 시리즈의 소스/정답 파일과 무료동영상 강의 파일은 성안당 사이트(www.cyber. co.kr)에서 다운로드 받을 수 있습니다.

❶ 'www.cyber.co.kr'에 접속하여 로그인(아이디/비밀번호 입력) 한 후 [무료 동영상]을 클릭합니다.

❷ [자료실]을 클릭한 후 도서를 검색한 후 제목을 클릭하여 파일을 다운로드합니다.

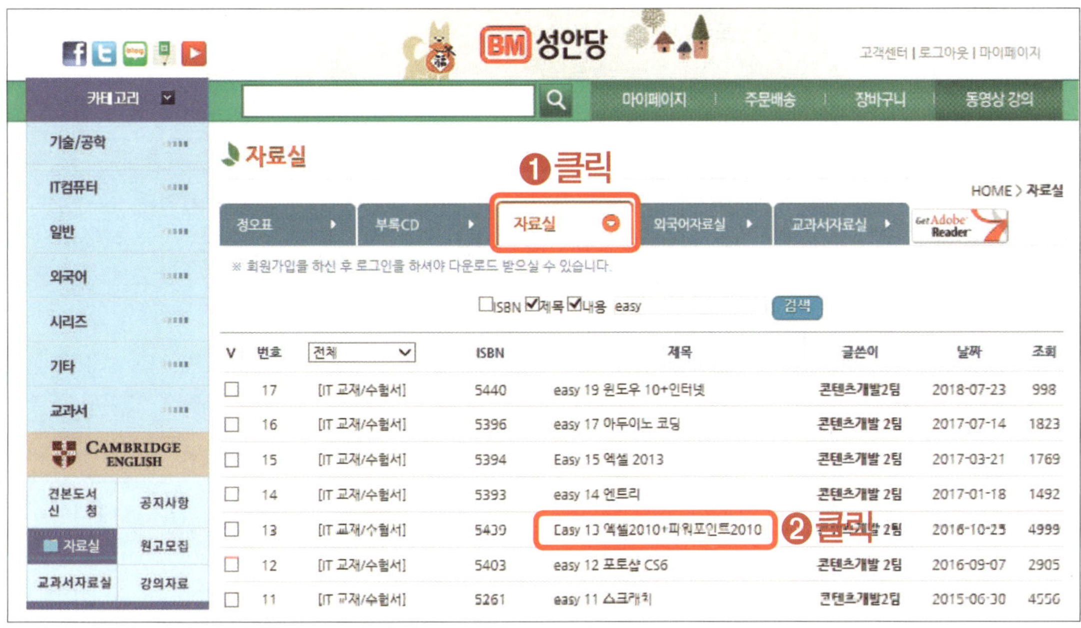

– 책 제목을 클릭한 후 '파일받기'를 클릭여 다운로드를 받을 수 있습니다.

– 책의 수정내용은 [정오표]란에서 다운로드 받으시기 바랍니다.

목 차

엑셀 2010

파워포인트 2010

1장. 파워포인트 2010 들어서기　142

2장. 텍스트 슬라이드 만들기　158

3장. 도형 슬라이드 만들기　177

4장. 표와 차트 만들기　199

5장. 다양한 개체삽입　220

6장. 슬라이드 마스터 및 슬라이드 쇼 진행하기　240

[자료 다운로드]

성안당 홈페이지(www.cyber.co.kr)-[자료실]
　– 무료 동영상 강의
　– 소스/정답 파일

엑셀 2010 들어서기

많은 양의 데이터와 수치를 계산하고 장부 관리를 하는 프로그램을 '스프레드시트(Spreadsheet)' 라고 하며 '엑셀(Excel)'이 가장 대표적인 프로그램입니다. 이번 장에서는 엑셀 2010을 실행하여 화면 구성을 살펴보고, 간단한 데이터를 입력하고 저장하는 방법에 대하여 살펴보도록 하겠습니다.

완성파일 미·리·보·기

● 완성파일 : 엑셀2010₩1장₩용돈 기입장.xlsx

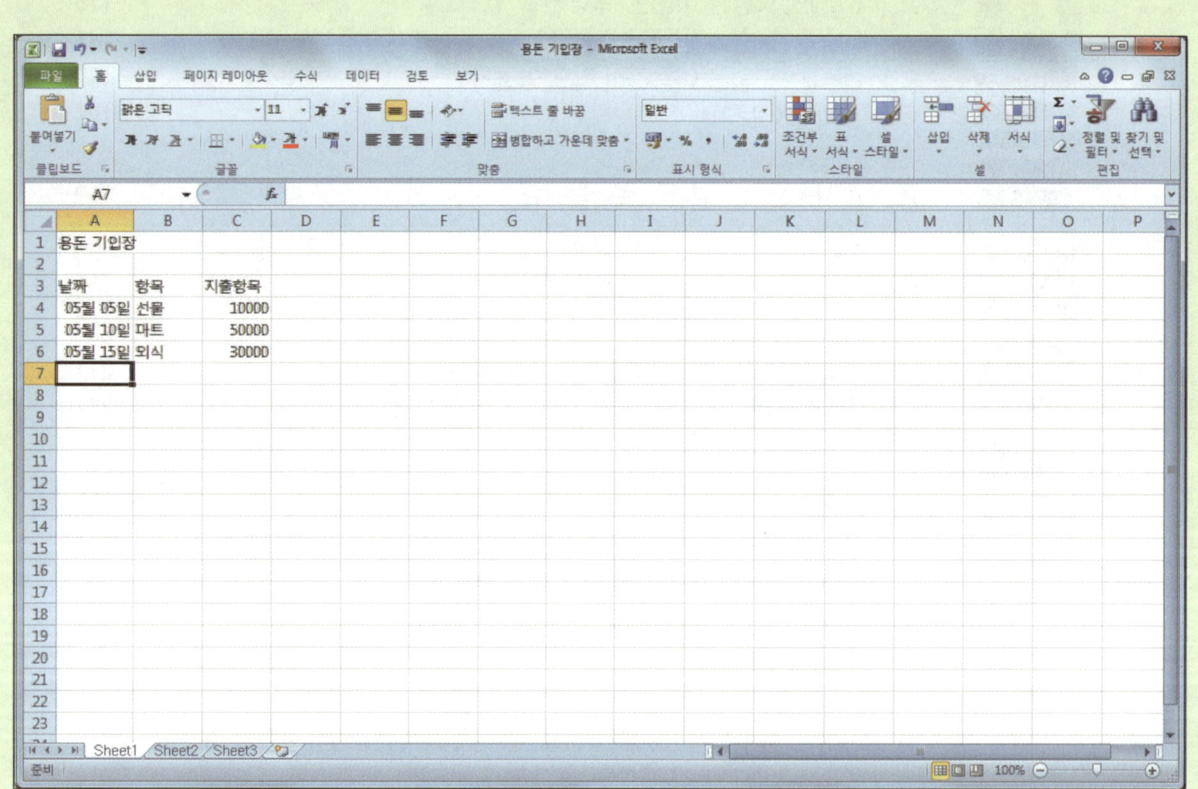

체크포인트

실습1 엑셀 2010을 시작하여 엑셀의 기본 화면 구성을 살펴보고 엑셀 2010을 종료합니다.

실습2 수치 데이터를 입력하여 상태 표시줄을 통해 합계, 평균, 개수, 최대값, 최소값을 확인해 봅니다.

실습3 엑셀에 간단한 내용을 작성하고 저장하는 방법에 대하여 알아봅니다.

엑셀 2010 실행과 화면 구성 살펴보기

엑셀 2010은 [시작] 단추를 이용하거나 바로 가기 아이콘을 이용하여 실행할 수 있으며, 종료할 경우에는 [파일] 메뉴나 [닫기] 단추를 이용합니다. 엑셀 2010의 기본적인 화면 구성을 통해 정확한 명칭과 기능을 이해하고 살펴봅니다.

엑셀 실행하기

1 [시작]-[모든 프로그램]-[Microsoft Office]-[Microsoft Office Excel 2010]을 클릭합니다.

TIP 바탕 화면에 있는 엑셀 2010 [바로 가기 아이콘 📊]을 더블 클릭하여 엑셀을 실행할 수 있습니다.

실력쑥쑥 TIP 바로 가기 아이콘

[시작]-[모든 프로그램]-[Microsoft Office]-[Microsoft Office Excel 2010]에서 마우스 오른쪽 단추를 클릭한 후 [보내기]-[바탕 화면에 바로 가기 만들기]를 선택하면 바탕 화면에 엑셀 2010의 [바로 가기 아이콘]을 만들 수 있습니다.

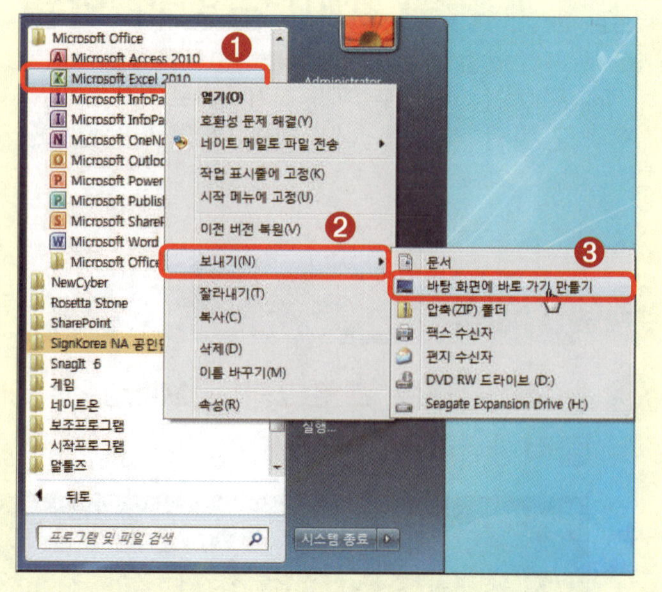

엑셀의 화면 구성

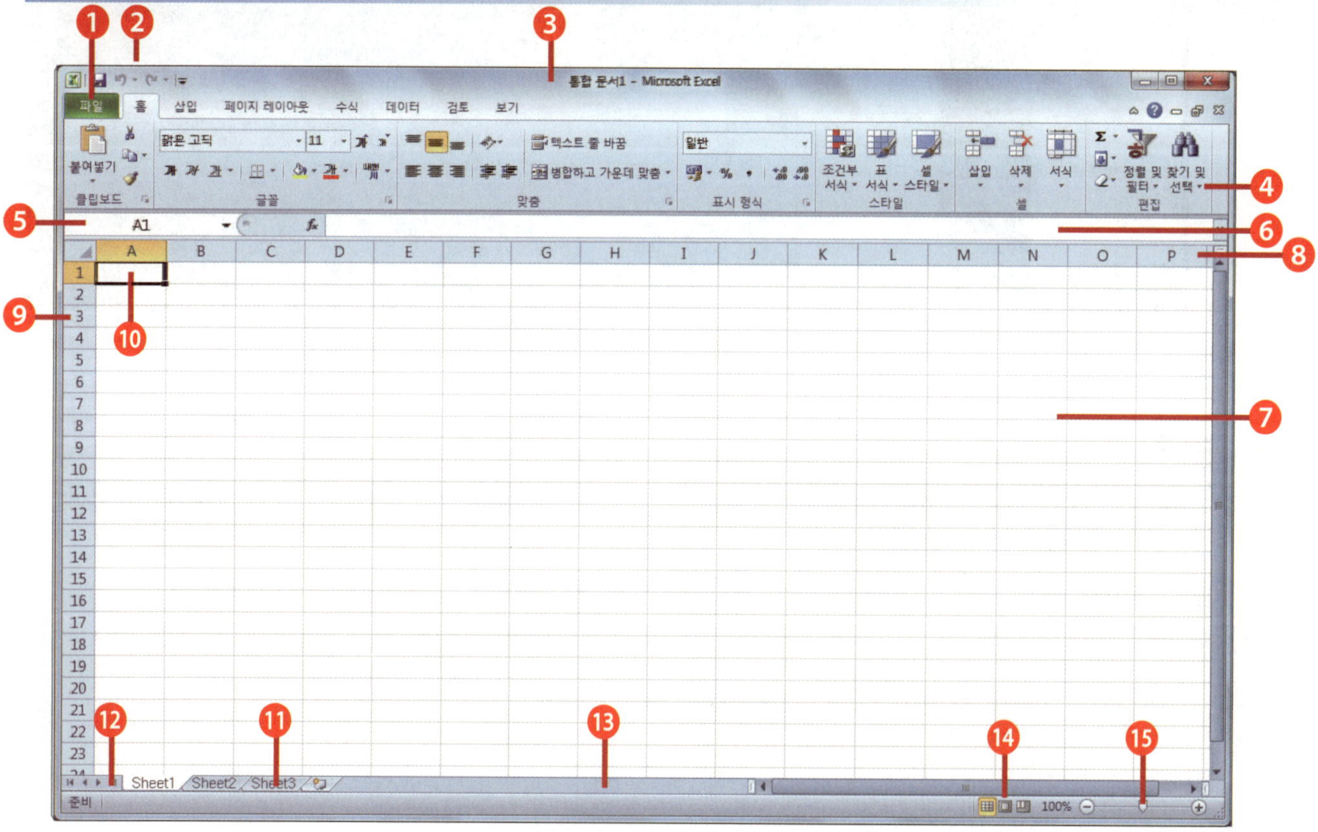

❶ [파일] : 새로 만들기, 열기, 저장, 인쇄, Excel 옵션, 끝내기 메뉴 등을 실행할 수 있습니다.

❷ 빠른 실행 도구 모음 : 마우스 한번 클릭으로 바로 실행할 수 있는 도구로 사용자가 명령 단추를 추가하거나 삭제할 수 있습니다.

❸ 제목 표시줄 : 현재 작업 중인 엑셀 문서의 제목이나 파일 이름 등을 표시합니다.

❹ 리본 메뉴 : 이전 버전(2003)에서 프로그램 메뉴와 도구 모음의 기능을 제공합니다.

❺ 이름 상자 : 현재 셀 포인터가 위치한 셀의 주소나 셀 이름을 보여줍니다.

❻ 수식 입력줄 : 현재 셀 포인터가 위치한 셀에 입력된 데이터나 수식이 표시됩니다.

❼ 워크시트(Worksheet) : 엑셀에서 작업 영역을 워크시트라고 합니다.

❽ 열 머리글 : 워크시트에서 16,384개의 열을 각각 구별하기 위한 문자로서 A~XFD 까지 16,384개의 영문자로 이루어져 있습니다.

❾ 행 머리글 : 워크시트에서 1,048,576개의 행을 각각 구별하기 위한 번호로서 1~1,048,576행까지 있습니다.

❿ 셀(Cell) : 셀은 워크시트를 이루고 있는 조그마한 사각형을 일컫는 말이며, 엑셀에서 자료를 입력할 수 있는 최소 저장 단위입니다.

⓫ 시트 탭 : 시트 이름이 표시되는 곳입니다.

⓬ 시트탭 이동 단추 : 시트 개수가 많아서 시트탭이 보이지 않을 때 오른쪽 혹은 왼쪽에 있는 시트를 보여 주기 위한 단추로 맨 처음, 왼쪽으로, 오른쪽으로, 맨 마지막으로 이동하는 단추로 구성되어 있습니다.

⓭ 상태 표시줄 : 현재 작업 상태에 대한 정보를 표시하는 부분입니다.

⓮ 보기 단추 : 화면을 기본, 페이지 레이아웃, 페이지 나누기 미리보기 형태로 보여줍니다.

⓯ 확대/축소 : 워크시트 화면을 크게 하거나 작게 조절할 수 있습니다.

2 엑셀을 종료하려면 화면 왼쪽 상단의 **[파일] 탭을 클릭하여 [끝내기]를 클릭**합니다.

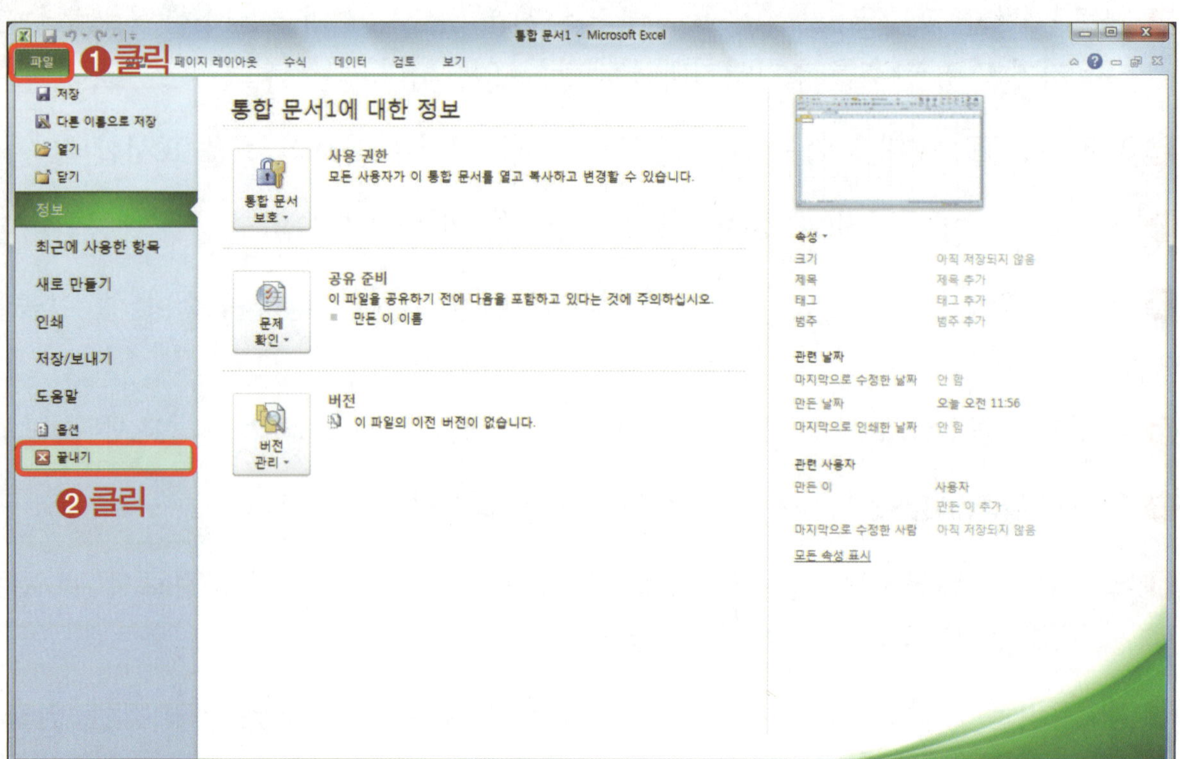

  제목 표시줄의 오른쪽 상단의 [닫기 **X**] 단추를 클릭하여 종료할 수 있습니다.

키보드로 셀 포인터 이동하기

사용 키	이동
←, →, ↑, ↓	한 셀 왼쪽, 오른쪽, 위쪽, 아래쪽으로 이동
Ctrl + ←, →, ↑, ↓	현재 데이터 범위의 왼쪽, 오른쪽, 위쪽, 아래쪽으로 이동
Ctrl + Home	[A1] 셀로 이동
Ctrl + End	워크시트의 마지막 셀로 이동
Ctrl + Page Down	다음 시트로 이동
Ctrl + Page Up	앞 시트로 이동

 **상태 표시줄을 이용하여 계산하기**

엑셀 프로그램은 수치 데이터를 입력하여 계산할 때 유용하게 사용할 수 있습니다. 함수와 계산식을 이용하지 않고도
상태 표시줄을 통하여 간단한 계산을 할 수 있습니다.

상태 표시줄을 통하여 계산 결과 확인하기

① 워크시트에 다음과 같이 임의로 숫자 데이터 6개를 입력한 후 [A1] 셀을 클릭하여
하얀 십자 모양 ✚ 에서 마우스를 드래그하여 [A6] 셀까지 범위를 지정합니다.

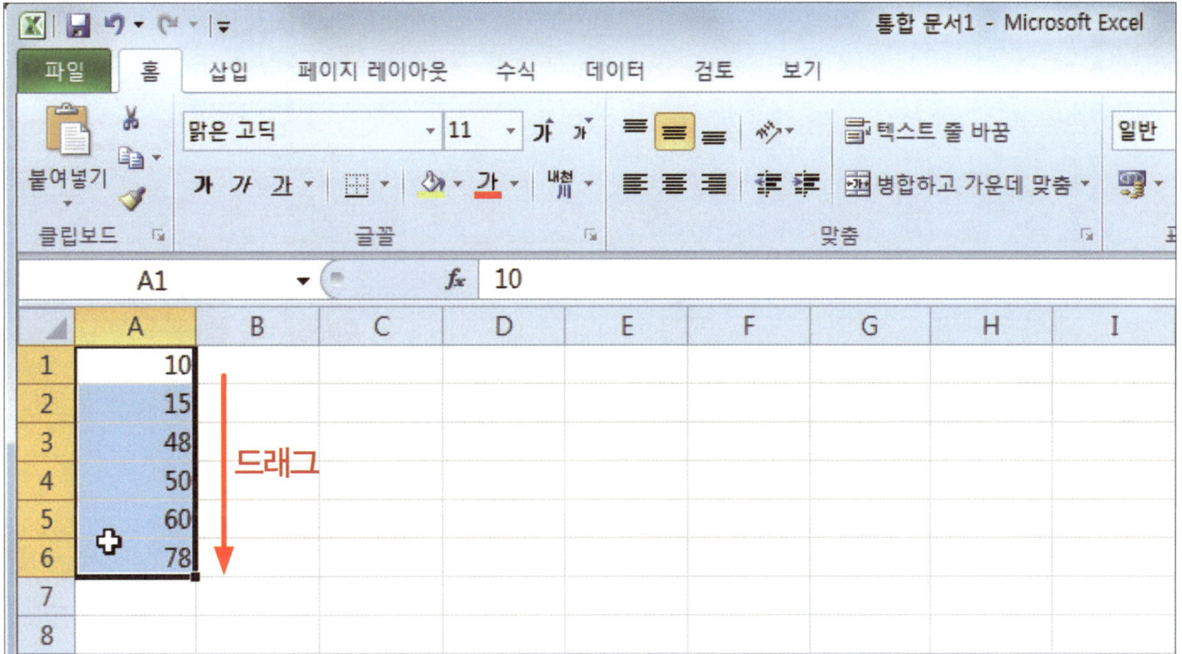

② 범위가 지정된 상태에서 상태 표시줄을 확인하면 평균, 개수, 합계가 표시된 것을
확인할 수 있습니다.

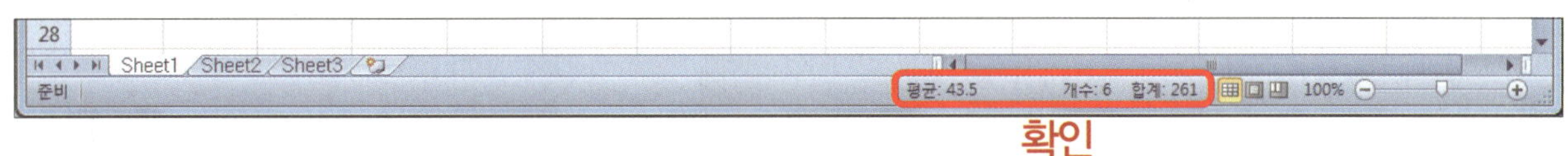

확인

상태 표시줄의 함수 추가하기

❸ 상태 표시줄에서 마우스 오른쪽 단추를 클릭하여 [최소값], [최대값]을 클릭합니다.

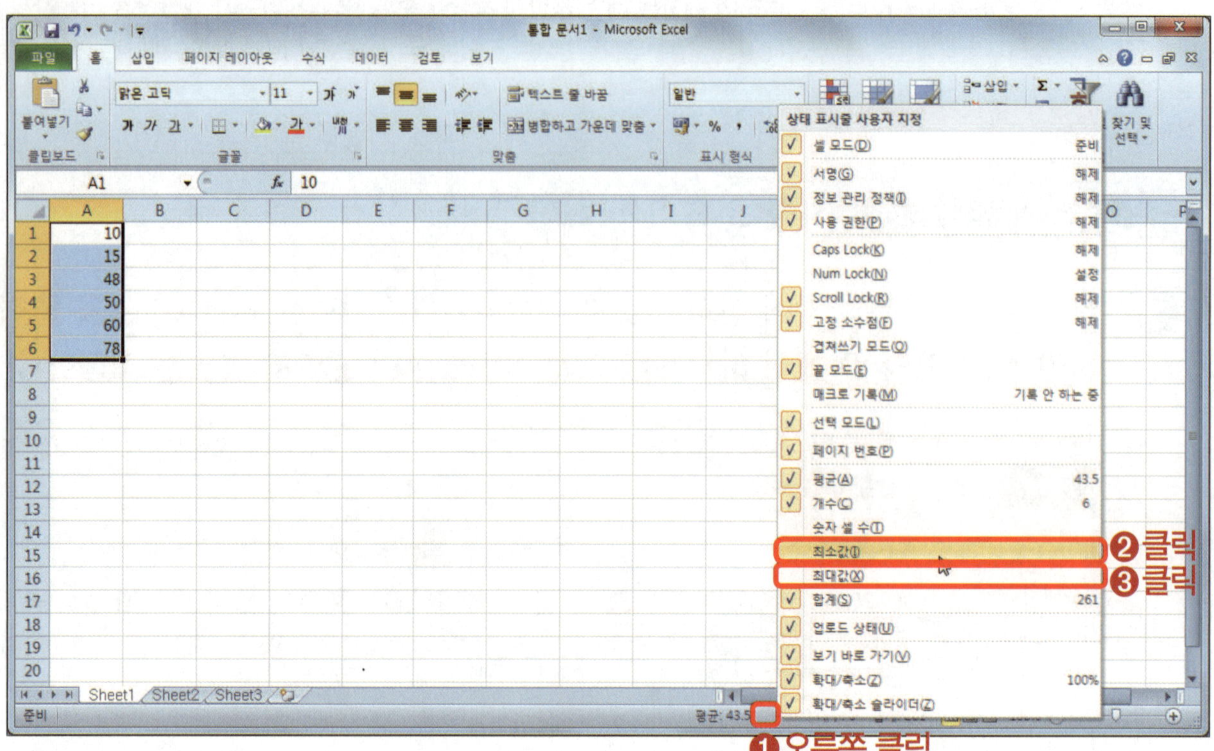

❹ 상태 표시줄에 '최소값', '최대값'이 추가로 표시됩니다.

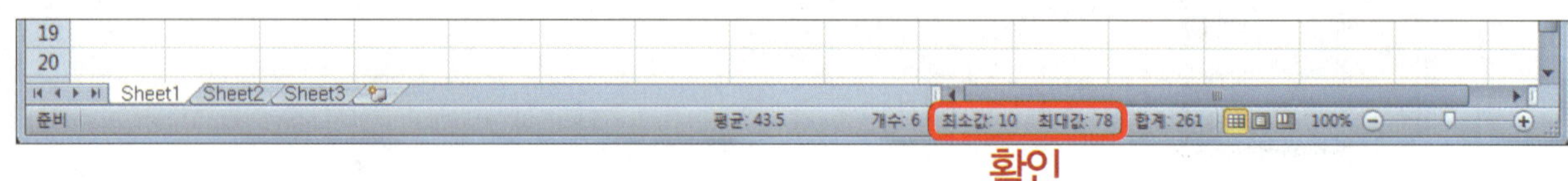

실력쑥쑥 **TIP** **셀 범위 지정**

◉ **연속적인 셀 선택**

방법1. 마우스로 드래그하여 범위 지정

방법2. 첫 번째 셀[A1] 클릭한 후 Shift 를 누른 상태에서 마지막 셀 [E7] 클릭

방법3. 첫 번째 셀[A1] 클릭한 후 Shift + 방향키(←, →, ↑, ↓)로 이동

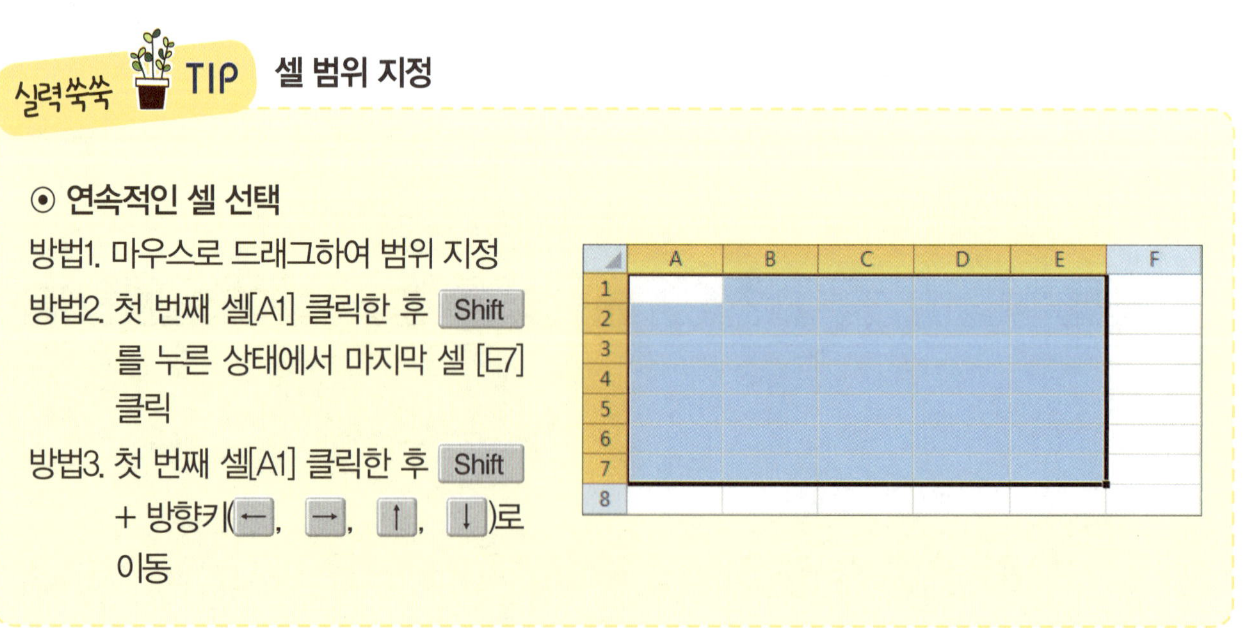

◉ **비연속적인 셀 선택**
첫 번째 셀 또는 영역을 선택한 후
Ctrl 키를 누른 상태에서 두 번째 영
역, 세 번째 영역을 선택

◉ **행/열 단위로 범위 지정**
하나의 열 : A열 머리글을 클릭하여 A
열 전체를 선택

여러 행(1~3행) : 1행 머리글을 누르고
3행 머리글까지 드래그하여 범위 지정

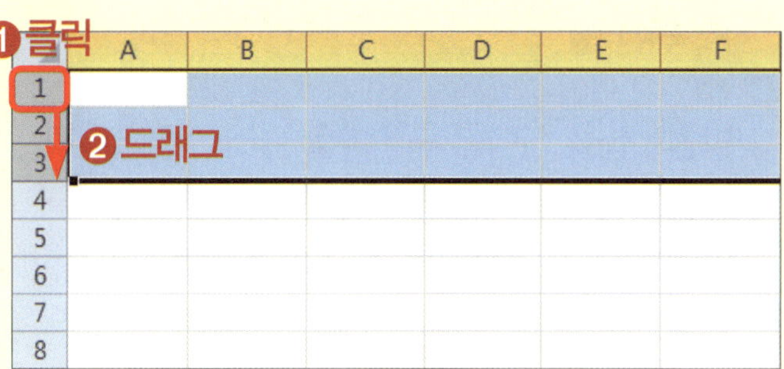

◉ **워크시트의 모든 셀 선택**
방법1. 행과 열 머리글이 교차하면서 1
　　　행 위쪽, A열 왼쪽 부분을 클릭
방법2. 바로 가기 키 : Ctrl + A

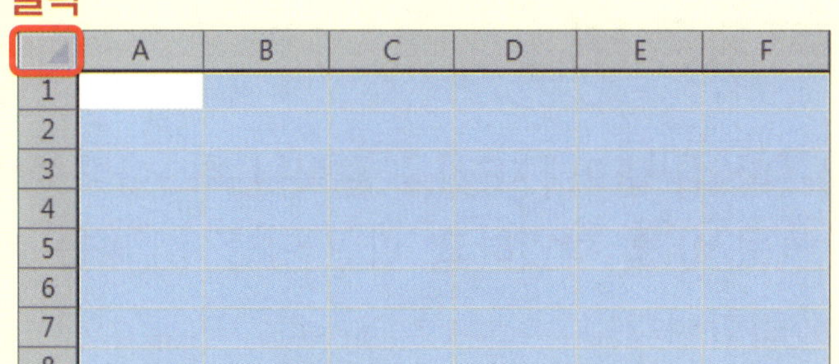

문서를 작성하고 저장하기

엑셀 2010 에서 문서를 작성하여 저장하면 확장자가 엑셀 통합 문서(xlsx)로 저장됩니다.

문서 작성하기

1 엑셀 2010을 새롭게 실행하여 다음과 같이 데이터를 입력합니다.

	A	B	C	D	E	F	G	H	I	J	K
1	용돈 기입장										
2											
3	날짜	항목	지출항목								
4	05월 05일	선물	10000								
5	05월 10일	마트	50000								
6	05월 15일	외식	30000								
7											
8											

 **TIP** 데이터 수정하기

방법1. 셀을 선택한 후 F2 를 눌러 수정합니다.

방법2. 셀에서 더블 클릭하여 수정합니다.

방법3. 셀을 선택한 후 수식 입력줄에서 수정합니다.

문서 저장하기

2 [파일] 탭의 [저장]을 클릭한 후 [다른 이름으로 저장] 대화상자에서 '저장 위치 (문서)'를 확인하고 '파일 이름'에 「용돈 기입장」을 입력한 후 [저장] 단추를 클릭합니다.

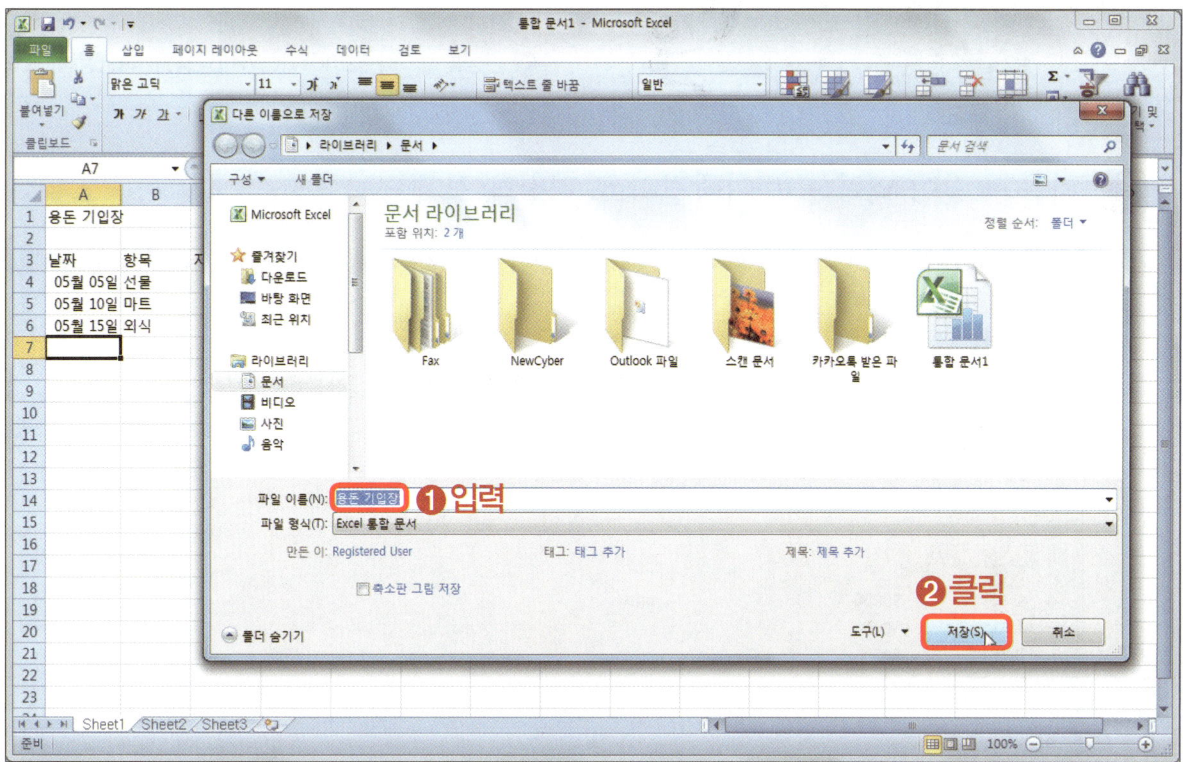

❸ 제목 표시줄에 '용돈 기입장'이라고 파일명이 표시됩니다.

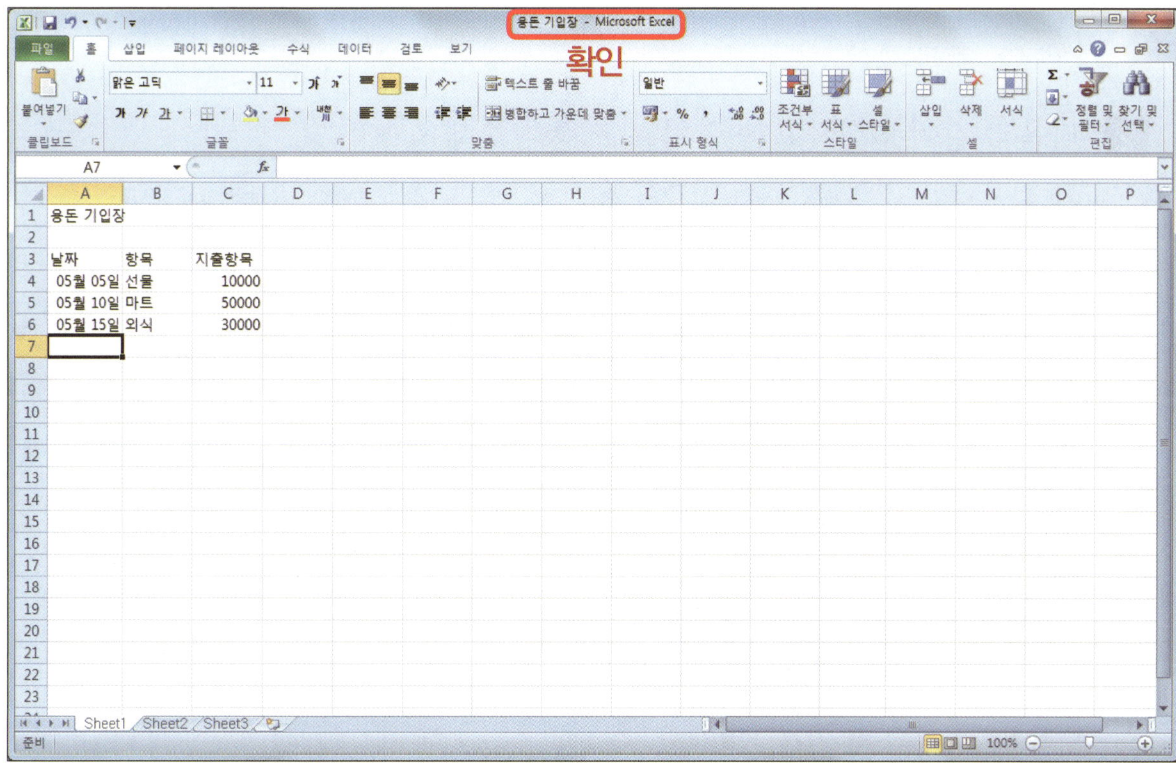

○ 완성파일 : 엑셀2010\1장\아동용품, 여행경비, 연락처.xlsx

1 다음과 같이 입력하고 '여행경비'로 저장해 보세요.

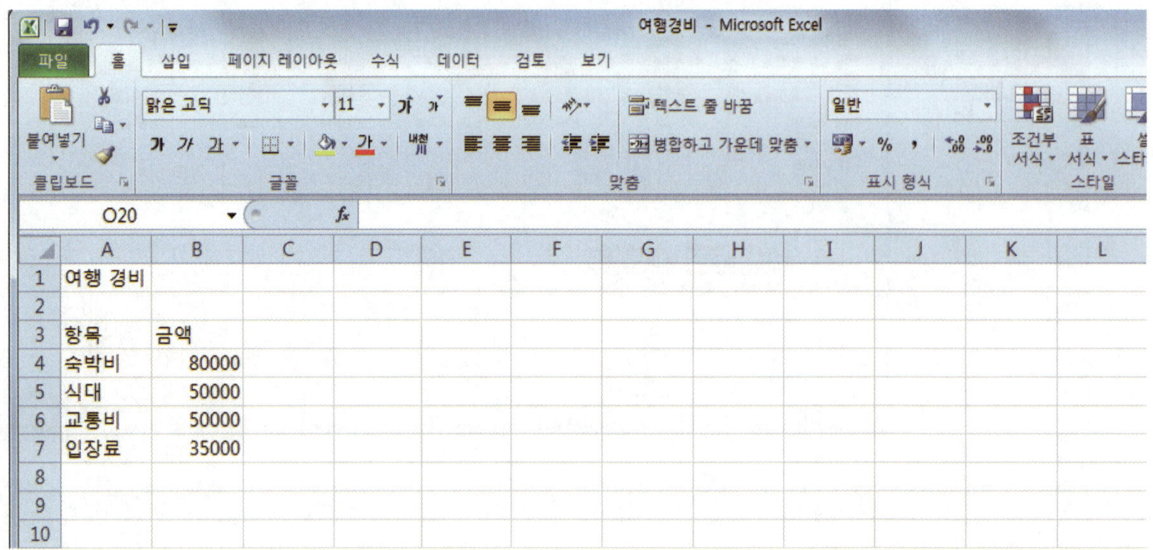

> **Hint!** [파일] 탭의 [저장]을 클릭하여 저장합니다.

2 다음과 같이 입력하고 '연락처'로 저장해 보세요.

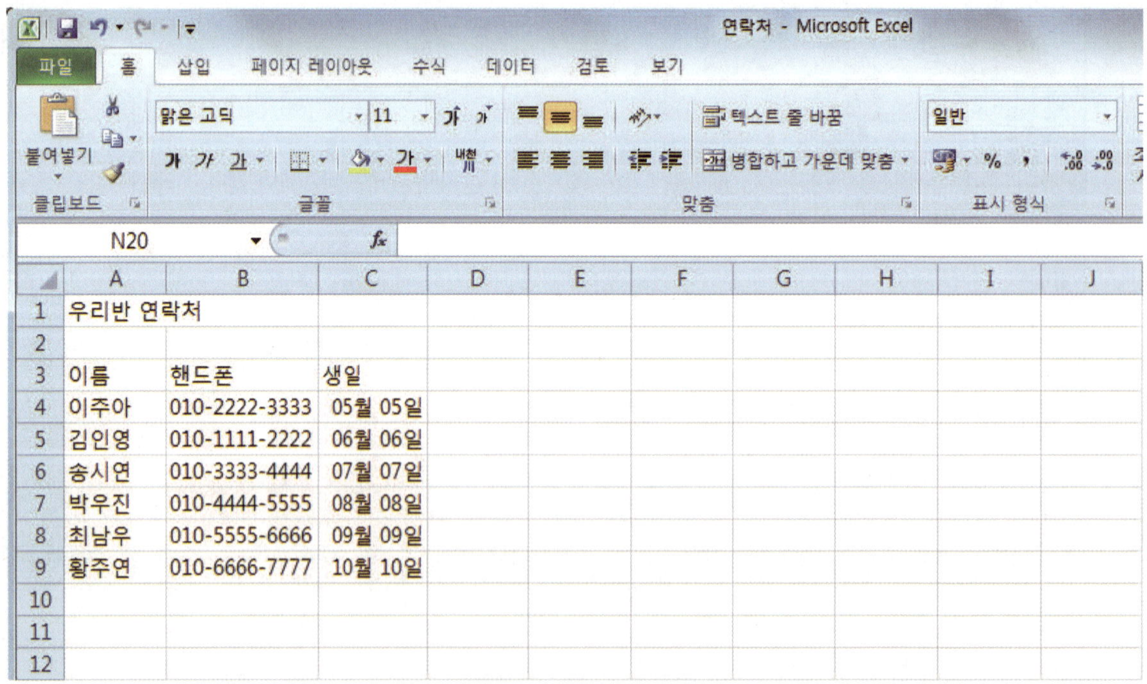

> **Hint!** [파일] 탭의 [저장]을 클릭하여 저장합니다.

3 다음과 같이 데이터를 입력한 후 숫자 데이터의 합계, 평균, 개수, 최대값, 최소값을 상태 표시줄을 통하여 확인해 보고, 화면의 확대/축소 배율을 '120%'로 변경해 보세요.

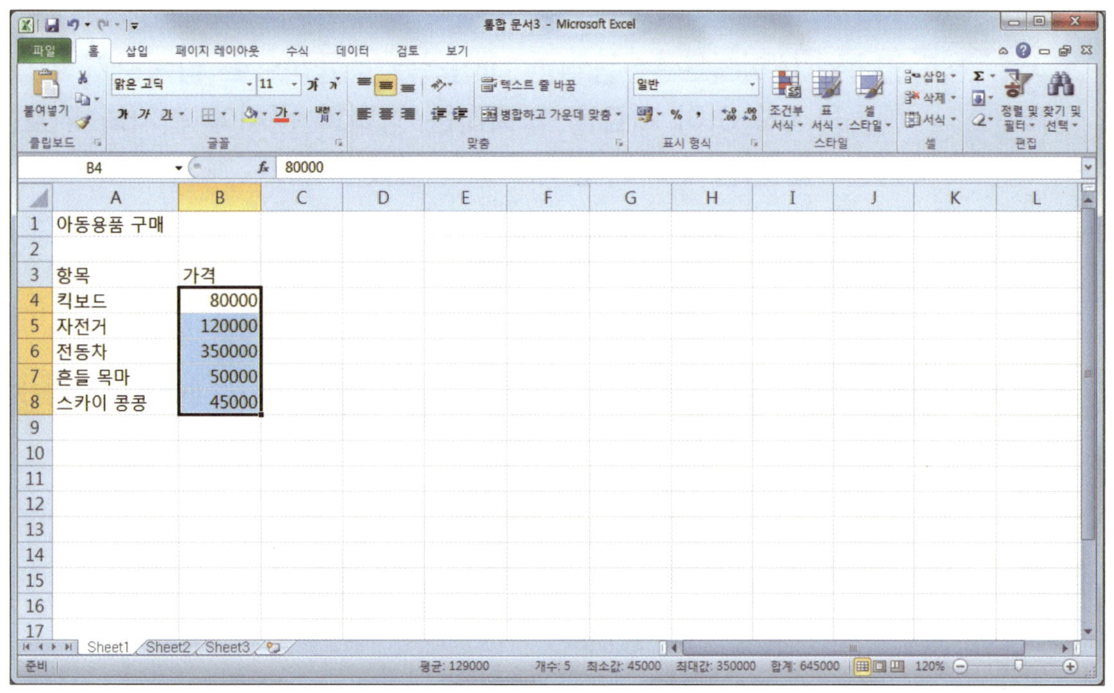

> **Hint!** [B4:B8] 영역을 범위 지정한 후 '상태 표시줄'을 값을 확인하고 [확대 ⊕]단추를 2번 클릭하여 120%로 변경합니다.

4 화면의 확대/축소 배율을 '100%'로 변경한 후 '아동용품'으로 저장해 보세요.

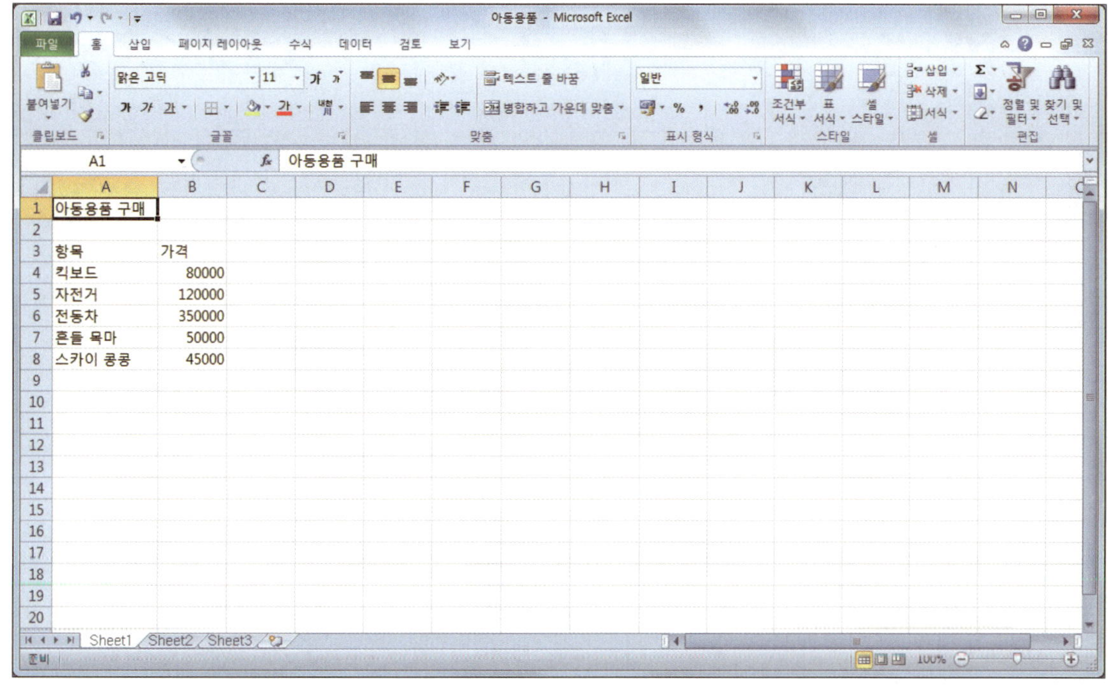

> **Hint!**
> • 상태 표시줄의 [축소 ⊖]단추를 2번 클릭하여 100%로 변경합니다.
> • [파일] 탭을 클릭하여 [저장]을 선택한 후 저장 위치(문서)와 파일 이름(아동용품)을 입력한 후 [저장] 단추를 클릭합니다.

데이터 입력하기

연속된 데이터 또는 동일한 데이터를 효율적으로 입력하기 위해 채우기 핸들을 이용하여 자료를 입력하는 방법과 문서에 한자와 기호, 메모를 삽입하는 방법에 대해 알아보도록 하겠습니다.

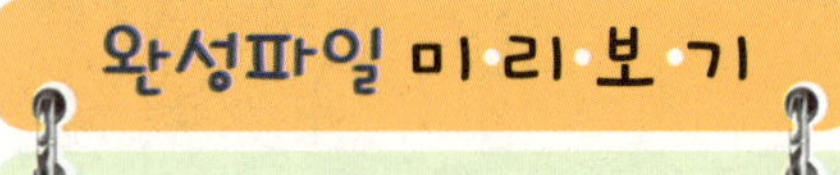

완성파일 미리보기

● 완성파일 : 엑셀2010₩2장₩문화센터접수.xlsx

	A	B	C	D	E	F	G	H	I	J	K	L
1	▣문화센터 수강생 모집▣											
2												
3	강좌번호	수강요일	강좌명	모집인원	수강료							
4	1	월(月)	토피어리	15명	50000							
5	2	화(火)	전통 생활한지공예	15명	50000							
6	3	수(水)	예술 서양화	15명	50000							
7	4	목(木)	예쁜손글씨 POP	15명	50000							
8	5	금(金)	다이어트 줌바 댄스	15명	50000	재료비 30,000원						
9	6	토(土)	손님초대 홈파티요리	15명	50000							
10	7	일(日)	미드로 배우는 쉬운 생활영어	15명	50000							
11												
12												
13												
14												
15												

Sheet1 / Sheet2 / Sheet3

체크포인트

실습1 채우기 핸들을 이용하여 데이터를 입력해 봅니다.

실습2 문서에 기호를 입력하여 제목을 꾸며보고, 한자도 변환합니다.

실습3 메모를 삽입하여 보충 설명이나 중요 내용을 입력합니다.

채우기 핸들을 이용하여 데이터 입력하기

날짜, 요일, 시간, 숫자 등을 일정하게 증가하면서 채우거나 복사할 경우에는 채우기 핸들을 이용하면 쉽게 입력할 수 있습니다.

제목 입력하기

1 다음과 같이 제목을 입력합니다.

	A	B	C	D	E	F	G	H	I
1	문화센터 수강생 모집								
2									
3	강좌번호	수강요일	강좌명	모집인원	수강료				
4									

연속 데이터 채우기

2 [A4] 셀에 「1」을 입력한 후 [A4]의 오른쪽 하단의 채우기 핸들 ┅┣ 을 이용하여 [A10] 셀로 드래그한 후 [자동 채우기 옵션 🔳] 단추를 클릭하여 [연속 데이터 채우기]를 클릭합니다.

선택된 셀의 오른쪽 하단의 검정색 네모 를 채우기 핸들이라고 합니다. 채우기 핸들에 마우스 포인트를 맞추면 검정색 십자 모양으로 바뀝니다.

채우기 핸들을 이용하여 데이터를 입력할 수 있고, 서식과 수식 등을 복사할 수 있습니다.

- ⊙ 숫자 데이터 : 숫자를 입력한 후 채우기 핸들을 이용하여 드래그하면 기본적으로 복사가 됩니다. 연속된 데이터(1, 2, 3, …)로 채우고자 할 때에는 [자동 채우기 옵션] 단추를 클릭하여 [연속 데이터 채우기]를 클릭합니다.

- ⊙ 숫자와 문자 혼합 데이터 : 숫자는 1씩 증가하고 문자는 복사됩니다.
- ⊙ 날짜 데이터 : 날짜 데이터는 1일 단위로 증가하면서 채워집니다. [자동 채우기 옵션]을 이용하여 '월', '년', '평일' 단위로도 채워집니다.

- ⊙ 시간 데이터 : 시간 데이터는 1시간 단위로 증가하면서 채워집니다.

수강요일 입력하기

❸ [B4] 셀에 「월」을 입력한 후 채우기 핸들을 이용하여 「B10」 셀까지 드래그 합니다.

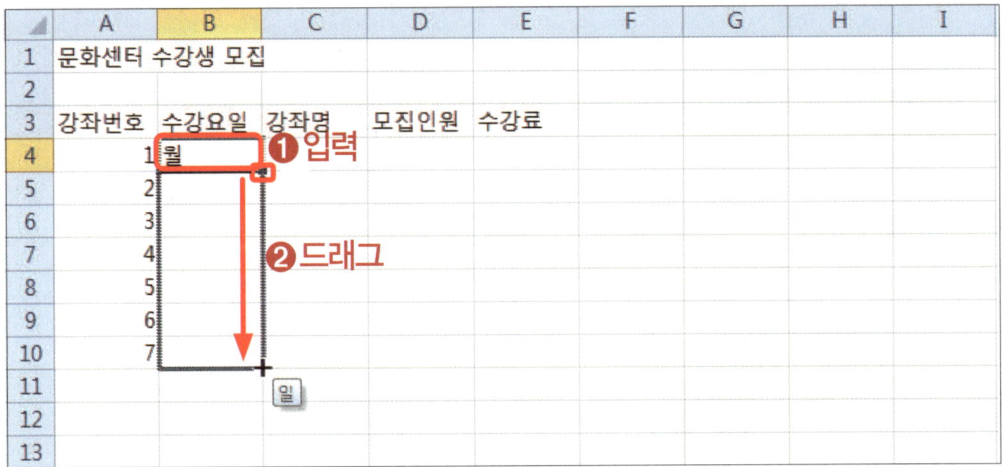

실력쑥쑥 TIP 자료 입력

- 숫자를 입력하면 기본적으로 셀의 오른쪽에 표시되고, 문자는 셀의 왼쪽에 표시됩니다.
- 날짜를 입력할 때에는 '/' 또는 '−'로 구분하여 년, 월, 일을 입력합니다. 년도는 생략이 가능하며 생략하면 현재 작업하는 현재 년도가 자동으로 입력됩니다. (예:2017−5−1, 2017/5/1, 5−1, 5/1)
- 시간을 입력할 때에는 ':' 기호를 이용하여 시, 분, 초를 구분하여 입력하거나, 직접 시 분(예로 9시 20분)을 입력할 수 있습니다. (예 : 08:30 또는 8시 30분)
- 오늘 날짜를 자동으로 입력할 때에는 Ctrl + ; 키를 누릅니다.
- 현재 시간을 자동으로 입력할 때에는 Ctrl + Shift + ; 키를 누릅니다.

강좌명 입력하기

❹ [C4:C10] 영역에 강좌명을 입력한 후 열 머리글 C와 D 경계라인에서 더블 클릭하여 열 너비를 조절합니다.

더블 클릭

	A	B	C	D	E	F	G	H
1	문화센터 수강생 모집							
2								
3	강좌번호	수강요일	강좌명		모집인원	수강료		
4	1	월	토피어리					
5	2	화	전통 생활한지공예					
6	3	수	예술 서양화					
7	4	목	예쁜손글씨 POP					
8	5	금	다이어트 줌바 댄스					
9	6	토	손님초대 홈파티요리					
10	7	일	미드로 배우는 쉬운 생활영어					
11								
12								

5 [D4] 셀에 「15명」을 입력한 후 [D4] 셀의 **오른쪽 하단의 채우기 핸들(✛)을 이용하여 [D10] 셀까지 드래그한 후 [자동 채우기 옵션 ▦⁺] 단추를 클릭하여 [셀 복사]**를 클릭합니다.

◢	A	B	C	D	E	F	G	H
1	문화센터 수강생 모집							
2								
3	강좌번호	수강요일	강좌명	모집인원	수강료			
4	1	월	토피어리	❶입력 15명				
5	2	화	전통 생활한지공예	15명				
6	3	수	예술 서양화	15명				
7	4	목	예쁜손글씨 POP	15명	❷드래그			
8	5	금	다이어트 줌바 댄스	15명				
9	6	토	손님초대 홈파티요리	15명				
10	7	일	미드로 배우는 쉬운 생활영어	15명				
11					▦⁺ ▾ ❸클릭			
12			⦿ 셀 복사(C)			❹클릭		
13			○ 연속 데이터 채우기(S)					
14			○ 서식만 채우기(F)					
15			○ 서식 없이 채우기(O)					
16								

6 [E4] 셀에 「50000」을 입력한 후 [E4] 셀의 **오른쪽 하단의 채우기 핸들 ✛ 을 이용하여 [E10] 셀까지 드래그합니다.**

◢	A	B	C	D	E	F	G
1	문화센터 수강생 모집						
2							
3	강좌번호	수강요일	강좌명	모집인원	수강료		
4	1	월	토피어리	15명	50000	❶입력	
5	2	화	전통 생활한지공예	15명	50000		
6	3	수	예술 서양화	15명	50000		
7	4	목	예쁜손글씨 POP	15명	50000	❷드래그	
8	5	금	다이어트 줌바 댄스	15명	50000		
9	6	토	손님초대 홈파티요리	15명	50000		
10	7	일	미드로 배우는 쉬운 생활영어	15명	50000		
11							
12							

기호와 한자를 입력하기

기호는 문서를 꾸미거나 강조하기 위해 입력하거나 특정 항목을 선택하는 기호로 사용합니다. 한자는 이름을 한자로 변환하거나 뜻을 좀 더 명확하게 전달하기 위해 사용합니다.

기호 입력하기

1 [A1] 셀을 선택한 후 수식 입력줄의 '문' 앞에서 마우스를 클릭하여 한글 자음「ㅁ」을 입력하고 [한자] 키를 누른 후에 기호 목록의 오른쪽 하단에 [보기 변경 »] 단추를 클릭합니다.

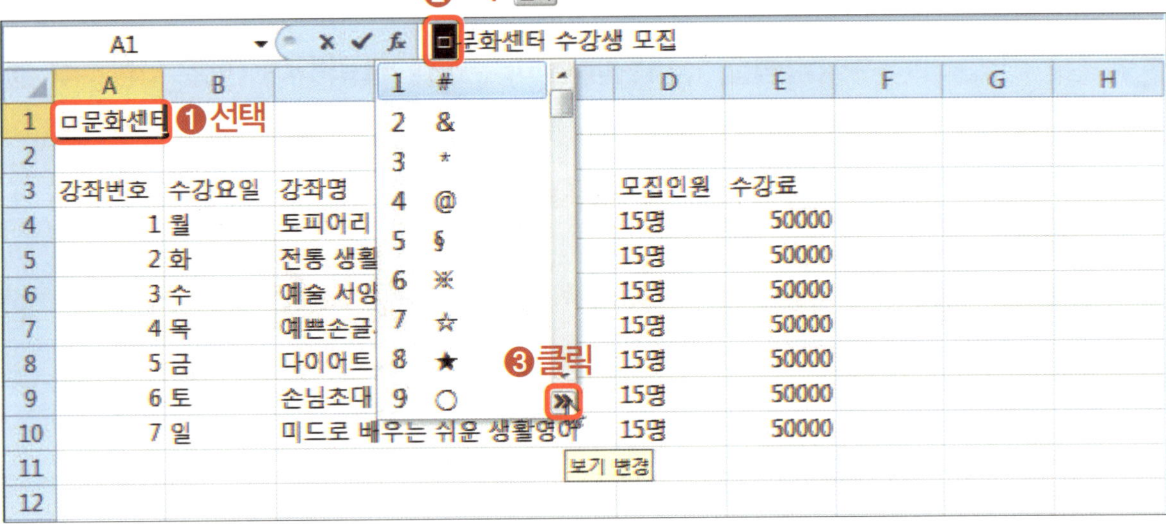

2 기호 목록에서 넣고자 하는 기호를 마우스로 클릭합니다.

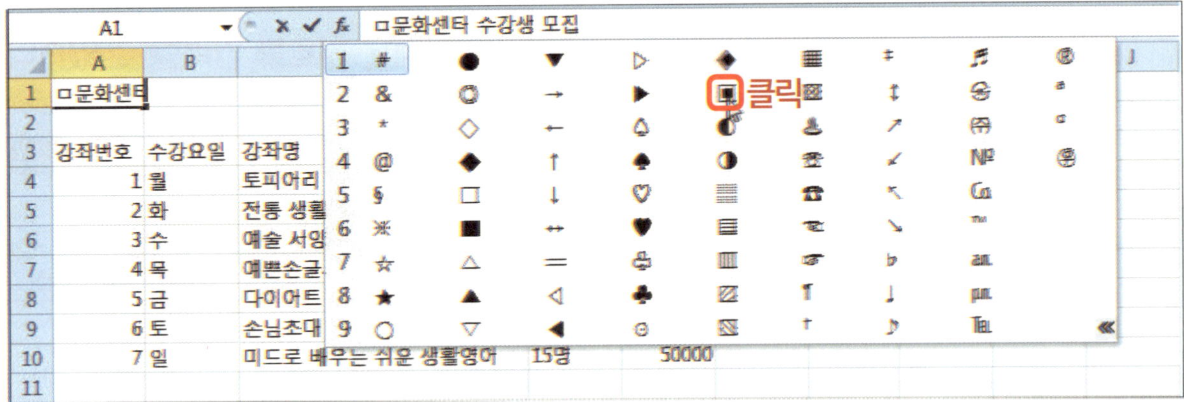

한글 자음의 기호 목록

자음	기호	등록된 기호	자음	기호	등록된 기호
ㄱ	기술 기호	! ' , / : ; ^	ㅊ	분수/첨자 기호	½ ¼ ¾ ⅛
ㄴ	괄호 기호	" ( ) [ ] { } ' " ''	ㅋ	한글 현대 자모	ㄱ ㄲ ㄳ ㄴ ㄵ ㄶ
ㄷ	학술 기호	± ÷ ≠ ∴ ∞ <	ㅌ	한글 고어 자모	ㅥ ㅦ ㅧ ㅨ ㅩ ㅪ
ㄹ	단위 기호	$ % ＼ F ' ℃ Å	ㅍ	로마 문자	A, B, C, D, E, F, G
ㅁ	일반 기호	# & @ ※ ☆ ★	ㅎ	그리스 문자	Α Β Γ Δ Ε Ζ Η
ㅂ	괘선 조각	─ │ ┌ ┐ ┘ └	ㄲ	발음 기호	Æ Đ Ħ IJ Ŀ Ł
ㅅ	한글 표제 기호	㉠ ㉡ ㉢ ㉣ ㉤ ㉥	ㄸ	히라가나	ぁ あ ぃ い ぅ う
ㅇ	영문 표제 기호	ⓐ ⓑ ⓒ ① ② ③	ㅃ	카타카나	ァ ア ィ イ ゥ ウ
ㅈ	로마 숫자	ⅰ ⅲ ⅳ ⅴ ⅵ ⅶ ⅷ	ㅆ	러시아 문자	А Б В Г Д Е Ж З

❸ 같은 방법으로 **수식입력줄 '집' 뒤에서 마우스를 클릭하여 한글 자음 「ㅁ」을 입력한 후** 한자 키를 눌러 기호를 삽입합니다.

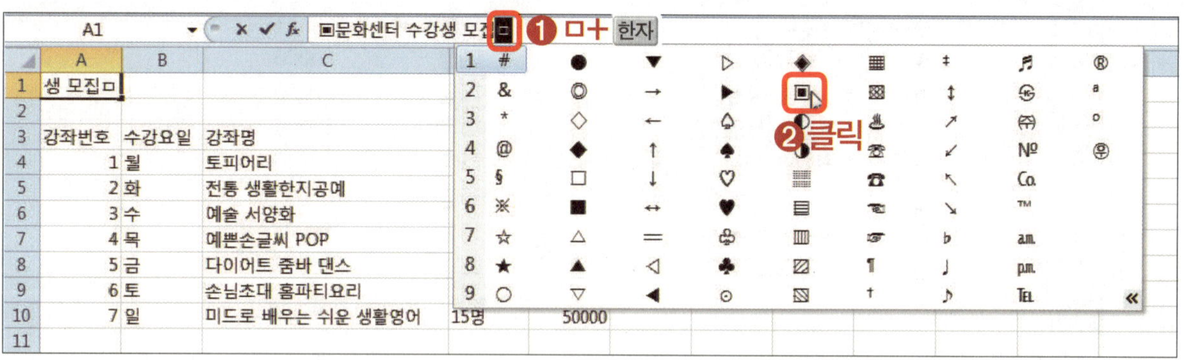

[기호] 대화상자를 이용하는 방법

[삽입] 탭의 [텍스트] 그룹에서 [기호]를 클릭하여 다양한 기호를 입력할 수 있습니다.

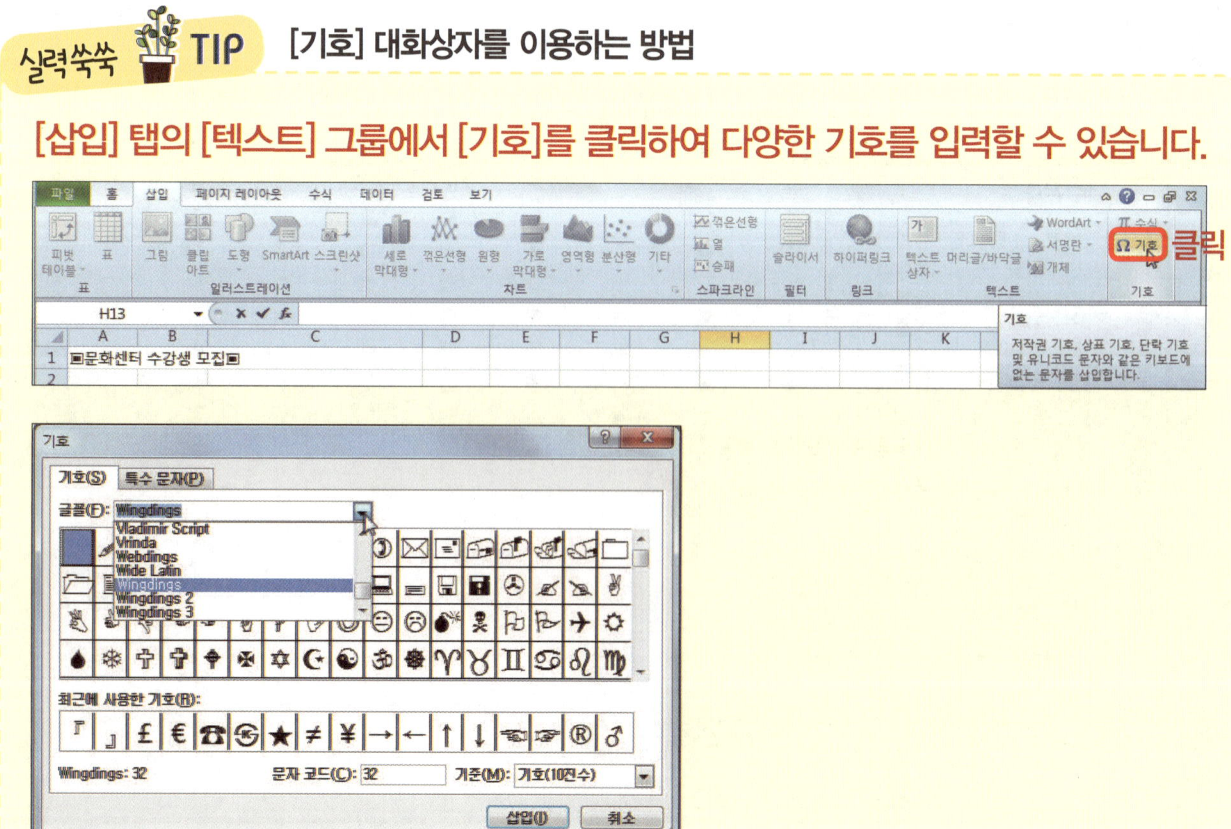

4 [B4] 셀의 '월' 뒤에서 더블 클릭하여 커서가 깜박인 상태에서 [한자] 키를 누릅니다. [한글/한자 변환] 대화상자에서 **'月'**을 선택하고 입력 형태에서 **'한글(漢字)'**을 선택한 후 [변환] 단추를 클릭합니다.

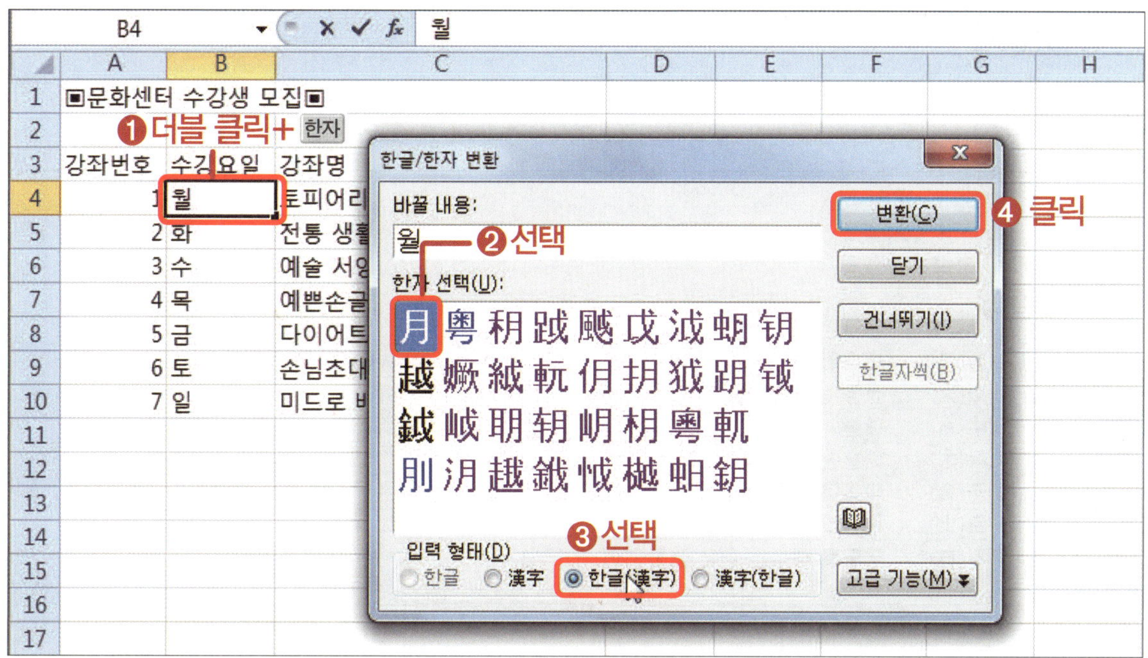

TIP 한글을 한자로 변환할 때 [한자] 키를 이용하는 것처럼 반대로 한자를 한글로 변환할 때 [한자] 키를 이용합니다.

5 같은 방법으로 [B5:B10] 영역도 한자로 변환합니다.

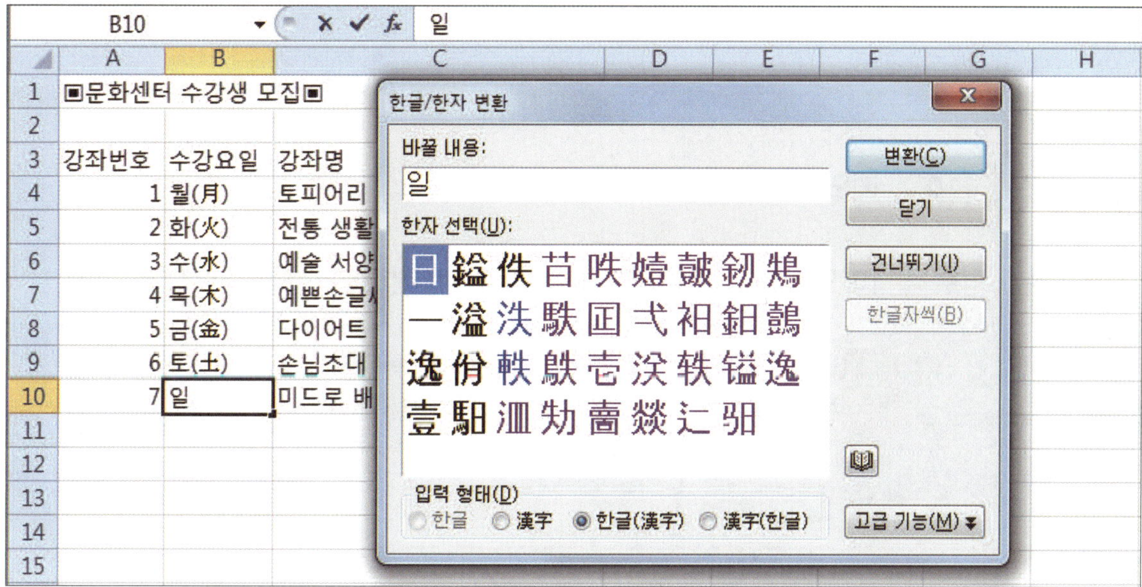

실습3 메모를 삽입하여 표시하기

우리가 일상에서 간단한 메모를 하기 위해 노트나 메모장을 사용하는 것처럼, 워크시트의 셀에 보충설명 등을 기입하기 위해 메모를 사용합니다.

메모 삽입하기

❶ [E9] 셀에서 마우스 오른쪽 단추를 클릭하여 [메모 삽입]을 클릭합니다.

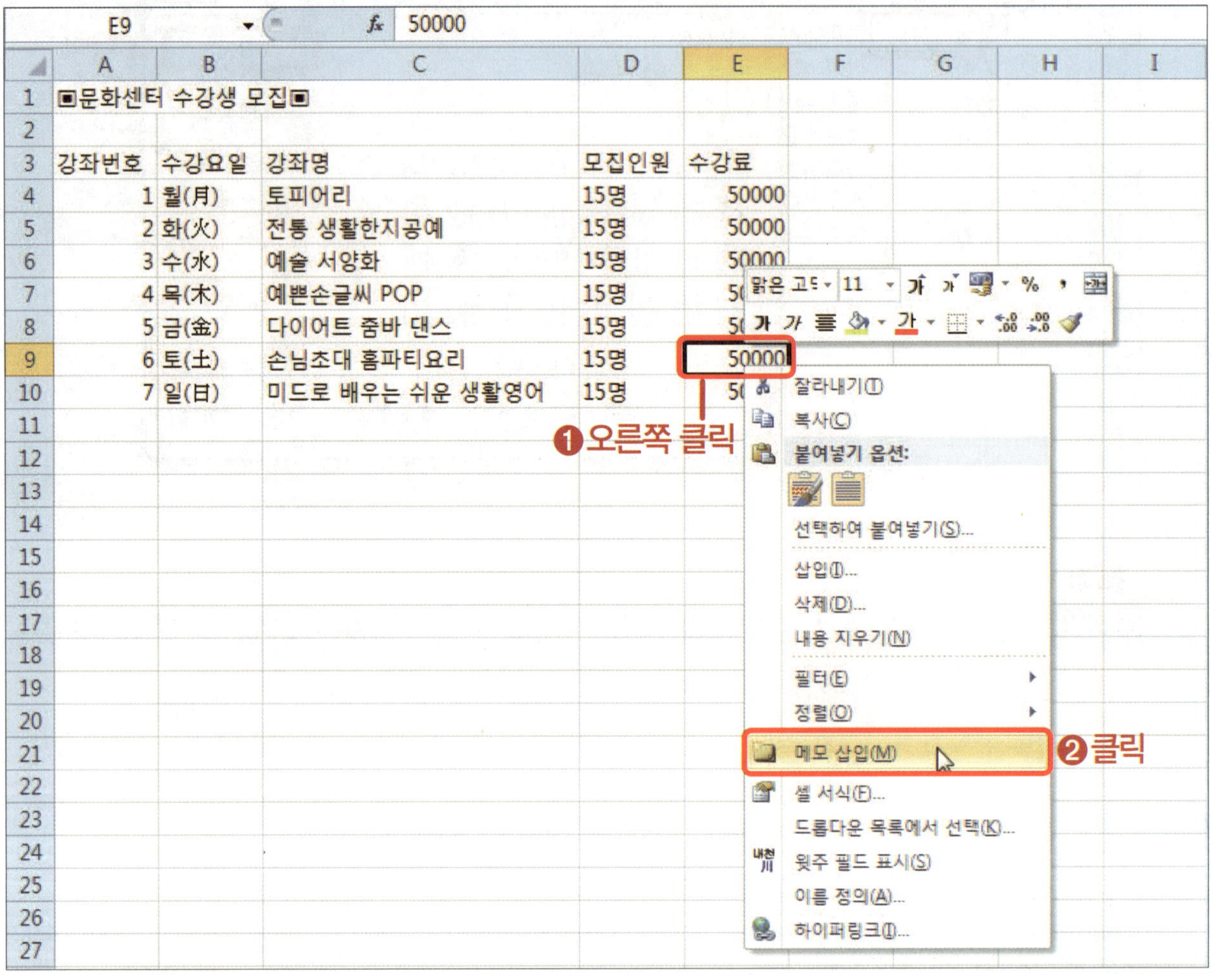

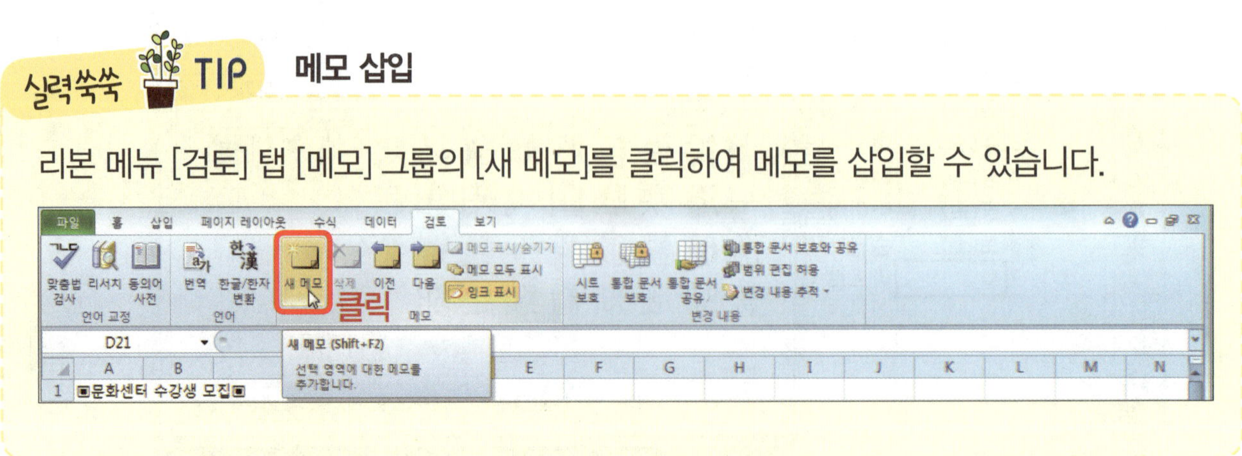

실력쑥쑥 TIP 메모 삽입

리본 메뉴 [검토] 탭 [메모] 그룹의 [새 메모]를 클릭하여 메모를 삽입할 수 있습니다.

2 메모 상자에 기본 사용자 이름은 지우고, 「재료비 30,000원」을 입력합니다.

▲	A	B	C	D	E	F	G	H
1	▣문화센터 수강생 모집▣							
2								
3	강좌번호	수강요일	강좌명		모집인원	수강료		
4	1	월(月)	토피어리		15명	50000		
5	2	화(火)	전통 생활한지공예		15명	50000		
6	3	수(水)	예술 서양화		15명	50000		
7	4	목(木)	예쁜손글씨 POP		15명	50000	입력	
8	5	금(金)	다이어트 줌바 댄스		15명	50000	재료비 30,000원	
9	6	토(土)	손님초대 홈파티요리		15명	50000		
10	7	일(日)	미드로 배우는 쉬운 생활영어		15명	50000		
11								
12								

TIP 메모 내용을 입력한 후 다른 셀을 클릭하면 메모 삽입을 끝낼 수 있습니다. 또한, 메모가 삽입되면 [E9] 셀의 오른쪽 상단에 빨간색 세모가 표시됩니다.

메모 표시하기

3 메모를 항상 표시하기 위해 [E9] 셀을 클릭한 후 [검토] 탭의 [메모] 그룹에서 [메모 표시/숨기기]를 클릭합니다.

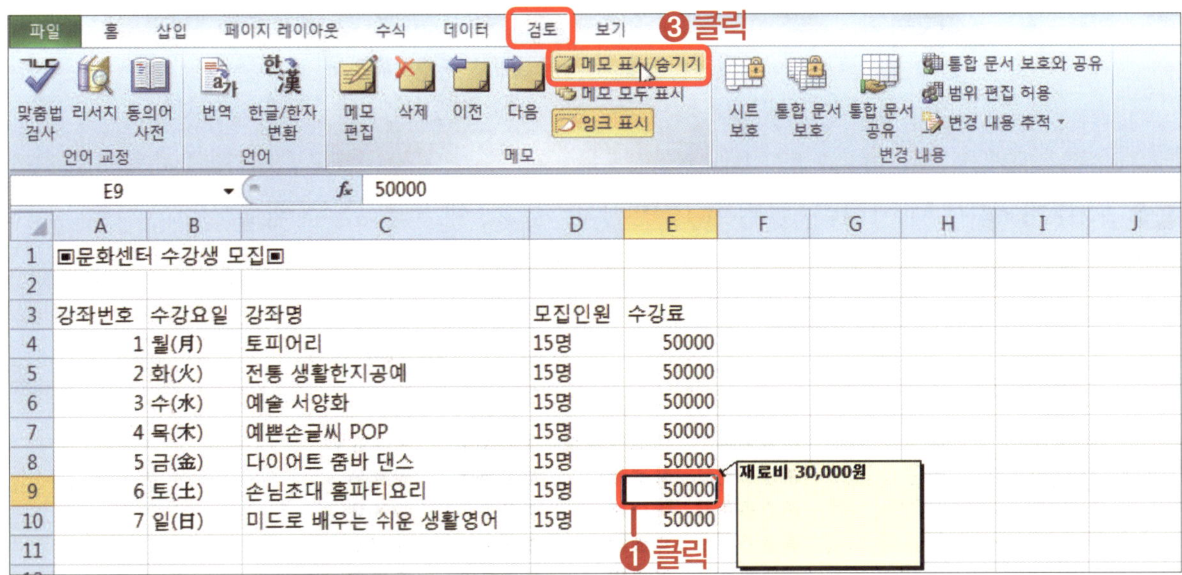

실력쑥쑥 TIP 메모 삽입

- [E9] 셀에서 마우스 오른쪽 단추를 클릭한 후 [메모 표시/숨기기]를 클릭하여 표시할 수 있습니다.
- 메모가 워크시트 내용을 가릴 경우 메모 상자를 이동하기 위해 메모 상자 경계 라인에 마우스 포인트를 맞추어 십자형 화살표 가 되었을 때 드래그하여 이동합니다.
- 메모를 삭제할 때에는 메모를 삽입한 셀에서 마우스 오른쪽 단추를 클릭하여 [메모 삭제]를 클릭해 삭제할 수 있습니다.

◐ 완성파일 : 엑셀2010₩2장₩혼자풀어보기(완성).xlsx

1 채우기 핸들을 활용하여 다음과 같이 데이터를 입력하고 한자와 기호, 메모를 삽입하고 항상 표시될 수 있도록 지정해 보세요.

◢	A	B	C	D	E	F	G
1	◐쇼핑몰 입장객 현황◐						
2							
3	▷구분◁	날짜	요일	시간	인원수	매장명	
4	1	10월 01일	토(土)	9시 30분	10	쥬얼리	
5	2	10월 02일	日(일)	10시 30분	20	화장품	
6	3	10월 03일	월	11시 30분	30	신발	
7	4	10월 04일	화	12시 30분	40	여성의류	
8	5	10월 05일	수	13시 30분	50	남성의류	
9	6	10월 06일	목	14시 30분	60	유아용품	
10	7	10월 07일	금	15시 30분	70	쥬얼리	
11	8	10월 08일	토(土)	16시 30분	80	화장품	
12	9	10월 09일	日(일)	17시 30분	90	신발	
13	10	10월 10일	월	18시 30분	100	여성의류	
14	11	10월 11일	화	19시 30분	110	남성의류	
15	12	10월 12일	수	20시 30분	120	유아용품	
16							
17				세일 70%			
18							
19							
20							

Hint!
- 기호는 한글 자음 'ㅁ'을 입력한 후 한자 키를 눌러 선택할 수 있습니다.
- 한자는 한글 뒤에 커서를 두고 한자 키를 눌러 변환합니다.
- [D15] 셀에서 마우스 오른쪽 단추를 클릭한 후 [메모 삽입]을 클릭하여 입력합니다.

2 다음과 같이 데이터를 입력하고 한자와 기호, 메모를 삽입해 보세요.

◢	A	B	C	D	E	F	G
1							
2		물티슈를 실험하다!					
3					총점 1등		
4			궁중비책	하기스	순둥이	그린핑거	
5		수분감	♣♣♣♣♧	■■■■■	◆◆◆◆◇	●●●●○	
6		원단 질감	♣♣♣♧♧	■■■□□	◆◆◆◆◇	●●●○○	
7		사이즈, 두께	♣♣♣♣♧	■■■□□	◆◆◆◇◇	●●●○○	
8		사용 후 느낌	♣♣♣♧♧	■■■□□	◆◆◆◆◇	●●●○○	
9		향기	♣♣♣♣♧	■■■□□	◆◆◆◆◇	●●●○○	
10		패키지	♣♣♣♣♧	■■■■□	◆◆◆◆◇	●●●○○	
11		가격	♣♣♣♧♧	■■■■□	◆◆◆◆◇	●●●●○	
12		총점(總點)	238	249	258	230	
13							

Hint!
- 기호는 한글 자음 'ㅁ'을 입력한 후 한자 키를 눌러 선택할 수 있습니다.
- 한자는 한글 뒤에 커서를 두고 한자 키를 눌러 변환합니다.
- [E4] 셀에서 마우스 오른쪽 단추를 클릭한 후 [메모 삽입]을 클릭하여 입력합니다.

3 채우기 핸들을 활용하여 다음과 같이 데이터를 입력한 후 한자와 기호를 입력하고 [H4] 셀에 메모를 삽입하여 '가족과 함께'를 입력하고 메모 상자의 위치를 수정하여 화면에 항상 표시될 수 있도록 지정해 보세요.

▲	A	B	C	D	E	F	G	H	I	J
1										
2		♣ 9月 방과 후 계획 ♣								
3										
4			월(月)	화(火)	수(水)	목(木)	금(金)	토(土)		
5		4時	태권도	학습지	태권도	학습지	태권도			
6		5時	漢字교실	피아노	한자(漢字)교실	피아노	漢字(한자)교실	가족과 함께		
7		6時	English	English	English	English	English			
8		7時	저녁 식사	저녁 식사	저녁 식사	저녁 식사	저녁 식사			
9		8時	학교 숙제	학교 숙제	학교 숙제	학교 숙제	학교 숙제			
10										

4 다음과 같이 데이터를 입력하고 한자와 기호, 메모를 삽입해 보세요.

▲	A	B	C	D	E	F	G	H	I	J
1										
2		一	二	三	四	五				
3		한 (일)	두 (이)	석 (삼)	넉 (사)	다섯 (오)				
4						사람이 많이 모였다는 뜻				
5		人	山	人	海					
6		사람 (인)	메 (산)	사람 (인)	바다 (해)					
7						장단점이 각각 있다는 뜻				
8		一	長	一	短					
9		한 (일)	긴 (장)	한 (일)	짧을 (단)					
10						사물을 자세히 보지 않고 대충 지나쳐 본다는 뜻				
11		走	馬	看	山					
12		달릴 ㈜	말 (마)	볼 (간)	산 (산)					
13										

03장 셀 서식 지정하기

같은 문서라도 보는 사람에게 쉽고 빠르게 전달될 수 있도록 만드는 것이 중요합니다. 여기에는 서식이라는 기능이 빠질 수 없으며, 이러한 서식을 지정하는데 알아야 할 기본적인 지식과 활용 기술에 대해 살펴보도록 하겠습니다.

완성파일 미·리·보·기

● 완성파일 : 엑셀2010₩3장₩터닝메카드.xlsx

터닝메카드 판매

월 상품명	1월	2월	3월	4월	5월	6월
네오	50	41	31	60	61	51
스핑크스	49	42	32	59	62	52
게리온	48	43	33	58	63	53
엑스	47	44	34	57	64	54
바벨	46	45	35	56	65	55
에반	45	46	36	55	66	56
요타	44	47	37	54	67	57
그리핑크스	43	48	38	53	68	58
그리폰	42	49	39	52	69	59
코카트	41	50	40	51	70	60

상반기 / 하반기

체크포인트

실습1 다양한 테두리 서식을 지정해 봅니다.

실습2 제목을 입력하고 글꼴과 맞춤 서식을 지정해 봅니다.

실습3 행 높이와 열 너비를 조절하고 중간에 행을 삽입해 봅니다.

실습4 워크시트의 이름과 복사, 이동, 삭제, 삽입에 대해 실습해 봅니다.

 실습 1

테두리 서식을 지정하기

입력된 데이터에 테두리를 이용하여 테두리선을 넣을 수 있습니다. 또한, 특정 셀에 대각선을 넣어 보고, 바깥쪽은 굵은 상자 테두리, 제목 행 아래와 제목 열 오른쪽에 이중선으로 테두리를 지정해 봅니다.

데이터 입력하기

① 아래와 같이 데이터를 입력합니다.

	A	B	C	D	E	F	G	H	I	J	K	L
1												
2		터닝메카드 판매										
3												
4		월 상품명	1월	2월	3월	4월	5월	6월				
5		네오	50	41	31	60	61	51				
6		스핑크스	49	42	32	59	62	52				
7		게리온	48	43	33	58	63	53				
8		엑스	47	44	34	57	64	54				
9		바벨	46	45	35	56	65	55				
10		에반	45	46	36	55	66	56				
11		요타	44	47	37	54	67	57				
12		그리핑크스	43	48	38	53	68	58				
13		그리폰	42	49	39	52	69	59				
14		코카트	41	50	40	51	70	60				
15												
16												

 **TIP**

- [B4] 셀은 Alt + Enter 키를 이용합니다.
- 9칸 정도의 Space Bar 를 입력한 후 「월」을 입력하고 Alt + Enter 키를 누른 후 「상품명」을 입력하면 한 셀의 2줄 이상의 데이터를 입력할 수 있습니다.

모든 테두리 지정하기

② [B4:H14] 영역을 범위 지정한 후 [홈] 탭의 [글꼴] 그룹에서 [테두리]-[모든 테두리]를 클릭합니다.

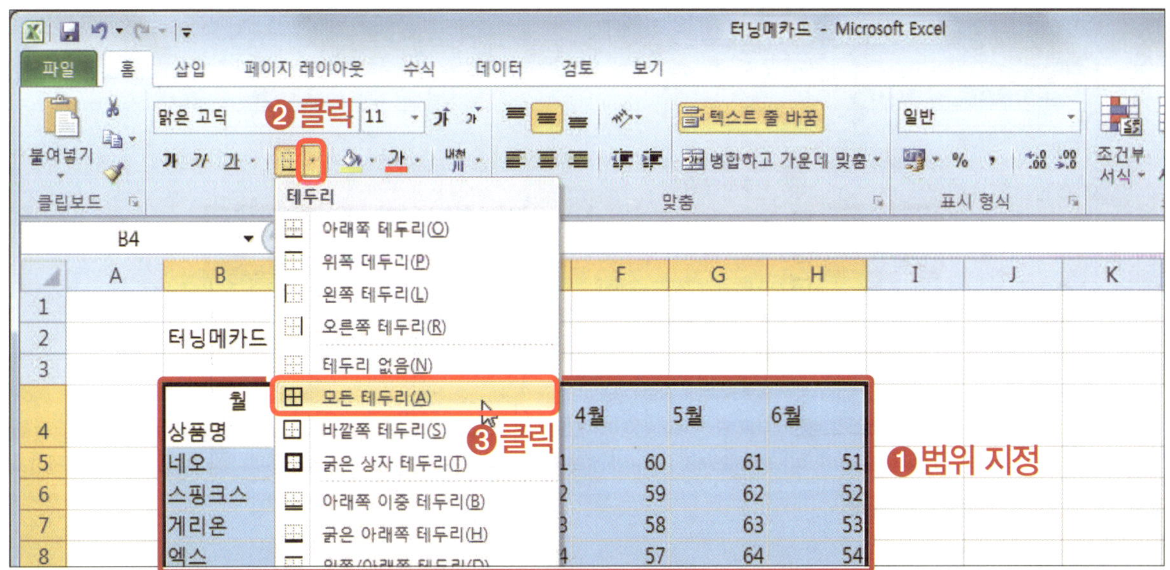

바깥쪽은 굵은 상자 테두리 지정하기

3 범위가 지정된 상태에서 [홈] 탭의 [글꼴] 그룹에서 [테두리]-[굵은 상자 테두리]를 클릭합니다.

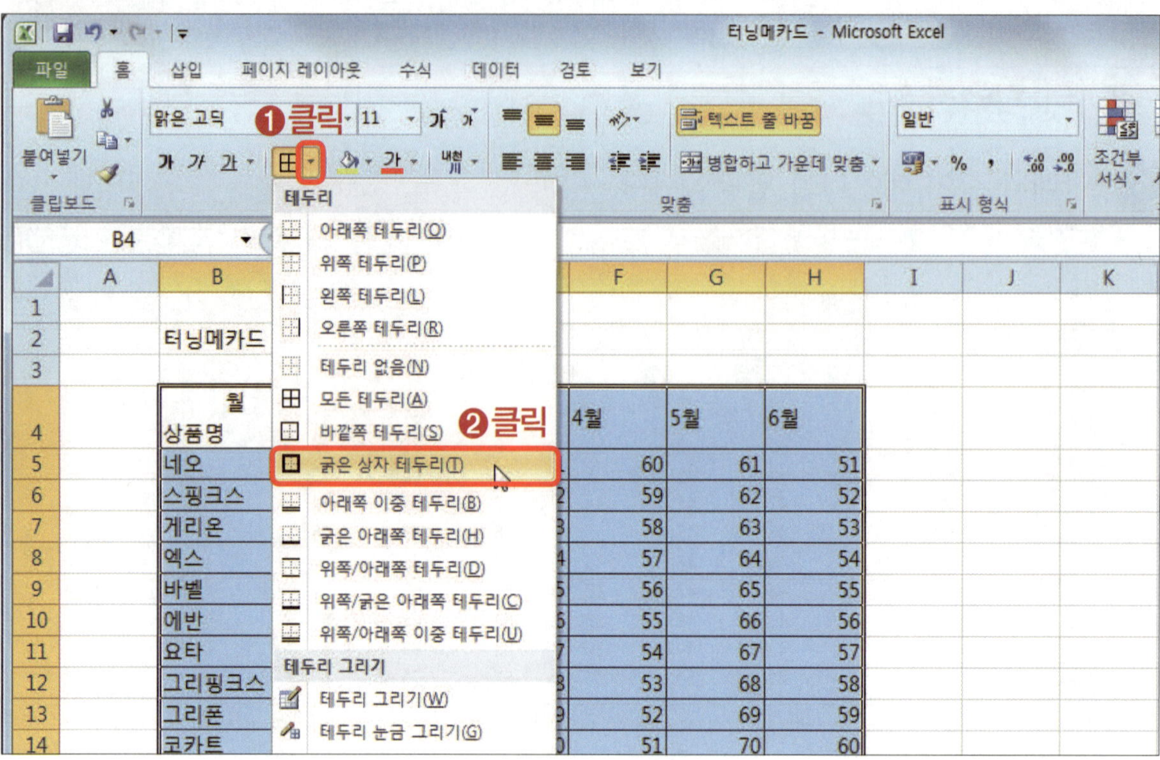

제목 행 아래와 제목 열 오른쪽에 이중 테두리 지정하기

4 [B4:H4] 영역을 범위 지정한 후 [홈] 탭의 [글꼴] 그룹에서 [테두리]-[아래쪽 이중 테두리]를 클릭합니다.

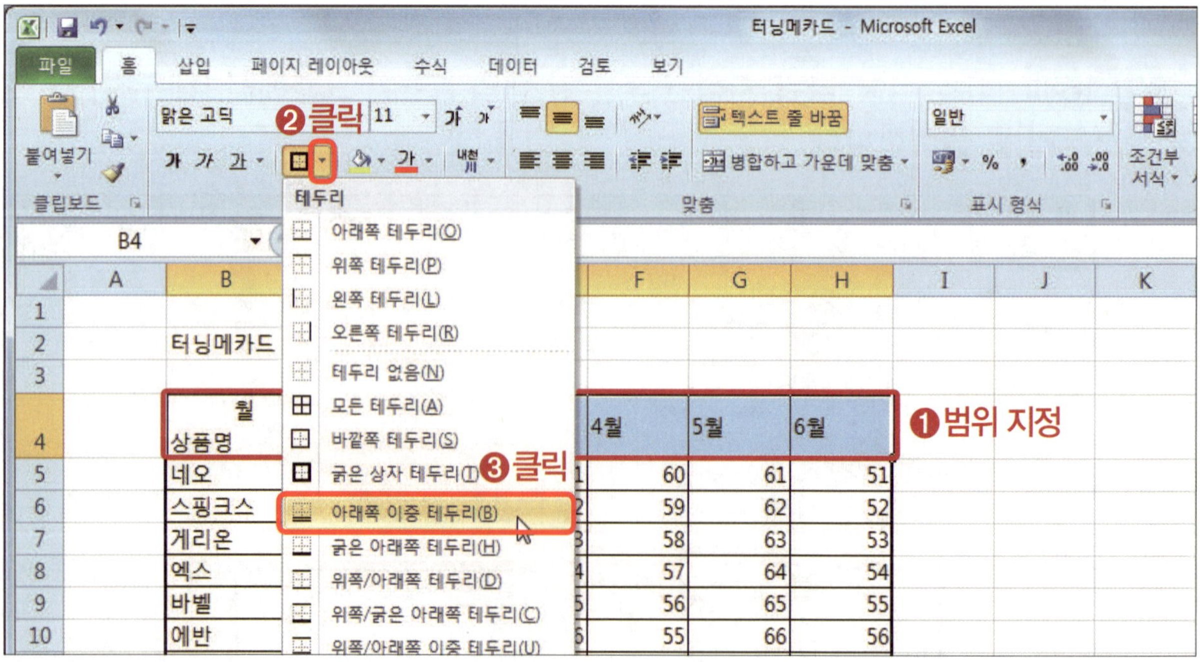

❺ [B4:B14] 영역을 범위 지정한 후 [홈] 탭의 [글꼴] 그룹에서 [테두리]-[다른 테두리]를 클릭합니다.

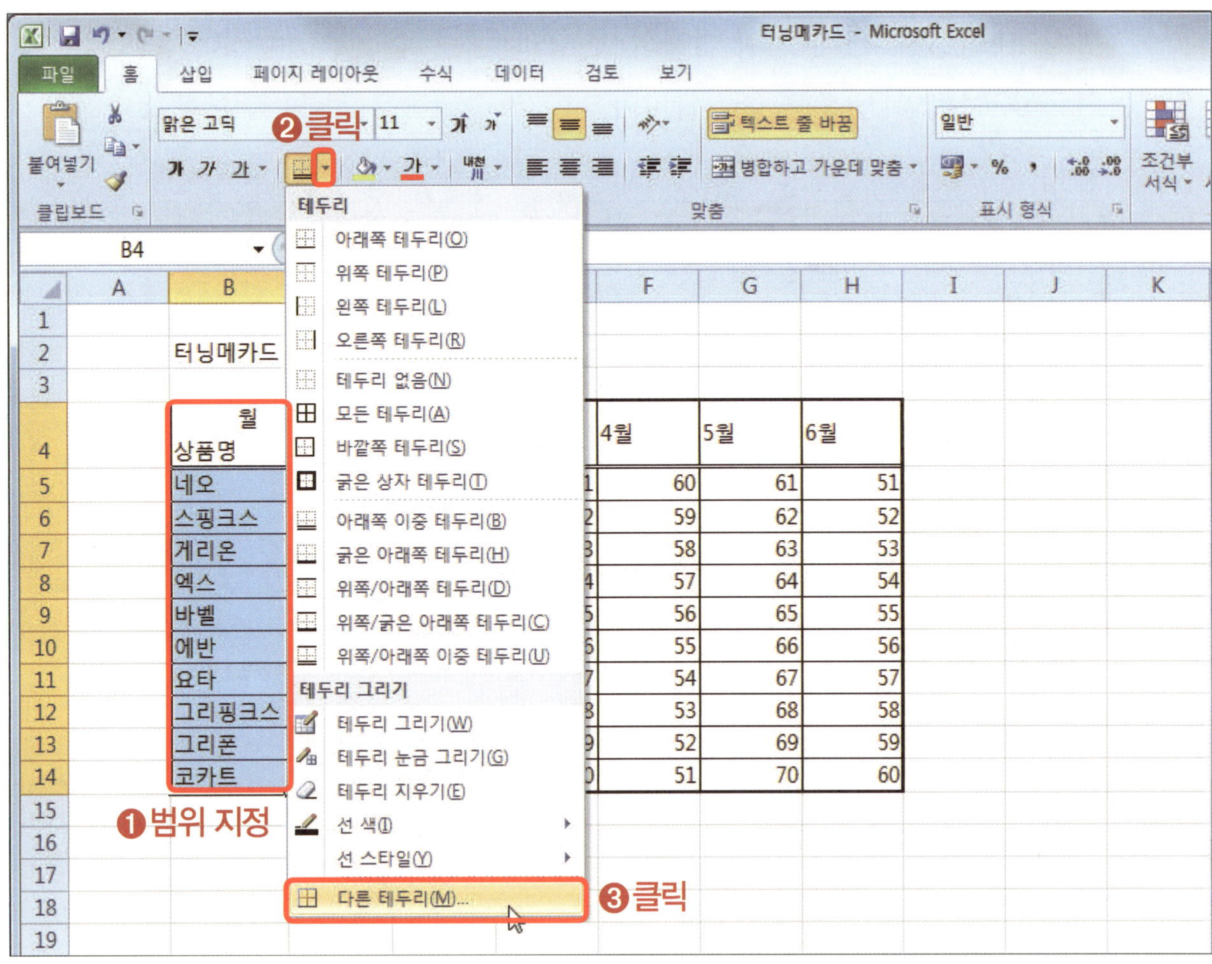

❻ [셀 서식] 대화상자의 [테두리] 탭에서 선 스타일은 '이중선', 테두리에서 '오른쪽선'을 선택하고 [확인] 단추를 클릭합니다.

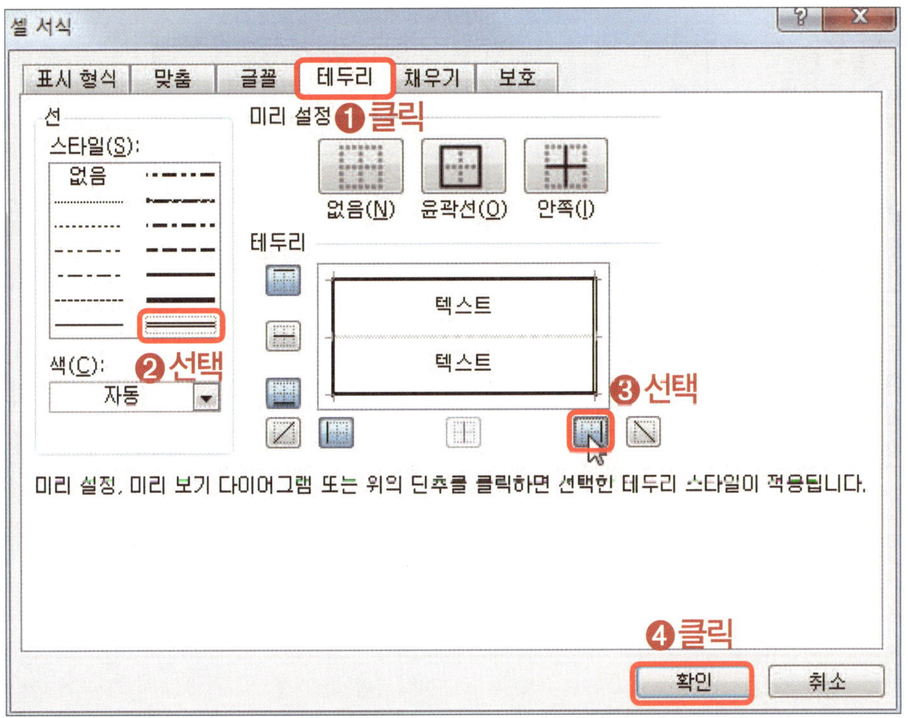

7 [B4] 셀에서 [홈] 탭의 [글꼴] 그룹에서 [테두리]−[다른 테두리]를 클릭한 후 [셀 서식] 대화상자의 [테두리] 탭에서 **선 스타일은 '실선', 테두리에서 [대각선 ◻]**을 선택하고 [확인] 단추를 클릭합니다.

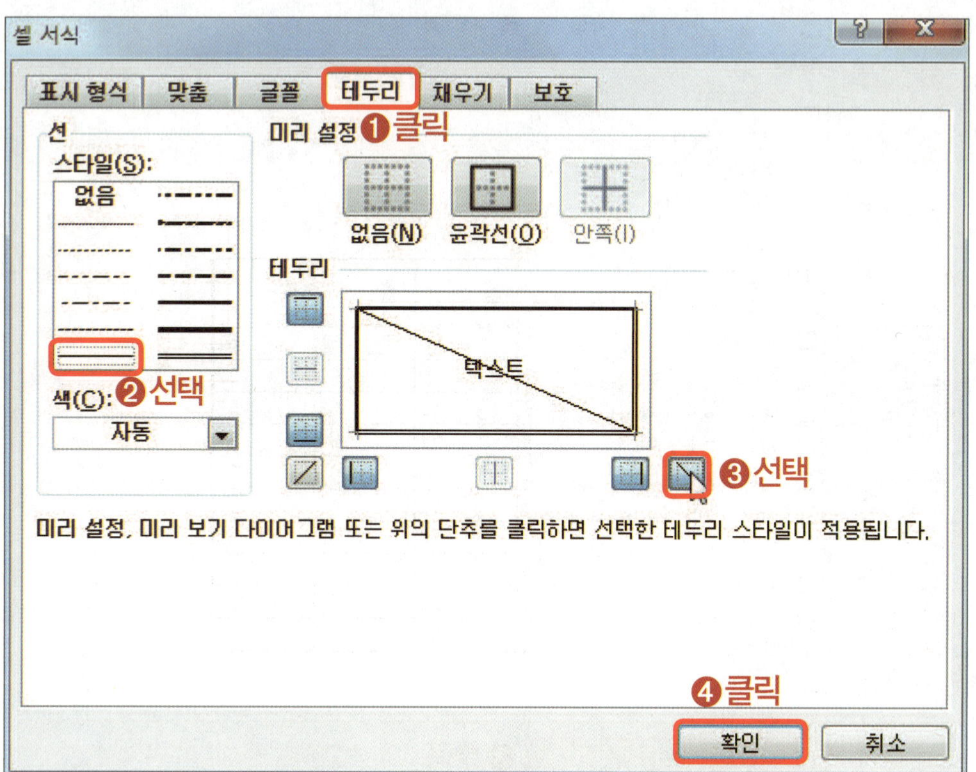

8 [B4] 셀에 대각선이 표시됩니다.

▲	A	B	C	D	E	F	G	H	I	J
1										
2		터닝메카드 판매								
3										
4		월 상품명	1월	2월	3월	4월	5월	6월		
5		네오	50	41	31	60	61	51		
6		스핑크스	49	42	32	59	62	52		
7		게리온	48	43	33	58	63	53		
8		엑스	47	44	34	57	64	54		
9		바벨	46	45	35	56	65	55		
10		에반	45	46	36	55	66	56		
11		요타	44	47	37	54	67	57		
12		그리핑크스	43	48	38	53	68	58		
13		그리폰	42	49	39	52	69	59		
14		코카트	41	50	40	51	70	60		
15										
16										

 제목을 입력하고 글꼴과 맞춤 서식 지정하기

[병합하고 가운데 맞춤] 단추를 이용하여 제목을 데이터의 중앙에 배치할 수 있습니다. 또한, 글꼴 서식을 이용하여
제목과 제목 행/열에 대해 강조하는 서식을 지정할 수 있습니다.

제목에 맞춤 서식 지정하기

1 [B2:H2] 영역을 범위 지정한 후 [홈] 탭의 [맞춤] 그룹에서 [병합하고 가운데 맞춤] 단추를 클릭합니다.

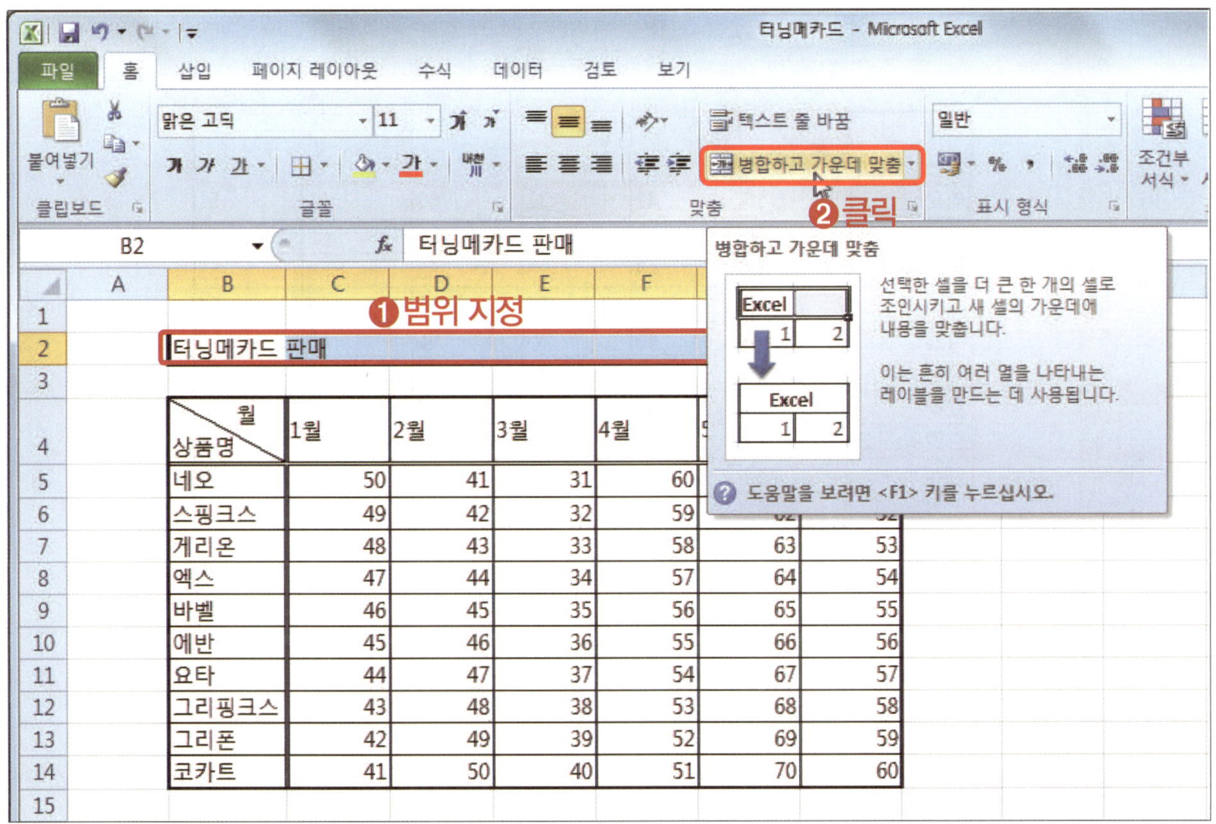

 셀 병합 영역을 잘못 지정한 상태에서 셀 병합을 했을 때에는 다시 [병합하고 가운데 맞춤] 단추를 클릭하여 셀 병합을 해제한 후 새롭게 범위를 지정하여 셀 병합을 할 수 있습니다.

제목 행과 제목 열에 맞춤 서식 지정하기

2 [C4:H4] 영역을 범위 지정한 후 **Ctrl** 키를 누른 상태에서 [B5:B14] 영역을 범위 지정하고 **[홈]** 탭의 **[맞춤]** 그룹에서 **[가운데 맞춤 ≡]** 단추를 클릭합니다.

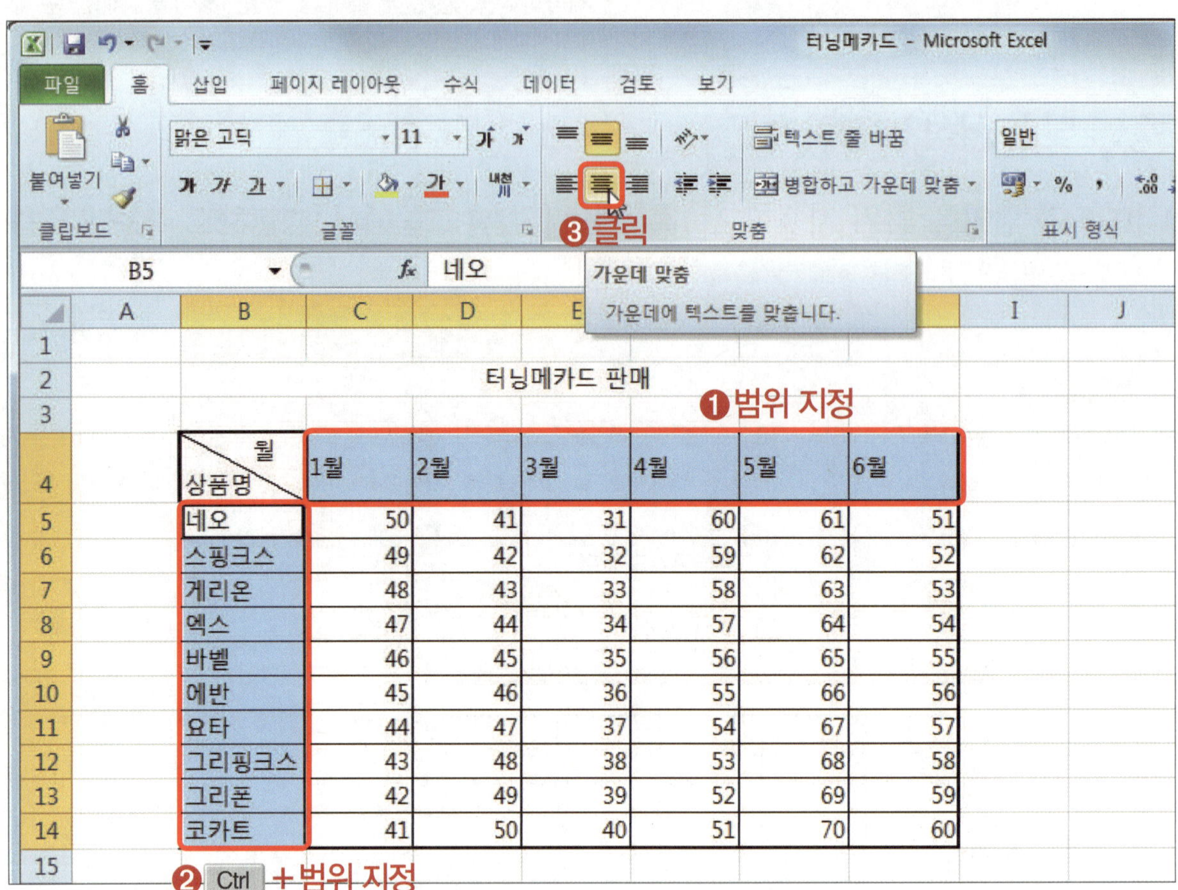

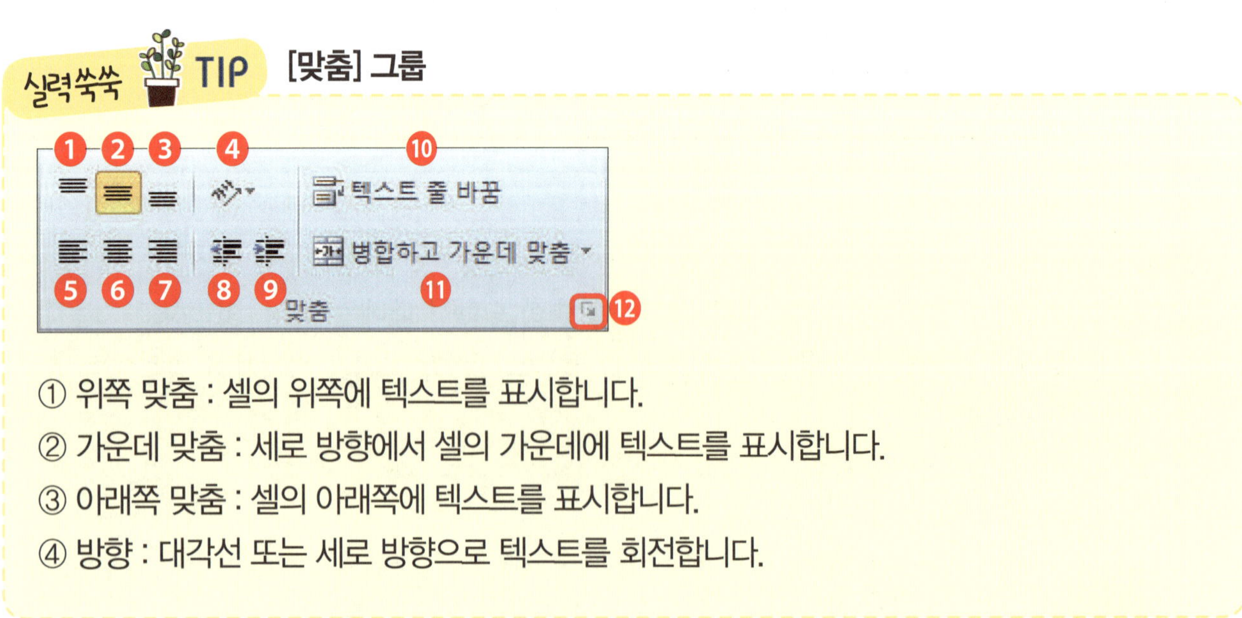

실력쑥쑥 TIP [맞춤] 그룹

① 위쪽 맞춤 : 셀의 위쪽에 텍스트를 표시합니다.

② 가운데 맞춤 : 세로 방향에서 셀의 가운데에 텍스트를 표시합니다.

③ 아래쪽 맞춤 : 셀의 아래쪽에 텍스트를 표시합니다.

④ 방향 : 대각선 또는 세로 방향으로 텍스트를 회전합니다.

◢	A	B	C	D	E	F	G
1							
2		위쪽 맞춤	가운데 맞춤	아래쪽 맞춤	방향(세로쓰기)	방향(텍스트 아래로 회전)	
3		엑셀 2010	엑셀 2010	엑셀 2010	엑셀 2 0 1 0	엑셀 2010	
4							

⑤ 왼쪽 맞춤 : 왼쪽에 텍스트를 표시합니다.

⑥ 가운데 맞춤 : 가로 방향에서 가운데에 텍스트를 표시합니다.

⑦ 오른쪽 맞춤 : 오른쪽에 텍스트를 표시합니다.

⑧ 내어쓰기 : 셀의 테두리와 텍스트 사이의 여백을 줄입니다.

⑨ 들여쓰기 : 셀의 테두리와 텍스트 사이의 여백을 늘립니다.

◢	A	B	C	D	E	F	G
1							
2		텍스트 왼쪽 맞춤	가운데 맞춤	텍스트 오른쪽 맞춤	내어쓰기	들여쓰기	
3		엑셀 2010	엑셀 2010	엑셀 2010	엑셀 2010	엑셀 2010	
4							

⑩ 텍스트 줄 바꿈 : 한 셀에 여러 줄로 텍스트를 표시하여 모든 내용을 표시합니다.

⑪ 병합하고 가운데 맞춤 : 범위 지정한 영역을 셀 병합하여 하나의 셀로 표시하고 텍스트는 가운데에 표시합니다.

◢	A	B	C	D	E	F
1						
2		텍스트 줄 바꿈	병합하고 가운데 맞춤			
3		엑셀 2010에서는 리본 메뉴로 바뀌어 사용자에게 좀 더 편하게 사용할 수 있습니다.	엑셀 2010			
4						

⑫ 추가 옵션 : [셀 서식] 대화상자의 [맞춤] 탭을 나타냅니다.

제목에 글꼴 서식 지정하기

③ [B2] 셀을 선택한 후 [홈] 탭의 [글꼴] 그룹에서 글꼴(HY헤드라인M), 글꼴 스타일(굵게), 크기(16), 글꼴 색(진한 파랑)을 선택합니다.

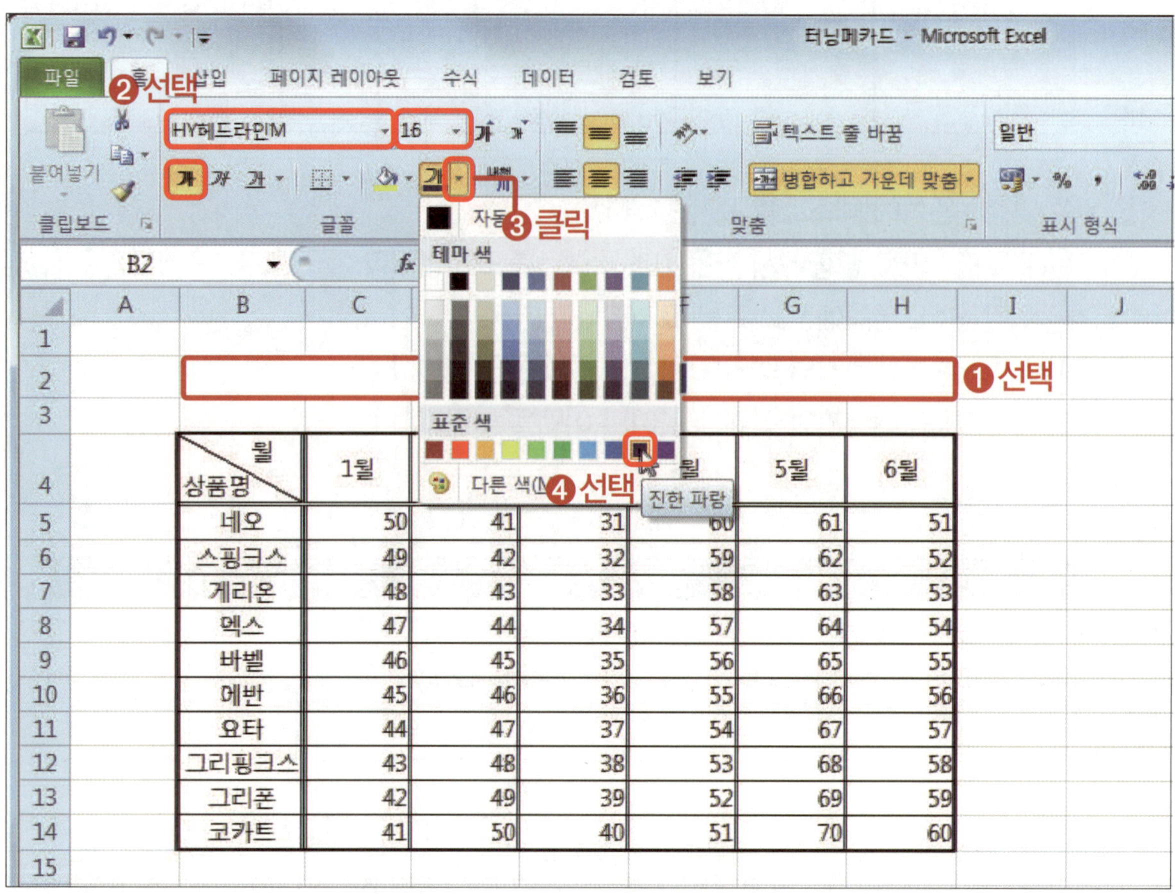

	월 상품명	1월				5월	6월
5	네오	50	41	31	60	61	51
6	스핑크스	49	42	32	59	62	52
7	게리온	48	43	33	58	63	53
8	엑스	47	44	34	57	64	54
9	바벨	46	45	35	56	65	55
10	에반	45	46	36	55	66	56
11	요타	44	47	37	54	67	57
12	그리핑크스	43	48	38	53	68	58
13	그리폰	42	49	39	52	69	59
14	코카트	41	50	40	51	70	60

실력쑥쑥 TIP　　[셀 서식] 대화상자를 실행하는 방법

- 마우스 오른쪽 단추 : [셀 서식]
- 바로 가기 키 : Ctrl + 1
- 리본 메뉴 : [홈] 탭의 [글꼴], [맞춤], [표시 형식] 그룹의 오른쪽 하단 [추가 옵션]

내용에 글꼴 서식 지정하기

④ [B4:H4] 영역과 [B5:B14] 영역을 범위 지정한 후 [홈] 탭의 [글꼴] 그룹에서 [굵게 가] 단추를 클릭하고 [채우기 색] 단추를 클릭하여 [파랑 강조 1, 60% 더 밝게]를 클릭합니다.

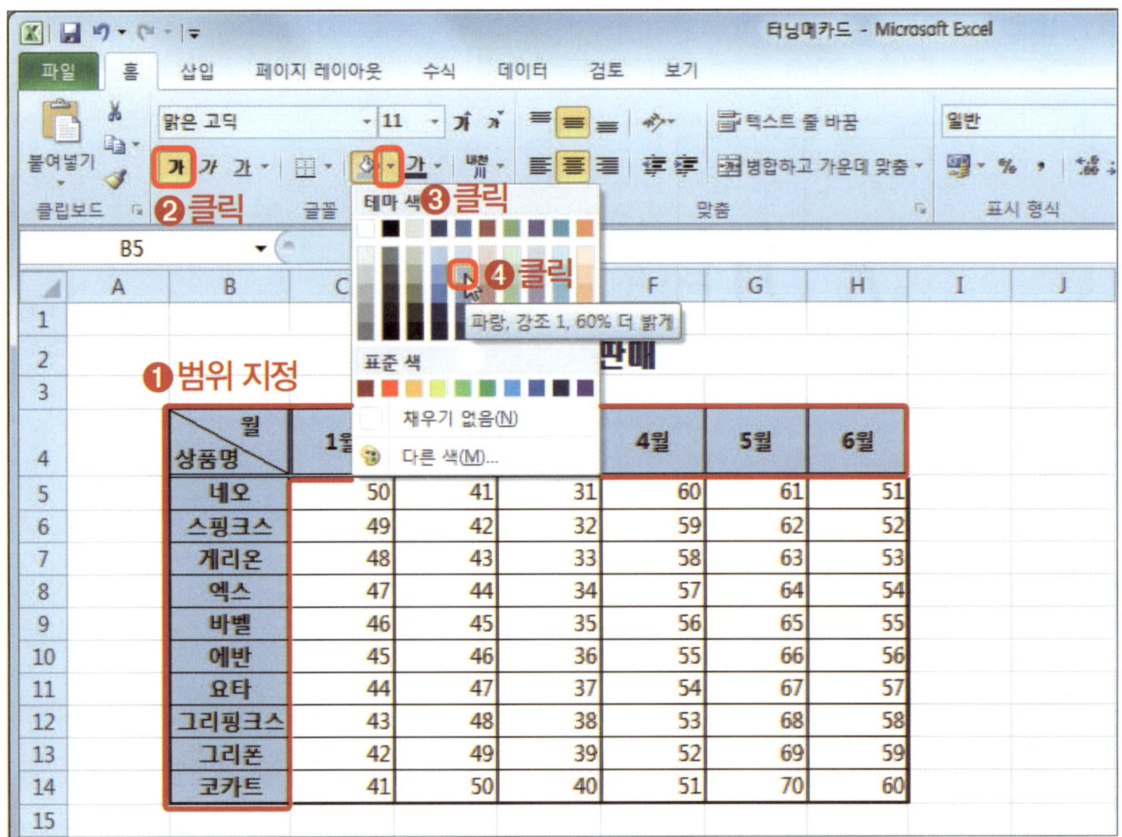

실력쑥쑥 TIP [글꼴] 그룹

① 글꼴 : 글꼴 이름을 변경합니다.

② 글꼴 크기 : 글꼴의 크기를 변경합니다.

③ 글꼴 크기 크게 : 글꼴의 크기를 크게 합니다.

④ 글꼴 크기 작게 : 글꼴의 크기를 작게 합니다.

⑤ 굵게 : 텍스트를 굵게 표시합니다.

⑥ 기울임꼴 : 텍스트를 비스듬하게 표시합니다.

⑦ 밑줄 : 텍스트 아래에 밑줄이나 이중 밑줄을 표시합니다.

A	B	C	D	E	F
1					
2	굵게	기울임꼴	밑줄	밑줄(이중 밑줄)	
3	엑셀 2010	엑셀 2010	엑셀 2010	엑셀 2010	
4					

⑧ 테두리 : 셀에 테두리를 적용합니다.

⑨ 채우기 색 : 셀에 배경색을 지정합니다.

⑩ 글꼴 색 : 텍스트 색을 변경합니다.

⑪ 윗주 필드 표시/숨기기 : 윗주를 표시하거나 숨깁니다. 윗주는 셀의 항목에 대한 설명을 남
길 때 사용하는 것으로 주로 같은 이름의 항목이 두 개 있을 경우 각각을 한자나 영어로 구
분해주는 등 다국어 기능을 지원하기 위해 사용합니다.

⑫ 추가 옵션 : [셀 서식] 대화상자의 [글꼴] 탭을 나타냅니다.

실습3 행 높이와 열 너비를 조절하고 행 삽입하기

하나의 행이나 열 너비를 조절하는 방법과 여러 행 또는 여러 열을 한꺼번에 조절하는 방법을 살펴보도록 하겠습니다. 또한, 중간에 행이나 열을 삽입하는 방법을 살펴보도록 하겠습니다.

행 높이 조절하기

1 행 머리글 1행을 마우스 오른쪽 단추로 클릭한 후 **[행 높이]**를 클릭합니다.

2 [행 높이] 대화상자에서 「10」을 입력하고 [확인] 단추를 클릭합니다.

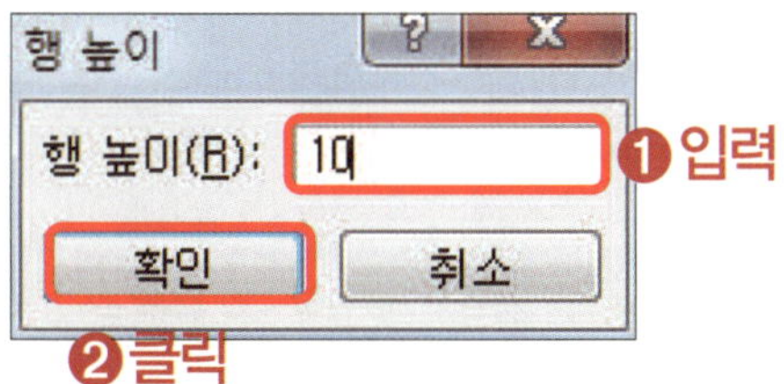

열 너비 조절하기

3 A열을 마우스 오른쪽 단추로 클릭하여 [열 너비]를 클릭합니다.

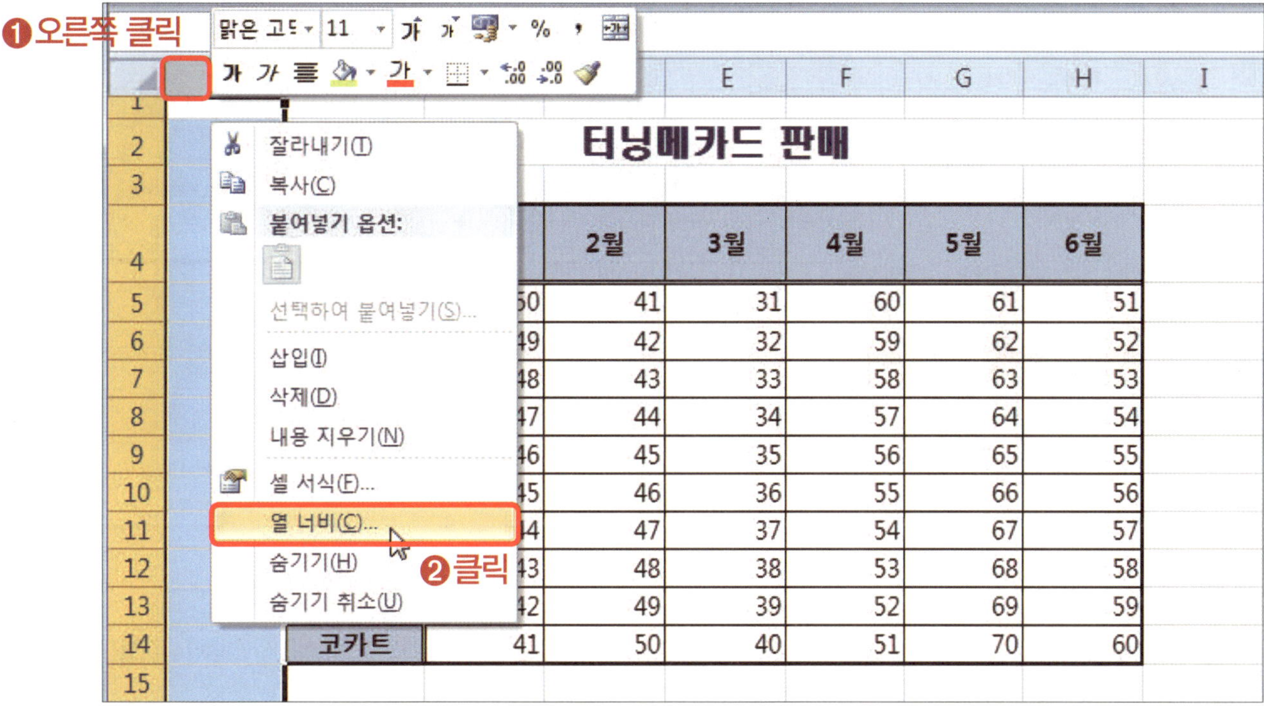

열 머리글 A와 B 경계라인을 드래그하여 열 너비를 조절할 수 있습니다.

4 [열 너비] 대화상자에서 「1」을 입력하고 [확인] 단추를 클릭합니다.

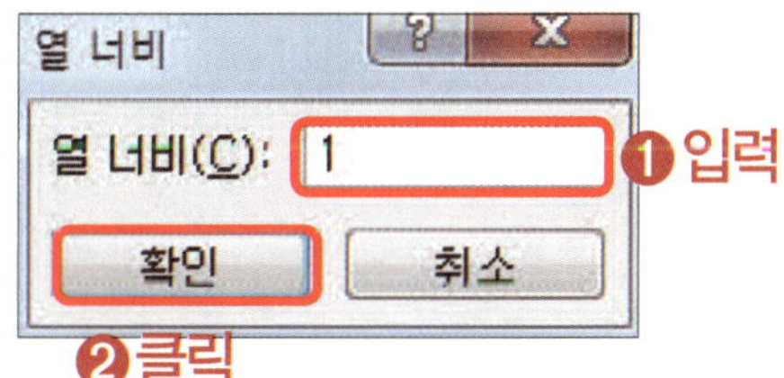

여러 행 높이 조절하기

5 **행 머리글 5행**에서 **드래그하여 14행**까지 범위를 지정한 후 마우스 오른쪽 단추를 클릭하여 **[행 높이]를 클릭**합니다.

TIP 여러 행을 한꺼번에 범위 지정한 후 마지막 행(14행과 15행)의 경계라인에서 드래그하여 직접 높이를 조절할 수 있습니다.

6 [행 높이] 대화상자에서 「20」을 입력하고 [확인] 단추를 클릭합니다.

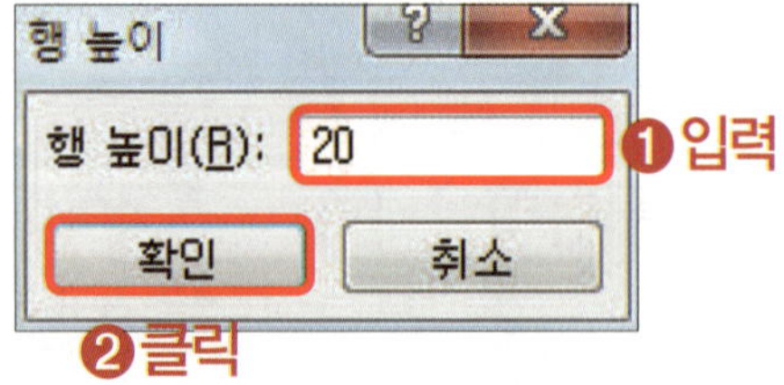

내용에 맞추어 열 너비 조절

[A1] 셀의 내용이 길어서 [B1] 셀에 걸쳐서 표시됩니다. [B1] 셀에 텍스트가 없어서 표시가 되지만 만약 데이터가 있으면 [A1] 셀의 내용이 화면에 모두 표시되지 않습니다.

① 열 머리글 A와 B 경계라인에서 더블 클릭합니다.

② A열 너비가 자동으로 셀에 내용에 맞추어 조절됩니다.

행(열) 삽입/행(열) 삭제

중간에 추가적인 자료를 입력하고자 할 때에는 추가하고자 하는 행(열) 머리글에서 마우스 오른쪽 단추를 클릭하여 [삽입]을 클릭합니다.

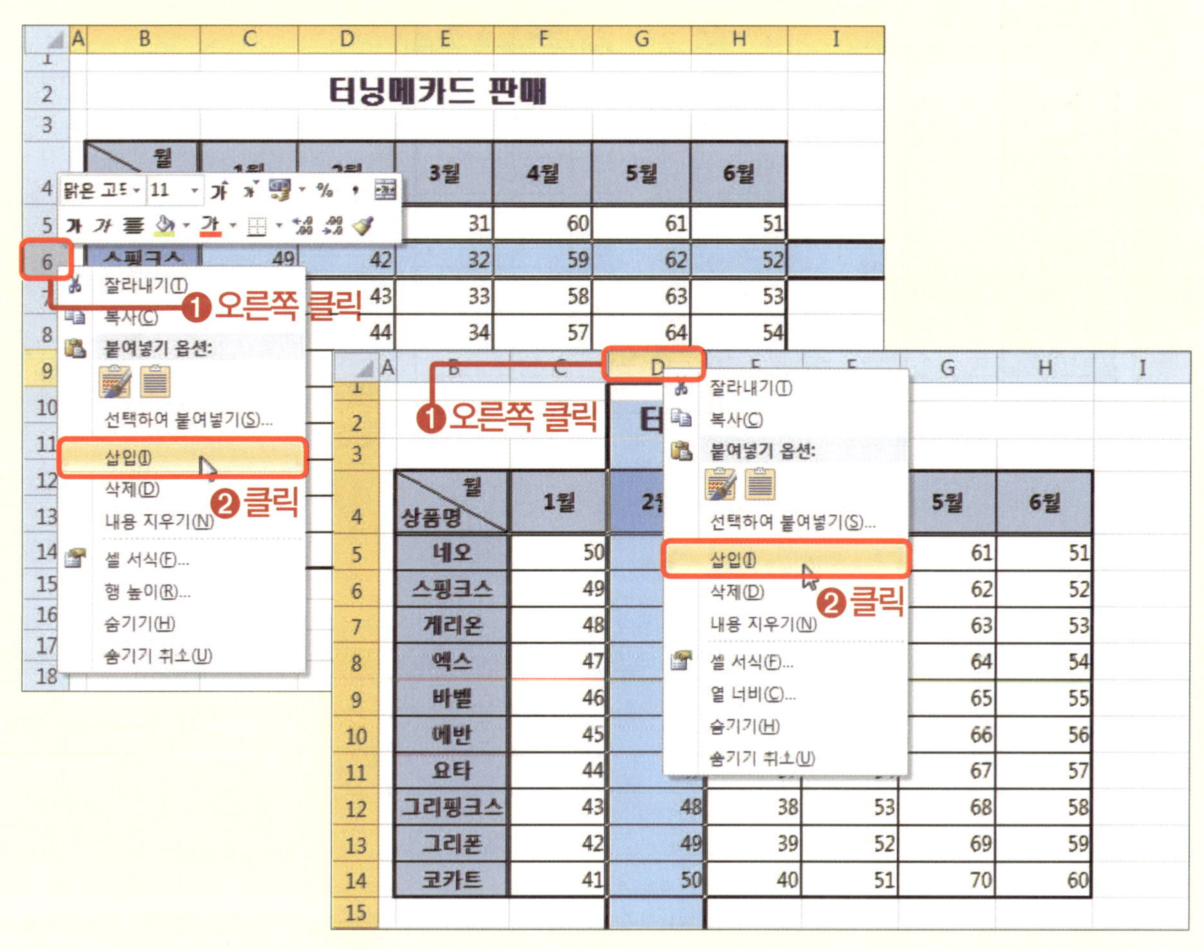

삭제하려는 자료가 있다면 삭제하고자 하는 행(열) 머리글에서 마우스 오른쪽 단추를 클릭하여 [삭제]를 클릭합니다.

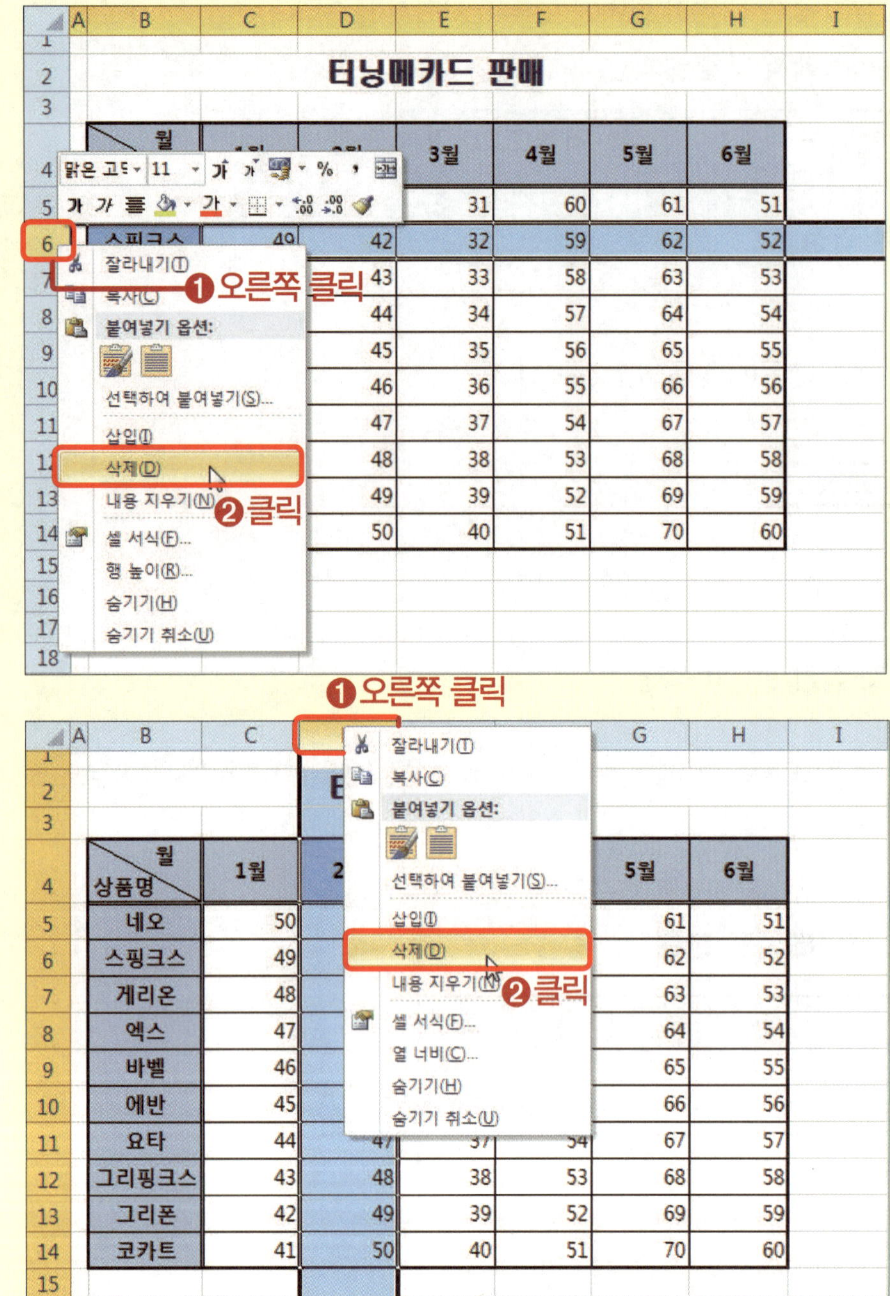

실습4 워크시트 관리하기

동일한 내용을 각각 워크시트에 따라 입력하지 않고 복사해서 사용할 수 있으며, 시트에 이름을 입력하여 워크시트를 효율적으로 관리할 수 있습니다.

시트 이름 바꾸기

1 시트 이름을 바꾸기 위해 'Sheet1'을 더블 클릭합니다.

월 / 상품명	1월	2월	3월	4월	5월	6월
네오	50	41	31	60	61	51
스핑크스	49	42	32	59	62	52
게리온	48	43	33	58	63	53
엑스	47	44	34	57	64	54
바벨	46	45	35	56	65	55
에반	45	46	36	55	66	56
요타	44	47	37	54	67	57
그리핑크스	43	48	38	53	68	58
그리폰	42	49	39	52	69	59
코카트	41	50	40	51	70	60

표 제목: **터닝메카드 판매**

더블 클릭
Sheet1 Sheet2 Sheet3

TIP 시트 이름을 바꿀 때에는 시트명에서 마우스 오른쪽 단추를 클릭하여 [이름 바꾸기]를 선택하고 수정할 수 있습니다.

❷ 「상반기」를 입력하고 Enter 키를 누릅니다.

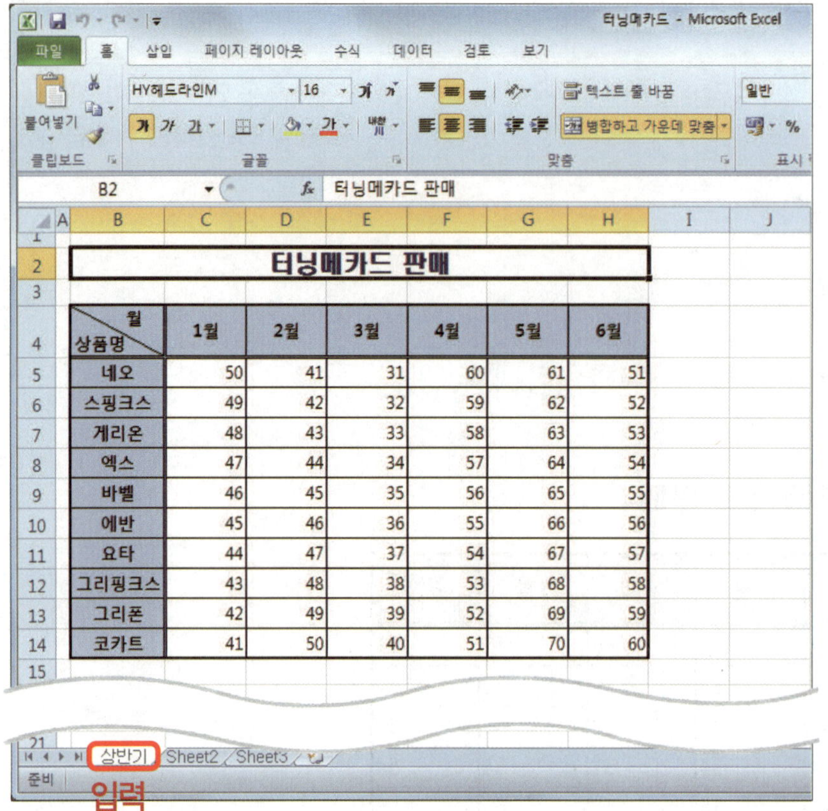

시트 복사하기

❸ 시트 '상반기'를 선택한 후 Ctrl 키를 누른 상태로 '상반기'와 'Sheet2' 사이로 드래그합니다.

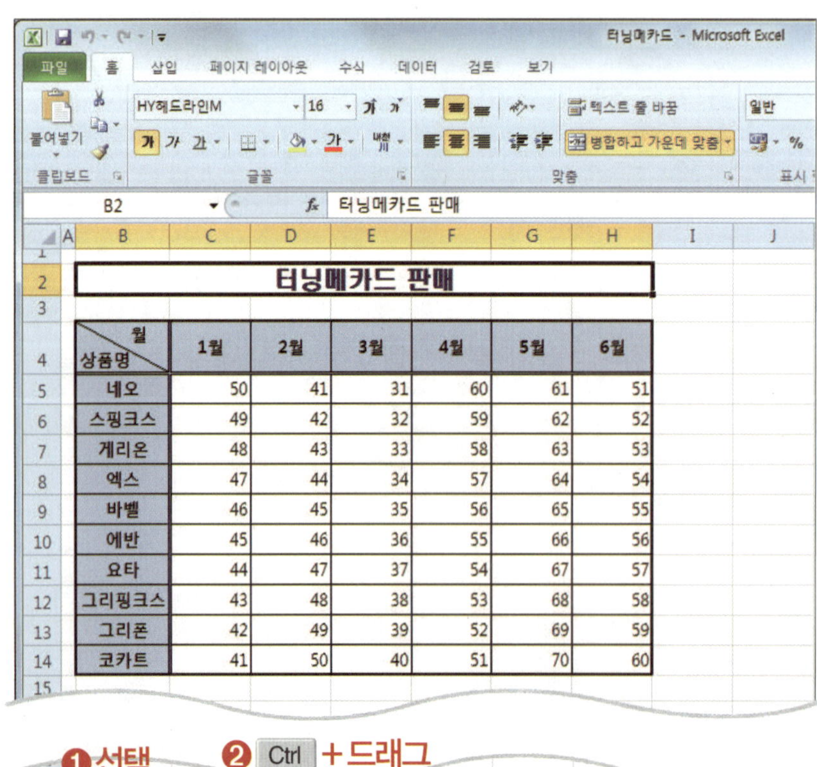

TIP

시트를 이동할 때에는 Ctrl 키를 누르지 않고 그냥 드래그하면 이동이 됩니다.

4 시트가 복사되며 시트명이 '상반기 (2)'로 표시됩니다. 시트명을 더블 클릭하여 「하반기」를 입력하고 Enter 키를 누릅니다.

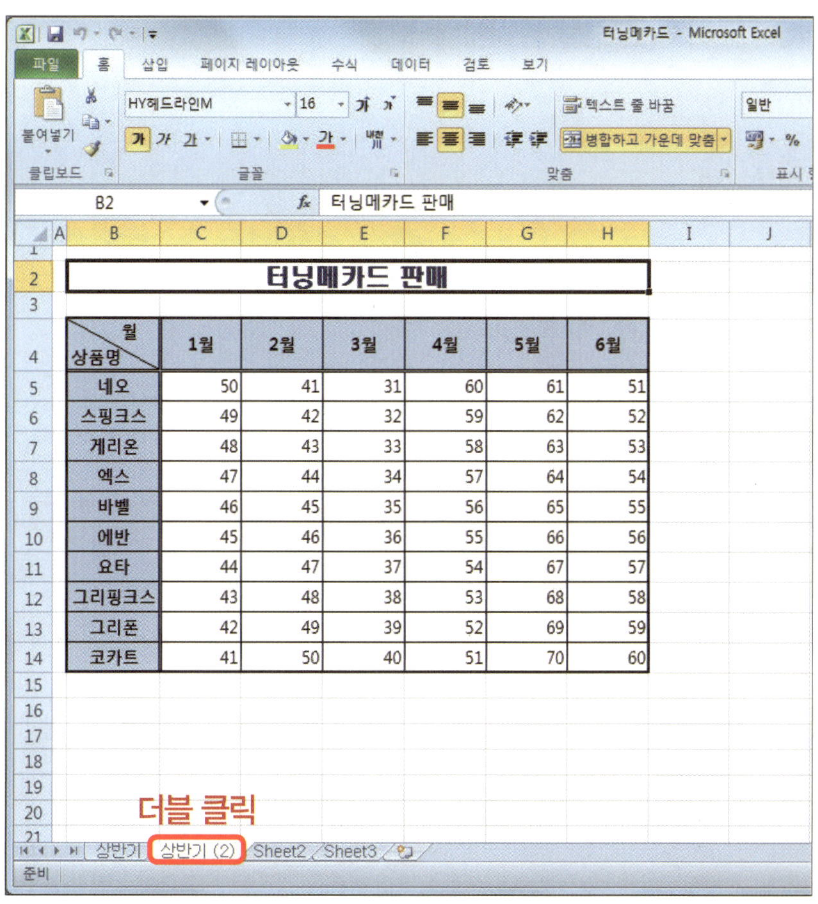

5 '하반기' 시트의 [C4] 셀을 「7월」로 수정한 후 채우기 핸들을 이용하여 [H4] 셀까지 드래그한 후 [채우기 옵션]을 클릭하여 '서식 없이 채우기'를 선택합니다.

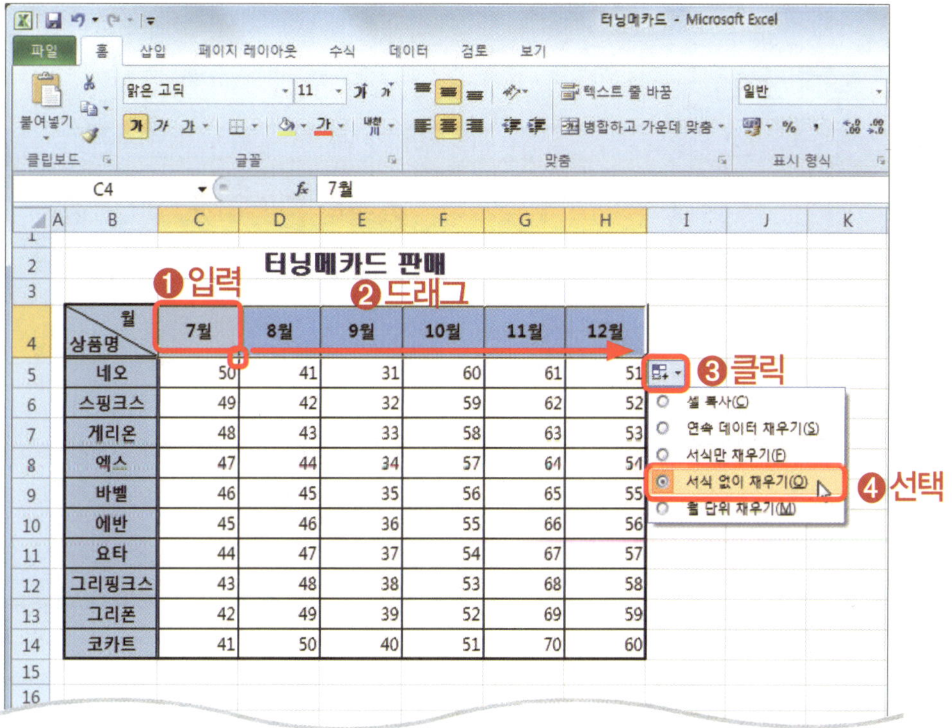

채우기 핸들을 드래그하면 숫자는 1씩 증가하고 문자는 복사되면서 서식까지 복사되어, 마지막 [H4]셀 테두리선의 오른쪽이 굵은선에서 실선으로 바뀝니다. 다시 테두리 작업을 하지 않게 [서식 없이 채우기]를 클릭합니다.

실력쑥쑥 TIP 시트 삽입/삭제

[홈] 탭의 [셀] 그룹에서 [삽입]-[시트 삽입]을 클릭하거나 시트명에서 마우스 오른쪽 단추를 클릭한 후 [삽입]을 클릭하여 시트를 삽입할 수 있습니다.

[홈] 탭의 [셀] 그룹에서 [삭제]-[시트 삭제]를 클릭하거나 시트명에서 마우스 오른쪽 단추를 클릭하여 [삭제]를 클릭하면 시트를 삭제할 수 있습니다.

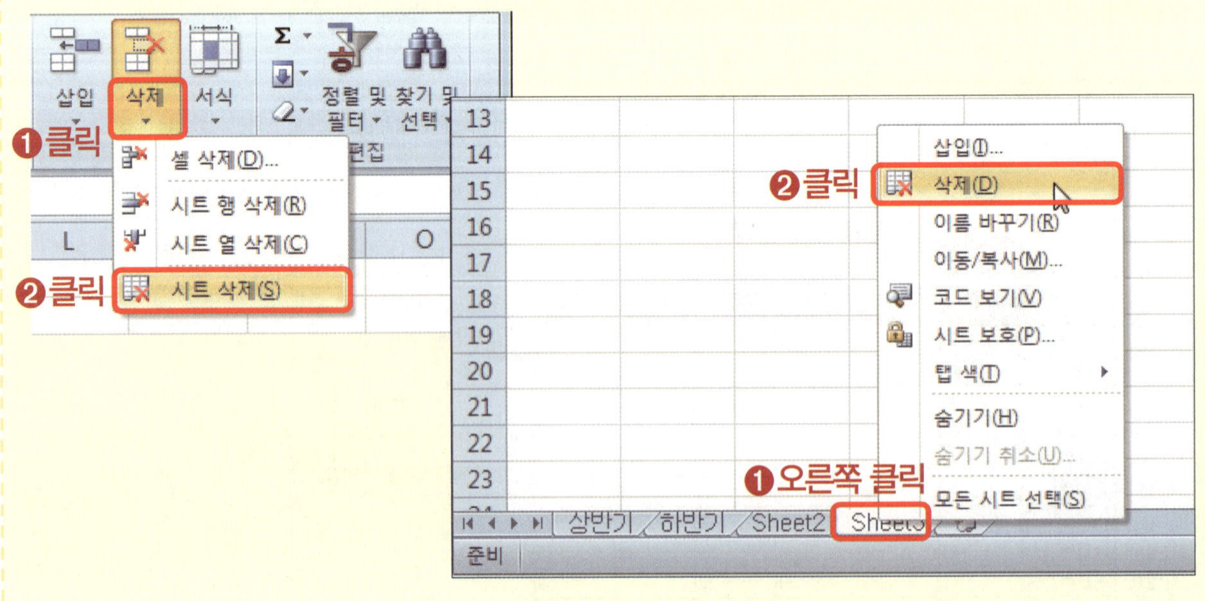

● 완성파일 : 엑셀2010\3장\혼자풀어보기(완성).xlsx

1 다음과 같이 데이터를 입력하고 서식을 지정해 봅니다.

▶ 제목 : [B2:H2] 영역에 병합하고 가운데 맞춤, HY헤드라인M, 크기 18포인트, 채우기 색(황록색, 강조 3, 50% 더 어둡게), 글꼴 색(흰색)

▶ 제목 행 : [B4:H4] 영역은 글꼴 '굵게', 채우기 색(황록색, 강조 3, 60% 더 밝게), 가운데 맞춤

▶ 본문 : [B5:H9] 영역은 가운데 맞춤

▶ 열 너비 : A열의 너비는 '1', B열~H열의 너비는 '10'

▶ 행 높이 : 1행은 '10', 2행은 '35', 5행~9행의 높이는 '25'

부서＼월	1월	2월	3월	4월	5월	6월
영업1부	85	80	95	85	90	95
영업2부	95	75	100	90	90	85
영업3부	85	85	85	95	95	85
영업4부	85	70	90	95	85	90
영업5부	90	75	85	95	85	95

Hint!
- 테두리 서식을 지정할 셀 또는 범위를 지정한 후 [홈] 탭의 [글꼴] 그룹에서 [테두리] 단추를 이용합니다. 대각선은 [테두리]-[다른 테두리]를 이용해 지정할 수 있습니다.
- [홈] 탭의 [글꼴] 그룹을 이용하여 맞춤 서식, 글꼴 서식을 지정할 수 있습니다.
- 행의 높이, 열의 너비는 같은 값을 지정할 영역을 한꺼번에 범위 지정한 후 행 머리글, 열 머리글에서 마우스 오른쪽 단추를 클릭하여 [행 높이], [열 너비] 값을 지정합니다.

2 다음과 같이 데이터를 입력하고 서식을 지정해 봅니다.

▶ 제목 : [B2:J2] 영역에 병합하고 가운데 맞춤, 굴림체, 크기(16), 채우기 색(진한 파랑), 글꼴 색(흰색)

▶ 제목 행 : [B4:J4] 영역은 글꼴 '굵게', 채우기 색(진한 파랑, 텍스트2, 80% 더 밝게), 가운데 맞춤

▶ 본문 : [B5:J11] 영역은 가운데 맞춤

▶ 열 너비 : C열 ~ J열의 너비는 '12', A열의 너비는 '1'

▶ 행 높이 : 2행은 '30', 5행 ~ 11행의 높이는 '25'

▶ [B9:J9] 영역을 셀 병합하여 '점심시간'을 입력

정거장\시간	서초래미안	2호선 교대역	교육대학 후문	남부터미널	서초우체국	현대아파트	무지개아파트	신동아상가
9:00	9:05	9:10	9:15	9:20	9:25	9:30	9:35	9:40
10:00	10:05	10:10	10:15	10:20	10:25	10:30	10:35	10:40
11:00	11:05	11:10	11:15	11:20	11:25	11:30	11:35	11:40
12:00	12:05	12:10	12:15	12:20	12:25	12:30	12:35	12:40
점 심 시 간								
14:00	14:05	14:10	14:15	14:20	14:25	14:30	14:35	14:40
15:00	15:05	15:10	15:15	15:20	15:25	15:30	15:35	15:40

> **Hint!**
> - [B5] 셀에 '9:00' 시간을 입력하여 [B11] 셀까지 채우기 핸들로 드래그합니다.
> - [C5] 셀에 '9:05' 시간을 입력한 후 [B5:C5] 영역을 범위 지정하여 [J5] 셀까지 채우기 핸들로 드래그합니다.
> - 한 셀에 두 줄을 입력할 때에는 Alt + Enter 키를 활용할 수 있습니다.
> - 테두리 서식을 지정할 셀 또는 범위를 지정한 후 [홈] 탭의 [글꼴] 그룹에서 [테두리] 단추를 이용합니다. 대각선은 [테두리]-[다른 테두리]를 이용해 지정할 수 있습니다.
> - [B9:J9] 영역을 셀 병합하면 메시지가 표시되며 기존 데이터는 다 지워지고 [B9] 셀 하나만 표시됩니다.

3 다음과 같이 데이터를 입력하고 서식을 지정해 봅니다.

▶ 제목 : [A1:R1] 영역에 병합하고 가운데 맞춤, HY동녘M, 크기(20), 굵게, 채우기 색(자주, 강조4, 50% 더 어둡게), 글꼴 색(흰색)

▶ 셀 병합 : [A3:B3], [E3:G3], [H3:J3], [A4:C4], [D4:F4], [A5:A7], [B5:B7], [D4:F4], [D5:F5], [D7:F7]

▶ 텍스트 : 가운데 맞춤

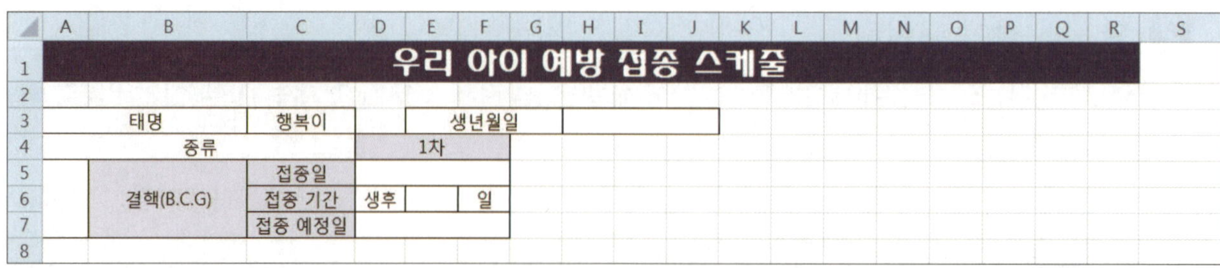

> **Hint!** Ctrl 키를 이용하여 떨어져 있는 영역을 한꺼번에 범위 지정하여 [병합하고 가운데 맞춤]을 클릭합니다.

4 다음과 같이 서식을 복사한 후 데이터를 수정하고 시트를 복사한 후 시트명을 수정해 봅니다.

▶ [A5:A22] 영역은 셀 병합, 텍스트 방향은 '세로 방향'

▶ '시트명'을 '첫째'로 수정하고 시트를 복사하여 '둘째', '셋째'로 수정

▶ 불필요한 시트는 삭제

	A	B	C	D	E	F	G	H	I	J	K	L	M	N	O	P	Q	R	S
1	우리 아이 예방 접종 스케줄																		
2																			
3		태명		행복이			생년월일												
4		종류			1차			2차			3차			4차			5차		
5	기본접종	결핵(B.C.G)		접종일															
6				접종 기간	생후	28	일	생후		일	생후		일	생후		일	생후		일
7				접종 예정일															
8		B형 간염		접종일															
9				접종 기간	생후	0	일	생후	30	일	생후	180	일	생후		일	생후		일
10				접종 예정일															
11		DTaP (디프테리아, 파상풍, 백일해)		접종일															
12				접종 기간	생후	60	일	생후	120	일	생후	180	일	생후	540	일	생후	1440	일
13				접종 예정일															
14		폴리오 IPV		접종일															
15				접종 기간	생후	60	일	생후	120	일	생후	180	일	생후	1440	일	생후		일
16				접종 예정일															
17		Hib(뇌수막염)		접종일															
18				접종 기간	생후	60	일	생후	120	일	생후	180	일	생후	360	일	생후		일
19				접종 예정일															
20		수두		접종일															
21				접종 기간	생후	360	일	생후		일	생후		일	생후		일	생후		일
22				접종 예정일															
23																			

첫째 / 둘째 / 셋째

• [D4] 셀을 선택한 후 채우기 핸들을 이용하여 [R4] 셀까지 드래그합니다.

• [D5:F7] 영역을 범위 지정한 후 Ctrl 키를 누른 상태에서 채우기 핸들을 이용하여 [R7] 셀까지 드래그합니다.

• [A5:R7] 영역을 범위 지정한 후 Ctrl 키를 누른 상태에서 채우기 핸들을 이용하여 [R22] 셀까지 드래그합니다.

04장 다양한 서식과 데이터 분석

좀 더 다양한 서식을 지정하기 위해 사용자 지정 서식을 사용하는 방법을 익히고 코드를 사용하여 직접 서식을 지정해 봅니다. 셀 스타일, 표 스타일, 조건부 서식을 지정해 봅니다. 데이터 가상 분석 시나리오와 목표값 찾기를 이용하여 데이터를 분석해 봅니다.

완성파일 미리보기

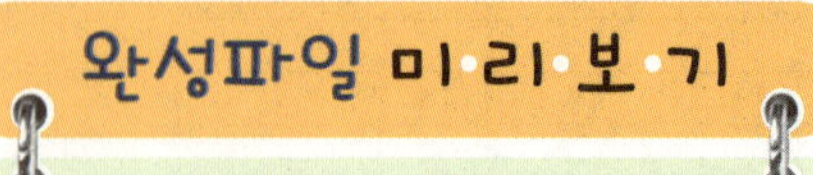

- 예제파일 : 엑셀2010₩4장₩서식과분석.xlsx
- 완성파일 : 엑셀2010₩4장₩서식과분석(완성).xlsx

회원명단

	이름	생년월일	탄생요일	가입기간	회비	찬조금	참석율
4	김애란씨	1985년 10월 20일	일요일	3년	₩30,000	20,000원	80%
5	박선정씨	1983년 07월 09일	토요일	3년	₩30,000	30,000원	90%
6	송은주씨	1984년 09월 05일	수요일	4년			
7	오현남씨	1991년 11월 28일	목요일	1년			
8	정나미씨	1989년 03월 05일	일요일	2년			
9	조수미씨	1987년 04월 17일	금요일	2년			
10	황진희씨	1982년 05월 06일	목요일	5년			
11	최은경씨	1986년 12월 25일	목요일	4년			

시나리오 요약

	현재 값:	이익금증가	이익금감소
변경 셀:			
과목당수강료	50,000	53,000	48,000
강사료	1,000,000	970,000	1,020,000
결과 셀:			
이익합계	9,800,000	24,428,000	48,000

참고: 현재 값 열은 시나리오 요약 보고서가 작성될 때의
변경 셀 값을 나타냅니다. 각 시나리오의 변경 셀들은
회색으로 표시됩니다.

8월 학원 운영 현황

분원	전체학생수	미납학생수	입금액	강사수	강사료	기타잡비	이익
서초	513	183	16,500,000	20	20,000,000	1,000,000	- 4,500,000
강남	445	35	20,500,000	15	15,000,000	1,000,000	4,500,000
송파	777	76	35,050,000	30	30,000,000	1,000,000	4,050,000
대치	702	97	30,250,000	25	25,000,000	1,000,000	4,250,000
방배	768	50	35,900,000	29	29,000,000	1,000,000	5,900,000
양재	646	54	29,600,000	28	27,600,000	1,000,000	1,000,000
합계	3729	480	167,800,000	147	146,600,000	1,000,000	15,200,000

과목당수강료	강사료
50,000	1,000,000

체크포인트

- **실습1** 표시 형식을 이용하여 좀 더 쉽게 이해할 수 있는 서식을 지정해 봅니다.
- **실습2** 셀 스타일과 표 서식을 이용하여 문서를 꾸며 봅니다.
- **실습3** 조건부 서식을 이용하여 조건에 만족하는 데이터에 서식을 지정해 봅니다.
- **실습4** 시나리오 기능을 이용하여 값의 변화에 따른 결과값을 찾아봅니다.
- **실습5** 목표값 찾기 기능을 이용하여 찾는 값을 구하기 위해서 특정 셀의 값을 찾아봅니다.

표시 형식을 활용하기

문자, 날짜, 요일, 숫자 데이터에 서식을 지정하면 좀 더 이해하기 쉽게 표시할 수 있으며, 사용자 지정 서식을 이용하여 다양한 서식을 지정할 수 있습니다.

데이터 입력하기

1 아래와 같이 데이터를 입력합니다.

	A	B	C	D	E	F	G	H
1			회원명단					
2								
3	이름	생년월일	탄생요일	가입기간	회비	찬조금	참석율	
4	김애란	1985-10-20	1985-10-20	3	30000	20000	0.8	
5	박선정	1983-07-09	1983-07-09	3	30000	30000	0.9	
6	송은주	1984-09-05	1984-09-05	4	30000		0.5	
7	오현남	1991-11-28	1991-11-28	1	30000		0.7	
8	정나미	1989-03-05	1989-03-05	2	30000		0.7	
9	조수미	1987-04-17	1987-04-17	2	30000		0.8	
10	황진희	1982-05-06	1982-05-06	5	30000	50000	0.9	
11	최은경	1986-12-25	1986-12-25	4	30000		0.6	
12								

이름 뒤에 "씨"를 붙여 표시하기

2 [A4:A11] 영역에서 마우스 오른쪽 단추를 클릭하여 [셀 서식] 메뉴를 클릭합니다.

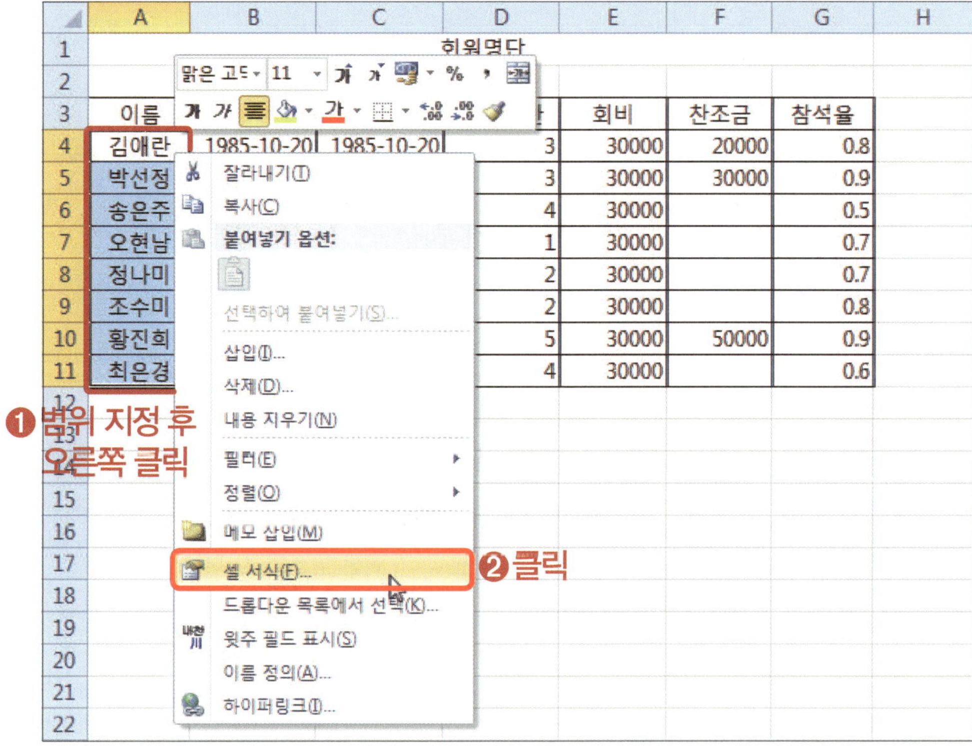

[셀 서식] 대화상자를 표시하는 방법은 범위 안에서 마우스 오른쪽 단추를 클릭하여 [셀 서식]을 선택하거나, 바로 가기 키 `Ctrl` + `1` 키로도 가능합니다.

❸ **[표시 형식] 탭**의 **'사용자 지정'**을 선택하고 형식에 「@씨」를 입력한 후 [확인] 단추를 클릭합니다.

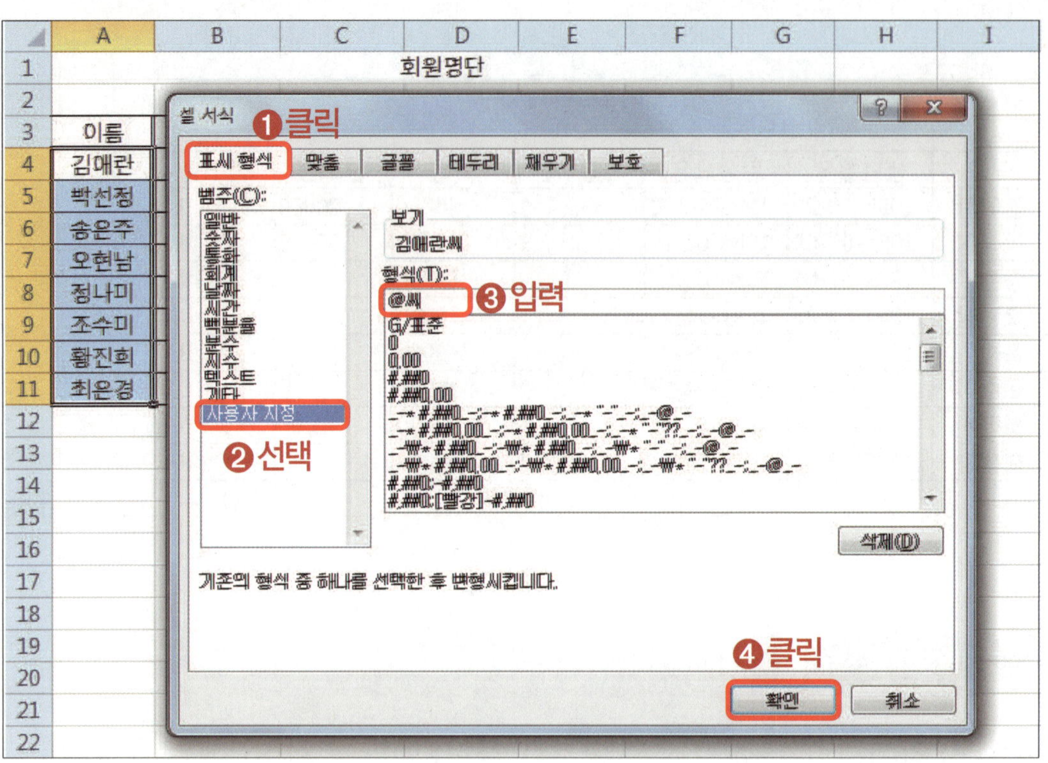

 서식 코드

코드	의미	사용 예	결과
@	문자를 대신하는 기호	@ "귀하"	김하늘 → 김하늘 귀하
#	숫자를 대신하는 기호 (필요 없는 자리는 생략)	#,###	12000 → 12,000
0	숫자를 대신하는 기호 (자릿수에 숫자 0으로 표시)	0.0	12 → 12.0
,	1,000 단위 구분 기호 표시	#,##0	0 → 0 5000 → 5,000
" "	임의의 문자열 삽입	#,##0"원"	7500 → 7,500원

날짜에 서식 지정하기

④ [B4:B11] 영역에서 마우스 오른쪽 단추를 클릭하여 [셀 서식]을 클릭합니다. [표시 형식] 탭의 '사용자 지정'을 선택하고 형식에 「yyyy년 mm월 dd일」을 입력한 후 [확인] 단추를 클릭합니다.

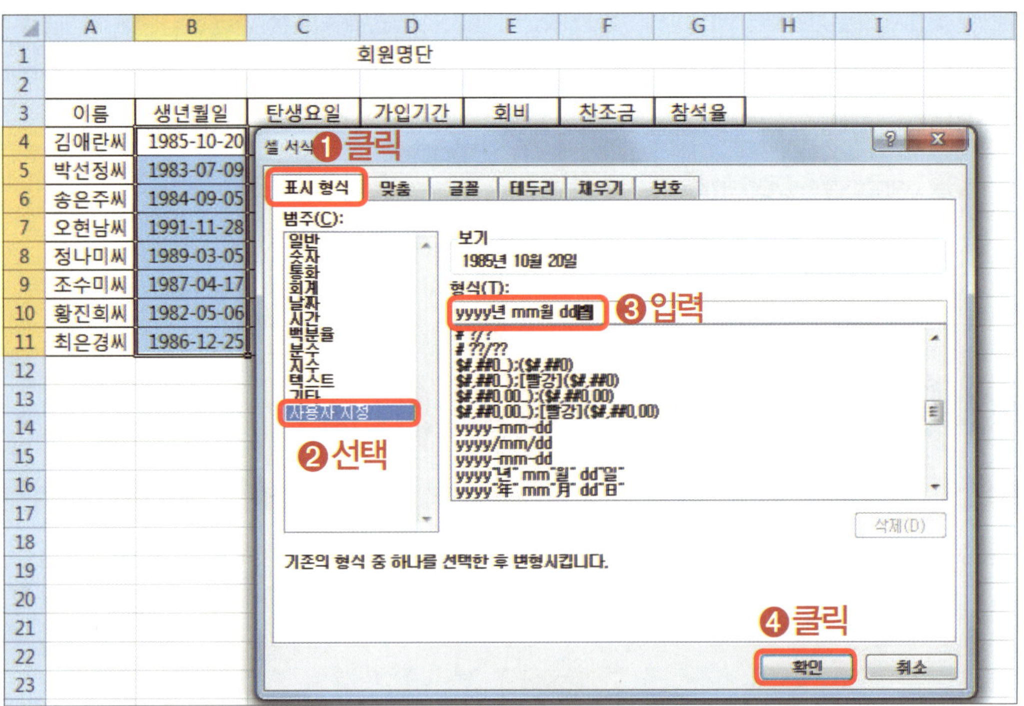

요일 표시하기

⑤ [C4:C11] 영역에서 마우스 오른쪽 단추를 클릭하여 [셀 서식]을 클릭합니다. [표시 형식] 탭의 '사용자 지정'을 선택하고 형식에 「aaaa」를 입력한 후 [확인] 단추를 클릭합니다.

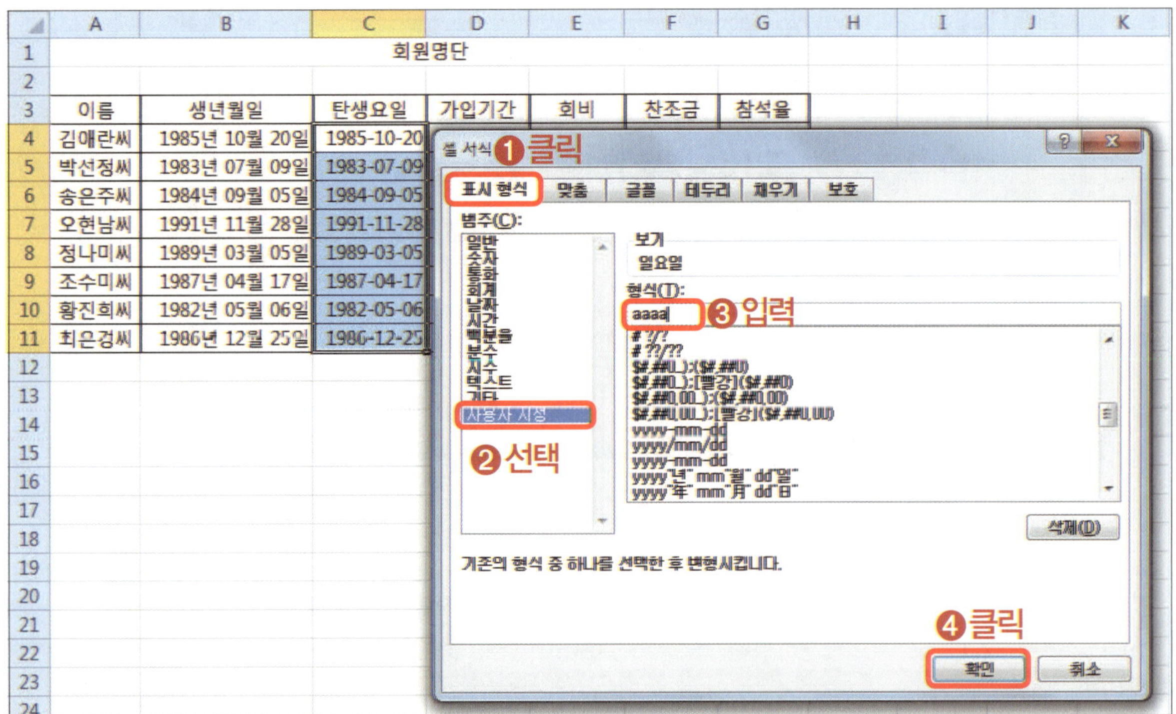

코드	의미	코드	의미
yy	년도를 2자리로 표시(16)	d	일을 1자리로 표시(1~31)
yyyy	년도를 4자리로 표시(2016)	dd	일을 2자리로 표시(01~31)
m	월을 1자리로 표시(1~12)	ddd	요일을 Mon~Sun
mm	월을 2자리로 표시(01~12)	dddd	요일을 Monday~Sunday로 표시
mmm	월을 3자리로 표시(Jan~Dec)	aaa	요일을 월~일로 표시
mmmm	월을 January~December로 표시	aaaa	요일을 월요일~일요일로 표시

가입기간 뒤에 '년'을 붙여 표시하기

6 [D4:D11] 영역에서 마우스 오른쪽 단추를 클릭하여 [셀 서식]을 클릭합니다. [표시 형식] 탭의 '일반'을 선택하고 다시 '사용자 지정'을 선택하여 형식에 「년」을 붙여 「G/표준년」으로 입력한 후 [확인] 단추를 클릭합니다.

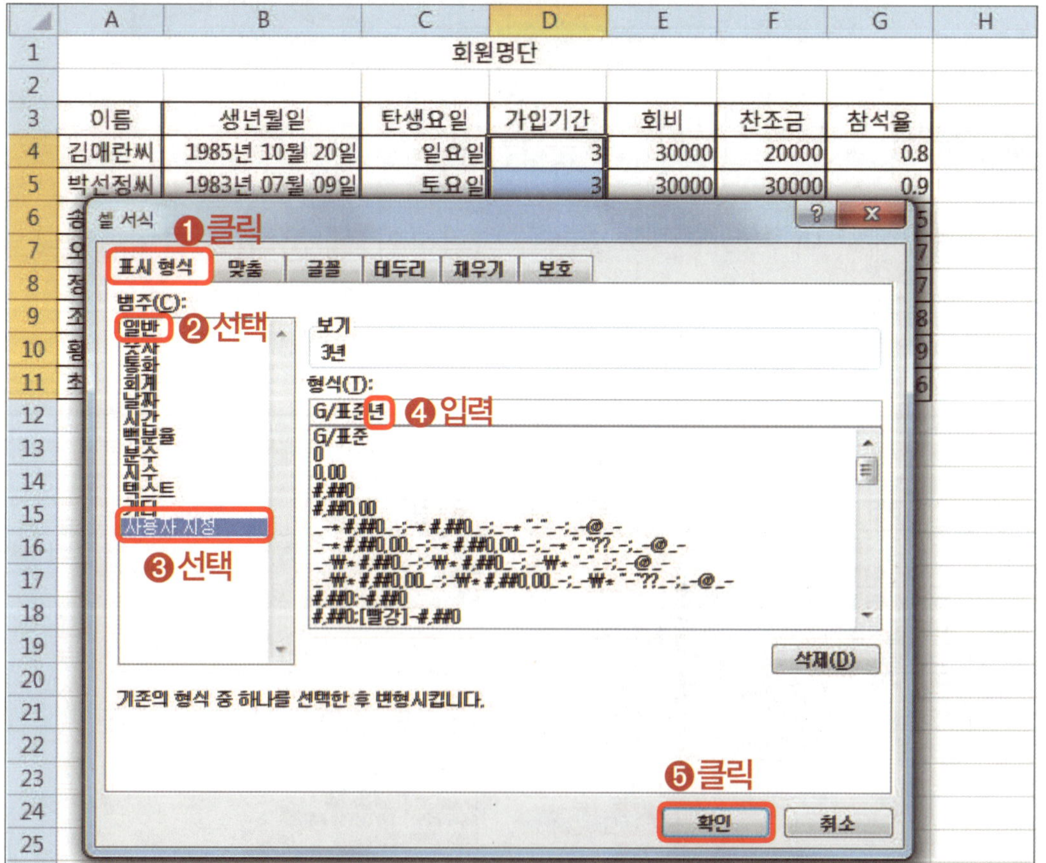

통화 기호와 천 단위 구분 기호 표시하기

7 [E4:E11] 영역을 범위 지정한 후 [홈] 탭의 [표시 형식] 그룹에서 **[통화]를 클릭**합니다.

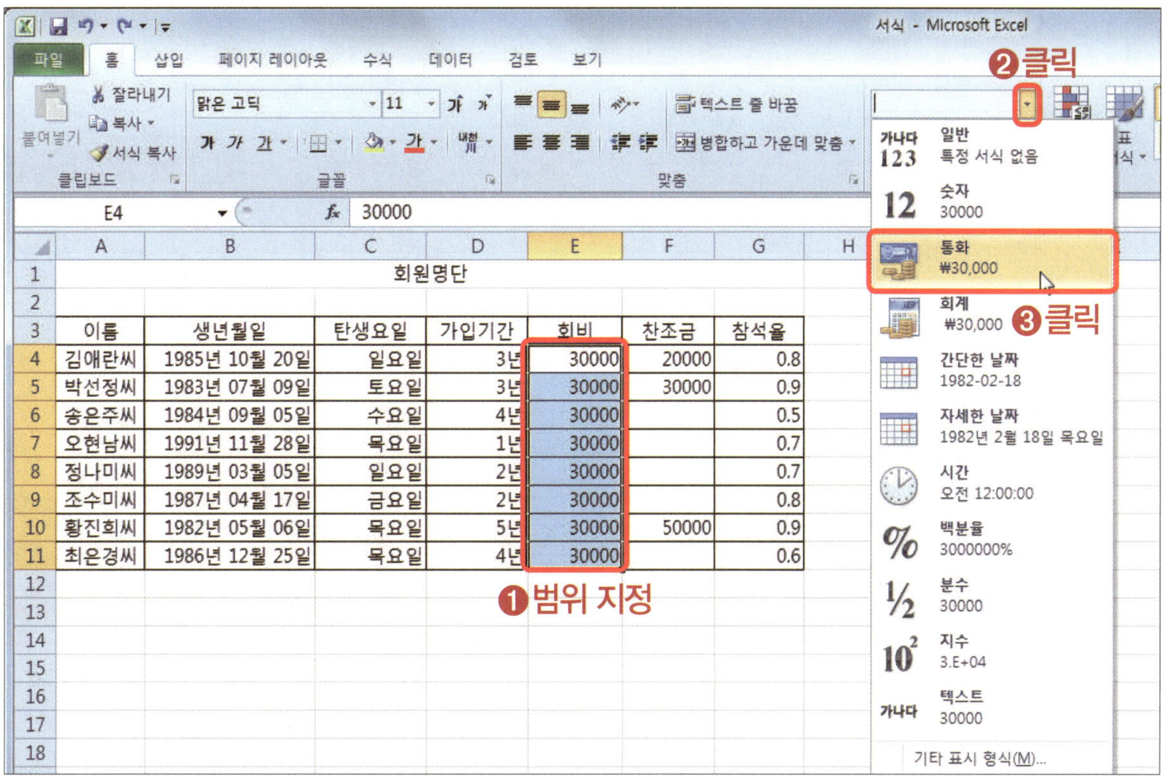

천 단위 구분 기호와 '원'을 붙여서 표시하기

8 [F4:F11] 영역에서 마우스 오른쪽 단추를 클릭하여 [셀 서식]을 클릭합니다. [표시 형식] 탭의 '사용자 지정'을 선택하고 형식에 「#,##0원」을 입력한 후 [확인] 단추를 클릭합니다.

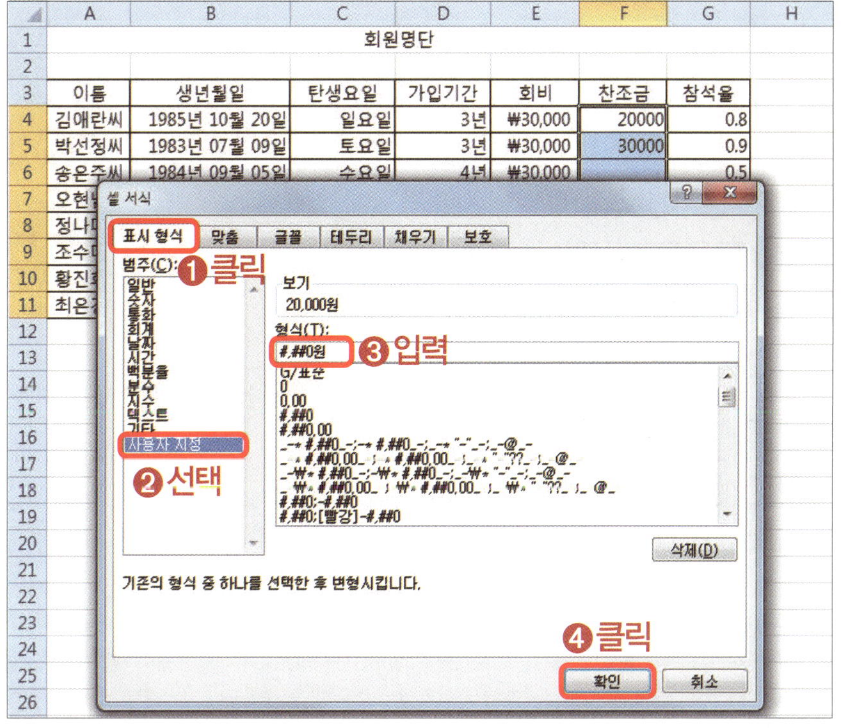

백분율로 표시하기

9 **[G4:G11]** 영역을 범위 지정한 후 [홈] 탭의 [표시 형식] 그룹에서 [백분율]을 클릭합니다.

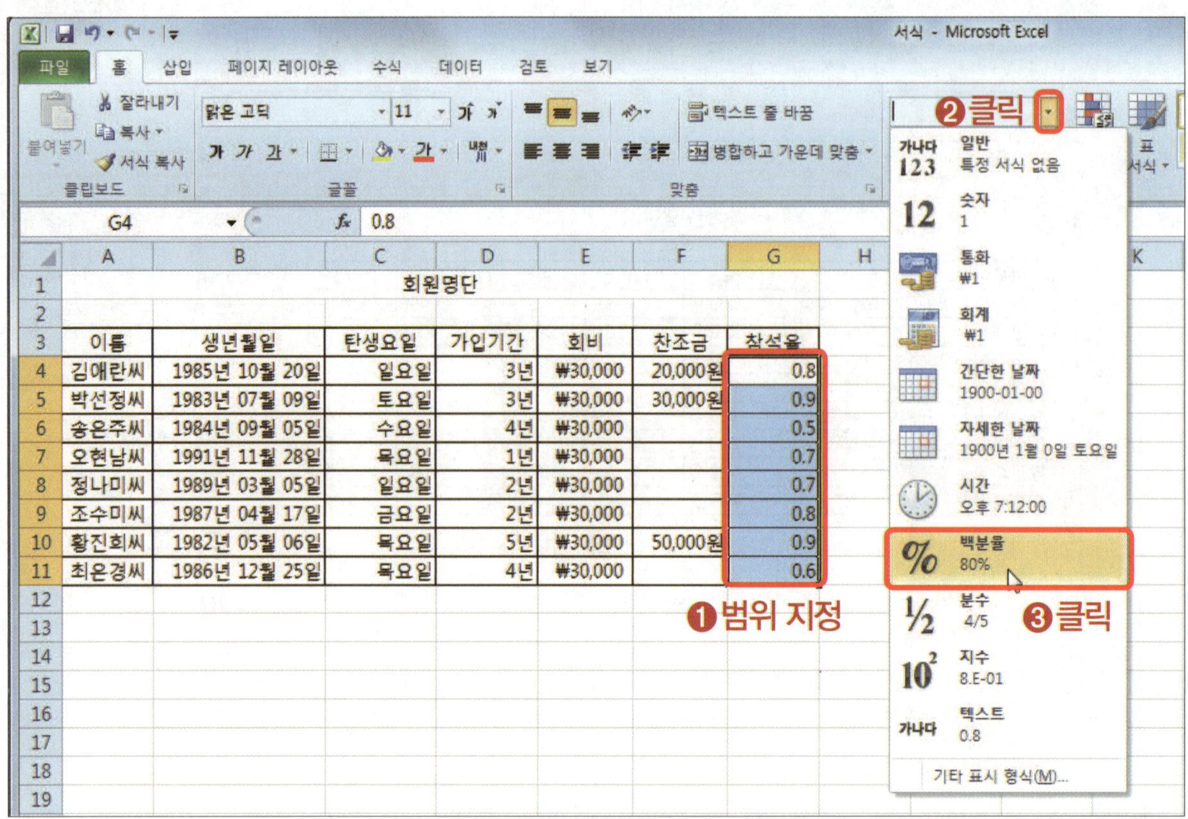

실력쑥쑥 TIP [표시 형식] 그룹

① 표시 형식 : 일반, 숫자, 통화, 간단한 날짜, 시간, 백분율 등을 선택하여 지정할 수 있습니다.

② 회계 표시 형식 : 화폐 기호(₩, ¥, ¢, £ 등)와 천 단위 구분 기호(,)를 표시합니다.

③ 백분율 스타일 : 셀값에 곱하기 100을 하여 백분율 기호(%)와 함께 표시합니다.

④ 쉼표 스타일 : 천 단위 구분 기호(,)를 표시합니다.

⑤ 자릿수 늘림 : 소수 이하 자릿수를 늘려 표시합니다.

⑥ 자릿수 줄임 : 소수 이하 자릿수를 줄여 표시합니다.

A	B	C	D	E
		자릿수 늘림	자릿수 줄임	
	8.75	8.750	8.8	

⑦ 추가 옵션 : [셀 서식] 대화상자의 [표시 형식] 탭을 나타냅니다.

 실습 **2** 셀 스타일과 표 서식을 적용하기

다양한 서식이 적용되어 있는 셀 스타일과 표를 편하게 관리할 수 있는 표 서식을 이용하여 워크시트를 쉽게 꾸밀 수 있습니다.

제목에 셀 스타일 적용하기

① [A1] 셀을 선택한 후 [홈] 탭의 [스타일] 그룹에서 **[셀 스타일]**을 클릭하고 셀 스타일에서 **'제목 및 머리글'**에 **'제목1'**을 선택합니다.

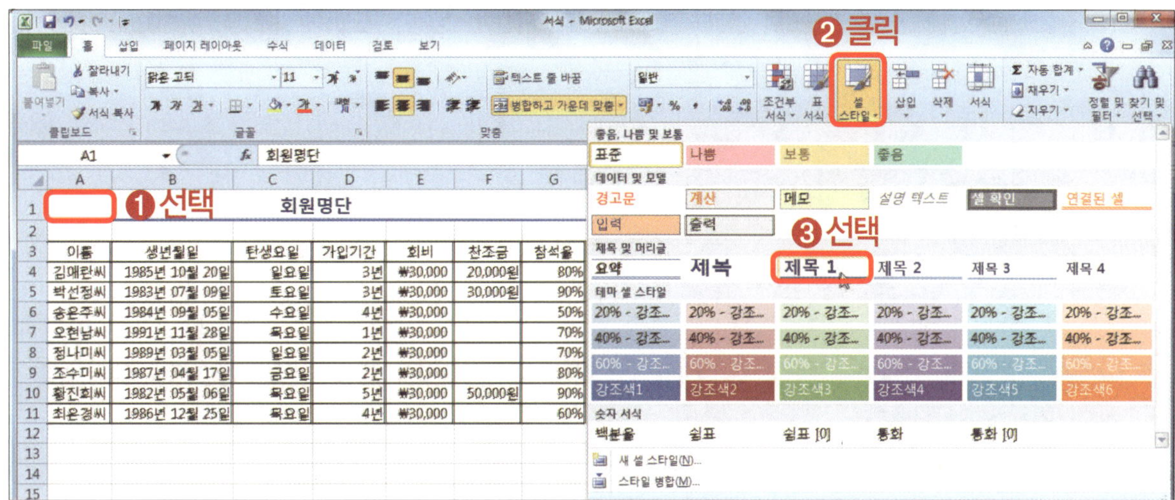

TIP 셀 스타일에서 가장 왼쪽 상단의 [표준]을 선택하면 셀 스타일과 모든 셀 서식을 지울 수 있습니다.

표 서식 지정하기

② [A3] 셀을 선택한 후 [홈] 탭의 [스타일] 그룹에서 **[표 서식]**을 클릭한 후 표 서식에 **'밝게'**에서 **'표 스타일 밝게 9'**를 선택합니다.

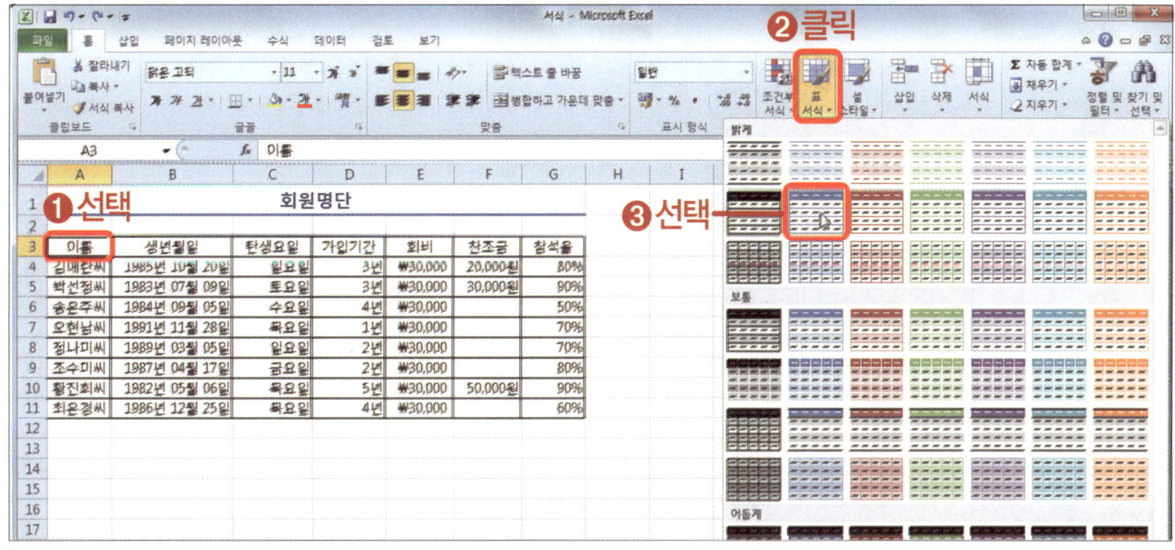

❸ [표 서식] 대화상자에 [$A$3:$G$11] 영역이 표시되면 [확인] 단추를 클릭합니다.

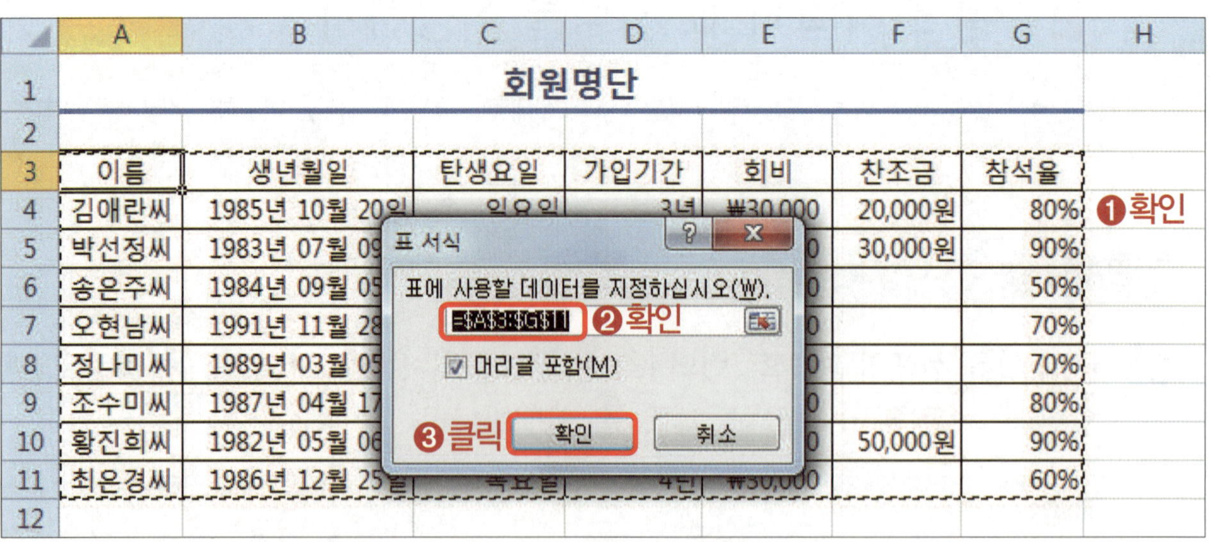

실력쑥쑥 TIP **표 서식**

- [A12] 셀에서 데이터를 추가하면 자동으로 같은 서식이 적용됩니다.
- 제목 행[A3:G3]에서 [목록 단추 ▼]를 클릭하여 데이터를 정렬하거나 필요한 데이터를 쉽게 실행할 수 있습니다.

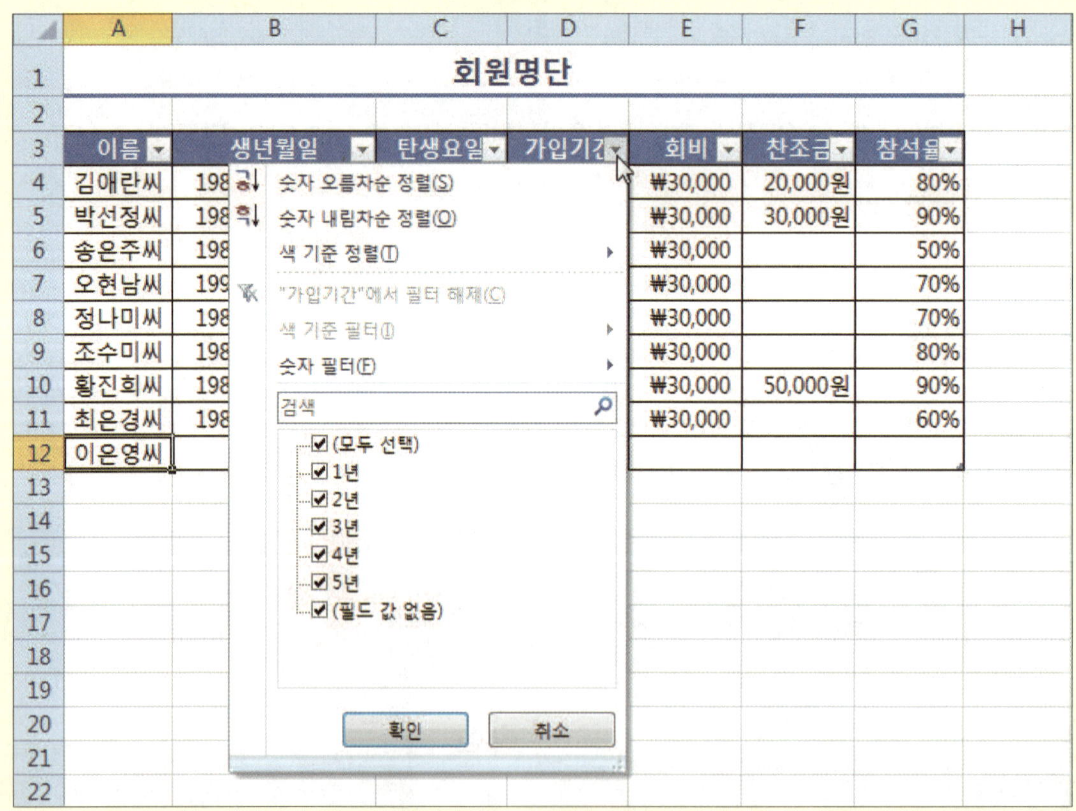

4 [A3] 셀을 선택한 후 [표 도구] – [디자인] 탭의 [도구] 그룹에서 [범위로 변환]을 클릭합니다.

실력쑥쑥 TIP

표 서식을 지정하면 데이터를 추가할 때 자동으로 서식이 지정되고, 필터 기능을 이용하여 정렬과 필요한 데이터를 추출할 수 있는 장점이 있습니다. 하지만 표 서식 안에서 셀을 병합하거나 셀을 삽입, 삭제할 수 없는 불편함이 있습니다. 셀 병합이나 셀 삽입, 삭제를 하고자 할 때에는 표를 정상 범위로 변환해야 합니다.

5 화면의 대화상자에서 [예] 단추를 클릭합니다.

6 다음과 같이 정상 범위로 변환됩니다.

	A	B	C	D	E	F	G	H
1			회원명단					
2								
3	이름	생년월일	탄생요일	가입기간	회비	찬조금	참석율	
4	김애란씨	1985년 10월 20일	일요일	3년	₩30,000	20,000원	80%	
5	박선정씨	1983년 07월 09일	토요일	3년	₩30,000	30,000원	90%	
6	송은주씨	1984년 09월 05일	수요일	4년	₩30,000		50%	
7	오현남씨	1991년 11월 28일	목요일	1년	₩30,000		70%	
8	정나미씨	1989년 03월 05일	일요일	2년	₩30,000		70%	
9	조수미씨	1987년 04월 17일	금요일	2년	₩30,000		80%	
10	황진희씨	1982년 05월 06일	목요일	5년	₩30,000	50,000원	90%	
11	최은경씨	1986년 12월 25일	목요일	4년	₩30,000		60%	
12								

조건부 서식

숫자 데이터를 좀 더 시각적으로 표시하기 위해 조건부 서식을 사용하는데 조건에 따라 데이터 막대, 색조 또는 아이콘 집합을 사용하여 주요 셀이나 값을 강조할 수 있습니다. 또한, 수식을 사용하여 조건에 만족한 전체 행에 서식을 지정할 수 있습니다.

데이터 막대를 이용하여 조건부 서식 지정하기

1 [G4:G11] 영역을 범위 지정한 후 [홈] 탭의 [스타일] 그룹에서 [조건부 서식]-[데이터 막대]를 클릭하여 [그라데이션 채우기]-[주황 데이터 막대]를 선택합니다.

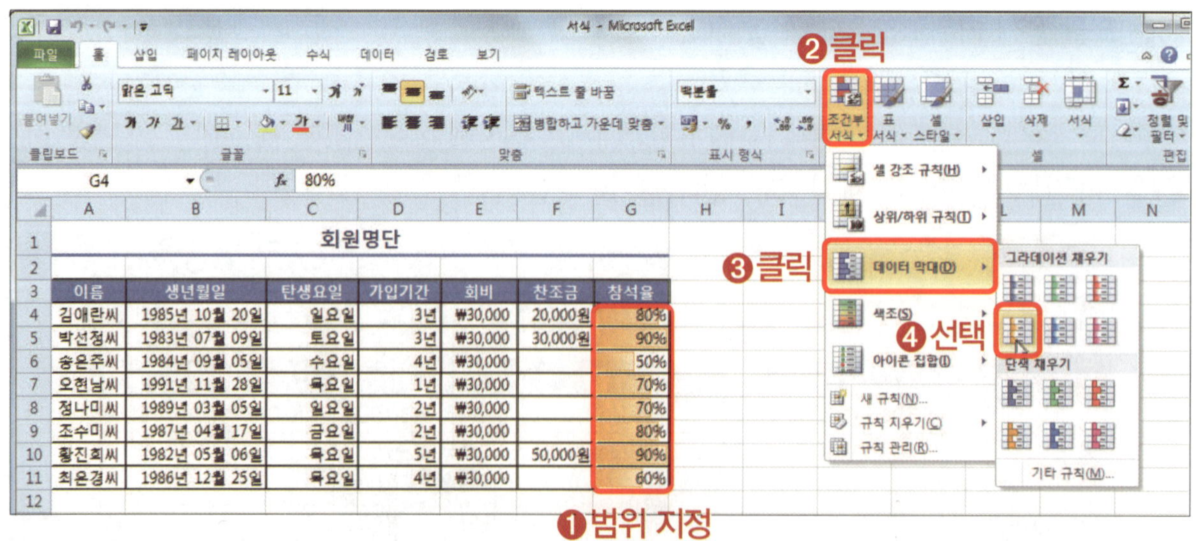

TIP 데이터 막대 길이는 셀값을 나타내는 것으로 막대가 길수록 높은 값을 나타냅니다.

셀 강조 규칙을 이용하여 조건부 서식 지정하기

② [F4:F11] 영역을 범위 지정한 후 [홈] 탭의 [스타일] 그룹에서 [조건부 서식] – [셀 강조 규칙]을 클릭하여 '보다 큼'을 선택합니다.

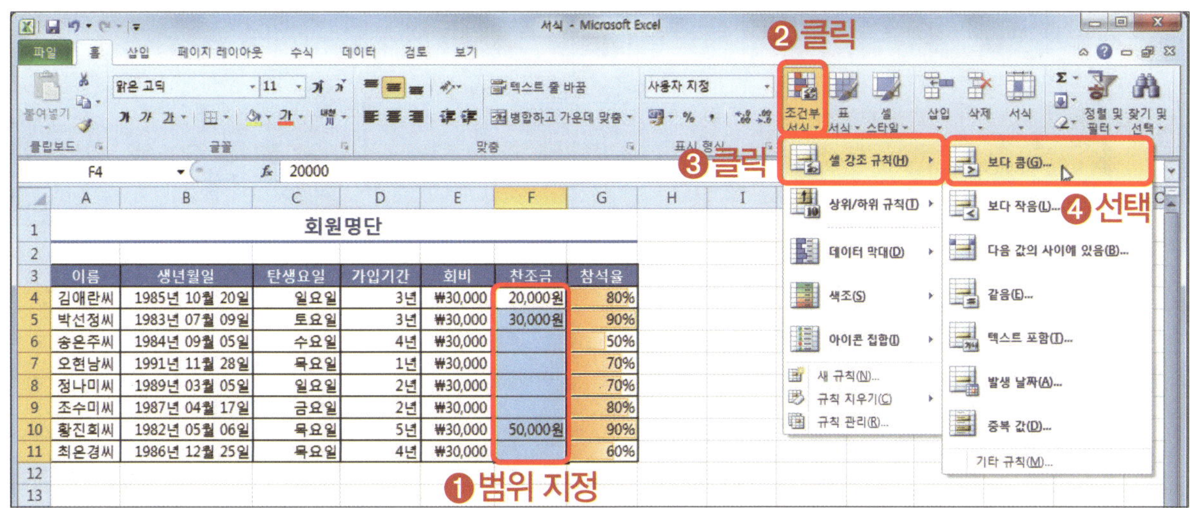

③ 「0」을 입력하고 적용할 서식에는 '진한 빨강 텍스트가 있는 연한 빨강 채우기'를 선택하고 [확인] 단추를 클릭합니다.

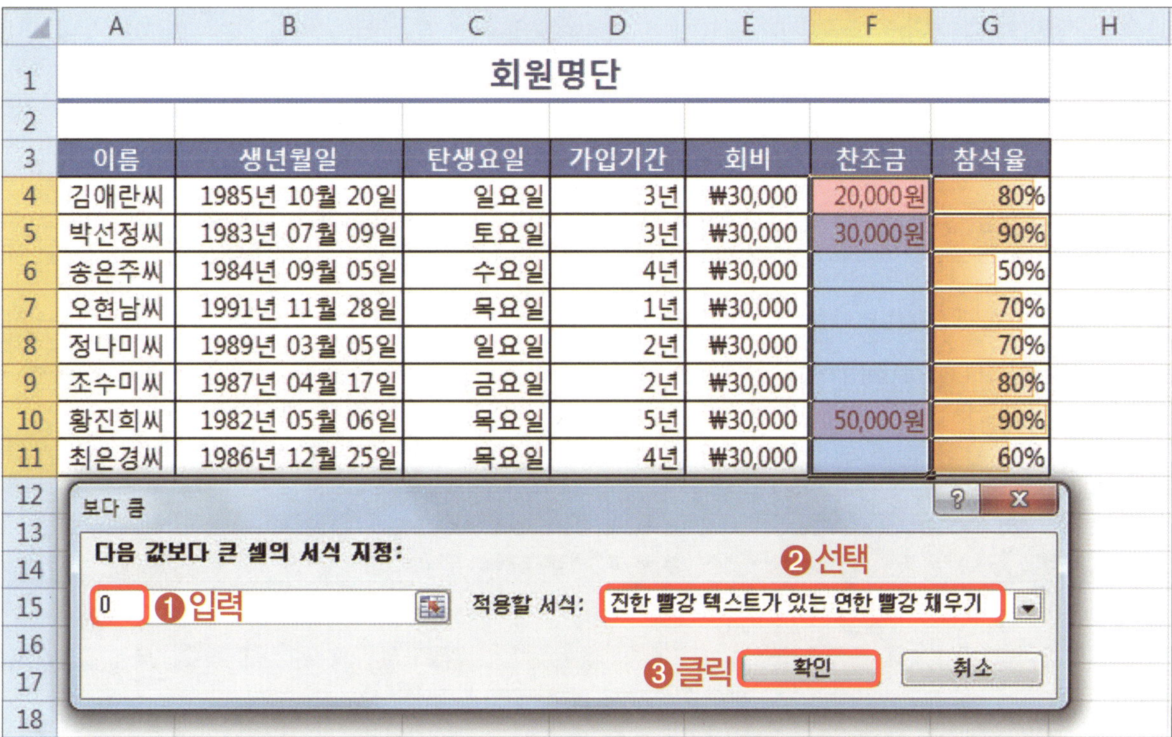

조건부 서식 지우기

4 현재 시트에 2개의 조건부 서식을 모두 제거하고자 할 때에는 [홈] 탭의 [스타일] 그룹에서 [조건부 서식]-[규칙 지우기]-[시트 전체에서 규칙 지우기]를 클릭합니다.

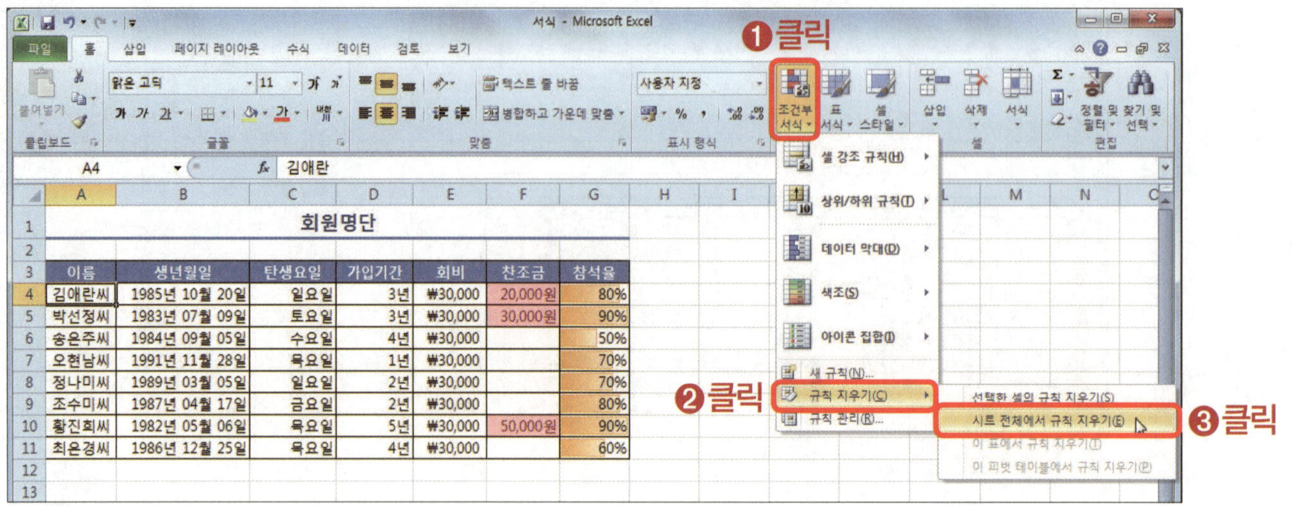

TIP 특정 영역에 대해서 조건부 서식을 지울 때에는 [선택한 셀의 규칙 지우기]를 클릭합니다.

가입기간이 3년을 초과하는 데이터 전체 행에 서식 지정하기

5 [A4:G11] 영역을 범위 지정한 후 [홈] 탭의 [스타일] 그룹에서 [조건부 서식]-[새 규칙]을 선택합니다.

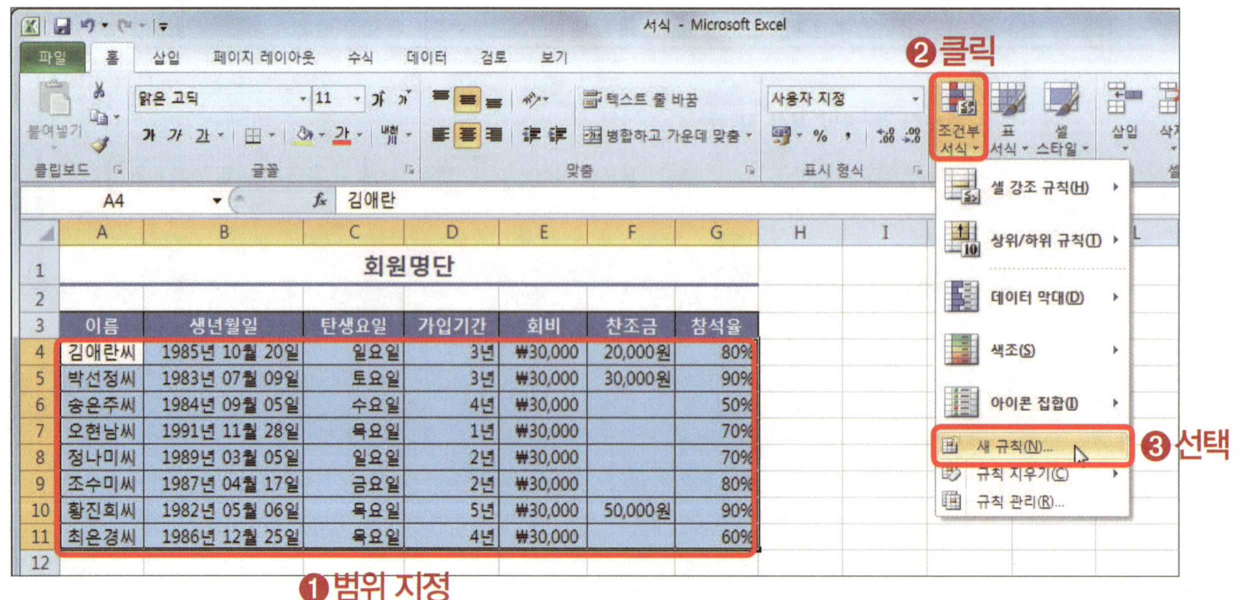

6 [새 서식 규칙] 대화상자에서 '▶ 수식을 사용하여 서식을 지정할 셀 결정'을 선택한 후 「=$D4〉3」을 입력하고 [서식] 단추를 클릭합니다.

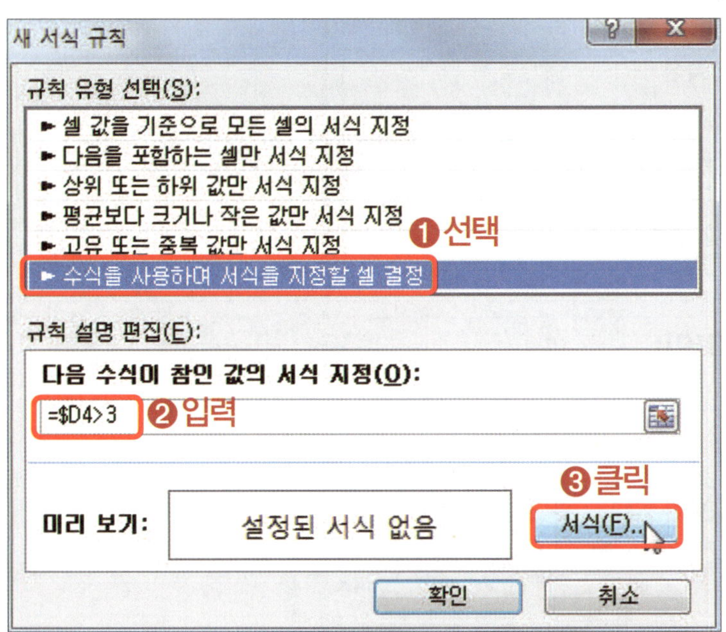

TIP $D4는 [D]열은 고정하고 4, 5, 6, 7, … 로 행의 위치는 바뀌면서 값을 비교하기 위해 D열에만 $를 붙입니다.

7 [셀 서식] 대화상자의 [채우기] 탭에서 '파랑, 강조 1, 80% 더 밝게'를 선택하고 [확인] 단추를 클릭합니다.

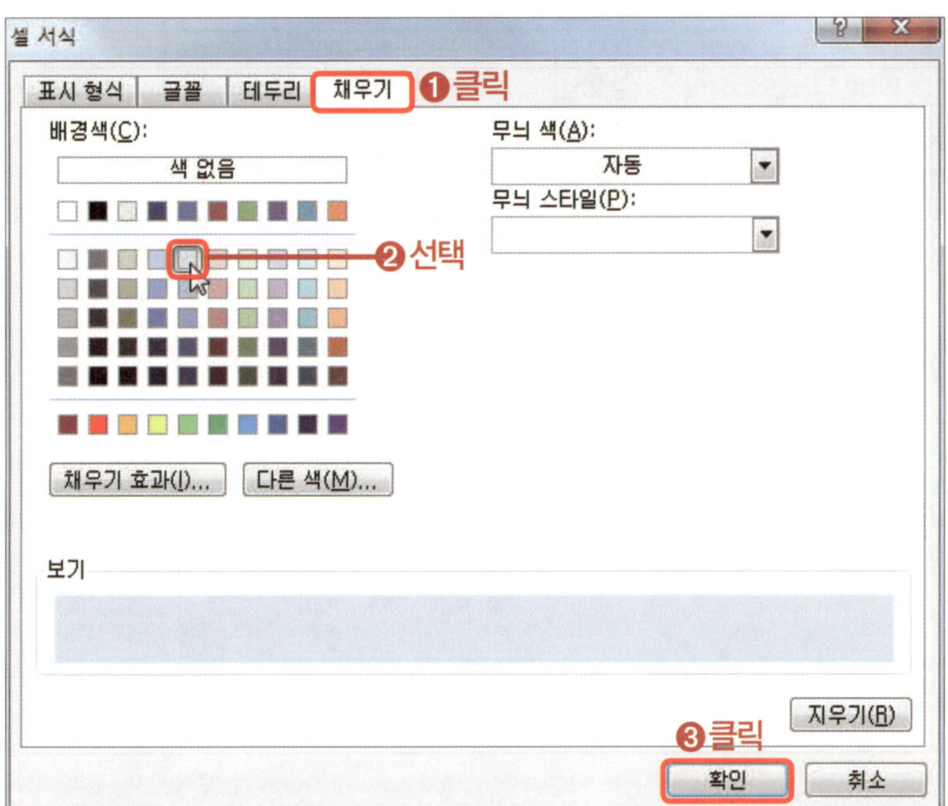

⑧ [새 서식 규칙] 대화상자에서 [확인] 단추를 클릭합니다.

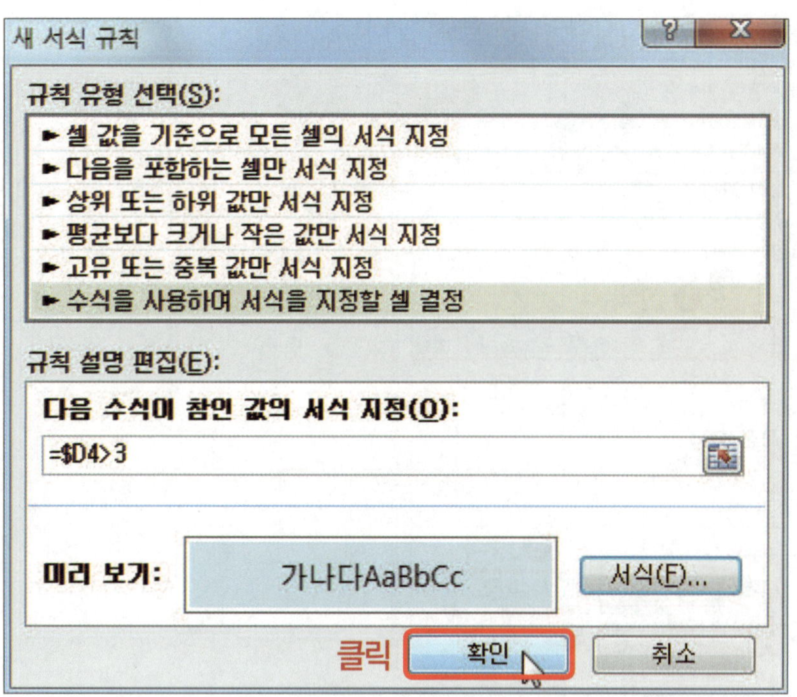

⑨ 가입 기간이 3년을 초과하는 데이터의 전체 행에 색깔이 채워집니다.

	A	B	C	D	E	F	G	H
1			회원명단					
2								
3	이름	생년월일	탄생요일	가입기간	회비	찬조금	참석율	
4	김애란씨	1985년 10월 20일	일요일	3년	₩30,000	20,000원	80%	
5	박선정씨	1983년 07월 09일	토요일	3년	₩30,000	30,000원	90%	
6	송은주씨	1984년 09월 05일	수요일	4년	₩30,000		50%	
7	오현남씨	1991년 11월 28일	목요일	1년	₩30,000		70%	
8	정나미씨	1989년 03월 05일	일요일	2년	₩30,000		70%	
9	조수미씨	1987년 04월 17일	금요일	2년	₩30,000		80%	
10	황진희씨	1982년 05월 06일	목요일	5년	₩30,000	50,000원	90%	
11	최은경씨	1986년 12월 25일	목요일	4년	₩30,000		60%	
12								

시나리오

시나리오 기능은 특정한 데이터 집단에서 여러 가지 상황에 따른 결과값의 변화를 분석해 주는 기능입니다.

이름 정의하기

1 [A14] 셀에 커서를 두고 [이름 상자]에 「과목당수강료」을 입력하고 Enter 키를 누릅니다.

과목당수강료	강사료
50,000	1,000,000

2 [B14] 셀에 커서를 두고 [이름 상자]에 「강사료」를 입력하고 Enter 키를 누릅니다.

과목당수강료	강사료
50,000	1,000,000

❸ [H10] 셀에 커서를 두고 [이름 상자]에 「이익합계」를 입력하고 Enter 키를 누릅니다.

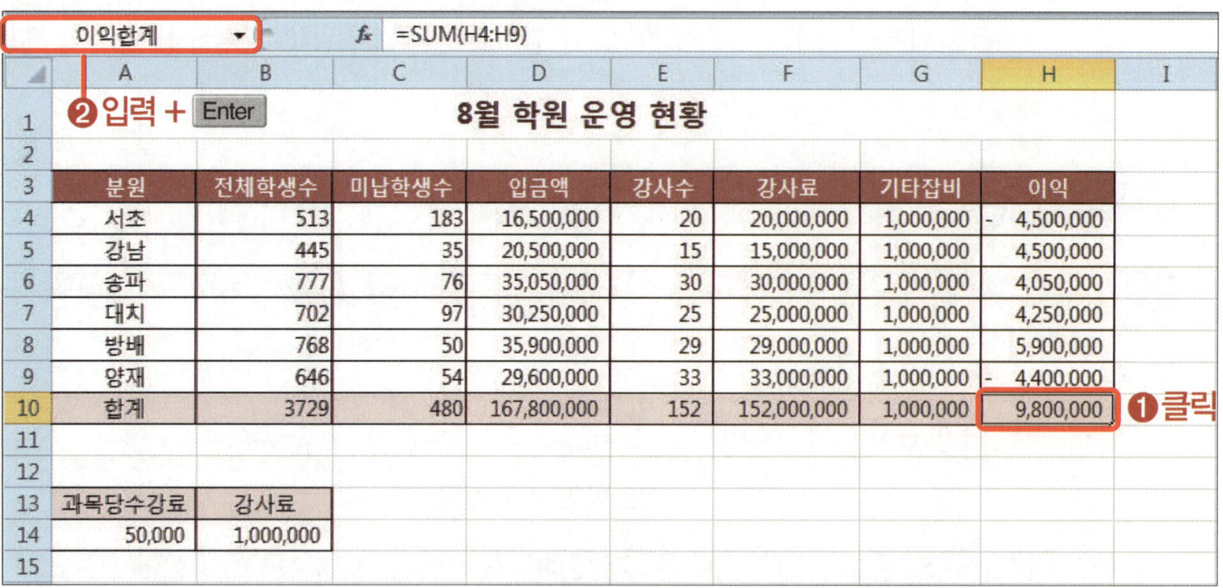

시나리오 관리자 실행하기

❹ [A14:B14] 영역을 범위 지정한 후 [데이터] – [데이터 도구] 탭의 [가상 분석] – [시나리오 관리자]를 클릭합니다.

5 [시나리오 관리자] 대화상자에서 **[추가]** 단추를 클릭합니다.

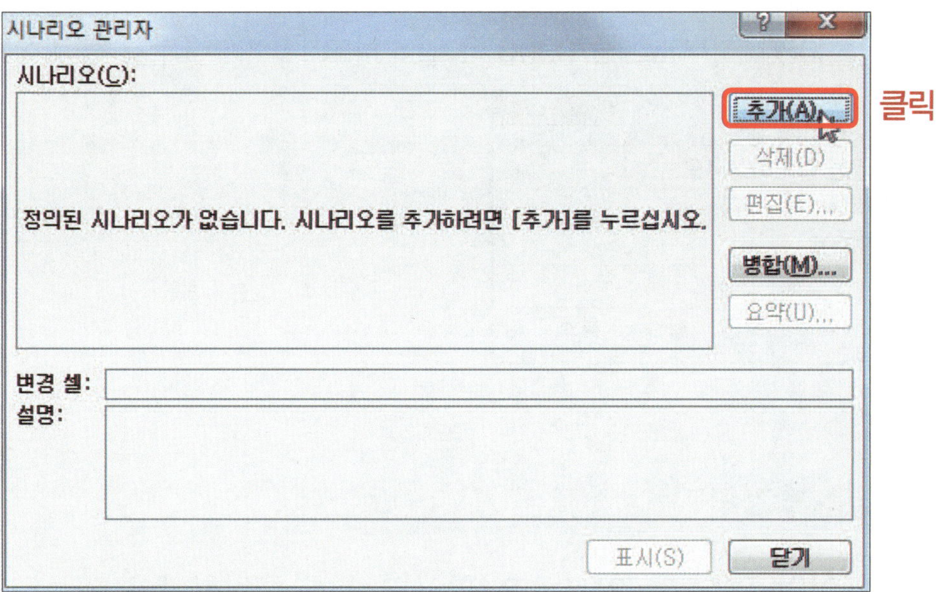

이익금증가 시나리오 추가하기

6 시나리오 이름에 「이익금증가」를 입력하고 [확인] 단추를 클릭합니다.

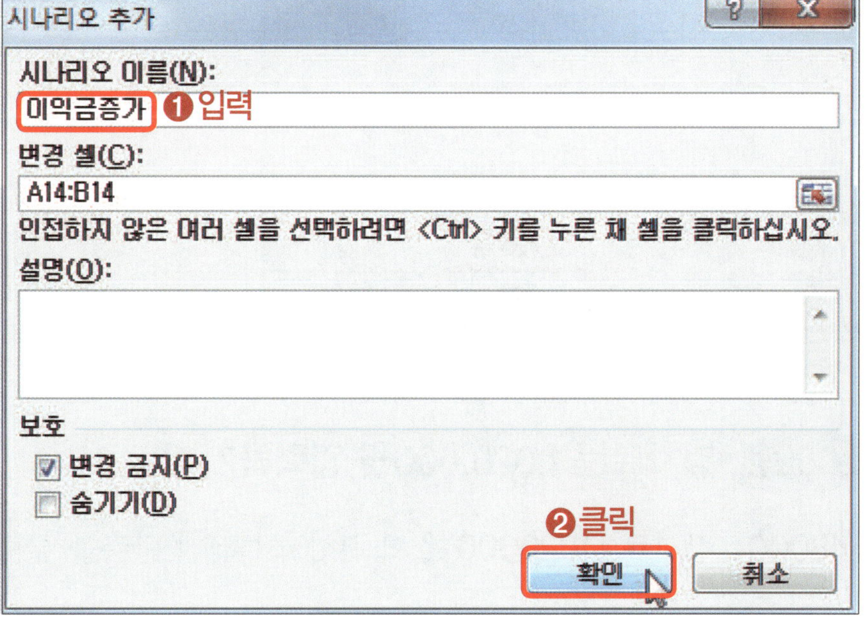

과목당수강료는 53,000원, 강사료는 970,000원 입력하기

7 과목당수강료는 「53000」, 강사료 「970000」을 입력하고 [추가] 단추를 클릭합니다.

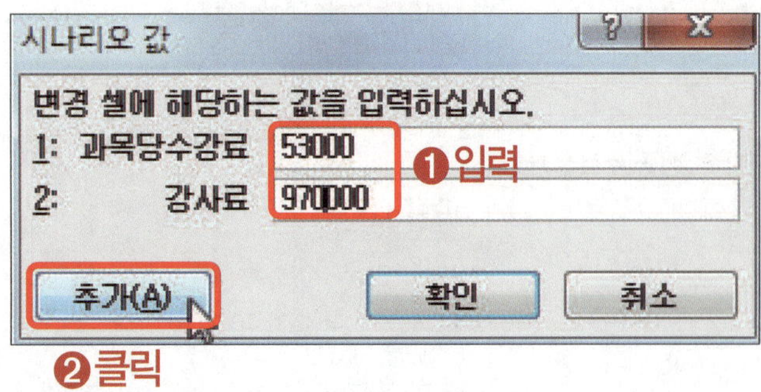

이익금감소 시나리오 추가하기

8 시나리오 이름에 「이익금감소」를 입력하고 [확인] 단추를 클릭합니다.

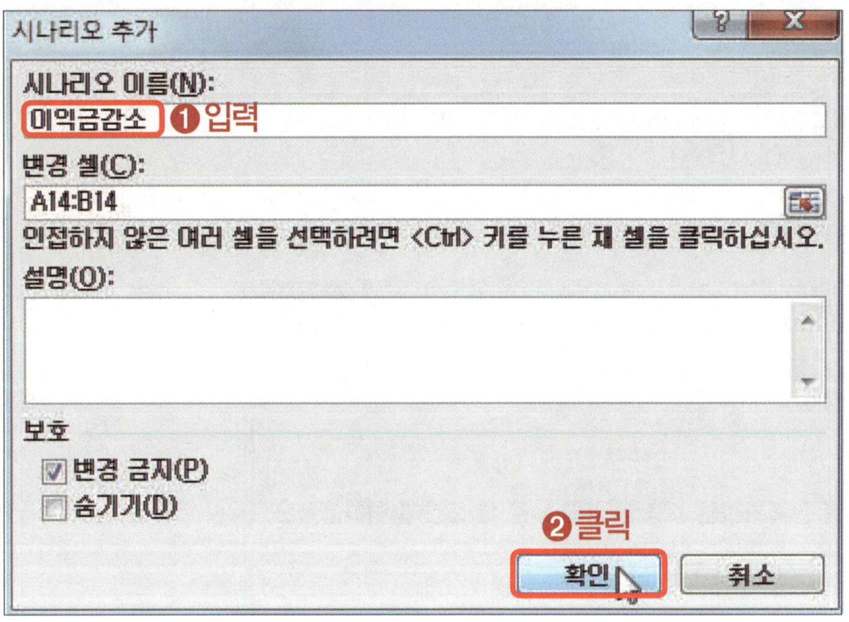

과목당수강료는 48,000원, 강사료는 1,020,000원 입력하기

9 과목당수강료는 「48000」, 강사료 「1020000」을 입력하고 [확인] 단추를 클릭합니다.

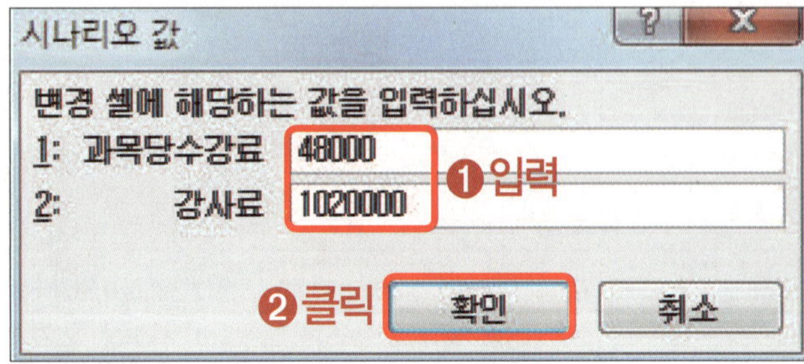

값의 변화에 따른 이익합계 구하기

10 [시나리오 관리자] 대화상자에서 **[요약]** 단추를 클릭합니다.

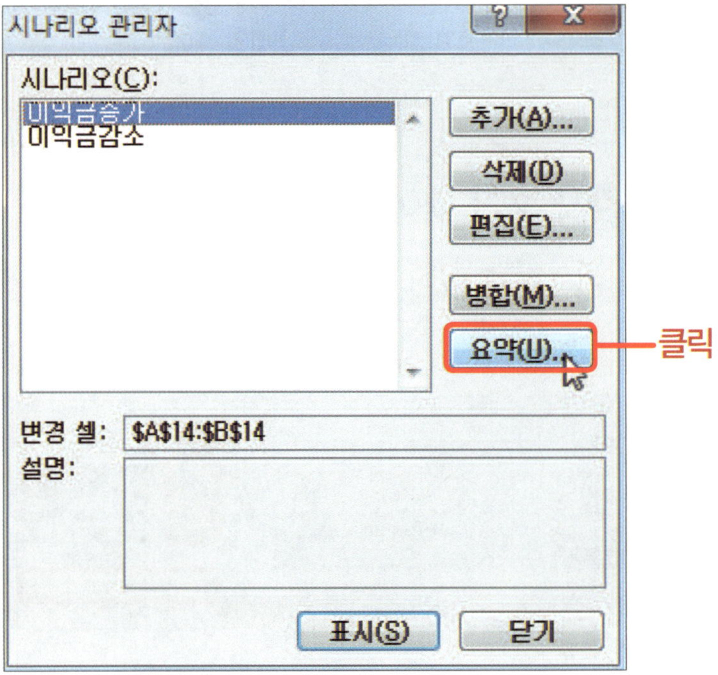

11 [시나리오 요약] 대화상자에서 결과 셀 **[H10]** 셀을 지정하고 [확인] 단추를 클릭합니다.

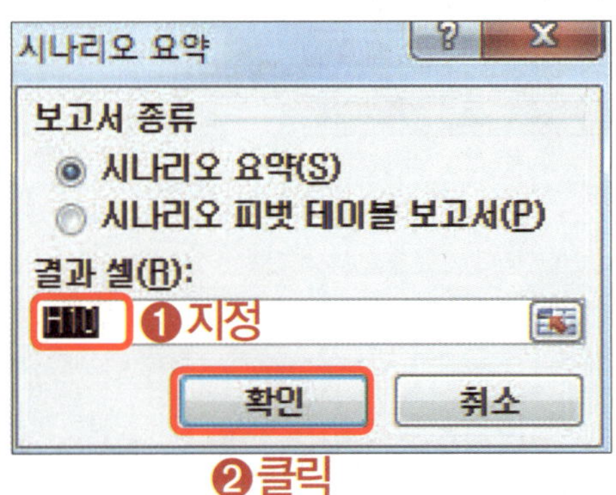

12 새로운 시트에 시나리오 요약 결과가 표시됩니다.

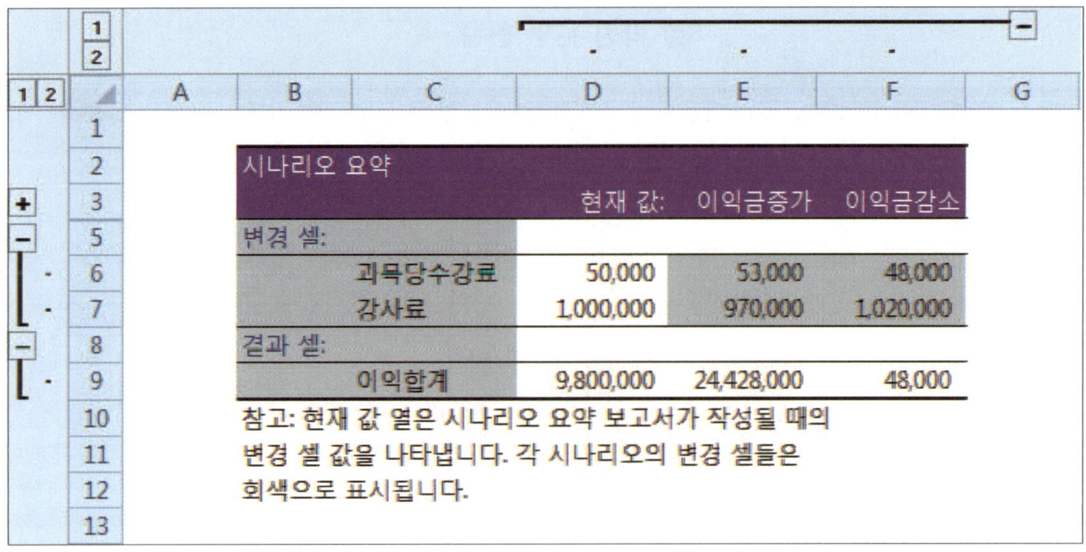

목표값 찾기

목표값 찾기는 수식이 사용된 셀에서 특정한 결과값을 얻기 위해서는 입력값이 어떻게 변경되어야 하는지를 알고자
할 때 사용하는 것으로 결과에 영향을 미치는 변수가 하나일 때에만 사용할 수 있습니다.

양재 분원의 이익이 0이 되기 위해 강사 수가 몇이면 가능할까?

1 [H9] 셀을 선택한 후 [데이터]-[데이터 도구] 탭의 [가상 분석]-[목표값 찾기]를
클릭합니다.

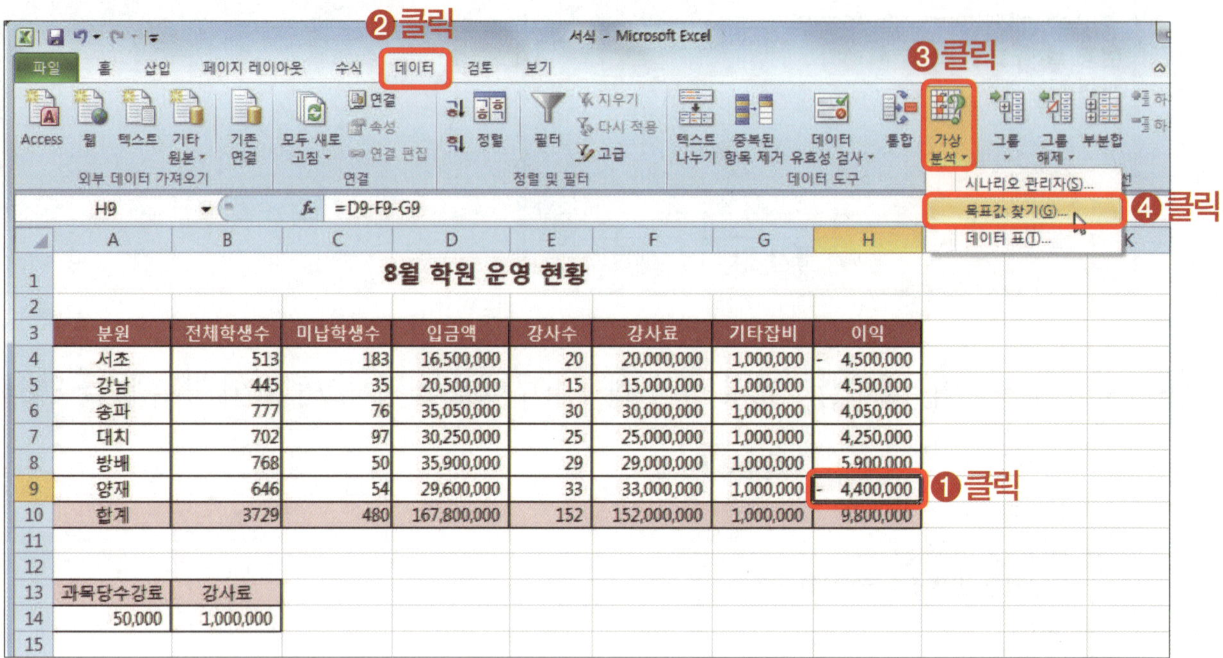

2 [목표값 찾기] 대화상자에서 **수식 셀 : [H9], 찾는 값 : 1000000, 값을 바꿀 셀 :
[$E$9]**로 지정하고 [확인] 단추를 클릭합니다.

❸ [목표값 찾기 상태] 대화상자에서 값을 찾았다는 메시지 창을 확인하고 [확인] 단추를 클릭합니다.

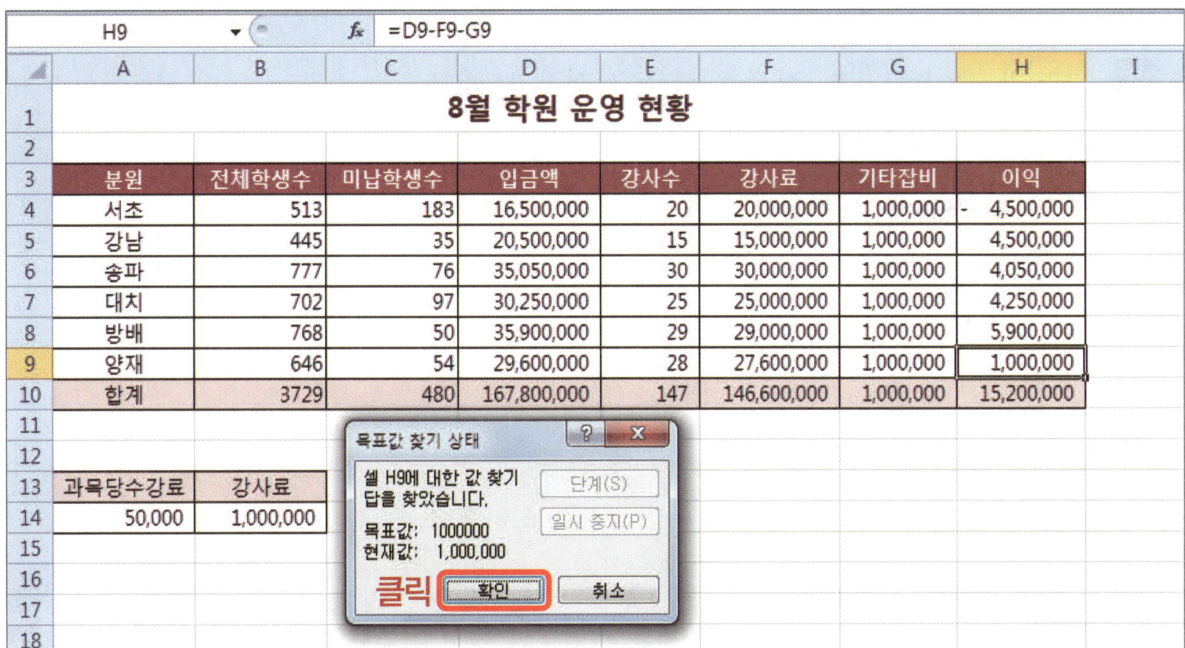

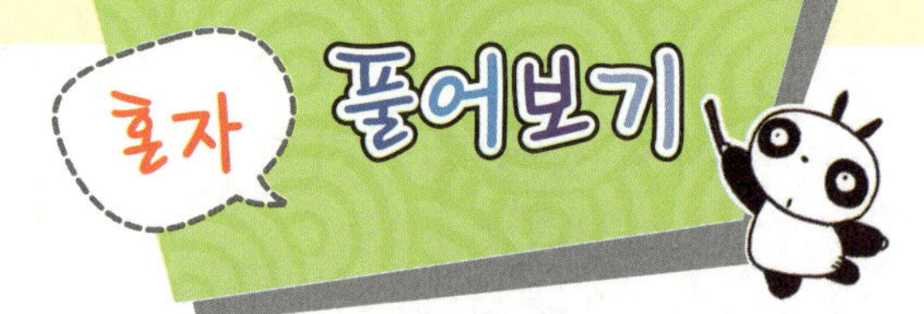

○ 예제파일 : 엑셀2010₩4장₩혼자풀어보기.xlsx
○ 완성파일 : 엑셀2010₩4장₩혼자풀어보기(완성).xlsx

1 다음과 같이 사용자 지정 서식을 지정해 보세요.

▶ 이름 : 이름 뒤에 '님' 붙이기

▶ 생년월일 : '1970년 05월 05일' 형식으로 표시

▶ 탄생요일 : 월, 화, 수, … 형식으로 표시

▶ 1달 용돈 : 천 단위 구분기호와 '원'을 붙여서 표시

▶ 교육비 : '회계' 형식으로 표시

▶ 참석율 : 백분율로 표시

◢	A	B	C	D	E	F	G	H
1			도원이네 가족 소개					
2								
3	관계	이름	생년월일	탄생요일	1달 용돈	교육비	참석율	
4	할아버지	이지상님	1948년 08월 12일	목	100,000원	₩ 50,000	80%	
5	할머니	김온화님	1950년 07월 15일	토	100,000원	₩ 50,000	90%	
6	아빠	이민형님	1968년 02월 02일	금	300,000원	₩ 100,000	60%	
7	엄마	박아름님	1970년 12월 12일	토	200,000원	₩ 80,000	90%	
8	오빠	이재현님	1999년 03월 05일	금	80,000원	₩ 250,000	50%	
9	나	이도원님	2001년 10월 19일	금	50,000원	₩ 180,000	70%	
10	동생	이주아님	2003년 06월 04일	수	30,000원	₩ 120,000	80%	
11								

Hint!
- 이름 : @"님"
- 생년월일 : yyyy"년" mm"월" dd"일"
- 탄생일 : aaa
- 1달 용돈 : #,##0"원"
- 교육비 : [표시 형식] 그룹에서 '회계'
- 참석율 : [표시 형식] 그룹에서 [백분율]

2 다음과 같이 셀 스타일과 표 서식을 지정해 보세요.

▶ 셀 스타일 : 제목 및 머리글 (제목), 글꼴 색 '황록색, 강조 3, 25% 더 어둡게'

▶ 표 서식 : '표 스타일 밝게 11', 정상 범위로 변환

	A	B	C	D	E	F	G	H
1			도원이네 가족 소개					
2								
3	관계	이름	생년월일	탄생요일	1달 용돈	교육비	참석율	
4	할아버지	이지상님	1948년 08월 12일	목	100,000원	₩ 50,000	80%	
5	할머니	김온화님	1950년 07월 15일	토	100,000원	₩ 50,000	90%	
6	아빠	이민형님	1968년 02월 02일	금	300,000원	₩ 100,000	60%	
7	엄마	박아름님	1970년 12월 12일	토	200,000원	₩ 80,000	90%	
8	오빠	이재현님	1999년 03월 05일	금	80,000원	₩ 250,000	50%	
9	나	이도원님	2001년 10월 19일	금	50,000원	₩ 180,000	70%	
10	동생	이주아님	2003년 06월 04일	수	30,000원	₩ 120,000	80%	
11								

> **Hint!**
> - 셀 스타일 : [A1] 셀에서 [홈] 탭의 [스타일] 그룹에서 [셀 스타일]을 클릭합니다.
> - 표 서식 : [A3] 셀에 커서를 두고 [홈] 탭의 [스타일] 그룹에서 [표 서식]을 클릭합니다.
> - 정상 범위로 변환 : 표 서식이 지정된 상태에서 [표]−[도구] 탭의 [디자인] 그룹에서 [범위로 변환]을 클릭합니다.

3 다음과 같이 조건부 서식을 지정하시오.

▶ 교육비 : [데이터 막대] − [그라데이션 채우기] − [녹색 데이터 막대]

▶ 참석율 : [아이콘 집합] − [표시기] − [3색 플래그]

	A	B	C	D	E	F	G	H
1			도원이네 가족 소개					
2								
3	관계	이름	생년월일	탄생요일	1달 용돈	교육비	참석율	
4	할아버지	이지상님	1948년 08월 12일	목	100,000원	₩ 50,000	80%	
5	할머니	김온화님	1950년 07월 15일	토	100,000원	₩ 50,000	90%	
6	아빠	이민형님	1968년 02월 02일	금	300,000원	₩ 100,000	60%	
7	엄마	박아름님	1970년 12월 12일	토	200,000원	₩ 80,000	90%	
8	오빠	이재현님	1999년 03월 05일	금	80,000원	₩ 250,000	50%	
9	나	이도원님	2001년 10월 19일	금	50,000원	₩ 180,000	70%	
10	동생	이주아님	2003년 06월 04일	수	30,000원	₩ 120,000	80%	
11								

> **Hint!** 교육비[F4:F10]와 참석율[G4:G10] 영역을 범위 지정한 후 [홈] 탭의 [스타일] 그룹에서 [조건부 서식] 기능을 이용합니다.

4 목표값 찾기 기능을 이용하여 합계[I10] 셀의 값이 400,000이 되는 숙박비[E10]를 구하시오.

	A	B	C	D	E	F	G	H	I	J
1				우리 가족 1년 여행 예산표						
2										
3	월	숙박시설	기간	여행지	숙박비	기본식비	기타비용	교통비	합계	
4	3월	텐트	2일	용인	4,000	42,000	60,000	50,000	156,000	
5	4월	콘도	2일	단양	83,000	42,000	60,000	50,000	235,000	
6	5월	콘도	3일	경주	166,000	63,000	90,000	75,000	394,000	
7	6월	휴양림	2일	양평	78,000	42,000	60,000	50,000	230,000	
8	7월	펜션	2일	양주	150,000	42,000	60,000	50,000	302,000	
9	8월	텐트	5일	강원도	16,000	105,000	150,000	125,000	396,000	
10	9월	펜션	3일	해남	300,000	63,000	90,000	75,000	528,000	
11	10월	휴양림	3일	제주도	156,000	63,000	90,000	75,000	384,000	
12	총합계				953,000	462,000	660,000	550,000	2,625,000	
13										

> **Hint!** [I10] 셀을 선택한 후 [데이터] 탭의 [데이터 도구] 그룹에서 [가상 분석]−[목표값 찾기] 기능을 이용합니다.

수식과 함수

수식은 등호로 시작하여 숫자 또는 셀 주소와 연산자로 이루어진 계산식입니다. 수식을 입력하면 셀에는 수식의 결과값이 표시되고, 입력한 수식은 수식 입력줄에 표시됩니다. 수식을 입력할 때 직접 숫자를 입력하지 않고, 숫자가 입력된 셀 주소를 사용하는 것을 셀 참조라고 합니다.

완성파일 미리보기

- 예제파일 : 엑셀2010₩5장₩수식과함수.xlsx
- 완성파일 : 엑셀2010₩5장₩수식과함수(완성).xlsx

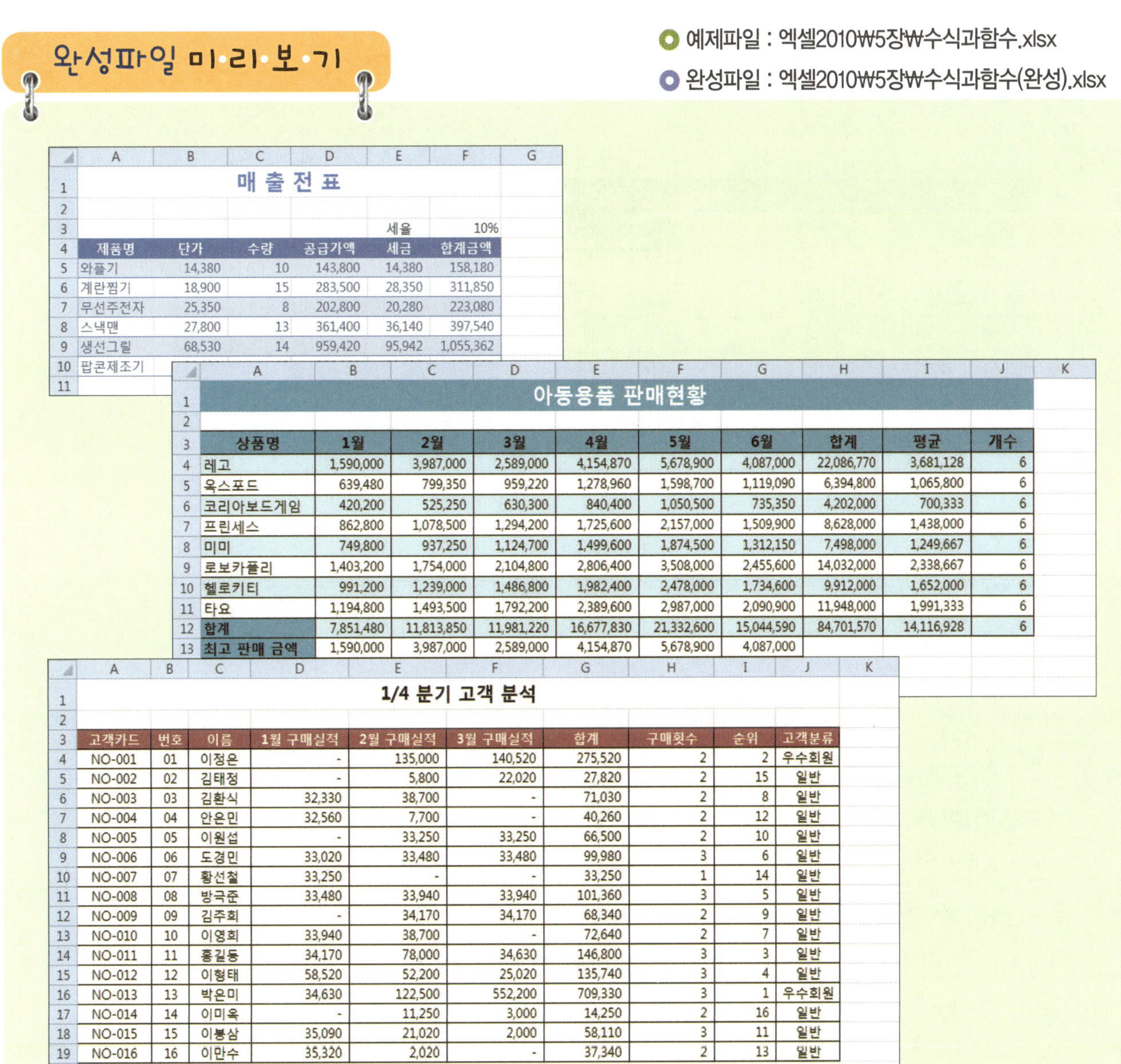

매 출 전 표

제품명	단가	수량	공급가액	세금	합계금액
				세율	10%
와플기	14,380	10	143,800	14,380	158,180
계란찜기	18,900	15	283,500	28,350	311,850
무선주전자	25,350	8	202,800	20,280	223,080
스낵맨	27,800	13	361,400	36,140	397,540
생선그릴	68,530	14	959,420	95,942	1,055,362
팝콘제조기					

아동용품 판매현황

상품명	1월	2월	3월	4월	5월	6월	합계	평균	개수
레고	1,590,000	3,987,000	2,589,000	4,154,870	5,678,900	4,087,000	22,086,770	3,681,128	6
옥스포드	639,480	799,350	959,220	1,278,960	1,598,700	1,119,090	6,394,800	1,065,800	6
코리아보드게임	420,200	525,250	630,300	840,400	1,050,500	735,350	4,202,000	700,333	6
프린세스	862,800	1,078,500	1,294,200	1,725,600	2,157,000	1,509,900	8,628,000	1,438,000	6
미미	749,800	937,250	1,124,700	1,499,600	1,874,500	1,312,150	7,498,000	1,249,667	6
로보카폴리	1,403,200	1,754,000	2,104,800	2,806,400	3,508,000	2,455,600	14,032,000	2,338,667	6
헬로키티	991,200	1,239,500	1,486,800	1,982,400	2,478,000	1,734,600	9,912,000	1,652,000	6
타요	1,194,800	1,493,500	1,792,200	2,389,600	2,987,000	2,090,900	11,948,000	1,991,333	6
합계	7,851,480	11,813,850	11,981,220	16,677,830	21,332,600	15,044,590	84,701,570	14,116,928	6
최고 판매 금액	1,590,000	3,987,000	2,589,000	4,154,870	5,678,900	4,087,000			

1/4 분기 고객 분석

고객카드	번호	이름	1월 구매실적	2월 구매실적	3월 구매실적	합계	구매횟수	순위	고객분류
NO-001	01	이정은	-	135,000	140,520	275,520	2	2	우수회원
NO-002	02	김태정	-	5,800	22,020	27,820	2	15	일반
NO-003	03	김환식	32,330	38,700	-	71,030	2	8	일반
NO-004	04	안온민	32,560	7,700	-	40,260	2	12	일반
NO-005	05	이원섭	-	33,250	33,250	66,500	2	10	일반
NO-006	06	도경민	33,020	33,480	33,480	99,980	3	6	일반
NO-007	07	황선철	33,250	-	-	33,250	1	14	일반
NO-008	08	방극준	33,480	33,940	33,940	101,360	3	5	일반
NO-009	09	김주희		34,170	34,170	68,340	2	9	일반
NO-010	10	이영희	33,940	38,700	-	72,640	2	7	일반
NO-011	11	홍길동	34,170	78,000	34,630	146,800	3	3	일반
NO-012	12	이형태	58,520	52,200	25,020	135,740	3	4	일반
NO-013	13	박은미	34,630	122,500	552,200	709,330	3	1	우수회원
NO-014	14	이미옥	-	11,250	3,000	14,250	2	16	일반
NO-015	15	이봉삼	35,090	21,020	2,000	58,110	3	11	일반
NO-016	16	이만수	35,320	2,020		37,340	2	13	일반

체크포인트

- **실습1** 수식과 절대 참조를 이용하여 값을 계산합니다.
- **실습2** 자동 합계 단추를 이용하여 합계, 평균, 개수, 최대값, 최소값을 구합니다.
- **실습3** 자주 사용하는 함수를 이용하여 값을 구합니다.

수식을 입력할 때 직접 숫자를 입력하지 않고, 숫자가 입력된 셀 주소를 사용하는 것을 셀 참조라고 합니다. 연산자를 이용하여 값을 구하고 고정된 셀을 참조할 수 있는 절대참조 이용 방법을 살펴보도록 하겠습니다.

공급가액('수식' 시트에서)

1 [D5] 셀에 「=B5*C5」를 입력합니다. (공급가액=단가×수량)

	A	B	C	D	E	F	G
				SUM	=B5*C5 ❷입력		
1			매 출 전 표				
2							
3					세율	10%	
4	제품명	단가	수량	공급가액	세금	합계금액	
5	와플기	14,380	10	=B5*C5 ❶클릭			
6	계란찜기	18,900	15				
7	무선주전자	25,350	8				
8	스낵맨	27,800	13				
9	생선그릴	68,530	14				
10	팝콘제조기	20,690	10				
11							

실력쑥쑥 TIP **수식의 구성**

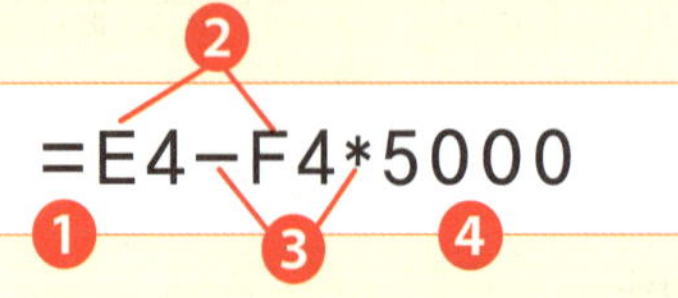

① 등호 : 엑셀에서는 수식을 입력할 때 등호를 먼저 입력해야 합니다. 등호 다음에 오는 내용이 수식이라는 것을 나타냅니다.

② 참조 : 직접 값을 입력하여 수식을 작성할 수 있고, 또는 값이 입력된 주소를 입력하여 수식을 작성할 수 있습니다. 셀 주소를 이용하여 값을 계산하는 것을 '참조'라고 합니다.

③ 연산자 : 계산의 종류를 나타냅니다. (예 : − (빼기), * (곱하기))

④ 상수 : 수식에 직접 입력하는 숫자나 문자입니다.

❷ [D5] 셀의 채우기 핸들을 이용하여 **[D10]** 셀까지 드래그하여 수식을 복사한 후 [자동 채우기 옵션]  을 클릭하여 **'서식 없이 채우기'**를 선택합니다.

| | D5 | | f_x | =B5*C5 | | |

매 출 전 표

	A	B	C	D	E	F	G
3					세율	10%	
4	제품명	단가	수량	공급가액	세금	합계금액	
5	와플기	14,380	10	143,800			
6	계란찜기	18,900	15	283,500			
7	무선주전자	25,350	8	202,800			
8	스낵맨	27,800	13	361,400			
9	생선그릴	68,530	14	959,420			
10	팝콘제조기	20,690	10	206,900			

TIP 기본적으로 드래그하여 수식을 복사하면 수식과 서식까지 복사되어 채우기 색이 다르게 표시될 수 있습니다. 이럴 경우 '서식 없이 채우기'를 선택하면 채우기 색상을 유지하면서 수식만 복사할 수 있습니다.

실력쑥쑥 TIP

연산자에는 산술 연산자, 비교 연산자, 데이터 연결 연산자, 참조 연산자가 있습니다.

① 산술 연산자 : 수치 데이터에 대한 사칙 연산을 수행합니다.

연산자	기능	연산자	기능	연산자	기능
+	더하기	*	곱하기	^	거듭제곱
−	빼기	/	나누기	%	백분율

② 비교 연산자 : 데이터의 크기를 비교하여 식이 맞으면 TRUE(참), 그렇지 않으면 FALSE(거짓)로 결과를 표시합니다.

연산자	기능	연산자	기능	연산자	기능
〉	크다(초과)	〈	작다(미만)	=	같다
〉=	크거나 같다(이상)	〈=	작거나 같다(이하)	〈〉	같지 않다.

③ 데이터 연결 연산자(&) : 두 개의 데이터를 하나로 연결하여 표시합니다.

수 식	결 과	수 식	결 과
="상수리"&"나무"	상수리나무	=100&"점"	100점

④ 참조 연산자 : 두 개의 데이터를 하나로 연결하여 표시합니다.
  • 참조 연산자 : 참조할 셀이나 영역을 지정한다.

연산자	사용 예	기능
콜론(:)	(A1:E1)	왼쪽 셀에서 오른쪽 셀까지의 모든 범위를 참조하는 연산자
쉼표(,)	(A1, C1)	쉼표(,)로 구분된 셀을 모든 셀(또는 범위)을 참조하는 연산자
공백	(A1:C3 C2:P3)	왼쪽 범위와 오른쪽 범위의 공통 범위 (결과 :[C2:C3])

세금 구하기 ('수식' 시트에서)

❸ [E5] 셀에 「=D5*$F$3」을 입력하고 Enter 키를 누릅니다.

	A	B	C	D	E	F	G
SUM				=D5*$F$3 입력 + Enter			
1				매 출 전 표			
2							
3					세율	10%	
4	제품명	단가	수량	공급가액	세금	합계금액	
5	와플기	14,380	10	143,800	=D5*$F$3		
6	계란찜기	18,900	15	283,500			
7	무선주전자	25,350	8	202,800			
8	스낵맨	27,800	13	361,400			
9	생선그릴	68,530	14	959,420			
10	팝콘제조기	20,690	10	206,900			
11							

TIP $F$3 은 [F3] 셀을 클릭한 후 키보드 기능키 F4 키를 누르면 자동으로 F3에 $가 표시되어 $F$3으로 바뀝니다.

수식을 입력할 때 직접 숫자를 입력하지 않고, 숫자가 입력된 셀 주소를 사용하는 것을 셀 참조라고 합니다.

① 상대참조

가장 일반적인 셀 주소 유형입니다. 수식이 입력된 셀을 다른 위치로 이동하거나 복사하면 참조하는 셀 주소가 상대적 위치에 따라 자동으로 변경됩니다.

	A	B	C	D	E
					E6 　fx =D6/C6
3					
4		년도	남자		
5			인구	65세 이상	구성비
6		1960년	12,551	289	2.3%
7		1970년	16,309	408	2.5%
8		1980년	19,236	545	2.8%
9		1990년	21,568	822	3.8%
10		2000년	23,667	1,300	5.5%
11		2006년	24,268	1,835	7.6%
12		2007년	24,344	1,939	8.0%
13		2008년	24,416	2,032	8.3%
14		2009년	24,481	2,113	8.6%
15		2010년	24,540	2,190	8.9%
16					

	E
3	
4	
5	구성비
6	=D6/C6
7	=D7/C7
8	=D8/C8
9	=D9/C9
10	=D10/C10
11	=D11/C11
12	=D12/C12
13	=D13/C13
14	=D14/C14
15	=D15/C15
16	

② 절대참조

행 번호, 열 문자 앞에 $ 기호를 붙여줍니다. 절대참조는 다른 곳으로 이동하거나 복사해도 변하지 않고 항상 같은 셀을 참조합니다.

D6   fx =C6*$D$3

	A	B	C	D
1		5월 아르바이트 비용		
2				
3			시간당 금액	5,000
4				
5		날짜	근무시간	금액
6		05월 02일	6	30,000
7		05월 03일	4	20,000
8		05월 04일	6	30,000
9		05월 11일	5	25,000
10		05월 12일	7	35,000
11		05월 13일	4	20,000
12		05월 16일	4	20,000
13		05월 17일	5	25,000
14		05월 18일	5	25,000
15		05월 20일	6	30,000

D6   fx

	D
1	비용
2	
3	5000
4	
5	금액
6	=C6*$D$3
7	=C7*$D$3
8	=C8*$D$3
9	=C9*$D$3
10	=C10*$D$3
11	=C11*$D$3
12	=C12*$D$3
13	=C13*$D$3
14	=C14*$D$3
15	=C15*$D$3

③ 혼합참조

행 문자, 열 번호 중 한쪽에만 $를 붙여줍니다. $기호가 붙은 부분만 변하지 않습니다. 한 방향으로만 수식을 복사할 때에는 절대참조를 쓰지만, 양쪽 방향으로 수식을 복사해야 하는 경우에는 혼합참조를 사용합니다.

	A	B	C	D	E	F	G
1							
2				할 인 율			
3				5%	10%	15%	20%
4		입고가	5,000	4,750	4,500	4,250	4,000
5			10,000	9,500	9,000	8,500	8,000
6			15,000	14,250	13,500	12,750	12,000
7			20,000	19,000	18,000	17,000	16,000
8			25,000	23,750	22,500	21,250	20,000
9			30,000	28,500	27,000	25,500	24,000
10			35,000	33,250	31,500	29,750	28,000
11			40,000	38,000	36,000	34,000	32,000
12							

```
=$C4-($C4*D$3)
=$C5-($C5*D$3)
=$C6-($C6*D$3)
=$C7-($C7*D$3)
=$C8-($C8*D$3)
=$C9-($C9*D$3)
=$C10-($C10*D$3)
=$C11-($C11*D$3)
```

④ F4 키를 이용하여 참조 바꾸기

주소를 입력하고 F4 키를 누를 때마다 다음 순서대로 '$' 기호가 자동으로 붙여진다.

H3 → F4 키 → $H$3 → F4 키 → H$3 → F4 키 → $H3 → F4 키 → H3

상대참조　　　　　절대참조　　　　　혼합참조　　　　　혼합참조　　　　　상대참조

❹ [E5] 셀의 채우기 핸들을 이용하여 [E10]셀까지 수식을 복사한 후 [자동 채우기 옵션] 🔳을 클릭하여 '서식 없이 채우기'를 선택합니다.

		E5	▼		f_x	=D5*$F$3		
	A	B	C	D	E	F	G	H
1			매 출 전 표					
2								
3					세율	10%		
4	제품명	단가	수량	공급가액	세금	합계금액		
5	와플기	14,380	10	143,800	14,380			
6	계란찜기	18,900	15	283,500	28,350			
7	무선주전자	25,350	8	202,800	20,280			
8	스낵맨	27,800	13	361,400	36,140			
9	생선그릴	68,530	14	959,420	95,942			
10	팝콘제조기	20,690	10	206,900	20,690			
11								
12								
13								
14								
15								
16								

합계금액 구하기 ('수식' 시트에서)

5 [F5] 셀에「=D5+E5」를 입력하고 Enter 키를 누릅니다.

	A	B	C	D	E	F	G
				매 출 전 표			
1							
2							
3					세율	10%	
4	제품명	단가	수량	공급가액	세금	합계금액	
5	와플기	14,380	10	143,800	14,380	=D5+E5	
6	계란찜기	18,900	15	283,500	28,350		
7	무선주전자	25,350	8	202,800	20,280		
8	스낵맨	27,800	13	361,400	36,140		
9	생선그릴	68,530	14	959,420	95,942		
10	팝콘제조기	20,690	10	206,900	20,690		
11							

6 [F5] 셀의 채우기 핸들을 이용하여 [F10] 셀까지 수식을 복사한 후 [자동 채우기 옵션] 을 클릭하여 '서식 없이 채우기'를 선택합니다.

	A	B	C	D	E	F	G	H	I
				매 출 전 표					
1									
2									
3					세율	10%			
4	제품명	단가	수량	공급가액	세금	합계금액			
5	와플기	14,380	10	143,800	14,380	158,180			
6	계란찜기	18,900	15	283,500	28,350	311,850			
7	무선주전자	25,350	8	202,800	20,280	223,080			
8	스낵맨	27,800	13	361,400	36,140	397,540			
9	생선그릴	68,530	14	959,420	95,942	1,055,362			
10	팝콘제조기	20,690	10	206,900	20,690	227,590			
11									
12									
13									
14									
15									

자동 합계를 활용하기

엑셀에서 가장 많이 사용하는 함수인 합계, 평균, 최대값, 최소값, 숫자 개수 등은 [자동 합계] Σ 단추를 클릭하면 쉽게 사용할 수 있습니다.

합계 구하기 ('자동합계' 시트에서)

1 [B4:H12] 영역을 범위 지정한 후 [수식] 탭의 [함수 라이브러리] 그룹에서 **[자동 합계]** Σ 단추를 클릭하여 **[합계]**를 선택합니다.

상품명	1월	2월	3월	4월	5월	6월	합계	평균	개수
레고	1,590,000	3,987,000	2,589,000	4,154,870	5,678,900	4,087,000			
옥스포드	639,480	799,350	959,220	1,278,960	1,598,700	1,119,090			
코리아보드게임	420,200	525,250	630,300	840,400	1,050,500	735,350			
프린세스	862,800	1,078,500	1,294,200	1,725,600	2,157,000	1,509,900			
미미	749,800	937,250	1,124,700	1,499,600	1,874,500	1,312,150			
로보카폴리	1,403,200	1,754,000	2,104,800	2,806,400	3,508,000	2,455,600			
헬로키티	991,200	1,239,000	1,486,800	1,982,400	2,478,000	1,734,600			
타요	1,194,800	1,493,500	1,792,200	2,389,600	2,987,000	2,090,900			
합계									
최고 판매 금액									
최저 판매 금액									

> **TIP** 값을 구하여 표시할 영역까지 블록을 지정하여 [자동 합계] 단추에서 함수를 선택하면 가장 오른쪽, 맨 아래줄에 합계 또는 평균 등을 구할 수 있습니다.

2 열 머리글 [B]부터 [H] 열까지 드래그한 후 [H]와 [I] 열 경계라인에서 더블 클릭합니다.

상품명	1월	2월	3월	4월	5월	6월	합계	평균	개수
레고	1,590,000	3,987,000	2,589,000	4,154,870	5,678,900	4,087,000	#######		
옥스포드	639,480	799,350	959,220	1,278,960	1,598,700	1,119,090	6,394,800		
코리아보드게임	420,200	525,250	630,300	840,400	1,050,500	735,350	4,202,000		
프린세스	862,800	1,078,500	1,294,200	1,725,600	2,157,000	1,509,900	8,628,000		
미미	749,800	937,250	1,124,700	1,499,600	1,874,500	1,312,150	7,498,000		
로보카폴리	1,403,200	1,754,000	2,104,800	2,806,400	3,508,000	2,455,600	#######		
헬로키티	991,200	1,239,000	1,486,800	1,982,400	2,478,000	1,734,600	9,912,000		
타요	1,194,800	1,493,500	1,792,200	2,389,600	2,987,000	2,090,900	#######		
합계	7,851,480	#######	#######	#######	#######	#######	#######		
최고 판매 금액									
최저 판매 금액									

숫자가 #### 표시가 되는 것은 열 너비가 좁아서 표시됩니다. 열 머리글 경계라인에서 더블 클릭하여 열 너비를 조절하면 숫자가 표시됩니다.

실력쑥쑥 TIP   함수 구조

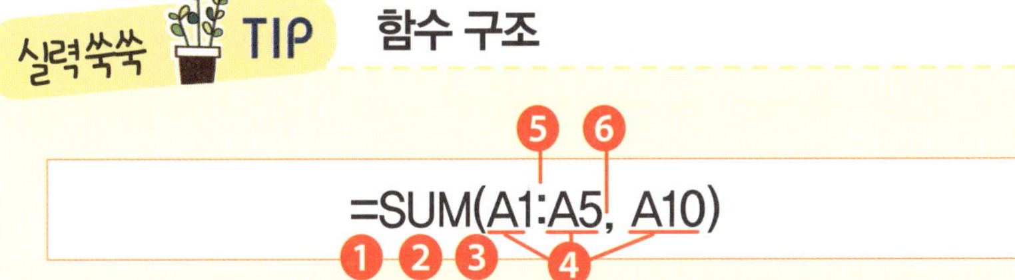

해설 : [A1:A5]와 [A10] 영역의 합계를 구합니다.

① 등호(=) : 함수식 앞에 쓰입니다.

② 함수명 : 수식을 함축하고 있는 함수 이름입니다.

③ 괄호 : 인수가 들어가는 공간입니다.

④ 인수 : 계산을 하기 위해 사용하는 값입니다.

⑤ 콜론(:) : 연속된 범위를 지정할 때 사용합니다.

⑥ 쉼표(,) : 인수를 구분하기 위해 사용합니다.

평균 구하기

❸ [I4] 셀을 선택한 후 [수식] 탭의 [함수 라이브러리] 그룹에서 [자동 합계] Σ 단추를 클릭하여 [평균]을 선택합니다.

상품	1월	2월	3월	4월	5월	6월	합계	평균	개수
레고	1,590,000	3,987,000	2,589,000	4,154,870	5,678,900	4,087,000	22,086,770		
옥스포드	639,480	799,350	959,220	1,278,960	1,598,700	1,119,090	6,394,800		
코리아보드게임	420,200	525,250	630,300	840,400	1,050,500	735,350	4,202,000		
프린세스	862,800	1,078,500	1,294,200	1,725,600	2,157,000	1,509,900	8,628,000		
미미	749,800	937,250	1,124,700	1,499,600	1,874,500	1,312,150	7,498,000		
로보카폴리	1,403,200	1,754,000	2,104,800	2,806,400	3,508,000	2,455,600	14,032,000		
헬로키티	991,200	1,239,000	1,486,800	1,982,400	2,478,000	1,734,600	9,912,000		
타요	1,194,800	1,493,500	1,792,200	2,389,600	2,987,000	2,090,900	11,948,000		
합계	7,851,480	11,813,850	11,981,220	16,677,830	21,332,600	15,044,590	84,701,570		
최고 판매 금액									
최저 판매 금액									

④ 1월~6월까지 평균을 구하기 위해 [B4:G4] 영역까지 드래그하여 범위를 선택한 후
Enter 키를 누릅니다.

실력쑥쑥 TIP **오류값 이해하기**

잘못된 연산을 수행했을 때 엑셀에서는 오류값을 화면에 표시하는 데 자주 발생하는 7가지의
오류값과 그 원인에 대해서 알아봅시다.

오류값	원인
#DIV/O	숫자를 0이나 빈 셀로 나누려 했을 때 발생합니다.
#NAME?	함수 이름을 잘못 입력했거나 큰따옴표로 묶지 않은 문자를 수식에 입력했을 때 발생합니다.
#N/A	수식이나 함수에 사용할 수 없는 값을 지정했을 때 발생합니다.
#VALUE!	계산 수식에 문자 항목을 입력할 때 발생합니다.
#REF	수식이나 함수에서 참조하는 셀이 삭제되었을 때 발생합니다.
#NUM	함수에 유효하지 않은 인수를 입력했거나 수식의 결과값이 너무 크거나 작아서 엑셀에서 표현할 수 없을 때 발생합니다.
#NULL!	잘못된 범위 연산자나 셀 참조를 사용했을 때 발생하거나 교차되지 않는 두 개 영역의 논리곱을 지정할 때 발생합니다.

❺ [I4] 셀의 채우기 핸들을 이용하여 [I12] 셀까지 수식을 복사한 후 **[자동 채우기 옵션]** 📭을 클릭하여 '**서식 없이 채우기**'를 선택합니다. 열 머리글 I와 J열의 경계라인에서 더블 클릭하여 열 너비를 조절합니다.

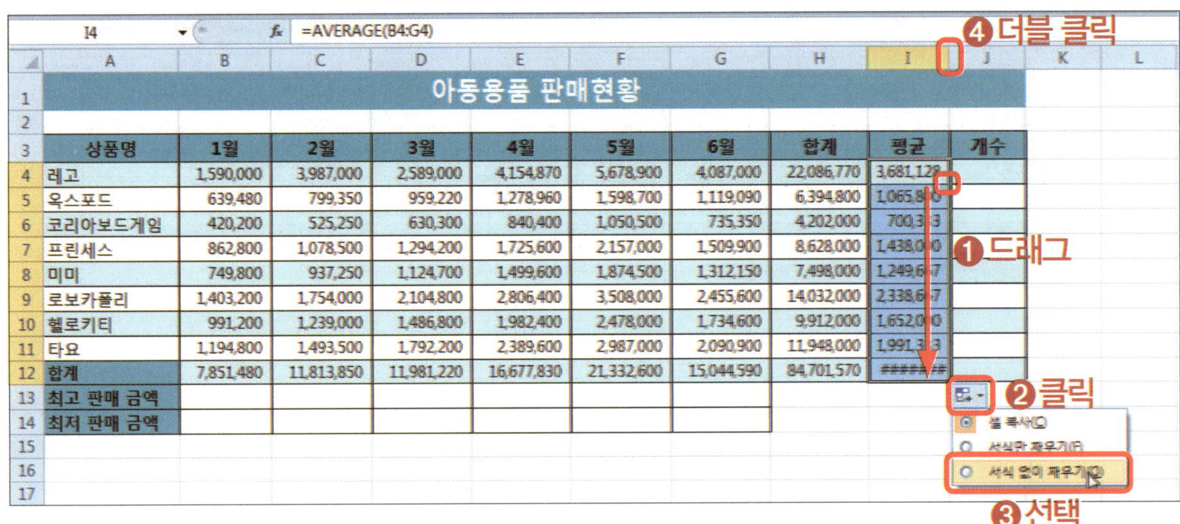

1월부터 6월까지의 숫자 개수를 구하기

❻ [I4] 셀을 선택한 후 [수식] 탭의 [함수 라이브러리] 그룹에서 **[자동 합계]** Σ 단추를 클릭하여 **[숫자 개수]**를 선택합니다.

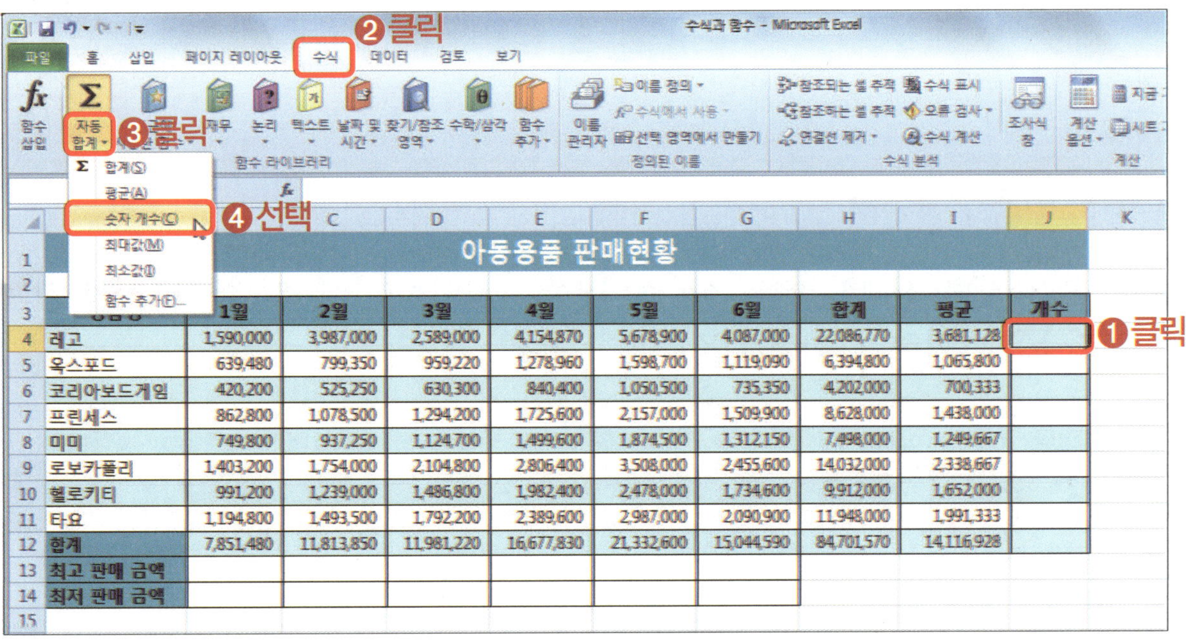

⑦ [B4:G4] 영역을 드래그하여 개수를 구할 범위를 수정합니다.

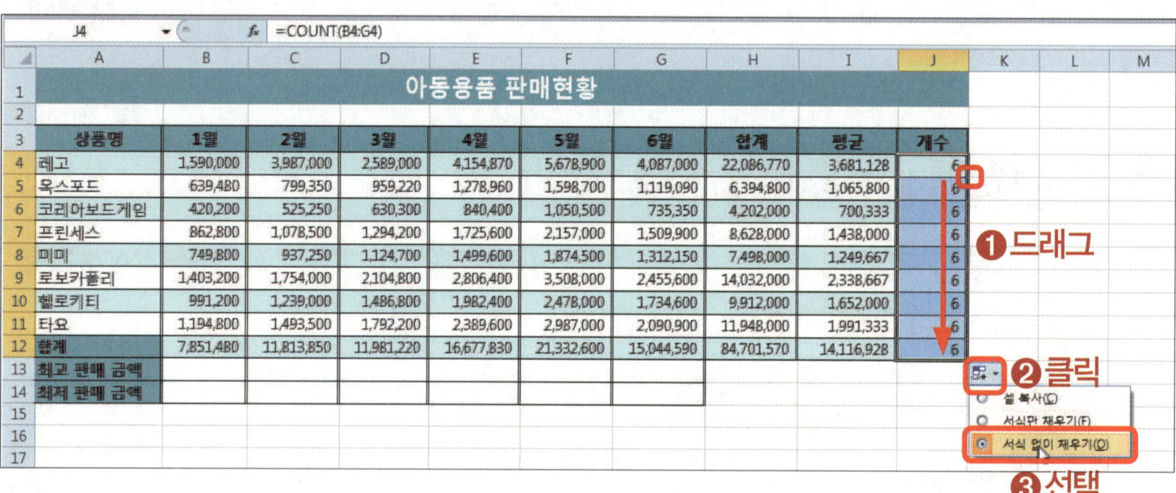

⑧ [J4] 셀의 채우기 핸들을 이용하여 [J12] 셀까지 수식을 복사한 후 [자동 채우기 옵션] 을 클릭하여 '서식 없이 채우기'를 선택합니다.

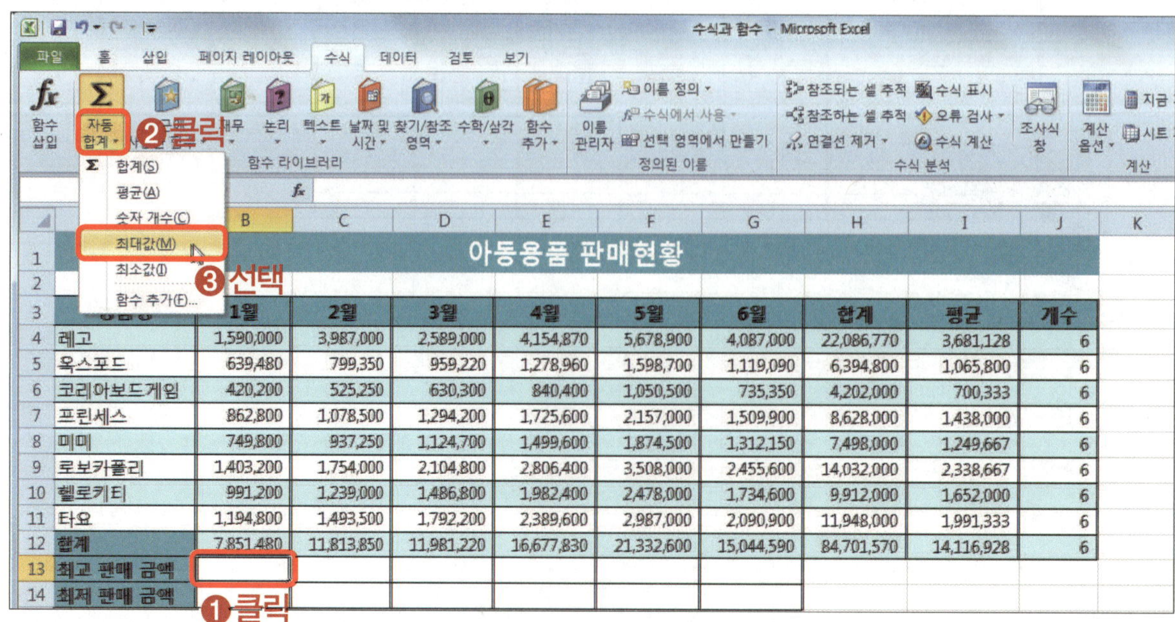

최대, 최소값 구하기

⑨ [B13] 셀을 선택한 후 [수식] 탭의 [함수 라이브러리] 그룹에서 [자동 합계] Σ 단추를 클릭하여 [최대값]을 선택합니다.

⑩ [B4:B11] 영역을 드래그하여 최대값을 구할 범위를 수정합니다. [B13] 셀의 채우기
핸들을 이용하여 [G13] 셀까지 수식을 복사합니다.

⑪ [B14] 셀을 선택한 후 [수식] 탭의 [함수 라이브러리] 그룹에서 [자동 합계] Σ
단추를 클릭하여 [최소값]을 선택합니다.

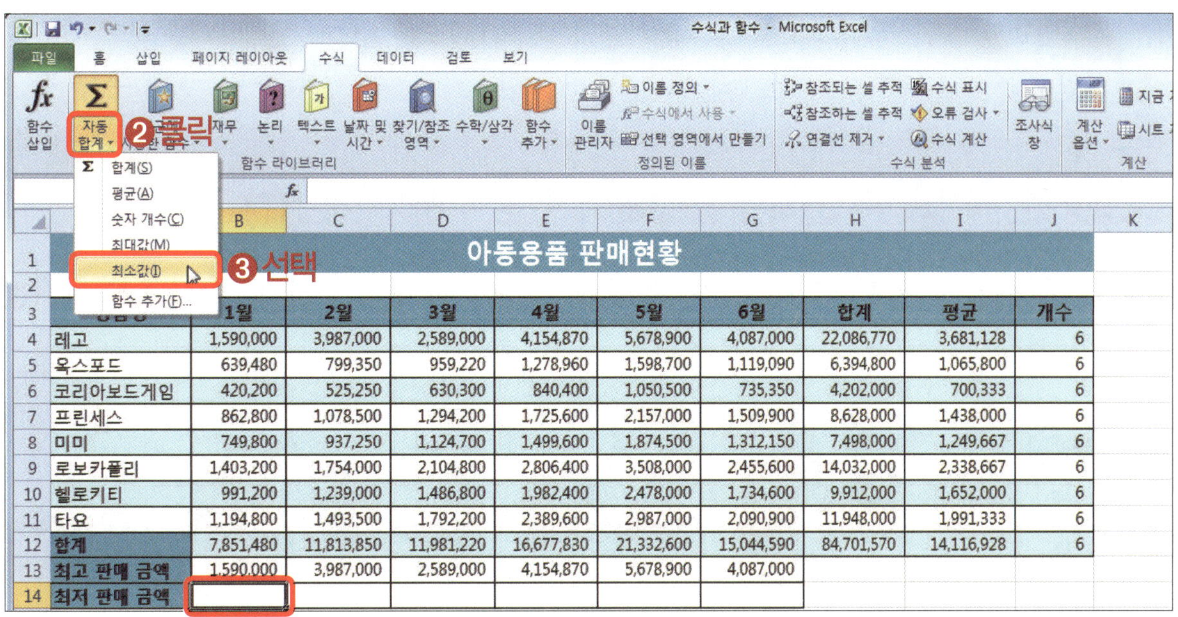

⑫ [B4:B11] 영역을 드래그하여 최소값을 구할 범위를 수정합니다.

⑬ **[B14]** 셀의 채우기 핸들을 이용하여 **[G14]** 셀까지 수식을 복사합니다.

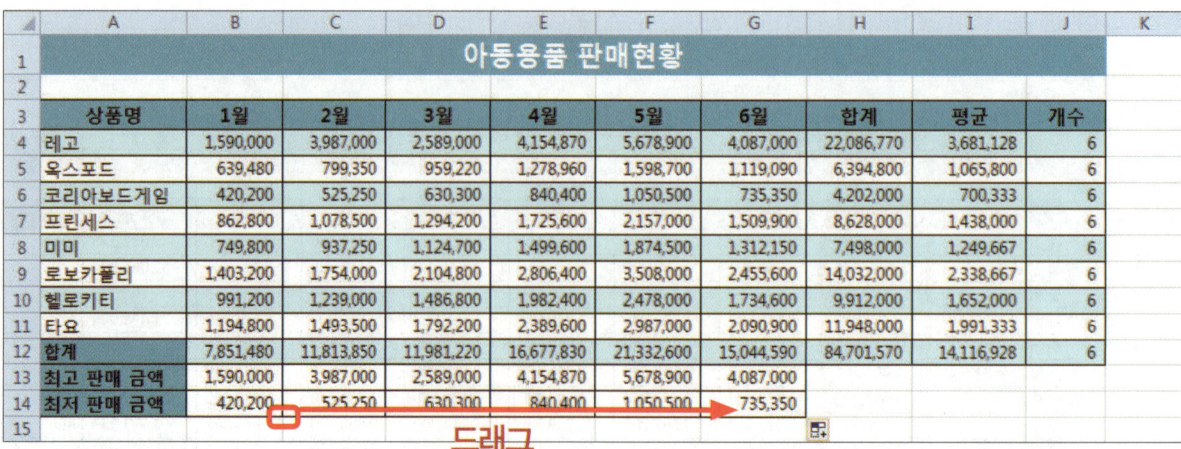

	상품명	1월	2월	3월	4월	5월	6월	합계	평균	개수
4	레고	1,590,000	3,987,000	2,589,000	4,154,870	5,678,900	4,087,000	22,086,770	3,681,128	6
5	옥스포드	639,480	799,350	959,220	1,278,960	1,598,700	1,119,090	6,394,800	1,065,800	6
6	코리아보드게임	420,200	525,250	630,300	840,400	1,050,500	735,350	4,202,000	700,333	6
7	프린세스	862,800	1,078,500	1,294,200	1,725,600	2,157,000	1,509,900	8,628,000	1,438,000	6
8	미미	749,800	937,250	1,124,700	1,499,600	1,874,500	1,312,150	7,498,000	1,249,667	6
9	로보카폴리	1,403,200	1,754,000	2,104,800	2,806,400	3,508,000	2,455,600	14,032,000	2,338,667	6
10	헬로키티	991,200	1,239,000	1,486,800	1,982,400	2,478,000	1,734,600	9,912,000	1,652,000	6
11	타요	1,194,800	1,493,500	1,792,200	2,389,600	2,987,000	2,090,900	11,948,000	1,991,333	6
12	합계	7,851,480	11,813,850	11,981,220	16,677,830	21,332,600	15,044,590	84,701,570	14,116,928	6
13	최고 판매 금액	1,590,000	3,987,000	2,589,000	4,154,870	5,678,900	4,087,000			
14	최저 판매 금액	420,200	525,250	630,300	840,400	1,050,500	735,350			

실습 3 # 함수 활용하기('함수' 시트에서)

함수는 복잡하고 반복적인 계산 작업을 쉽고 간단하게 처리할 수 있도록 미리 프로그램으로 정의한 수식입니다. 우리가 알고 있는 간단한 계산식도 함수를 사용하면 많은 양의 데이터를 손쉽게 계산할 수 있습니다. 엑셀에서의 함수는 가장 중요한 역할을 한다고 할 수 있습니다.

고객카드 뒤에서 두 글자를 추출하여 번호 구하기(RIGHT)

① **[B4]** 셀을 클릭한 후 [수식] 탭의 [함수 라이브러리] 그룹에서 **[텍스트] – [RIGHT]** 를 선택합니다.

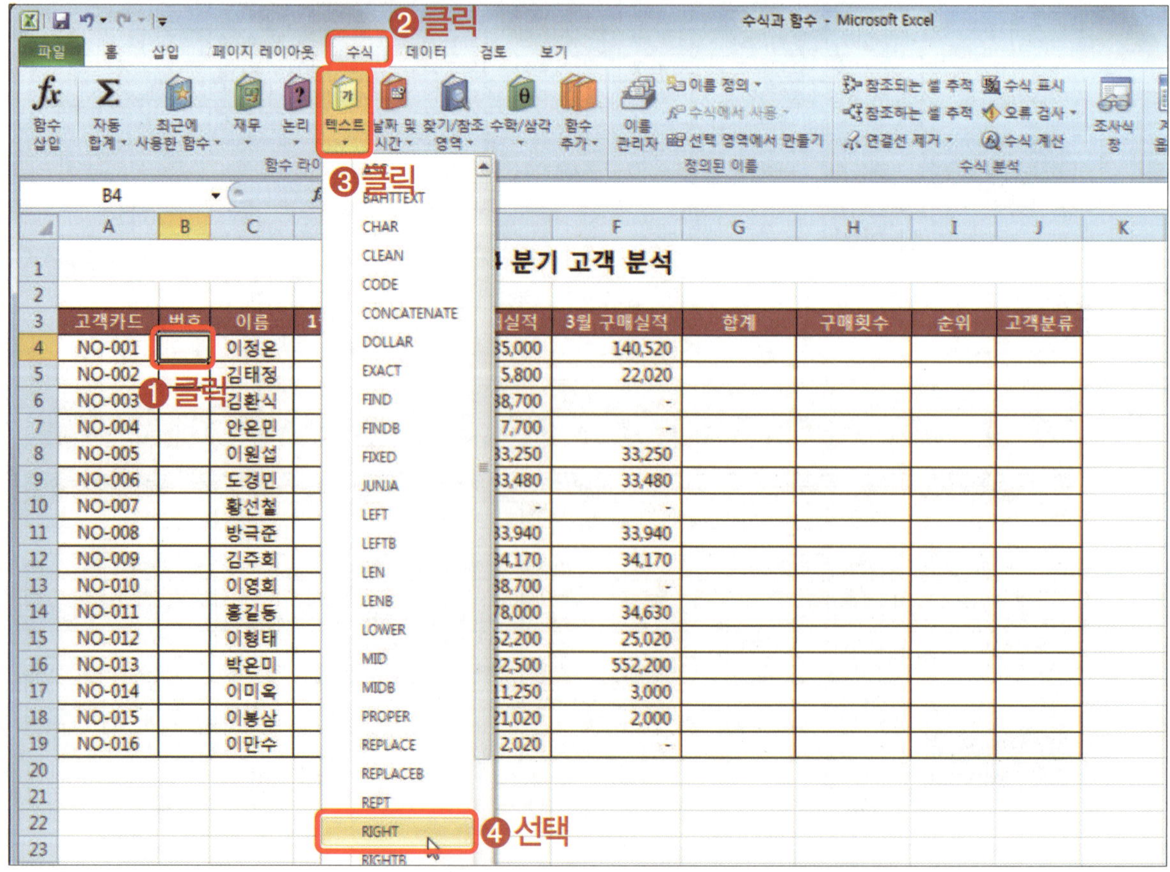

■ 텍스트 함수의 종류

함수	설명	예	결과
LEFT	왼쪽으로부터 지정된 수까지 출력	=LEFT("ABC",2)	AB
RIGHT	오른쪽으로부터 지정된 수까지 출력	=RIGHT("ABC",2)	BC
MID	지정된 위치에 지정된 수만큼 출력	=MID("ABC",2,1)	B
LOWER	소문자로 변환	=LOWER("ABC")	abc
UPPER	대문자로 변환	=UPPER("abc")	ABC
PROPER	각 단어의 첫 글자만 대문자로 변환	=PROPER("abc")	Abc
REPLACE	문자열의 일부를 다른 문자로 변환	=REPLACE("WinXP",4,2,"7")	Win7

❷ [함수 인수] 대화상자에서 다음과 같이(Text는 [A4], Num_Chars는 "2") 입력하고 [확인] 단추를 클릭한 후 [B4] 셀의 수식을 [B19] 셀까지 수식을 복사합니다.

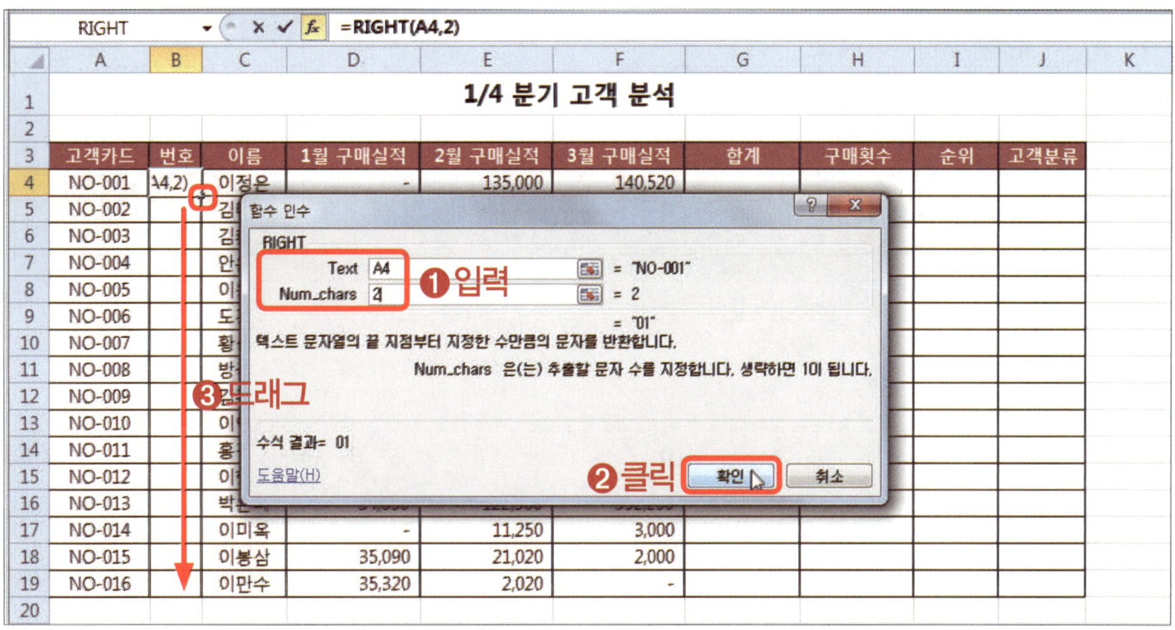

③ [G4] 셀을 클릭한 후 [수식] 탭의 [함수 라이브러리] 그룹에서 **[수학/삼각]−[SUM]**
을 선택합니다.

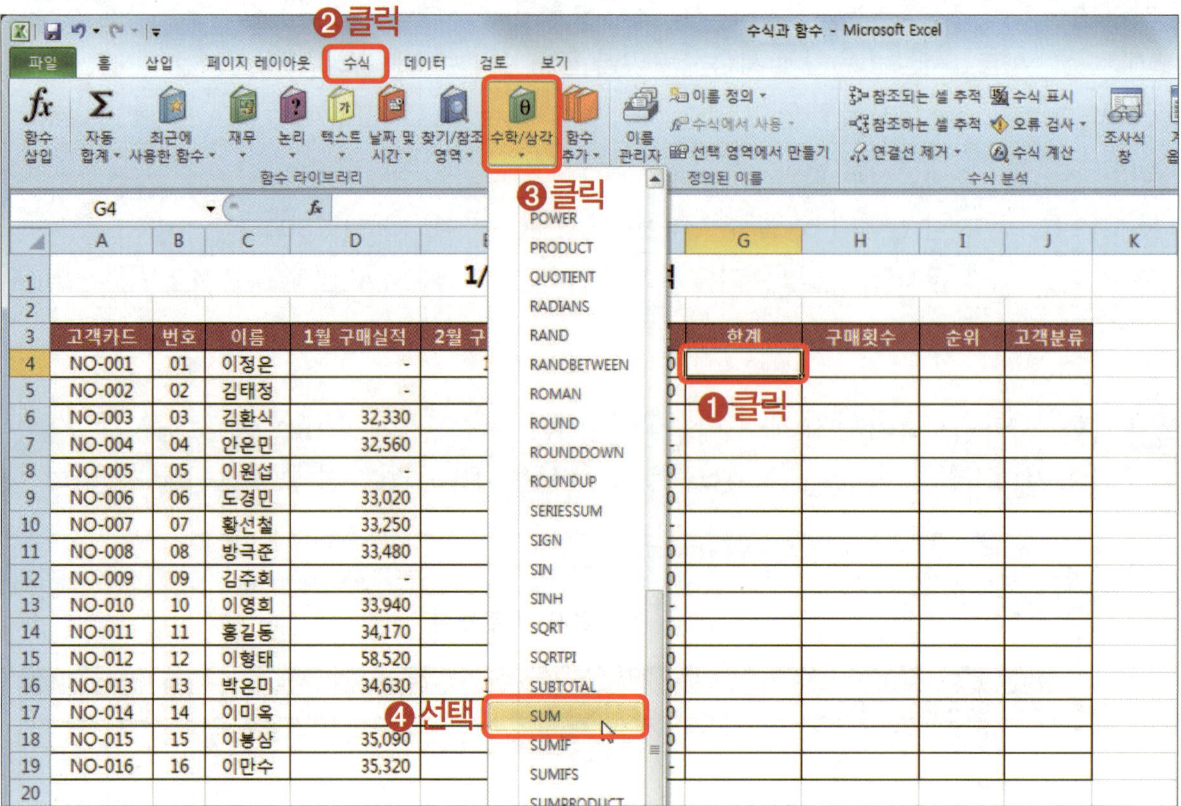

■ 수학/삼각 함수 종류

함수	의미	예제	결과
ROUND(숫자, 자릿수)	반올림 값 출력	=ROUND(123.567,2) =ROUND(123.567,−2)	123.57 100
ROUNDUP(숫자, 자릿수)	올림하여 출력	=ROUNDUP(123.567,2) =ROUDNUP(123.567,−2)	123.57 200
ROUNDDOWN(숫자, 자릿수)	내림하여 출력	=ROUNDDOWN(123.567,2) =ROUNDDOWN(123.567,−2)	123.56 100
MOD(값, 나눌 수)	나머지 값 출력	=MOD(12,4)	0
SUM(범위)	합 출력	=SUM(1,2,3)	6
SUMIF(조건범위, "조건", 합계범위)	'조건범위'에서 '조건'을 검색하여 조건에 만족한 데이터는 '합계범위'에서 찾아옴		
SUMIFS(합계범위, 조건범위1, "조건1", 조건범위2, "조건2", ...)	조건 여러 개를 지정하여 범위의 합계를 구하고자 할 때 사용함		

④ 합계를 구할 범위 [D4:F4] 영역으로 수정한 후 [확인] 단추를 클릭합니다. [G4] 셀의 수식을 [G19] 셀까지 수식을 복사합니다.

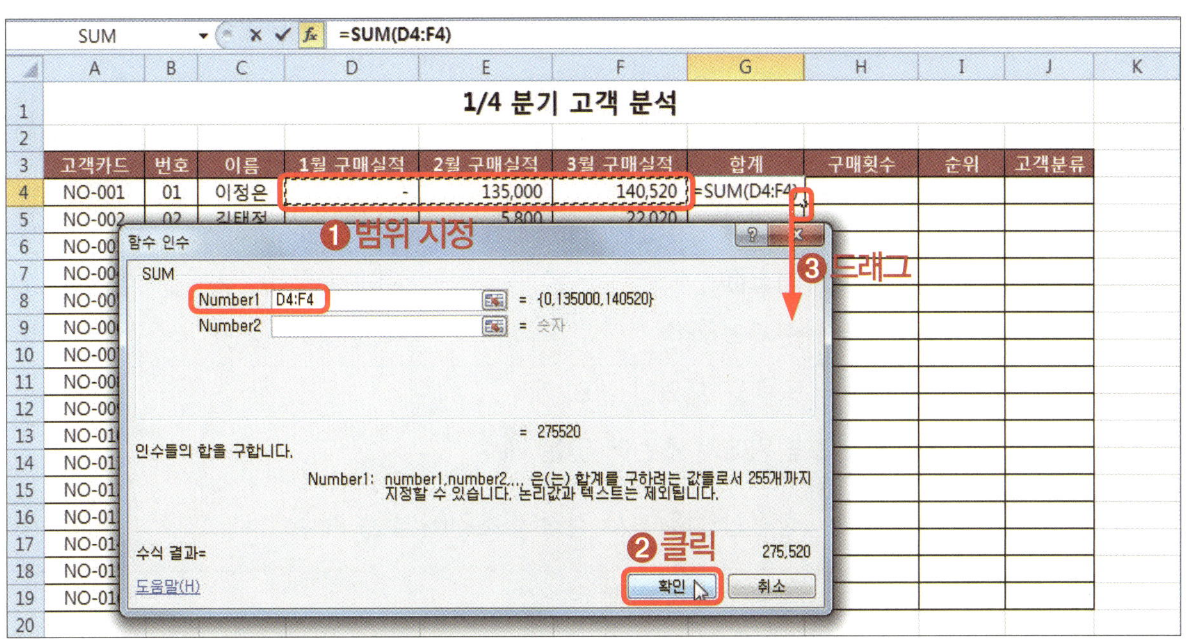

TIP [D4:G19] 영역을 범위 지정한 후 [수식] 탭의 [함수 라이브러리] 그룹에서 [자동 합계] Σ 단추를 클릭하고 [합계]를 클릭하면 합계를 구할 수 있습니다.

1월 ~ 3월 구매실적에서 0보다 큰 실적의 구매횟수 구하기(COUNTIF)

⑤ [H4] 셀을 클릭한 후 [수식] 탭의 [함수 라이브러리] 그룹에서 [함수 추가] – [통계] – [COUNTIF]를 선택합니다.

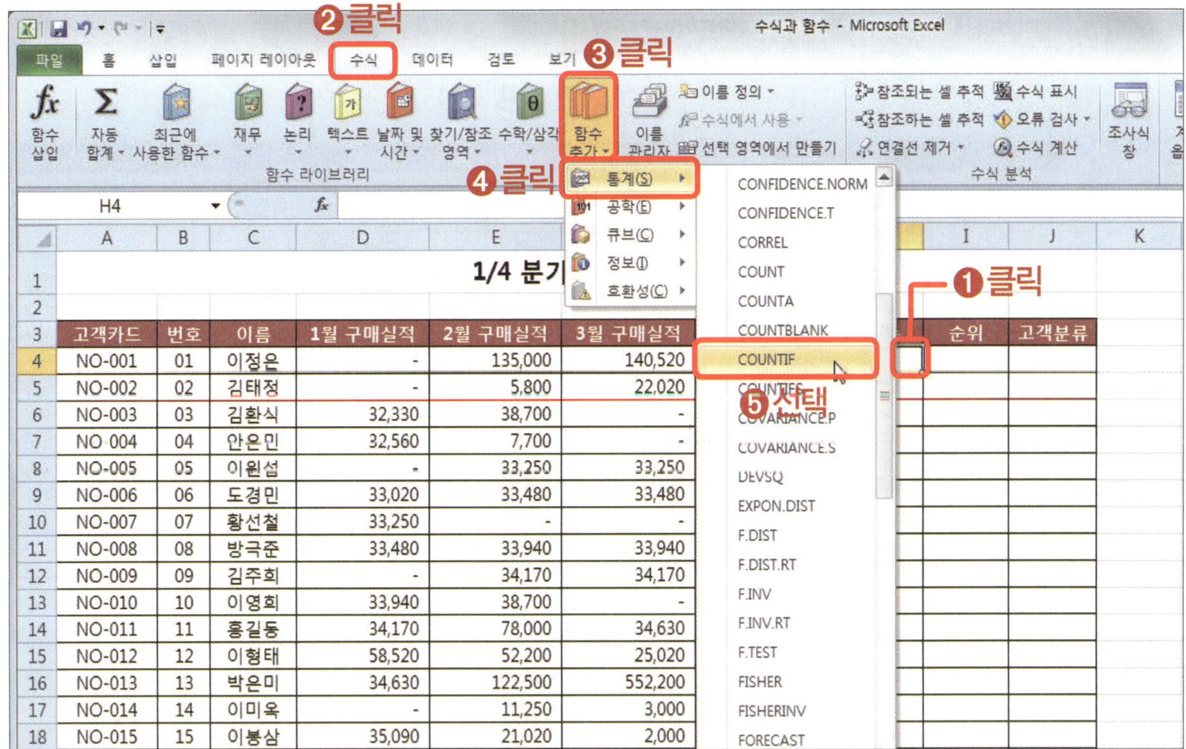

고객카드	번호	이름	1월 구매실적	2월 구매실적	3월 구매실적		순위	고객분류
NO-001	01	이정은	-	135,000	140,520			
NO-002	02	김태정	-	5,800	22,020			
NO-003	03	김환식	32,330	38,700	-			
NO 004	04	안은민	32,560	7,700	-			
NO-005	05	이원섭		33,250	33,250			
NO-006	06	도경민	33,020	33,480	33,480			
NO-007	07	황선철	33,250	-				
NO-008	08	방극준	33,480	33,940	33,940			
NO-009	09	김주희	-	34,170	34,170			
NO-010	10	이영회	33,940	38,700	-			
NO-011	11	홍길동	34,170	78,000	34,630			
NO-012	12	이형태	58,520	52,200	25,020			
NO-013	13	박은미	34,630	122,500	552,200			
NO-014	14	이미옥	-	11,250	3,000			
NO-015	15	이봉삼	35,090	21,020	2,000			

■ 통계 함수

함수	설명	예	결과
AVERAGE(범위)	평균	=AVERGE(90,60)	75
AVERAGEA(범위)	평균 (문자열, 논리값도 계산에 포함)	=AVERGEA(90,False,60)	50
MAX(범위)	최대값	=MAX(1,2,3)	3
MIN(범위)	최소값	=MIN(1,2,3)	1
COUNT(범위)	숫자의 개수	=COUNT(1,2,3)	3
COUNTA(범위)	공백을 제외한 셀의 개수		
COUNTIF(범위, "조건")	범위에서 조건에 맞은 개수		
COUNTIFS(범위1, "조건1", 범위2, "조건2", …)	각각의 범위에서 각각의 조건에 맞는 개수		
LARGE(범위, K)	범위에서 K 번째 큰 값		
SMALL(범위, K)	범위에서 K 번째 작은 값		
RANK.EQ(기준, 범위, 순서)	=RANK.EQ(A1,$A$1:$A$10,0) : [A1:A10] 영역에서 [A1] 셀의 순위를 구함		

RANK.EQ 함수 〈순서〉

0 또는 FALSE : 내림차순(가장 큰 값이 1등) – 생략하면 FALSE가 됨

1 또는 TRUE : 오름차순(가장 작은 값이 1등)

※ 범위는 고정된 영역을 참조해야 하므로 절대 주소 형식을 사용

6 [함수 인수] 대화상자에서 다음과 같이(Range : **[D4:F4]**, Criteria : **>0**) 입력하고 [확인] 단추를 클릭합니다.

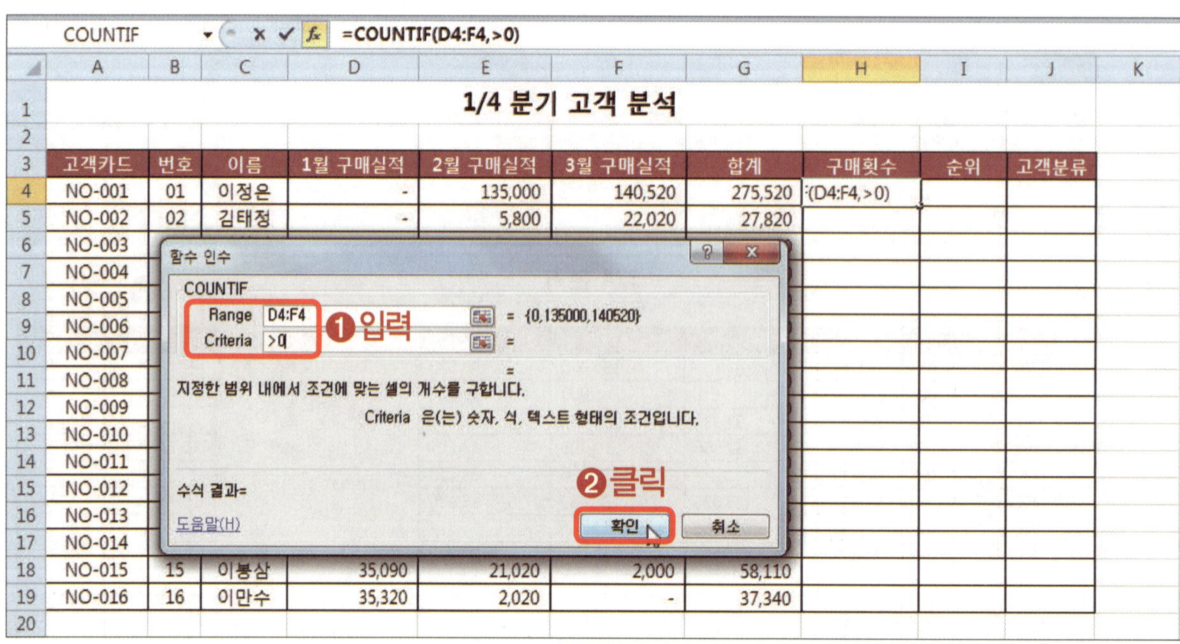

7 [H4] 셀의 수식을 채우기 핸들을 이용하여 [H19] 셀까지 수식을 복사합니다.

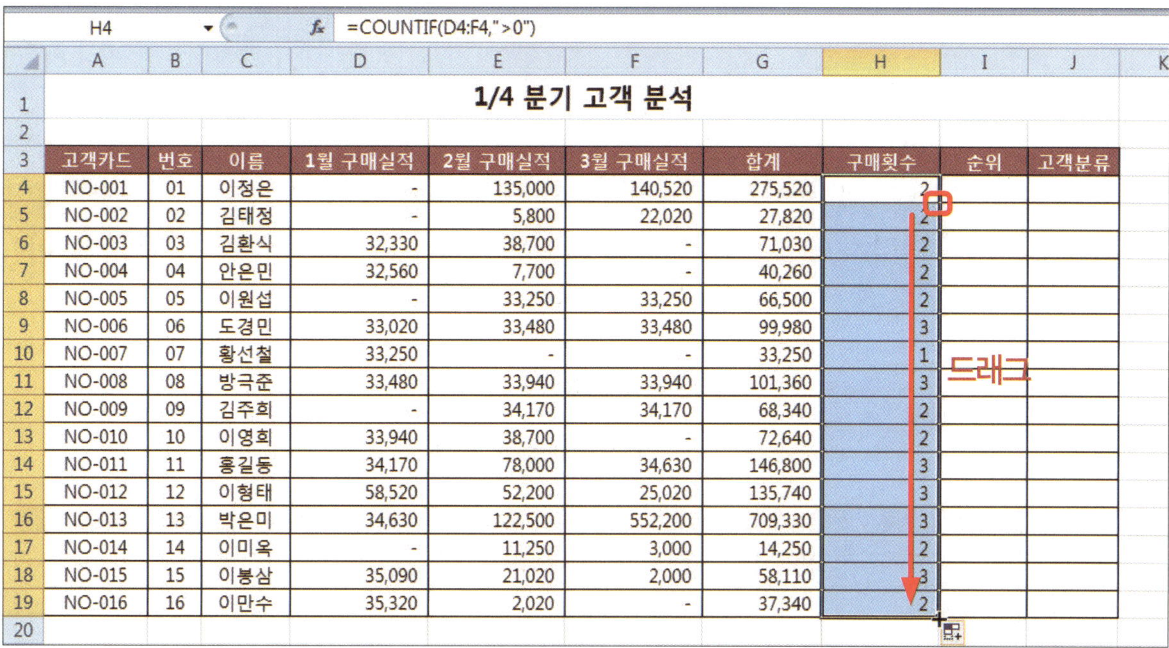

> **함수식** [H4] 셀 「=COUNTIF(D4:F4,")0")」: [D4:F4] 영역에서 0보다 큰 셀을 찾아 셀의 개수를 구하여 반환합니다.

'합계'를 기준으로 순위 구하기(RANK.EQ)

8 [I4] 셀을 클릭한 후 [수식] 탭의 [함수 라이브러리] 그룹에서 [함수 추가] – [통계]–[RANK.EQ]를 선택합니다.

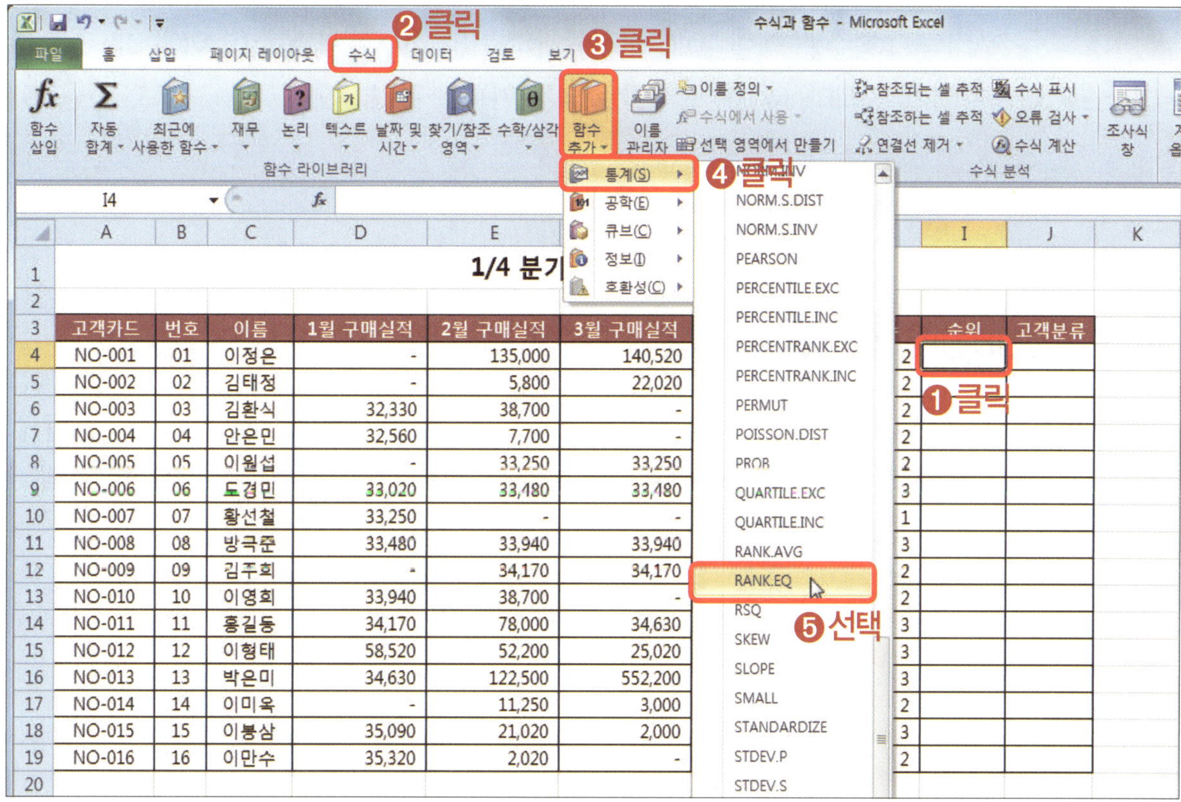

 TIP 순위가 같은 수가 여러 개이면 해당 수 집합의 최상위 순위가 반환됩니다.

⑨ [함수 인수] 대화상자에서 다음과 같이 (Number : [G4], Ref : [$G$4:$G$19], Order : 0) 입력하고 [확인] 단추를 클릭합니다. [I4] 셀의 채우기 핸들을 이용하여 [I19] 셀까지 수식을 복사합니다.

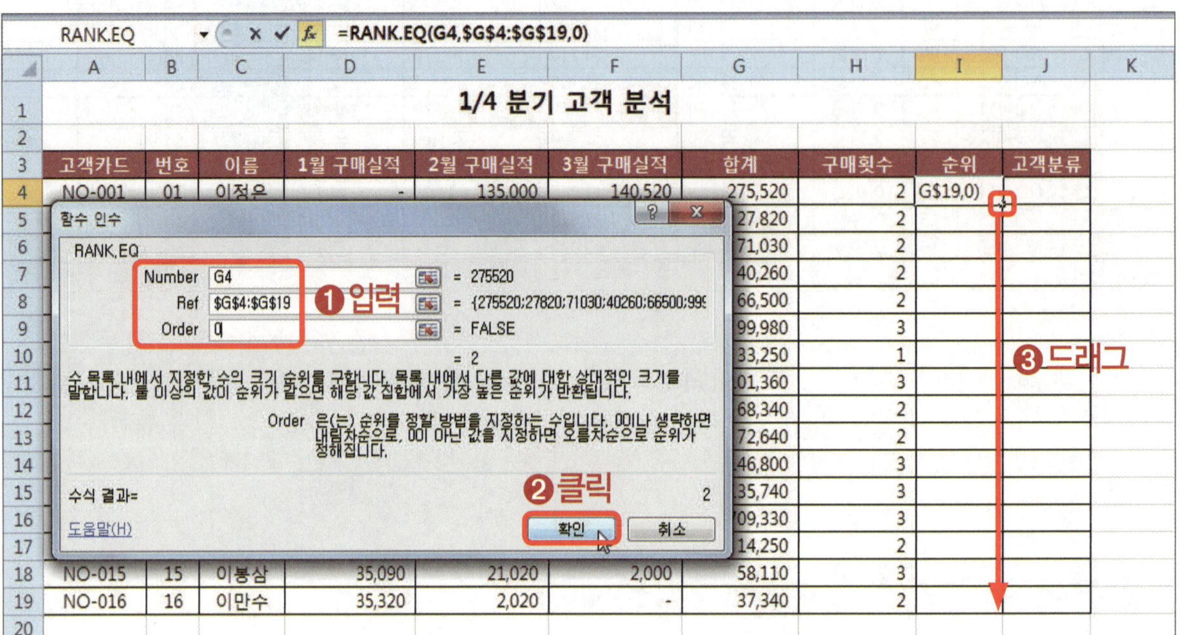

 TIP
• Order가 0이면 내림차순입니다. 즉 높은 점수가 1위입니다.
• RANK.EQ 함수는 엑셀 2010 버전에서 추가된 함수로서 함수명 뒤에 마침표(.)를 사용한 함수입니다. RANK 함수와 동일한 기능을 합니다.

합계가 200,000 이상이면 "우수고객", 나머지는 "일반"으로 표시(IF)

⑩ [J4] 셀을 클릭한 후 [수식] 탭의 [함수 라이브러리] 그룹에서 [논리] – [IF]를 선택합니다.

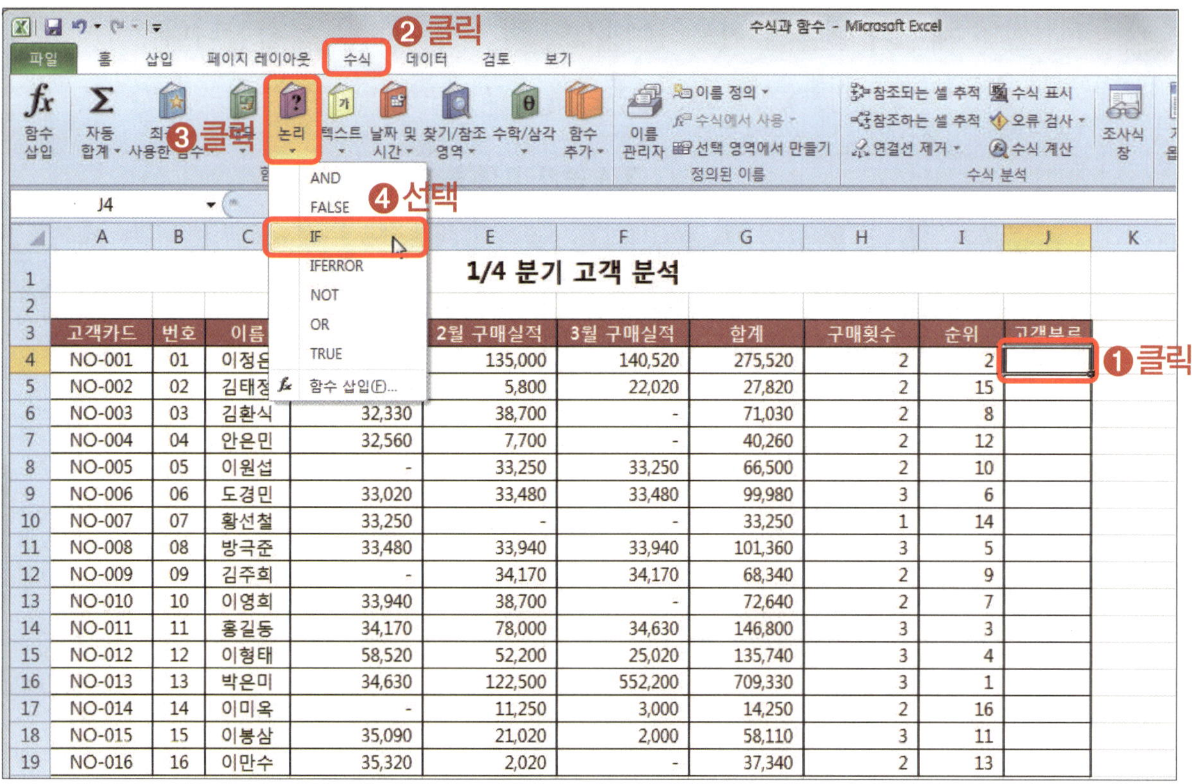

논리 함수

함수	설명	예	결과
IF(조건, 참, 거짓)	조건에 지정된 값 출력	=IF(100)=90,"합격","불합격")	합격
AND(조건1, 조건2, ...)	조건이 모두 참일 경우에만 참 표시	=AND(100>90,90>70)	TRUE
OR(조건1, 조건2, ...)	조건이 하나라도 참인 경우에 참 표시	=OR(80>90,90>70)	TRUE

11 [함수 인수] 대화상자에서 다음과 같이 입력하고 [확인] 단추를 클릭합니다.

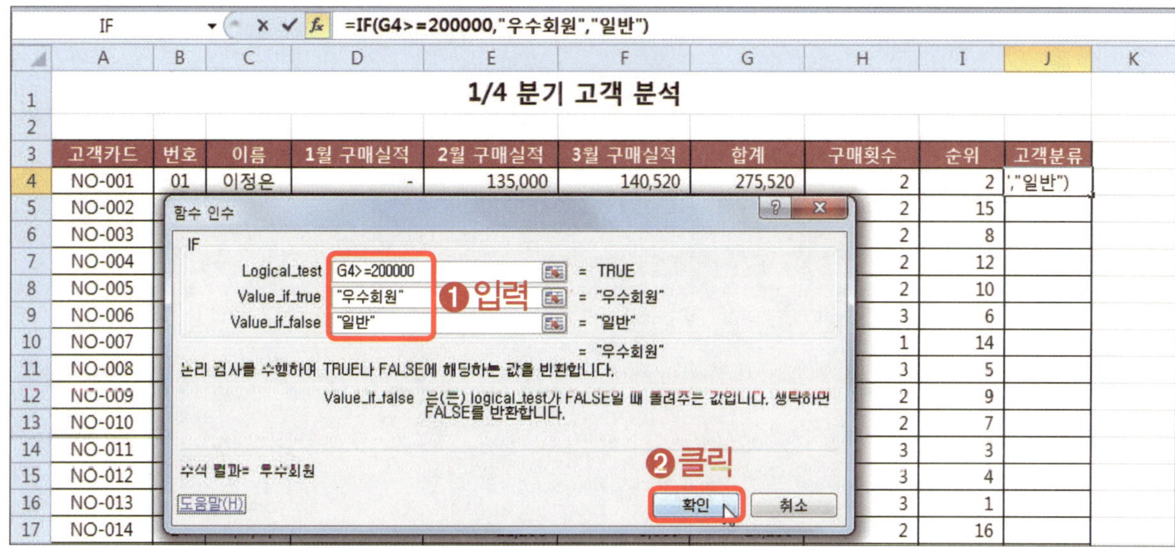

⑫ [J4] 셀의 채우기 핸들을 이용하여 [J19] 셀까지 수식을 복사합니다.

J4			fx	=IF(G4>=200000,"우수회원","일반")					
	A	B	C	D	E	F	G	H	I	J	K
1					**1/4 분기 고객 분석**						
2											
3	고객카드	번호	이름	1월 구매실적	2월 구매실적	3월 구매실적	합계	구매횟수	순위	고객분류	
4	NO-001	01	이정은	-	135,000	140,520	275,520	2	2	우수회원	
5	NO-002	02	김태정	-	5,800	22,020	27,820	2	15	일반	
6	NO-003	03	김환식	32,330	38,700	-	71,030	2	8	일반	
7	NO-004	04	안은민	32,560	7,700	-	40,260	2	12	일반	
8	NO-005	05	이원섭	-	33,250	33,250	66,500	2	10	일반	
9	NO-006	06	도경민	33,020	33,480	33,480	99,980	3	6	일반	
10	NO-007	07	황선철	33,250	-		33,250	1	14	일반	
11	NO-008	08	방극준	33,480	33,940	33,940	101,360	3	5	일반	
12	NO-009	09	김주희	-	34,170	34,170	68,340	2	9	일반	
13	NO-010	10	이영희	33,940	38,700	-	72,640	2	7	일반	
14	NO-011	11	홍길동	34,170	78,000	34,630	146,800	3	3	일반	
15	NO-012	12	이형태	58,520	52,200	25,020	135,740	3	4	일반	
16	NO-013	13	박은미	34,630	122,500	552,200	709,330	3	1	우수회원	
17	NO-014	14	이미옥	-	11,250	3,000	14,250	2	16	일반	
18	NO-015	15	이봉삼	35,090	21,020	2,000	58,110	3	11	일반	
19	NO-016	16	이만수	35,320	2,020	-	37,340	2	13	일반	
20											

■ 날짜/시간 함수의 종류

함수	설명	예	결과
TODAY( )	컴퓨터 시스템의 현재 날짜를 구함	=TODAY( )	2017-10-19
NOW( )	컴퓨터 시스템의 현재 날짜와 시간을 구함	=NOW()	2017-10-19 08:30
YEAR(날짜)	날짜의 연도 부분만 구함	=YEAR("2017-10-19")	2017
MONTH(날짜)	날짜의 월 부분만 구함	=MONTH("2017-10-19")	10
DAY(날짜)	날짜의 일자 부분만 구함	=DAY("2017-10-19")	19
HOUR(시간)	시간의 시 부분만 구함	=HOUR("11:30:20")	11
MINUTE(시간)	시간의 분 부분만 구함	=MINUTE("11:30:20")	30
SECOND(시간)	시간의 초 부분만 구함	=SECOND("11:30:20")	20
DATE(연, 월, 일)	지정한 연, 월, 일로 날짜 데이터를 만듦	=DATE(2017,12,24)	2017-12-24
TIME(시, 분, 초)	지정한 시, 분, 초로 시간 데이터를 만듦	=TIME(10,17,30)	10:17:30
WEEKDAY(날짜, 반환 타입)	날짜의 요일 일련번호를 구함(일요일=1)	=WEEKDAY("2017-10-19")	5 (목요일을 의미)

■ 찾기/참조 함수의 종류

함수	설명
VLOOKUP(검색값, 범위, 열번호, 검색 유형)	범위의 첫 열에서 검색값을 찾아, 지정한 열에서 같은 행에 있는 값을 표시
HLOOKUP(검색값, 범위, 행번호, 검색 유형)	범위의 첫 행에서 검색값을 찾아, 지정한 행에서 같은 열에 있는 값을 표시
CHOOSE(인덱스번호, 값1, 값2, ...)	인덱스번호에 해당하는 값을 표시
INDEX(범위, 행 번호, 열 번호, 참조 영역 번호)	행과 열의 교차된 자료 출력

○ 예제파일 : 엑셀2010₩5장₩혼자풀어보기.xlsx
○ 완성파일 : 엑셀2010₩5장₩혼자풀어보기(완성).xlsx

1 다음과 같은 수식을 입력하여 표를 완성하시오.

▶ 구성비=70세 이상/인구

연도별 고령 인구

(단위:천명)

년도	남자			여자		
	인구	70세 이상	구성비	인구	70세이상	구성비
1960년	12,551	289		12,462	438	
1970년	16,309	408		15,932	583	
1980년	19,236	545		18,888	911	
1990년	21,568	822		21,301	1,373	
2000년	23,667	1,300		23,341	2,095	
2006년	24,268	1,835		24,030	2,751	
2007년	24,344	1,939		24,112	2,872	
2008년	24,416	2,032		24,191	2,984	
2009년	24,481	2,113		24,265	3,080	
2010년	24,540	2,190		24,334	3,167	

Hint! 남자 구성비 : 「=D6/C6」, 여자 구성비 : 「=G6/F6」

2 다음과 같은 수식을 입력하여 표를 완성하시오.

▶ 할인금액[F4:F9] : 판매가*할인률

▶ 실구매금액[G4:G9] : 판매가−할인금액

가정의 달 선물 구매 목록

제품명	수량	판매가	할인률	할인금액	실구매금액
책	1	15,000	10%		
가방	1	89,000	15%		
노트북	1	750,000	20%		
장난감	1	35,000	40%		
양말	5	2,500	5%		
건강보조식품	1	180,000	10%		

Hint! 할인금액 : 「=D4*E4」, 실구매금액 : 「=D4−F4」

3 다음과 같이 '원화가격'과 '합계'를 수식을 이용하여 계산하시오.

▶ 원화가격=환율시세(절대참조)*달러가격

▶ 합계=원화가격*수량

	A	B	C	D	E	F	G
1		면세점 물품 구입 목록					
2							
3		환율시세	₩ 1,050				
4							
5			달러가격	원화가격	수량	합계	
6		가방	$580.00		1		
7		시계	$350.00		1		
8		립스틱	$19.00		5		
9		초코렛	$10.00		10		
10							

Hint! 원화가격 : 「=C6*$C$3」, 합계 : 「=D6*E6」을 입력합니다.

4 다음과 같은 수식을 입력하여 표를 완성하시오.

▶ 성 : 성명의 왼쪽에서 한 글자를 추출

▶ 이름 : 성명의 오른쪽에서 두 글자를 추출

▶ 구 : 주소의 5번째부터 시작하여 3글자를 추출

▶ 순위 : 점수를 기준으로 내림차순으로 순위를 구함

▶ 합격여부 : 점수가 90점 이상이면 '합격', 그 외에는 '불합격'으로 표시

▶ 평균 점수, 최고점수, 최저점수 : 점수를 이용하여 평균, 최고점수, 최저점수를 구함

▶ 총 응시인원 : 학년을 이용하여 개수

▶ 5학년 학생 수 : COUNTIF 함수를 이용하여 5학년 학생 수를 구함

	A	B	C	D	E	F	G	H	I	J	K	L	M
1		영재반 시험											
2													
3	성명	주소	성	이름	구	학년	점수	순위	합격여부		평균 점수	81.55	
4	한민경	서울시 서초구 양재동	한	민경	서초구	5	83	6	불합격		총 응시인원	11	
5	이경우	서울시 마포구 대흥동	이	경우	마포구	6	75	9	불합격		최고점수	99	
6	정하정	서울시 서초구 서초동	정	하정	서초구	4	80	7	불합격		최저점수	45	
7	이경우	서울시 종로구 부암동	이	경우	종로구	5	55	10	불합격		5학년 학생 수	4	
8	박우린	성남시 분당구 구미동	박	우린	분당구	5	95	3	합격				
9	이승운	서울시 서초구 양재동	이	승운	서초구	6	92	5	합격				
10	장미희	서울시 종로구 홍지동	장	미희	종로구	4	80	7	불합격				
11	오정수	서울시 서초구 양재동	오	정수	서초구	4	45	11	불합격				
12	서정수	서울시 마포구 도화동	서	정수	마포구	4	95	3	합격				
13	이주아	대구시 수성구 두산동	이	주아	수성구	5	99	1	합격				
14	박도원	성남시 분당구 서현동	박	도원	분당구	6	98	2	합격				
15													

Hint! 성 : 「=LEFT(A4,1)」, 이름 : 「=RIGHT(A4,2)」, 구 : 「=MID(B4,5,3)」, 순위 : 「=RANK.EQ(G4,$G$4:$G$14,0)」, 합격여부 : 「=IF(G4>=90,"합격","불합격")」, 평균 점수 : 「=AVERAGE(G4:G14)」, 총 응시인원 : 「=COUNT(F4:F14)」, 최고점수 : 「=MAX(G4:G14)」, 최저점수 : 「=MIN(G4:G14)」, 5학년 학생 수 : 「=COUNTIF(F4:F14,"=5")」

차트 만들기

차트는 워크시트의 데이터 내용을 막대나 선, 도형, 그림 등을 시각적으로 표현하여 데이터를 비교, 분석, 예측할 수 있습니다. 차트는 워크시트 데이터와 연결되어 있어 원본 데이터를 바꾸면 자동적으로 차트 모양도 변경됩니다.

완성파일 미·리·보·기

● 완성파일 : 엑셀2010₩6장₩차트.xlsx

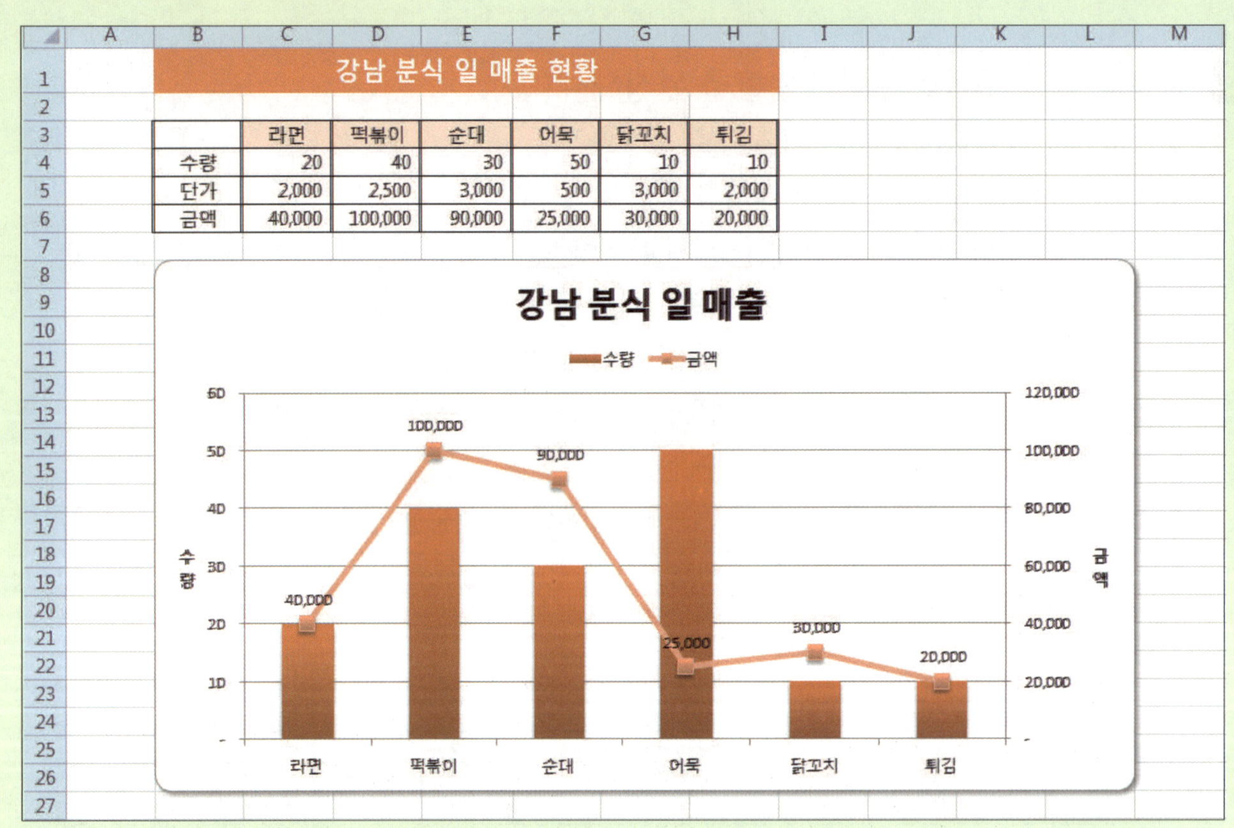

체크포인트

실습1 차트를 작성해 보고, 차트 종류를 바꾸어 차트를 표현해 봅니다.

실습2 차트 스타일을 이용하여 간편하게 서식을 지정해 보고, 레이아웃을 통해 차트에 표시할 구성 요소를 추가하고 차트에 세부적인 서식을 지정해 봅니다.

 실습**1** 차트를 삽입하고 차트 크기 조절하기

입력된 데이터를 범위 지정만으로 쉽게 차트를 작성할 수 있으며, 특정 계열에 대해서 차트 종류를 바꾸어 차이가 많이 나는 데이터를 하나의 차트로 표현하는 방법을 살펴봅니다. 또한, 작성한 차트를 이동하고 크기를 조절하여 표시해 봅니다.

차트 삽입하기

1 [B3:H4], [B6:H6] 영역을 범위 지정한 후 [삽입] 탭의 [차트] 그룹에서 [세로 막대형] – [2차원 세로 막대형] – [묶은 세로 막대형]을 클릭합니다.

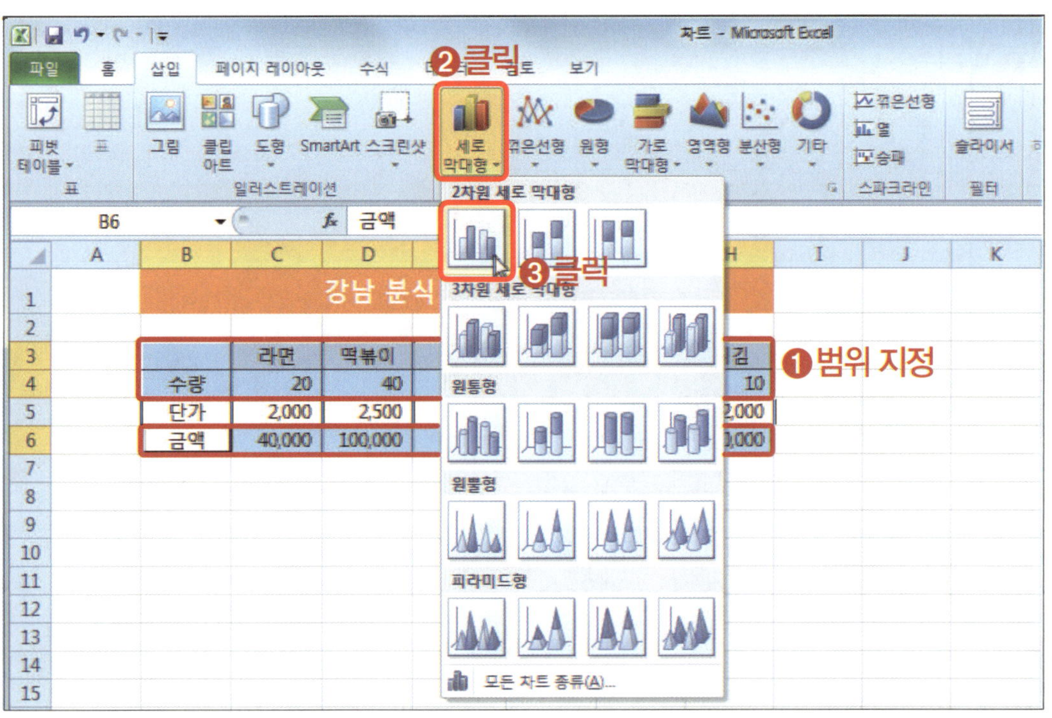

실력쑥쑥 **TIP**

떨어져 있는 영역을 선택할 때에는 첫 번째 [B3:H4] 영역을 드래그한 후 Ctrl 키를 누른 상태에서 [B6:H6] 영역을 드래그합니다.

실력쑥쑥 **TIP** **차트 종류**

- 세로 막대형 : 항목별 값의 비교를 나타내는 데 유용
- 꺾은선형 : 일정 간격에 따라 데이터의 추세를 표시하는 데 유용
- 원형 차트 : 전체 항목에 대한 각 항목의 비율을 표시될 때 유용
- 가로 막대형 : 개별 항목을 비교하여 보여 줌
- 영역형 차트 : 시간에 따른 각 값의 변화량을 비교할 때 유용
- 분산형 차트 : 관련된 두 항목의 연관 관계를 표시하는 데 유용

❷ 차트가 삽입되면 차트를 선택한 후 십자 화살표 ✛ 의 마우스 포인트에서 드래그하여 [B8] 셀로 이동한 후 오른쪽 하단의 모서리에 마우스 포인터를 맞추어 양쪽 화살표 ↘ 일 때 드래그하여 [L26] 셀까지 크기를 조절합니다.

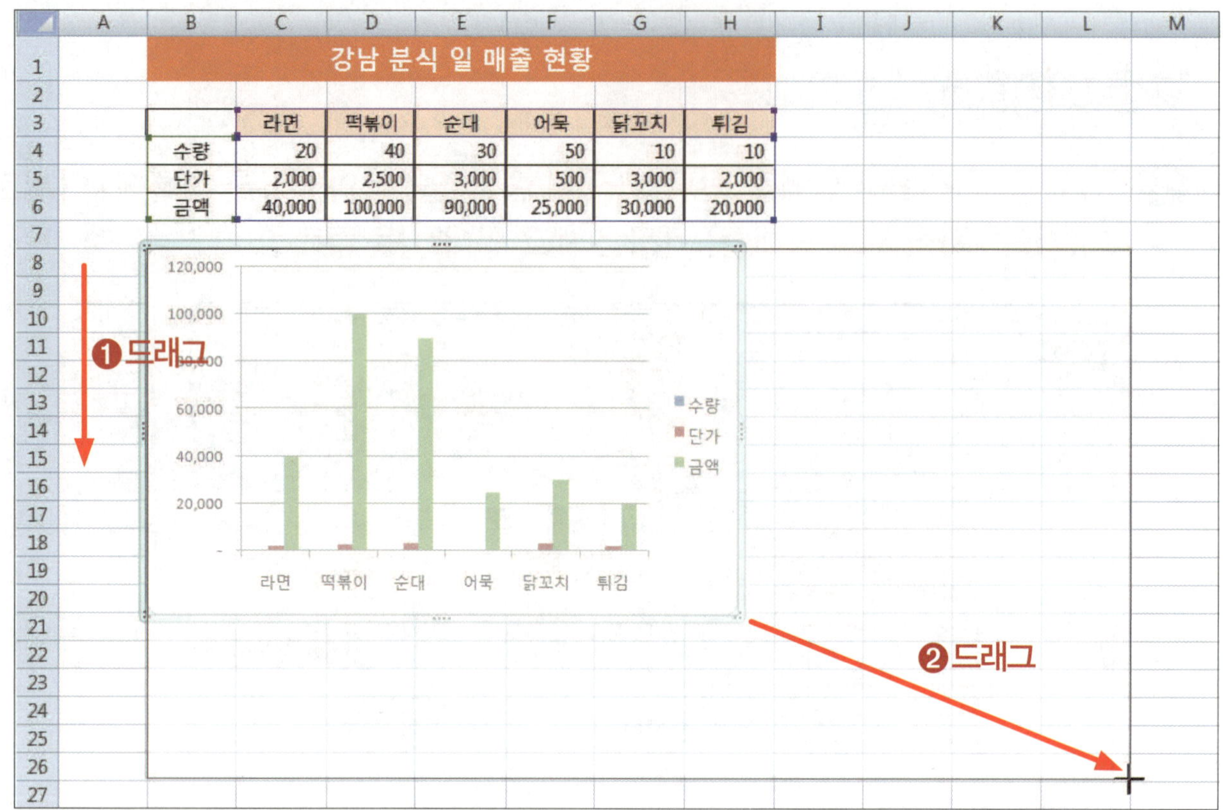

TIP 차트를 삭제할 때에는 차트를 선택한 후 [Delete] 키를 눌러 삭제합니다.

금액 계열만 꺾은선형 차트 종류 바꾸기

❸ 붉은색 계열(금액) 막대 차트를 선택한 후 [차트 도구]–[디자인]탭 [종류] 그룹에서 [차트 종류 변경]을 클릭합니다.

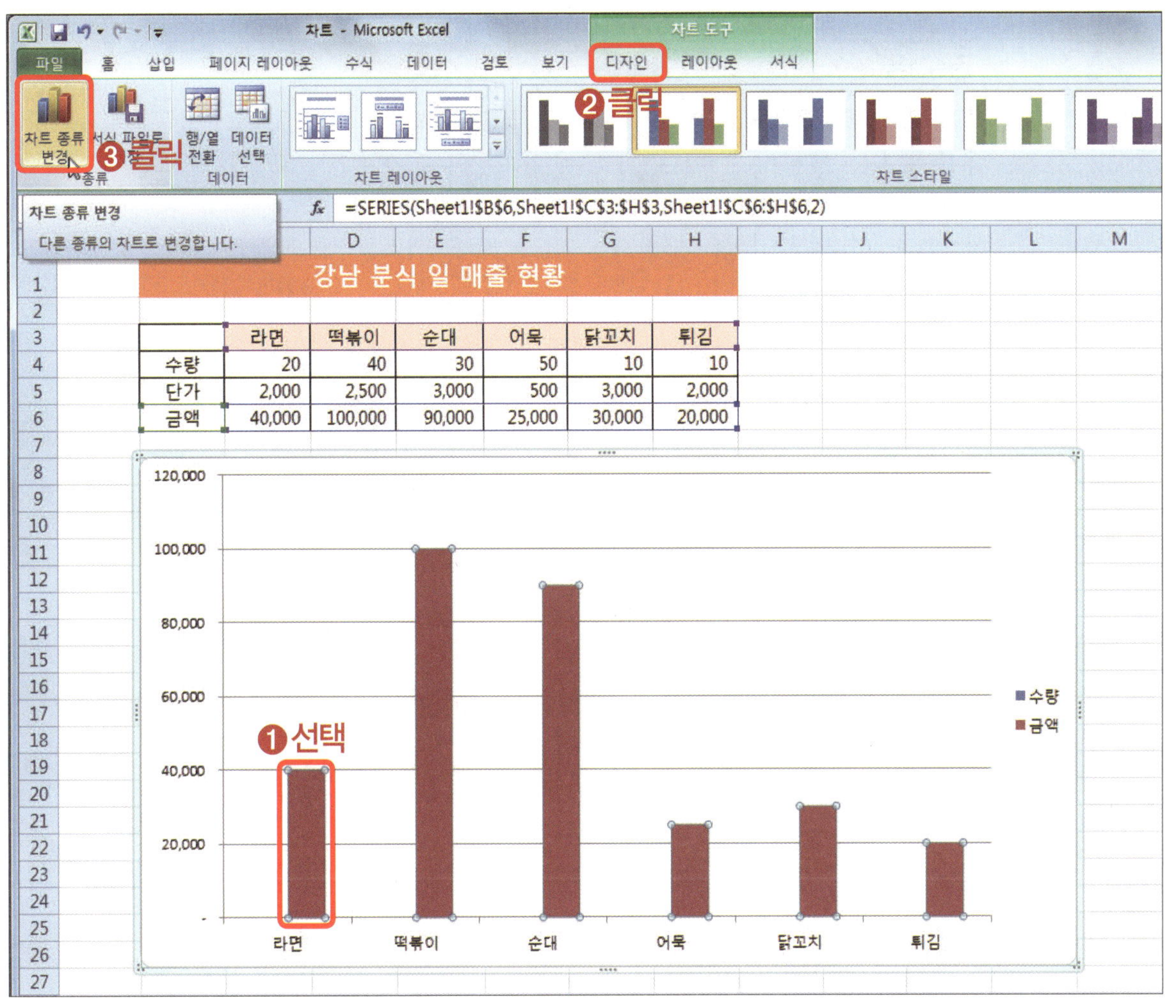

❹ [차트 종류 변경] 대화상자에서 '꺾은선형'의 '표식이 있는 꺾은선형'을 선택하고 [확인] 단추를 클릭합니다.

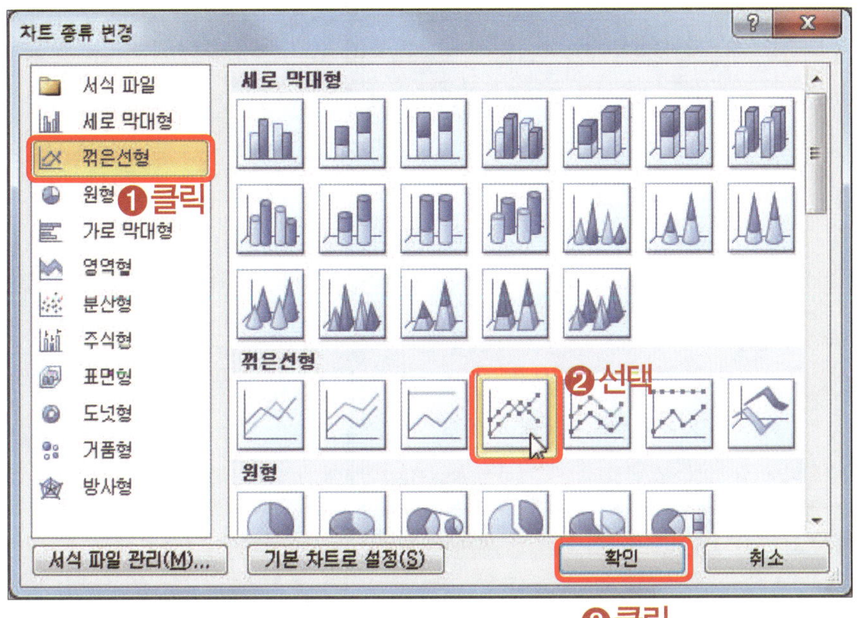

❺ '금액' 계열을 선택한 후 마우스 오른쪽 단추를 클릭하여 [데이터 계열 서식]을 선택합니다.

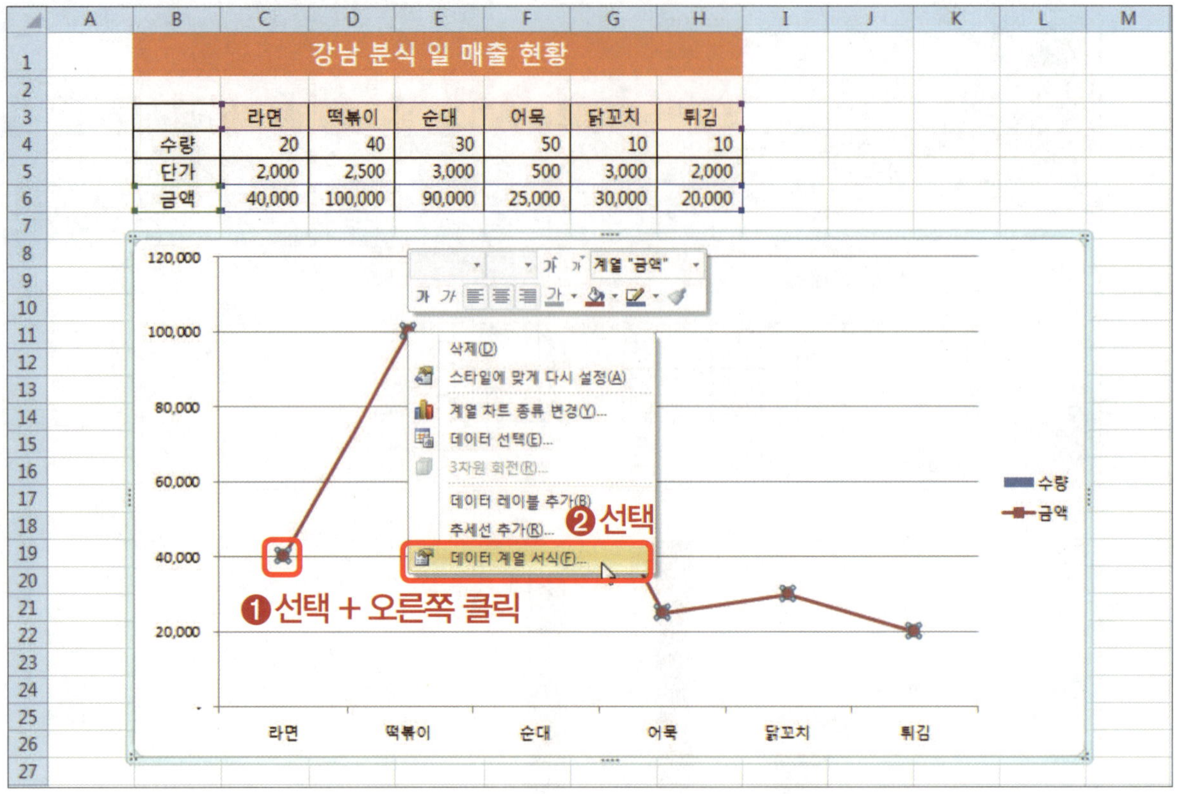

❻ [데이터 계열 서식] 대화상자에서 '계열 옵션'에서 '보조 축'을 선택하고 [닫기] 단추를 클릭합니다.

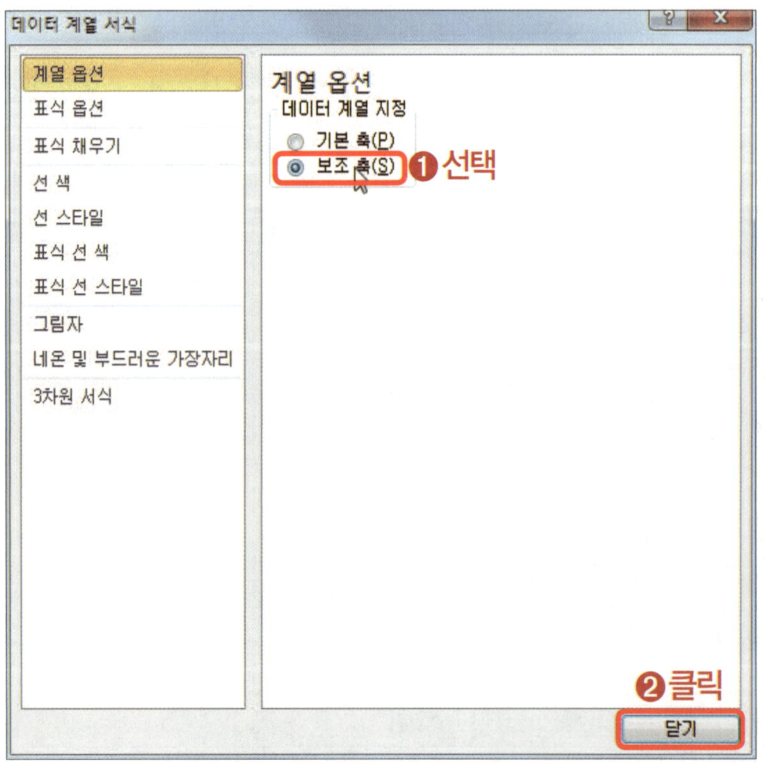

❼ 수량의 '세로 막대형'은 기본 축으로, 금액은 '꺾은선형' 보조 축으로 나누어 표시됩니다.

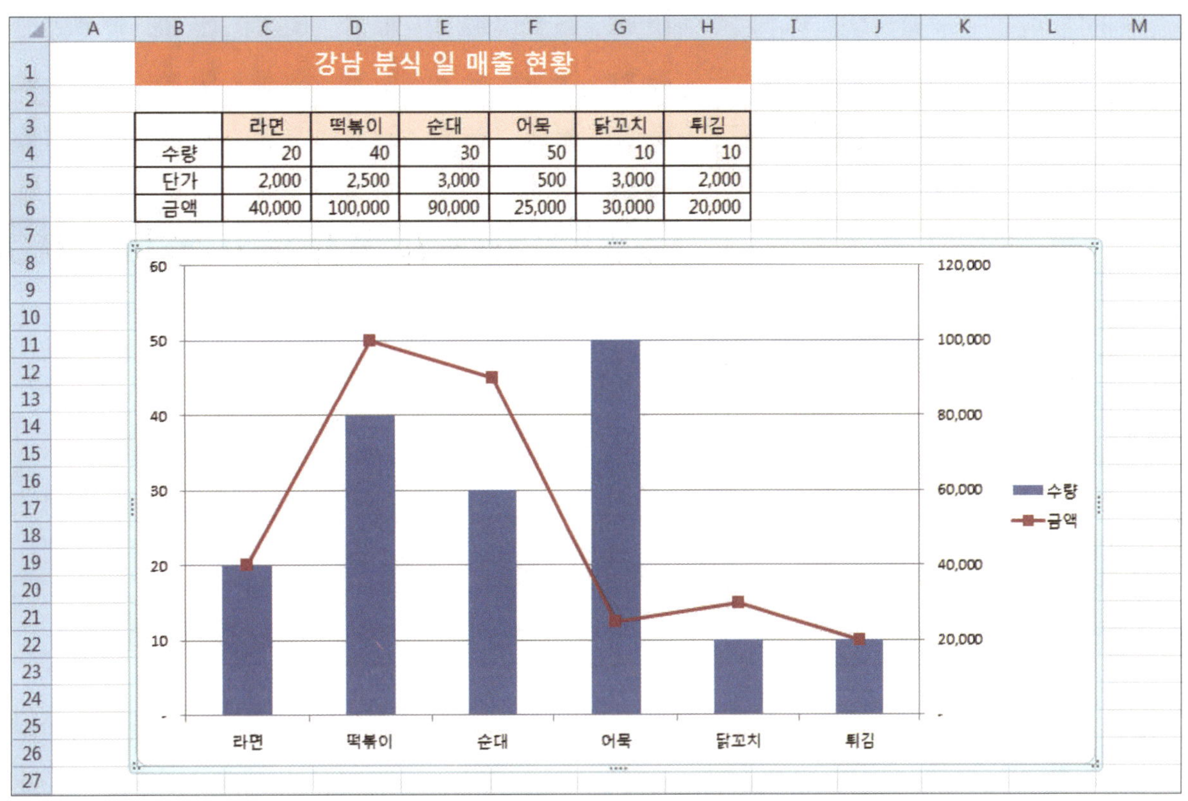

실습2 차트 레이아웃과 서식 지정하기

엑셀에서 제공하는 스타일을 이용하여 차트에 서식을 지정할 수 있으며, 레이아웃을 이용하여 차트의 구성 요소를 추가하여 표시해 봅니다. 세부적인 차트 구성 요소에 대해 서식을 지정해 봅니다.

차트 스타일 적용하기

❶ 차트를 선택한 후 [차트 도구]–[디자인]탭 [차트 스타일] 그룹에서 [자세히 ▼] 단추를 클릭한 후 차트 스타일 목록에서 '스타일 24'를 선택합니다.

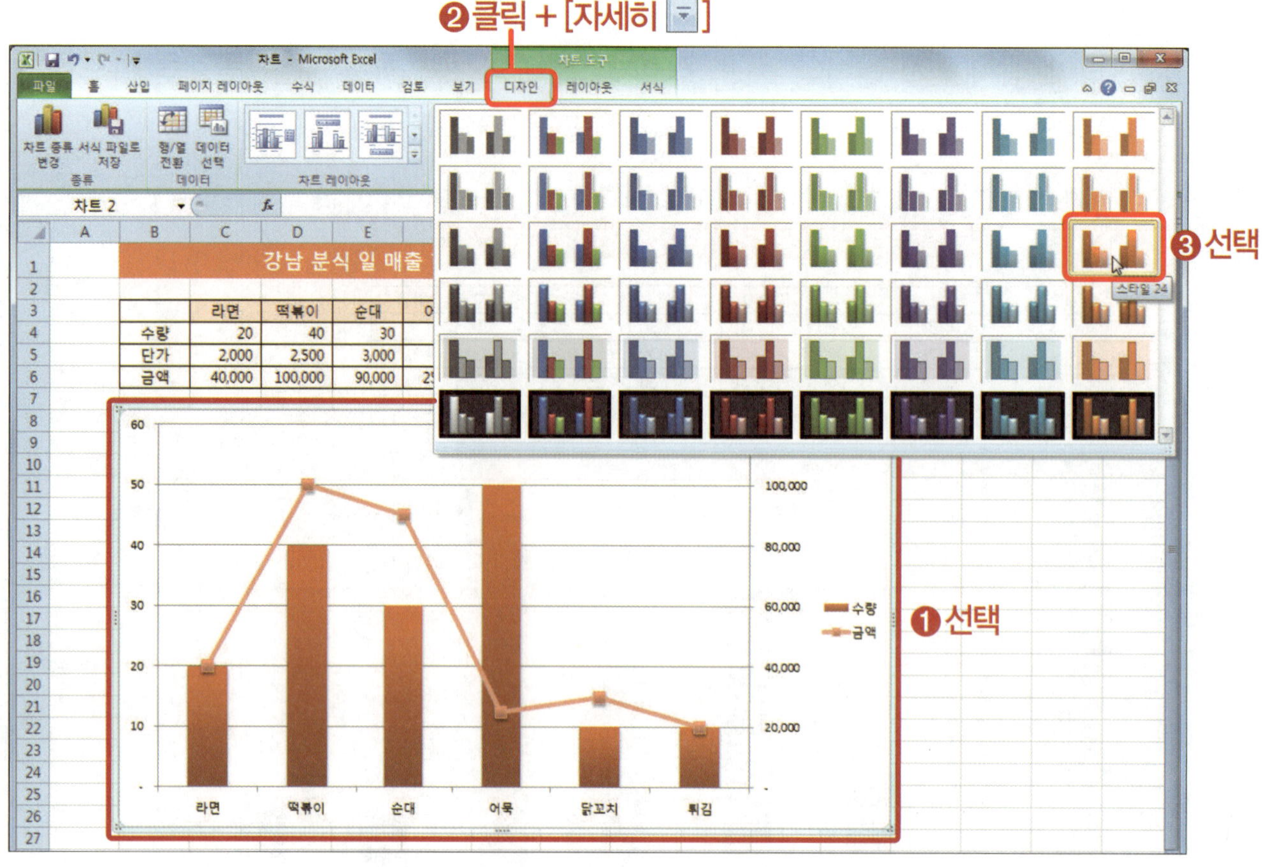

차트 레이아웃 적용하기

❷ [차트 도구]–[레이아웃] 탭 **[레이블]** 그룹에서 **[차트 제목]**–**[차트 위]**를 클릭합니다.

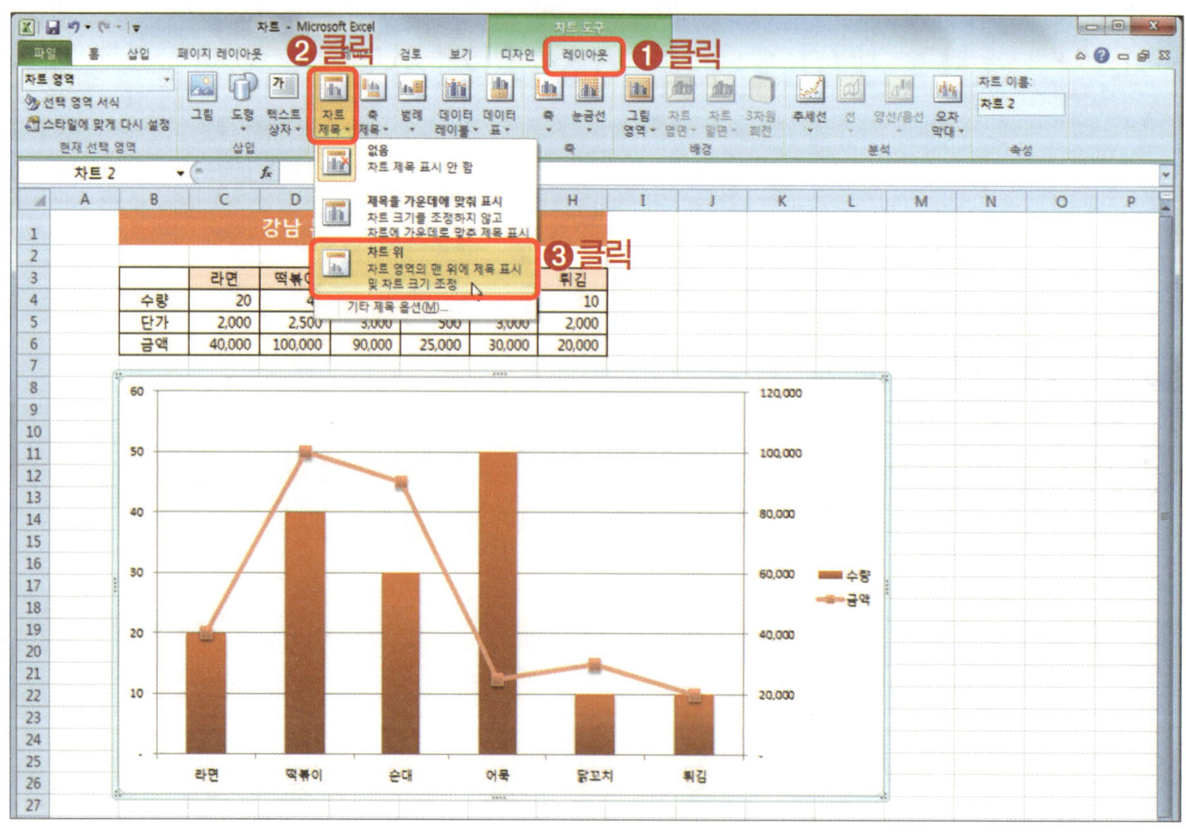

❸ 차트 제목「강남 분식 일 매출」을 입력하고 [차트 도구] – [레이아웃] 탭에서 [레이블] 그룹 [축 제목] – [기본 세로 축 제목] – [세로 제목]을 선택합니다.

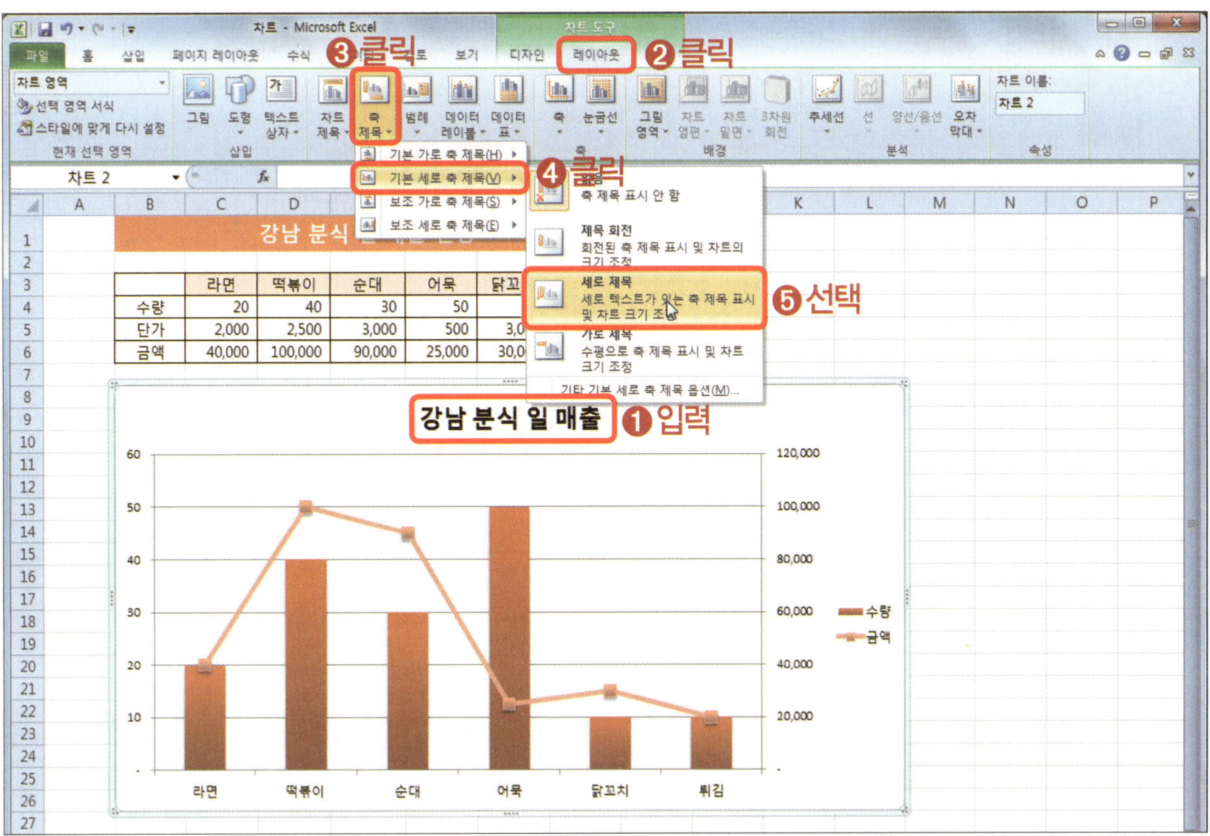

❹ 기본 세로 제목「수량」을 입력하고 [차트 도구] – [레이아웃]탭 [레이블] 그룹에서 [축 제목] – [보조 세로 축 제목] – [세로 제목]을 선택합니다.

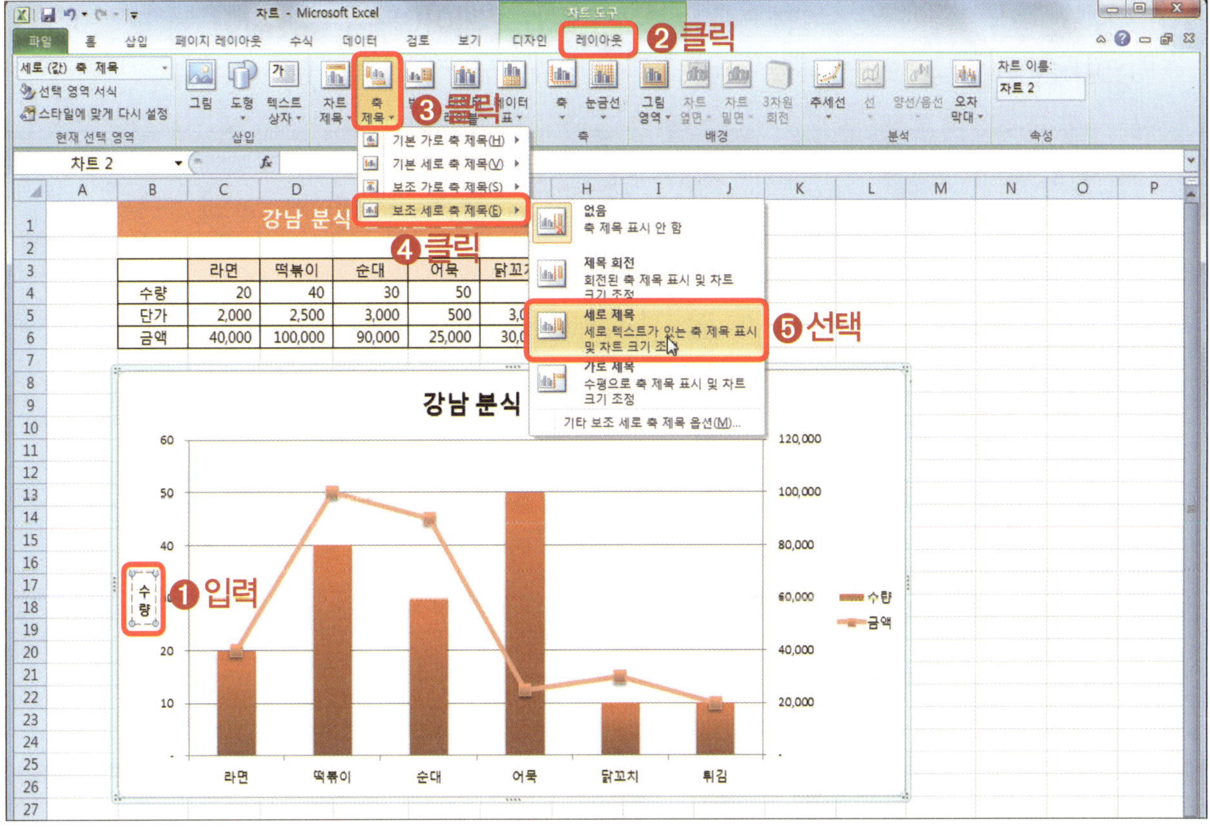

범례 서식 지정하기

5 보조 세로 축 제목 「**금액**」을 입력하고 [차트 도구] – [레이아웃]탭 **[레이블] 그룹에**서 [범례] – [위쪽에 범례 표시]를 선택합니다.

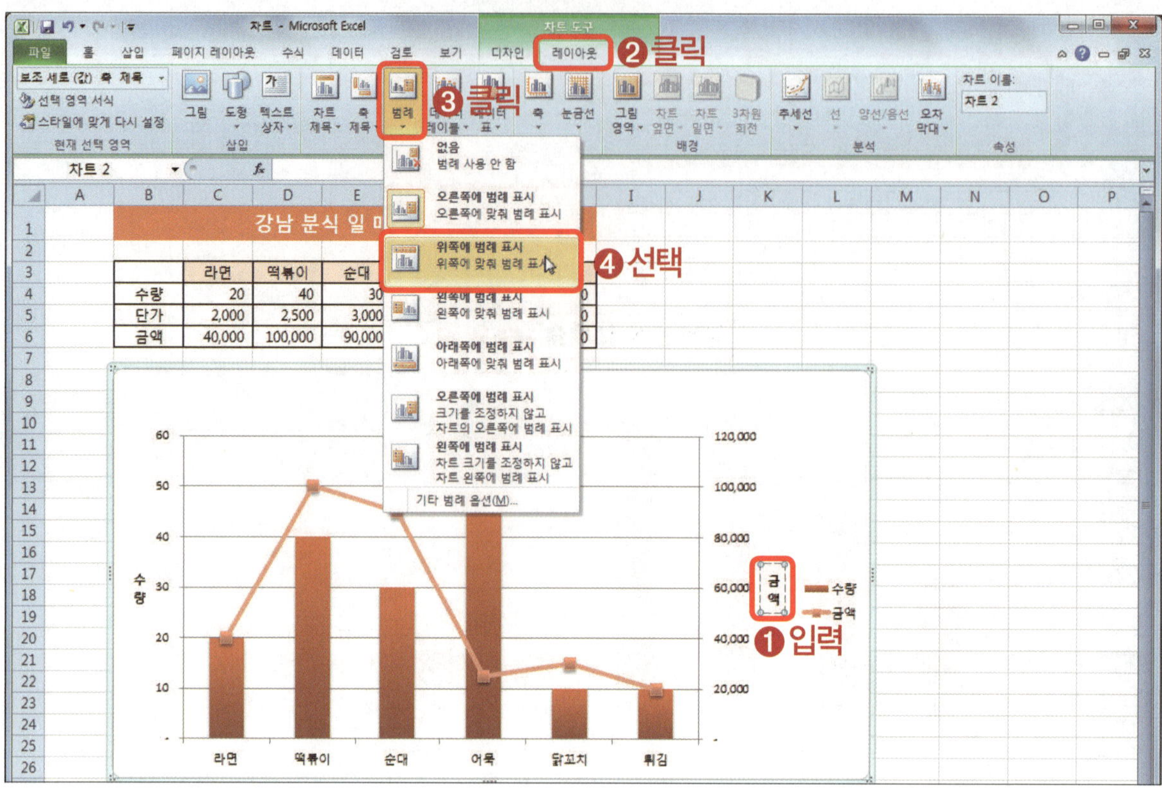

데이터 레이블 표시하기

6 꺾은선형의 '금액'을 선택한 후 **[차트 도구] – [레이아웃] 탭 [레이블] 그룹에서 [데**이터 레이블] – [위쪽]을 클릭합니다.

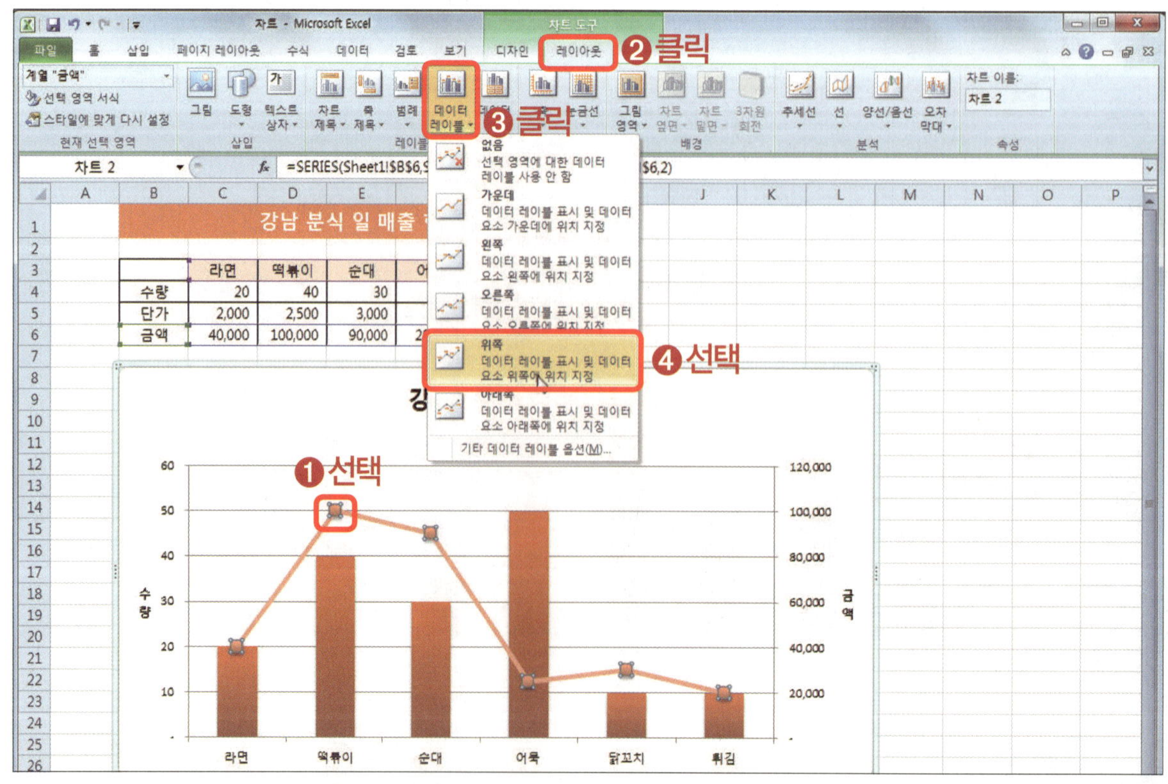

7 차트를 선택한 후 [차트 도구] – [레이아웃] 탭의 **[현재 선택 영역]**에서 **[선택 영역 서식]**을 클릭합니다.

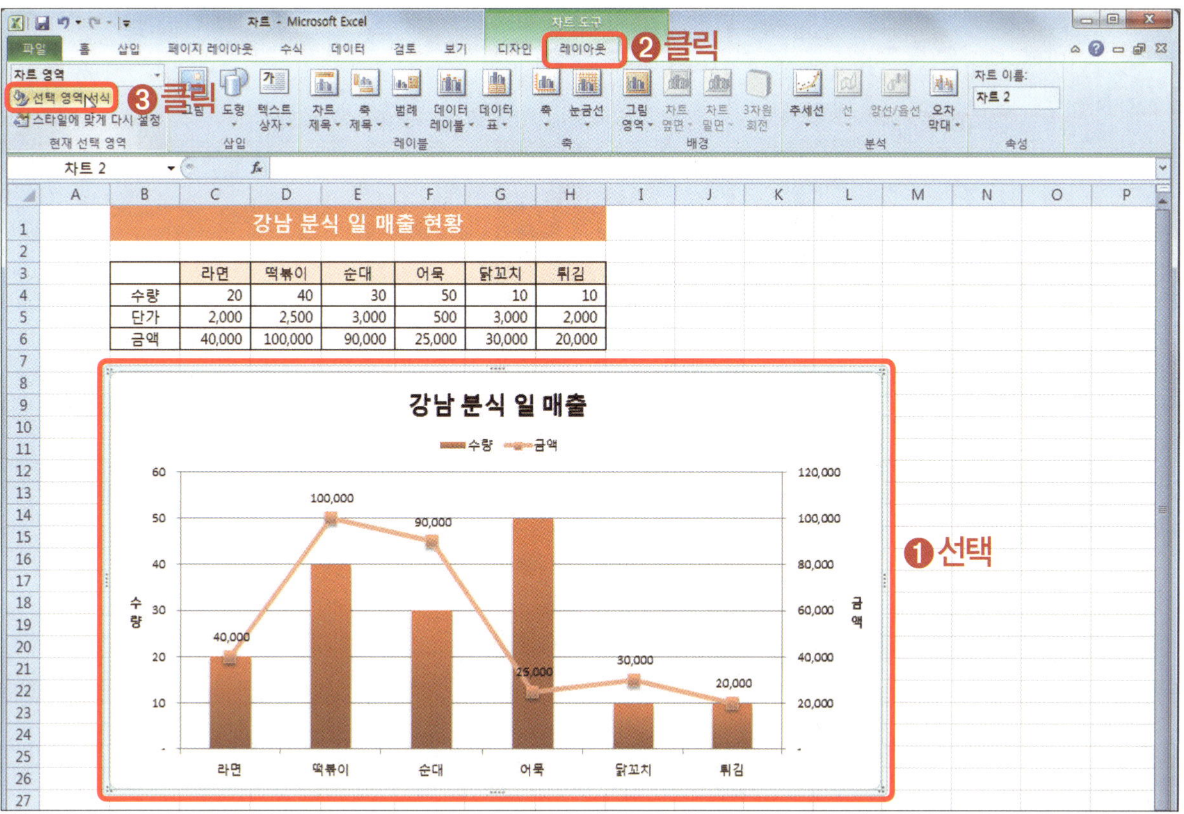

8 [차트 영역 서식] 대화상자에서 **'테두리 스타일'**을 선택한 후 **'둥근 모서리'**를 클릭합니다.

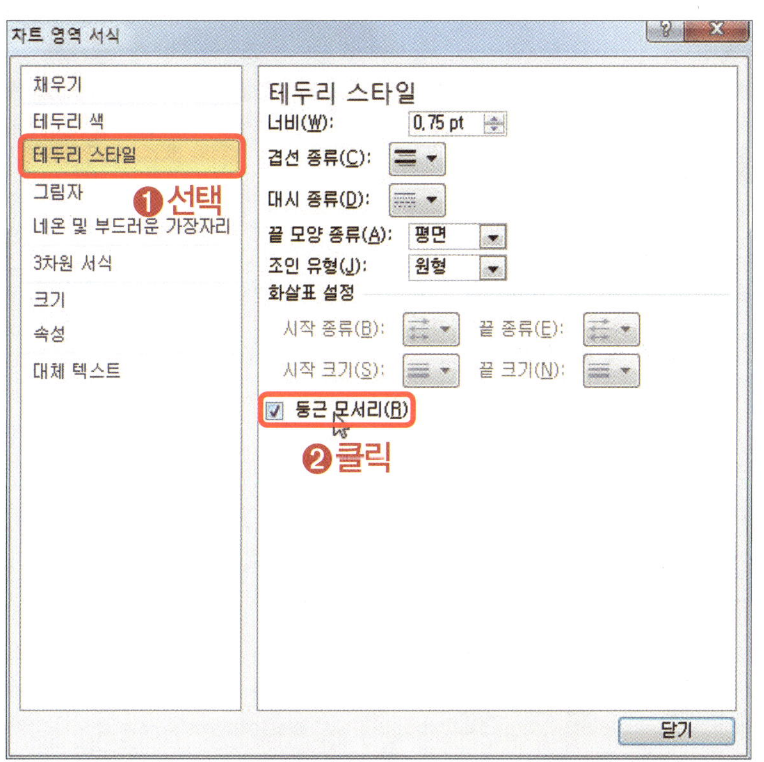

⑨ [차트 영역 서식] 대화상자에서 **'그림자'**를 선택한 후 [미리 설정]-[바깥쪽 - 오프셋 대각선 오른쪽 아래]를 선택한 후 [닫기]를 클릭합니다.

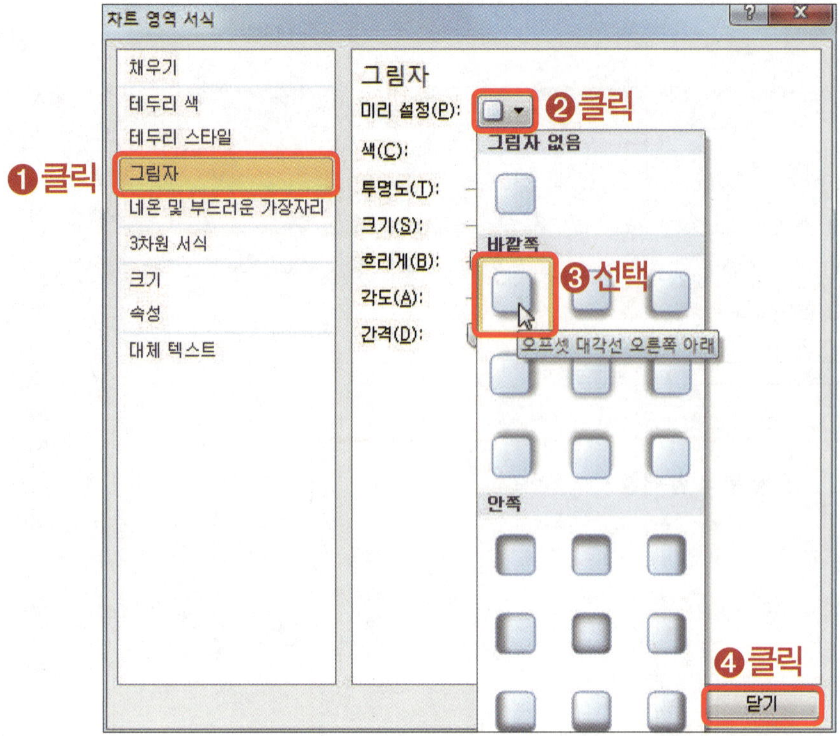

글꼴 서식 바꾸기

⑩ **'차트 제목'**을 선택한 후 [홈] 탭의 [글꼴] 그룹에서 **글꼴 크기를 '20'**으로 지정합니다.

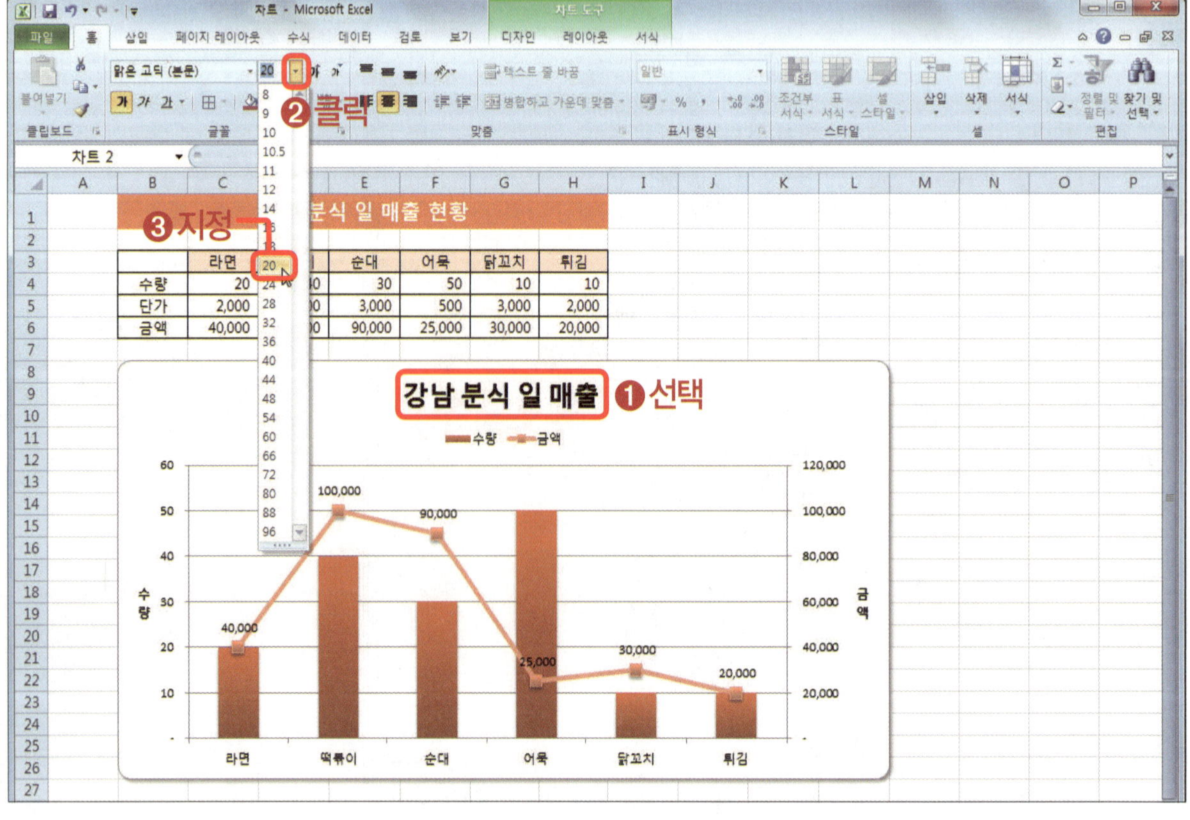

 **TIP** 특정 요소에만 레이블을 표시하고자 할 때는 특정 계열을 선택한 후 다시 한 번 요소를 클릭하여 하나만을 선택할 수 있습니다. 예로 어묵의 수량에 값을 표시할 때 막대 그래프 어묵을 클릭하면 막대 그래프 모두 선택이 됩니다. 다시 한 번 막대 그래프 어묵을 선택하면 하나의 요소만을 선택할 수 있습니다.

실력쑥쑥 TIP 차트 구성 요소

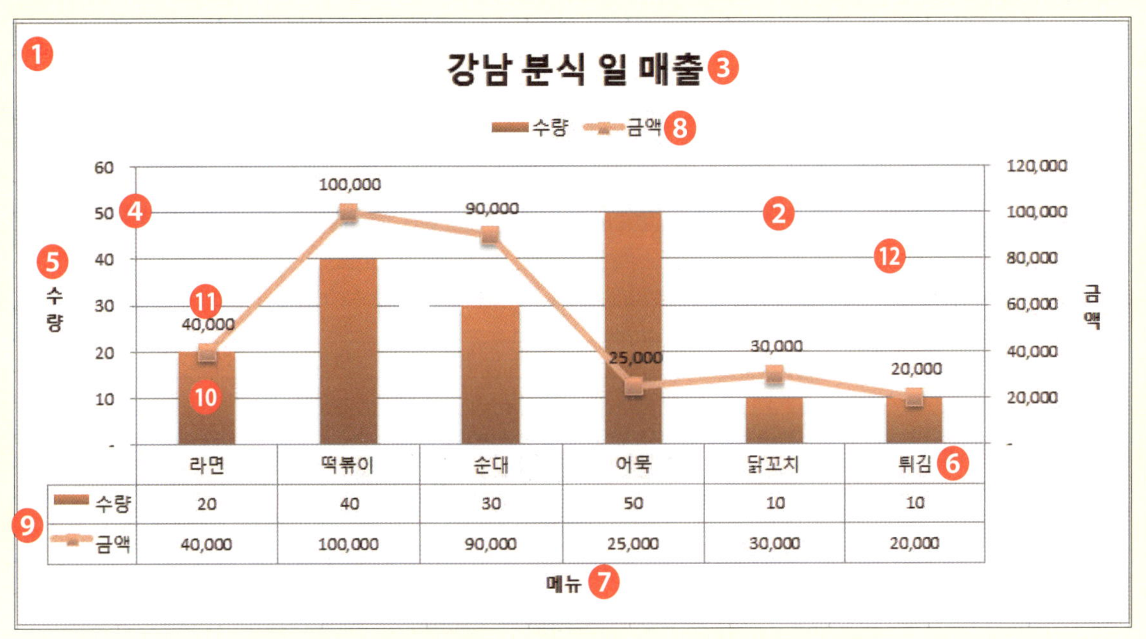

① 차트 영역 : 차트 전체 영역을 의미하며 차트의 위치 및 크기 조절 및 글꼴 변경

② 그림 영역 : 실제의 차트가 표시되는 영역

③ 차트 제목 : 차트의 제목을 표시하는 부분

④ 세로(값) 축 : 그래프의 높낮이를 결정하는데 기준이 되는 기준선으로 수치 자료를 나타내는 선

⑤ 세로(값) 축 제목 : 세로(값) 축의 수치가 무엇을 의미하는 것인지를 알려주는 문자열

⑥ 가로(항목) 축 : 그래프로 표현할 문자 자료 자리

⑦ 가로(항목) 축 제목 : 가로(항목) 축의 문자열이 무엇을 의미하는 것인지를 알려주는 문자열

⑧ 범례 : 그래프의 각 색이나 모양이 어떤 데이터 계열에 대한 것인지를 알려주는 표식

⑨ 데이터 표 : 차트로 표현한 수치 데이터를 표시

⑩ 데이터 계열/데이터 요소 : 막대나 선의 도형으로 표현한 것으로 범례에 있는 한 가지 종류를 데이터 계열이라고 하며, 데이터 계열 중에서 또 한 개를 데이터 요소라고 함

⑪ 데이터 레이블 : 데이터 계열이나 데이터 요소에 표현된 그래프의 숫자, 이름, 백분율 등을 표시

⑫ 눈금선 : 값 축이나 항목 축의 눈금을 그림 영역 안에 선으로 그어 표시한 것

● 완성파일 : 엑셀2010₩6장₩혼자풀어보기(완성).xlsx

1 다음과 같이 차트를 삽입한 후 차트의 크기와 차트 레이아웃을 조정하시오.

▶ 차트 데이터 범위 : [B4:I6] 영역

▶ 차트 종류 : 묶은 가로 막대형

▶ 차트 위치 및 차트 크기 : 현 시트의 [B8:I25]

▶ 차트 제목(3학년 1학기 성적표), 범례(아래쪽 표시)

▶ 차트 스타일 : '스타일 14'

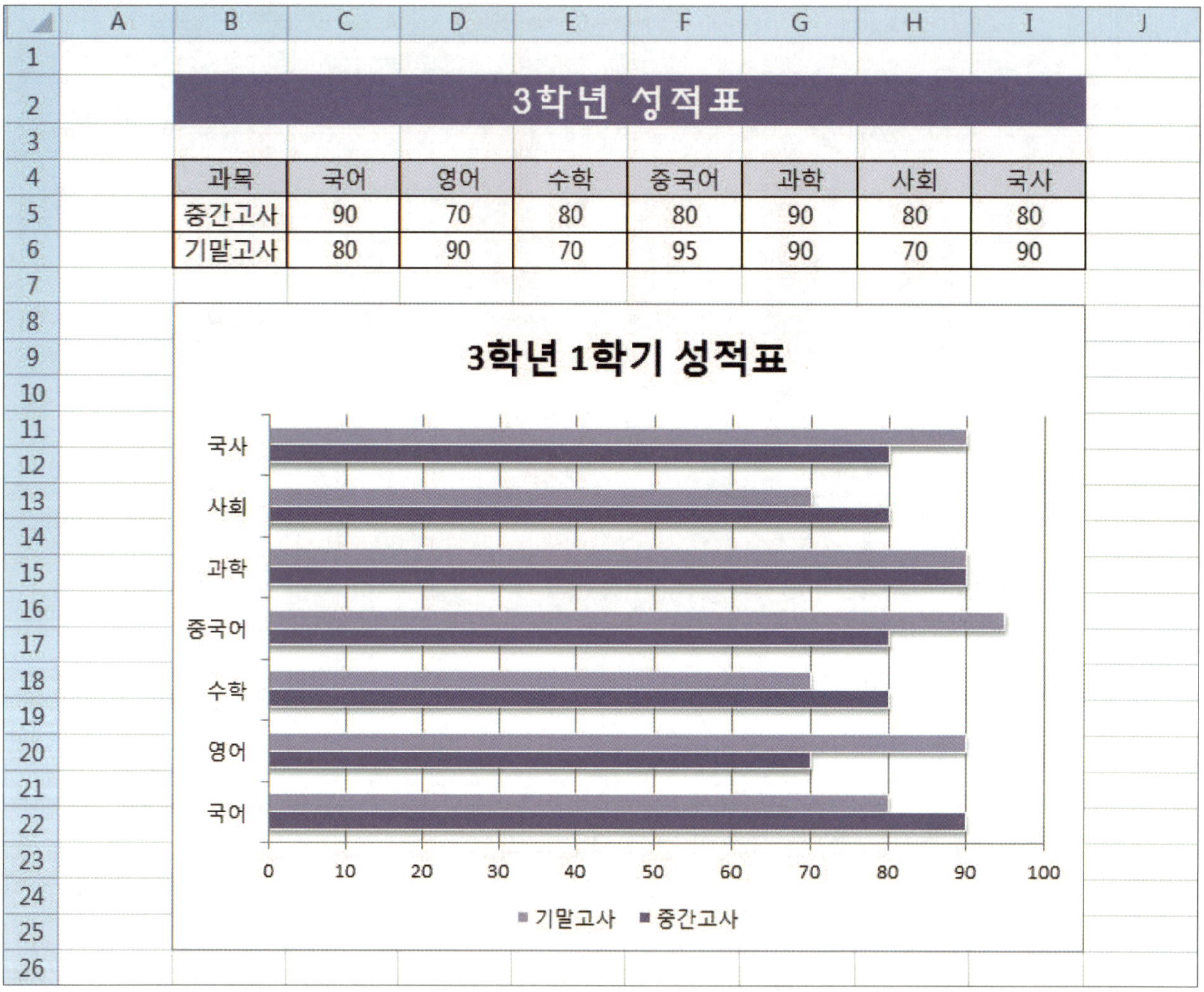

과목	국어	영어	수학	중국어	과학	사회	국사
중간고사	90	70	80	80	90	80	80
기말고사	80	90	70	95	90	70	90

Hint!

• [삽입] 탭의 [차트] 그룹에서 차트를 작성합니다.

• [차트 도구]–[레이아웃] 그룹에서 차트 제목과 범례 위치를 바꿉니다.

• [차트 도구]–[스타일] 그룹에서 차트 스타일을 선택합니다.

2 다음과 같이 차트를 수정하시오.

▶ 데이터 레이블 : '기말고사' 계열 '중국어' 요소에 '값 표시'

▶ 차트 영역 서식 : 모서리를 둥글게, 그림자(오프셋 대각선 오른쪽 아래)

	과목	국어	영어	수학	중국어	과학	사회	국사
	중간고사	90	70	80	80	90	80	80
	기말고사	80	90	70	95	90	70	90

3학년 1학기 성적표

3 다음과 같이 차트를 삽입한 후 차트의 크기와 차트 레이아웃을 조정하시오.

▶ 차트 데이터 범위 : [B4:I6] 영역

▶ 차트 종류 : 묶은 세로 막대형('인구수' 계열), 표식이 있는 꺾은선형('면적' 계열 – 보조 축)

▶ 차트 위치 및 차트 크기 : 현 시트의 [B8:I25]

▶ 차트 제목(시도별 인구현황), 범례(아래쪽 표시)

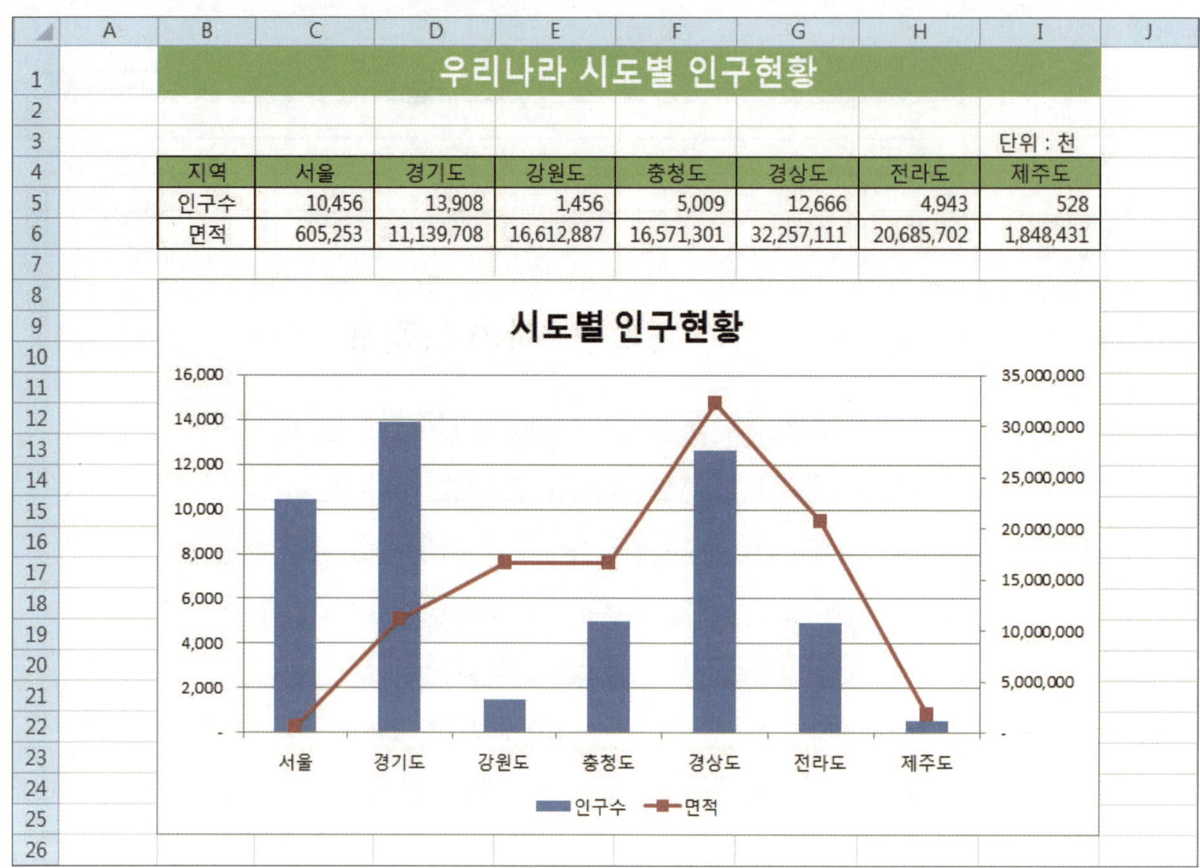

Hint!
- [삽입] 탭의 [차트] 그룹에서 차트를 작성합니다.
- [차트 도구] – [레이아웃] 그룹에서 차트 제목과 범례 위치를 바꿉니다.

4 다음과 같이 차트를 수정하시오.

▶ 차트 스타일 : '스타일 37'

▶ 축 제목 : 세로 (값) 축 제목 (인구수), 보조 세로 (값) 축 제목 (면적)

▶ 데이터 레이블 : '인구수' 계열에 '경기도' 요소에 '값 표시'

▶ 차트 제목 : '흰색' 채우기, 그림자(오프셋 가운데)

▶ 차트 영역 서식 : 모서리를 둥글게

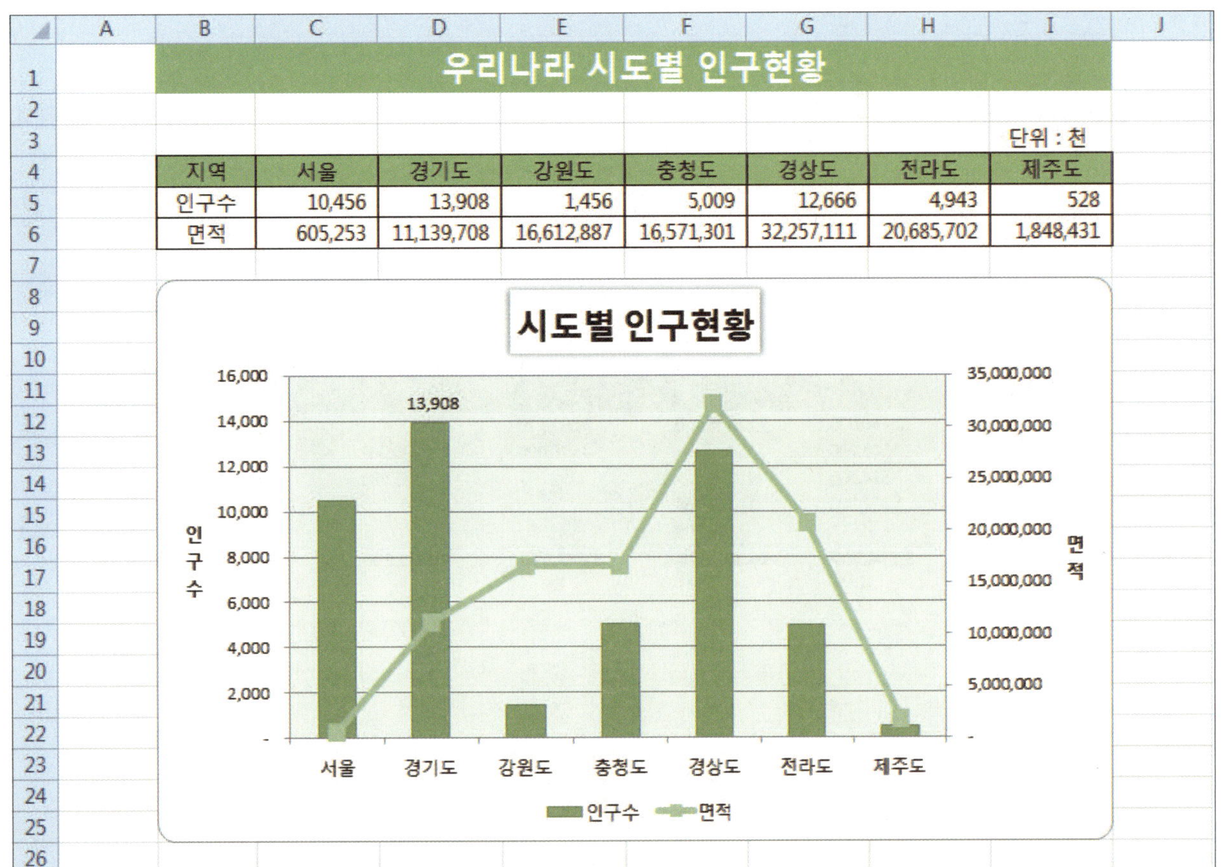

> **Hint!**
> - [차트 도구]–[스타일] 그룹에서 차트 스타일을 선택합니다.
> - [차트 도구]–[레이아웃] 그룹에서 축 제목을 삽입합니다.
> - 차트 제목에서 마우스 오른쪽 단추를 클릭하여 [차트 제목 서식]을 이용하여 채우기, 그림자 효과를 지정합니다.
> - 차트 영역 서식에서 마우스 오른쪽 단추를 클릭한 후 [차트 영역 서식] 대화상자에서 테두리 스타일 서식을 지정합니다.

데이터베이스 관리하기

데이터베이스란 방대한 양의 데이터를 특정한 용도에 맞게 체계적으로 정리해 놓은 것을 말합니다. 엑셀에서는 연속적인 행·열 단위로 모아 놓은 자료를 의미하며, 열 방향의 자료를 용어로 '필드(Field)'라 하고 각각의 필드가 모여서 만들어지는 행 방향의 개별 자료를 '레코드(Record)'라고 합니다.

완성파일 미·리·보·기

◉ 완성파일 : 엑셀2010₩7장₩데이터베이스(완성).xlsx

▲	A	B	C	D	E	F	G	H
1								
2								
3	합계 : 주문금액	분류	▼					
4	주문일 ▼	문구	스포츠	유아동패션/잡화	주방	홈인테리어	총합계	
5	1월	1,440,000	2,376,000	3,631,500		1,225,000	8,672,500	
6	2월	503,000		4,976,000	825,000		6,304,000	
7	3월	514,500			6,125,630		6,640,130	
8	4월	1,057,200	11,207,400			2,297,000	14,561,600	
9	5월		2,524,200				2,524,200	
10	총합계	3,514,700	16,107,600	8,607,500	6,950,630	3,522,000	38,702,430	
11								

체크포인트

실습1 데이터 정렬을 이용하여 오름차순, 내림차순으로 정렬해 봅니다.

실습2 자동 필터를 이용하여 조건에 만족한 데이터를 추출해 봅니다.

실습3 부분합을 이용하여 항목별로 합계를 구해봅니다.

실습4 피벗 테이블을 이용하여 많은 데이터를 일목요연한 표로 정리해 봅니다.

데이터 정렬하기

정렬은 텍스트, 숫자, 날짜 및 시간 등을 기준으로 일정한 순서로 재배열하는 기능으로 오름차순 정렬과 내림차순 정렬이 있습니다. 데이터 정렬을 이용하여 원하는 데이터를 좀 더 빠르게 찾을 수 있고, 효율적인 문서 관리가 가능합니다.

상품명을 기준으로 오름차순 정렬하기('정렬' 시트에서)

❶ [A6] 셀을 선택한 후 [데이터] 탭의 [정렬 및 필터] 그룹에서 [텍스트 오름차순 정렬]단추를 클릭합니다.

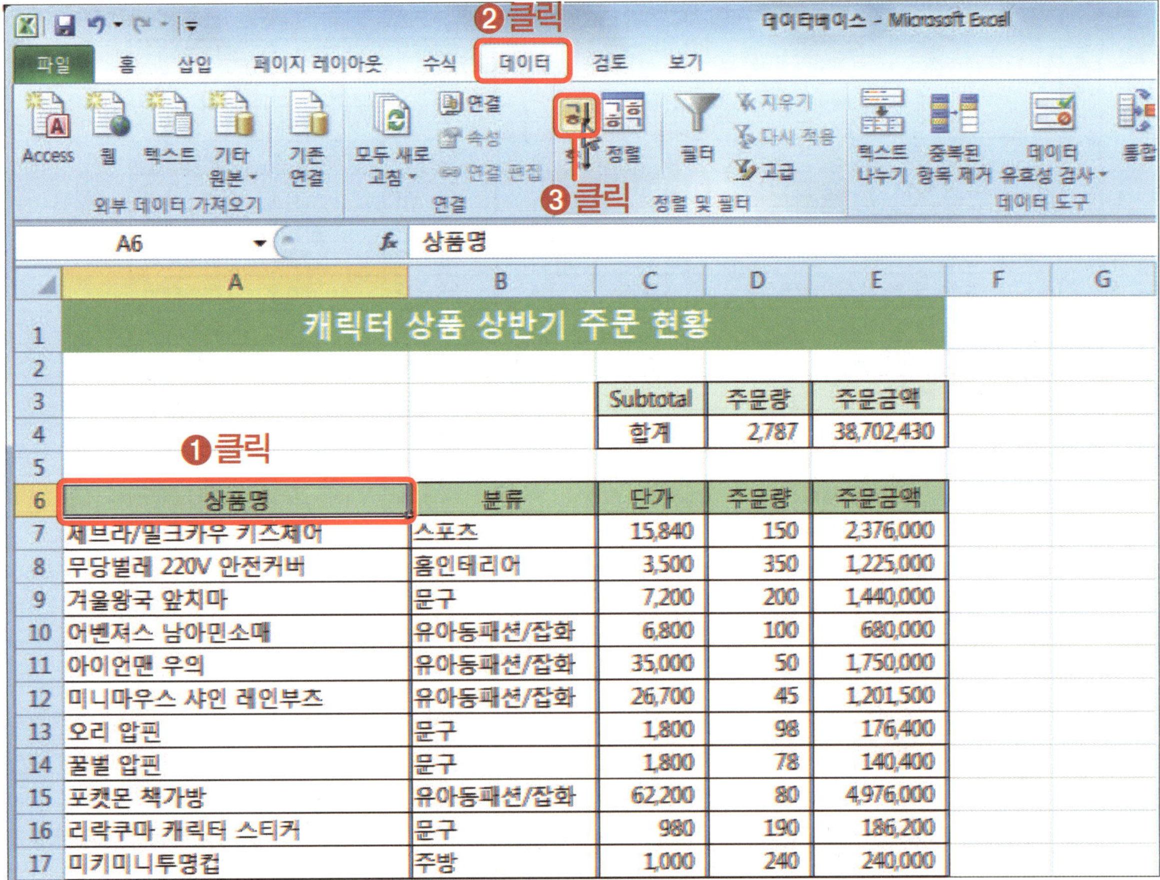

TIP 정렬하고자 하는 데이터의 필드 안에 아무 셀 하나만 클릭해도 해당 필드를 정렬할 수 있습니다.

분류(오름차순)와 주문금액(내림차순)을 기준으로 정렬하기

❷ [B6] 셀을 선택한 후 [데이터]탭의 [정렬 및 필터]그룹에서 [정렬 ▦]을 클릭합니다.

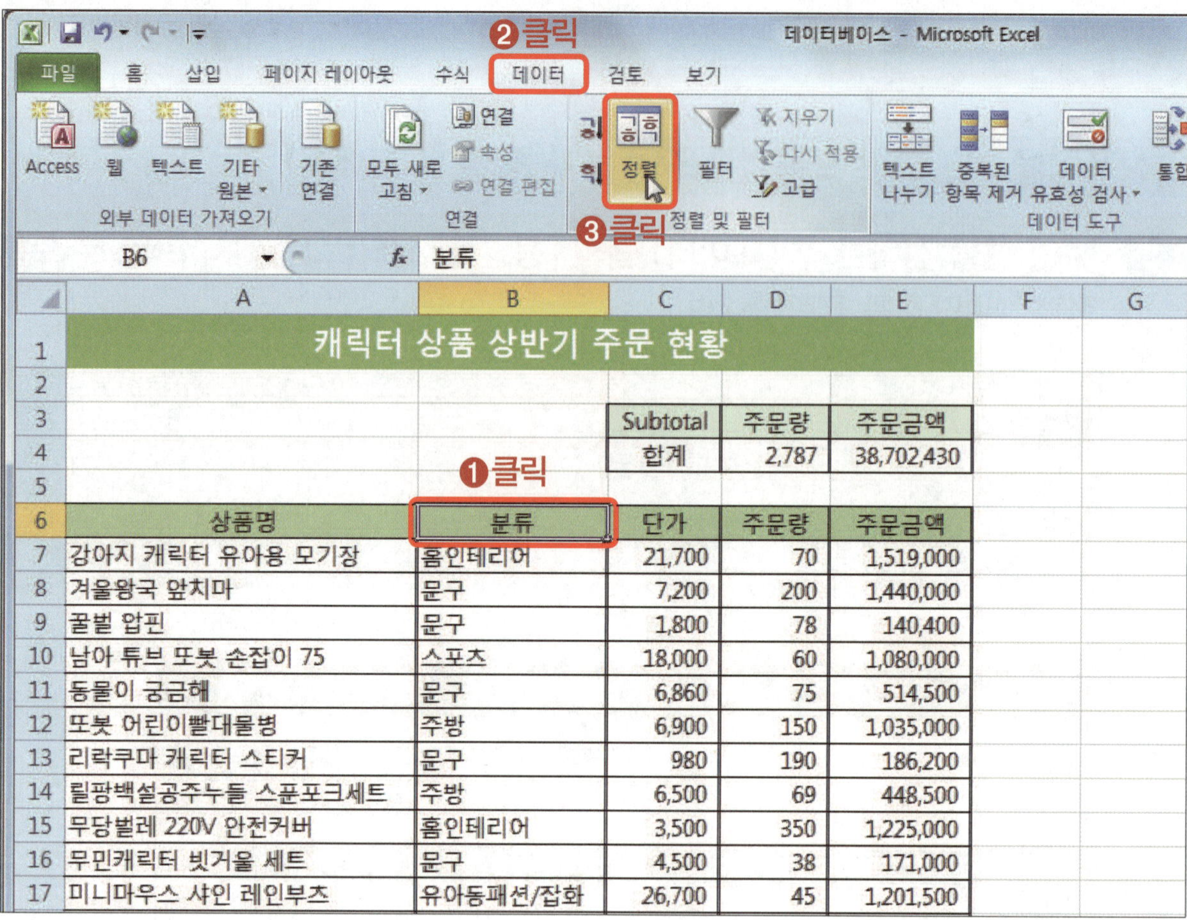

❸ [정렬] 대화상자에서 열 '**분류**', 정렬 기준 '**값**', 정렬 '**오름차순**'을 선택하고 [기준 추가] 단추를 클릭합니다.

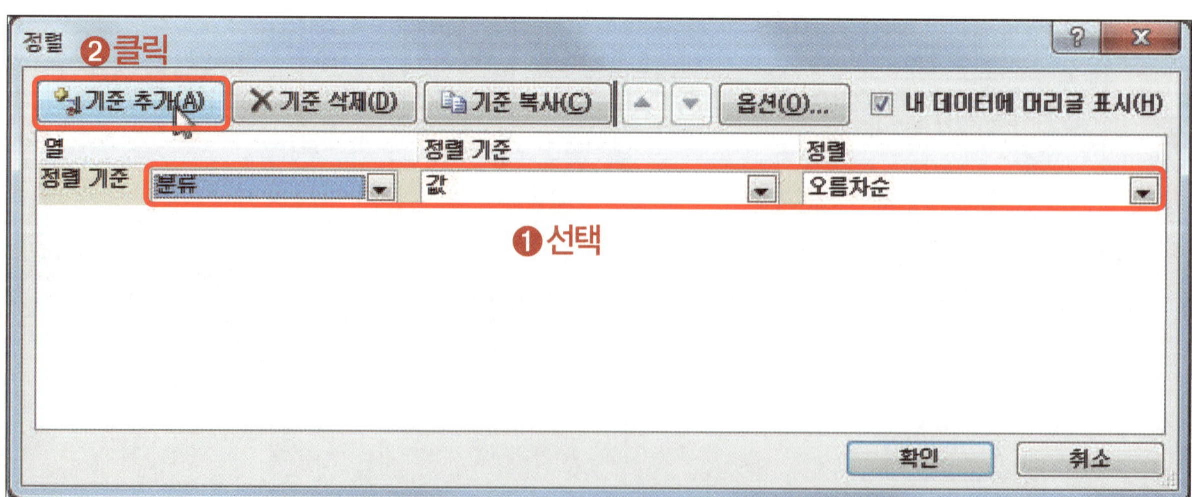

❹ 다음 기준에서 열은 **'주문금액'**, 정렬 기준 **'값'**, 정렬 **'내림차순'**을 선택하고 [확인] 단추를 클릭합니다.

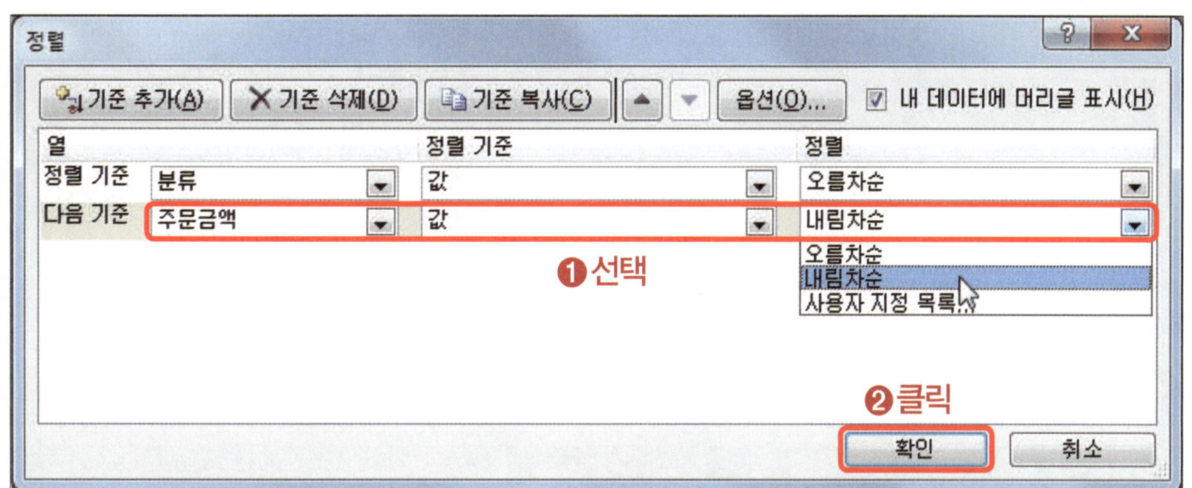

TIP 분류를 기준으로 '가, 나, 다, …' 순으로 표시하고 같은 분류 항목이라면 주문금액을 기준으로 큰 금액부터 작은 금액 순으로 표시합니다.

TIP 한 가지 조건으로 정렬할 때는 [오름차순 정렬 ⬆] 단추, [내림차순 정렬 ⬇] 단추를 이용하고 두 가지 이상의 조건, 사용자 지정 정렬 순으로 정렬할 때에는 [정렬]을 이용합니다.

자동 필터를 이용하여 데이터 추출하기

필터는 데이터 중에서 특정한 조건에 만족한 데이터만을 추출하는 기능입니다. 엑셀에서는 간단하게 조건을 선택하여 데이터를 추출할 수 있는 자동 필터와 좀 더 다양한 조건과 다른 위치에 데이터를 추출할 수 있는 고급 필터가 있습니다.

자동 필터를 실행하여 '주방' 분류만 추출하기('자동필터' 시트에서)

1 [A6] 셀을 선택한 후 [데이터] 탭의 [정렬 및 필터] 그룹에서 [필터]를 클릭합니다.

상품명	분류	단가	주문량	주문금액
		Subtotal	주문량	주문금액
		합계	2,787	38,702,430
겨울왕국 앞치마	문구	7,200	200	1,440,000
해적왕 캐릭터 장패드	문구	21,100	42	886,200
동물이 궁금해	문구	6,860	75	514,500
리락쿠마 캐릭터 스티커	문구	980	190	186,200
오리 압핀	문구	1,800	98	176,400
무민캐릭터 빗거울 세트	문구	4,500	38	171,000
꿀벌 압핀	문구	1,800	78	140,400
미키키즈 삼천리 자전거	스포츠	200,000	51	10,200,000
제브라/밀크카우 키즈체어	스포츠	15,840	150	2,376,000
프린세스 손잡이 75	스포츠	24,900	58	1,444,200
남아 튜브 또봇 손잡이 75	스포츠	18,000	60	1,080,000

TIP 자동 필터는 [홈] 탭의 [편집] 그룹에서 [정렬 및 필터]–[필터]를 이용할 수 있습니다.

❷ [B6] 셀의 [필드 목록 ▼] 단추를 클릭한 후 '모두 선택'을 선택하여 모든 선택을 해제합니다. 다시 '주방'을 선택하고 [확인] 단추를 클릭합니다.

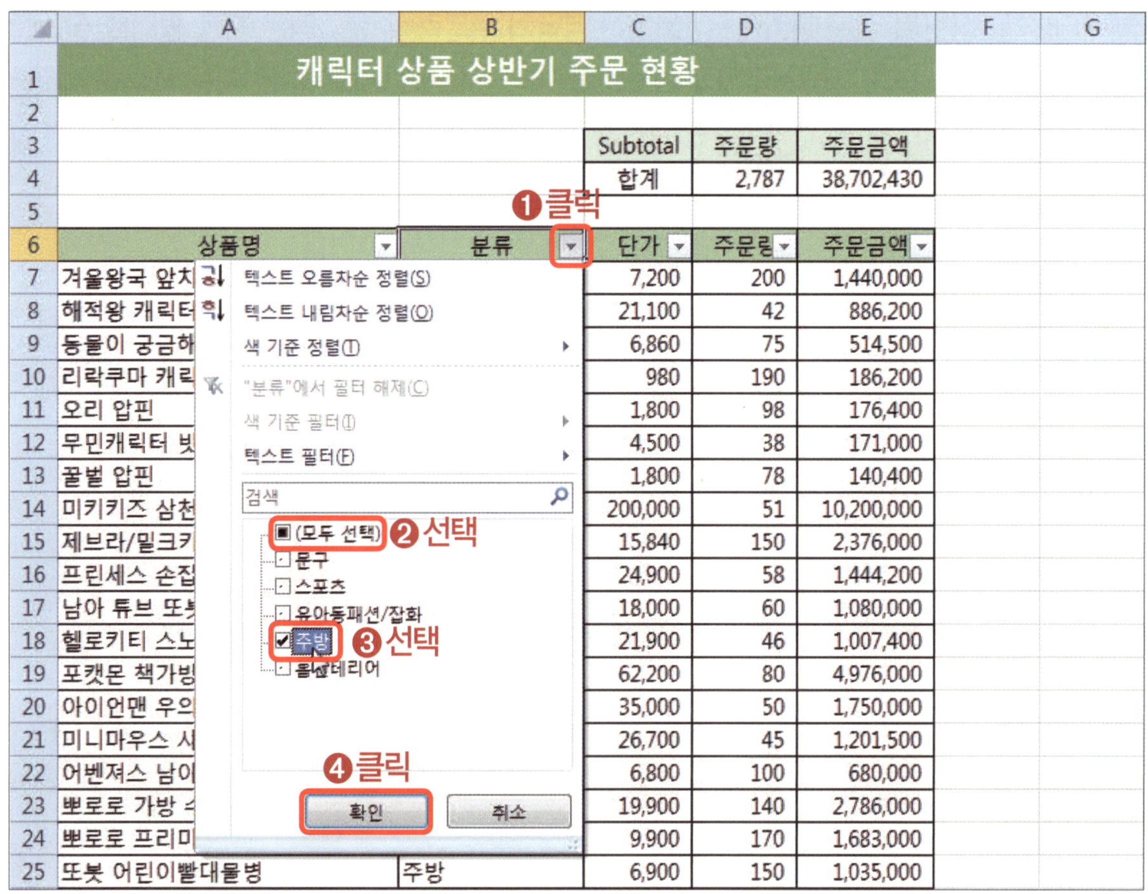

> **TIP** 추출하고자 하는 필드가 여러 개일 때에는 [모두 선택]을 클릭하여 체크되어 있는 항목을 모두 해제한 후 추출하려는 필드를 각각 클릭하면 여러 개의 항목을 동시에 추출할 수 있습니다.

❸ [B6] 셀의 [필드 목록 ▼] 단추는 🔽로 바뀌고, 분류에서 '주방'에 해당한 자료만 표시됩니다.

	A	B	C	D	E	F	G
1	캐릭터 상품 상반기 주문 현황						
2							
3			Subtotal	주문량	주문금액		
4			합계	986	6,950,630		
5							
6	상품명	분류	단가	주문량	주문금액		
23	뽀로로 가방 수저통 식판세트	주방	19,900	140	2,786,000		
24	뽀로로 프리미엄 빨대 물통	주방	9,900	170	1,683,000		
25	또봇 어린이빨대물병	주방	6,900	150	1,035,000		
26	헬로키티 어린이 빨대 물병	주방	4,500	130	585,000		
27	틸팡백설공주누들 스푼포크세트	주방	6,500	69	448,500		
28	미키미니투명컵	주방	1,000	240	240,000		
29	풀리 어린이 스푼포크 세트	주방	1,990	87	173,130		
33							

캐릭터 상품 상반기 주문 현황에서 [D4:E4] 영역의 주문량, 주문금액은 자동 필터를 실행할 때마다 추출된 데이터에 대해서만 합계가 표시됩니다. SUBTOTAL 함수는 자동 필터를 실행하고 데이터를 추출하여 해당 데이터의 합계만을 쉽게 구할 수 있습니다.

SUBTOTAL 함수는 목록이나 데이터베이스에서 부분합을 구하는 함수입니다.

〈형식〉 =SUBTOTAL(Function_num, Ref1)

Function_num(함수 번호)

함수번호		함수
숨긴 값 포함	숨긴 값 무시	
1	101	AVERAGE
2	102	COUNT
3	103	COUNTA
4	104	MAX
5	105	MIN
6	106	PRODUCT
7	107	STDEV
8	108	STDEVP
9	109	SUM
10	110	VAR
11	111	VARP

숨긴 값이란?
숨기기 한 행을 말합니다.

Ref1(참조 영역) : 부분합을 구할 참조 또는 범위

[D4] 셀의 '=SUBTOTAL(9,D7:D32)'
: [D7:D32] 영역에 대해서 합계를 구하는 함수식으로 자동 필터를 통해 데이터가 추출되면, 추출된 데이터에 대해서만 합계가 구해져서 표시됩니다. 만약, 'SUM' 함수를 통해 합계를 구하면 추출된 데이터의 합계만 표시되는 것이 아니라 모든 데이터의 합계가 구해집니다.

4 [데이터] 탭의 [정렬 및 필터] 그룹에서 [지우기]를 클릭합니다.

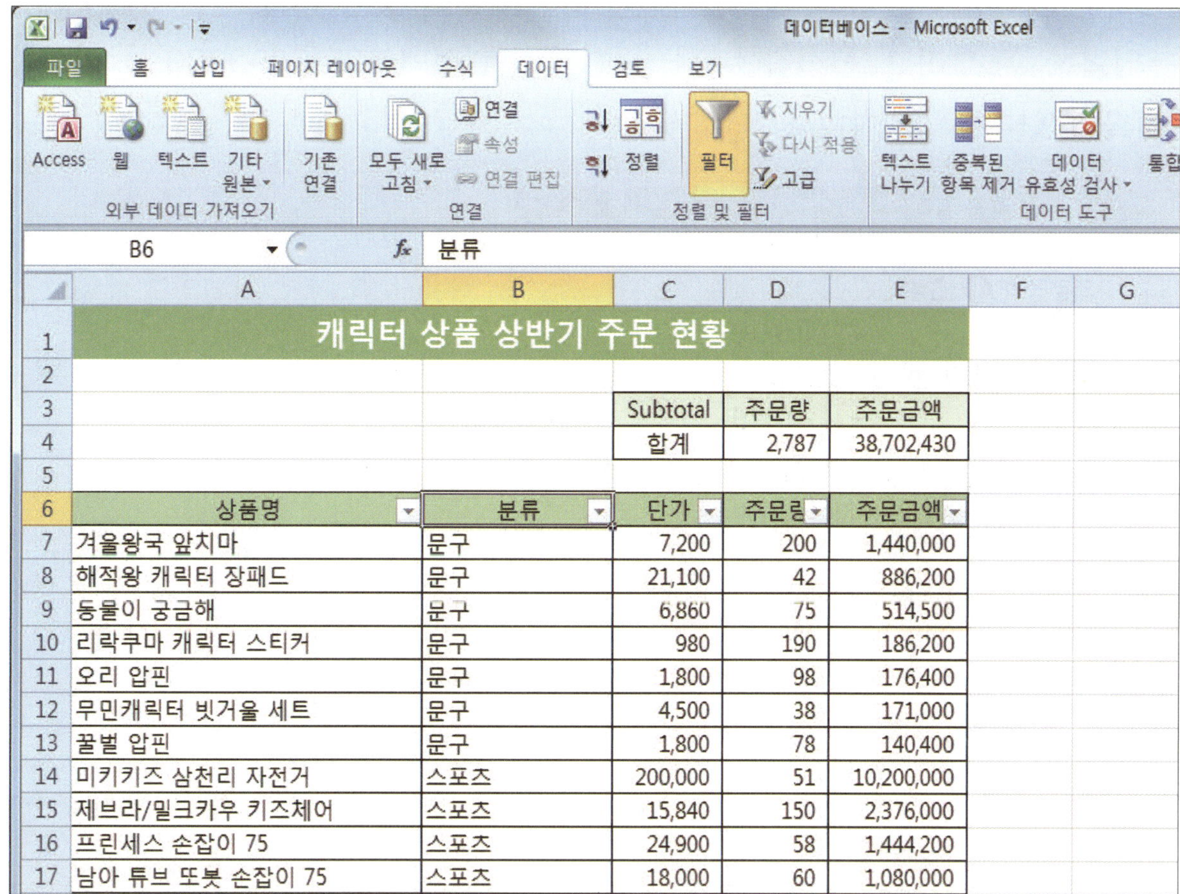

5 적용된 필터가 지워지면서 모든 데이터가 표시된 것을 확인할 수 있습니다.

❻ [E6] 셀의 [필터 목록 ▼] 단추를 클릭하여 [숫자 필터]−[사용자 지정 필터]를 선택합니다.

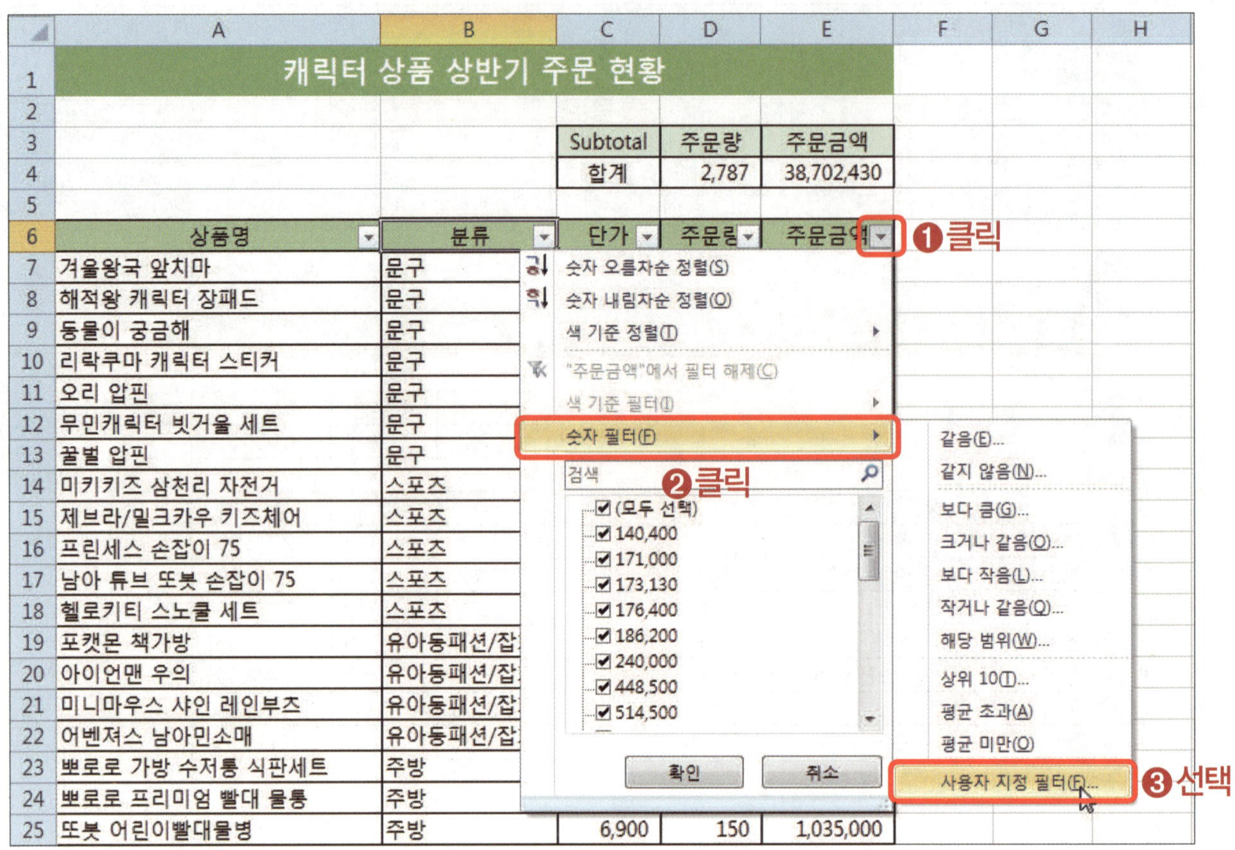

❼ [사용자 지정 자동 필터] 대화상자에서 다음과 같이 '>='을 선택하고 「1000000」을 입력한 후 '그리고'를 선택합니다. 다시 '<='를 선택하고 「2000000」을 입력하고 [확인] 단추를 클릭합니다.

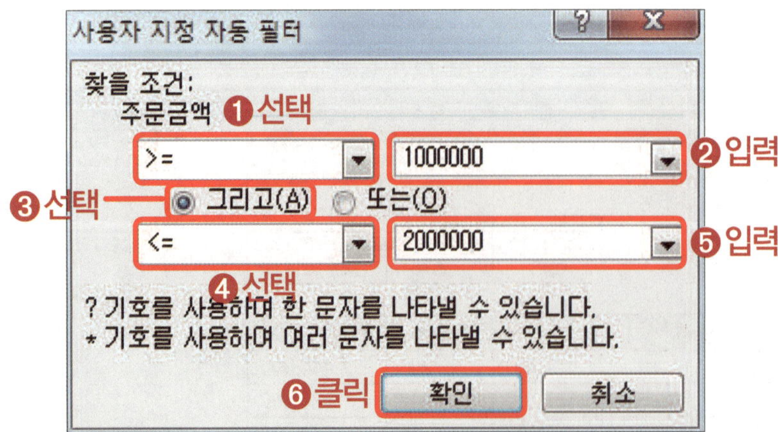

TIP '그리고'는 2개의 조건을 지정한 내용에 모두 만족한 자료만을 추출합니다. 만약, '또는'을 선택하면 위쪽과 아래쪽에 하나라도 만족한 데이터를 추출합니다.

❽ 주문금액 1,000,000 이상이고 2,000,000 이하에 해당한 데이터만 표시됩니다.

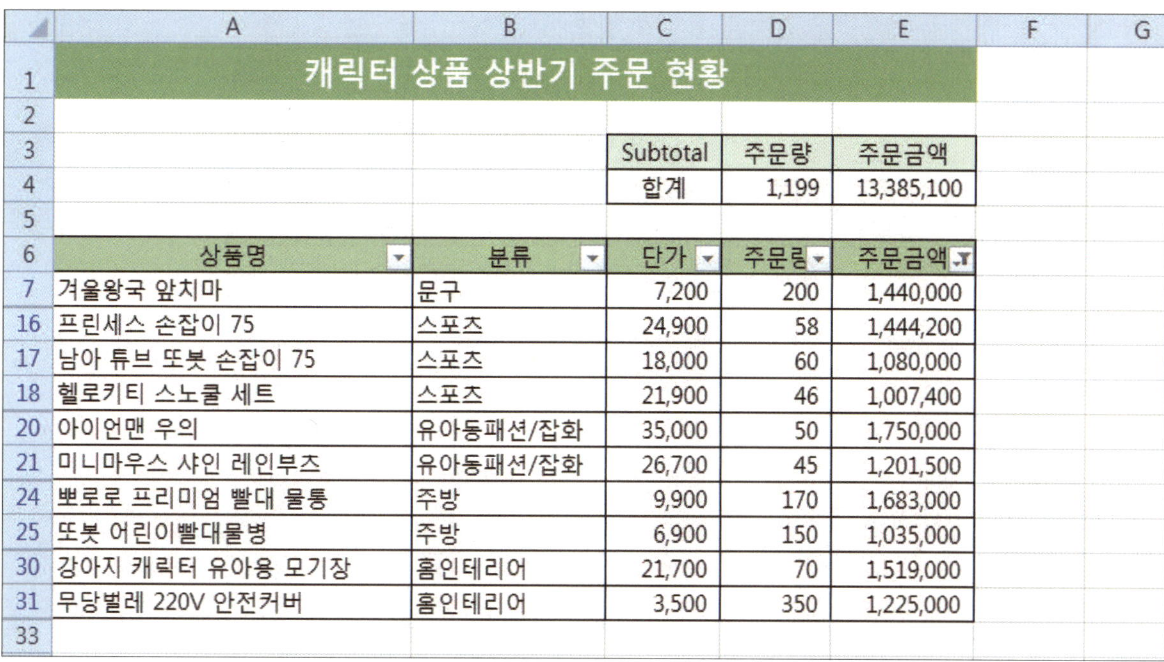

	A	B	C	D	E	F	G
1	캐릭터 상품 상반기 주문 현황						
2							
3			Subtotal	주문량	주문금액		
4			합계	1,199	13,385,100		
5							
6	상품명	분류	단가	주문링	주문금액		
7	겨울왕국 앞치마	문구	7,200	200	1,440,000		
16	프린세스 손잡이 75	스포츠	24,900	58	1,444,200		
17	남아 튜브 또봇 손잡이 75	스포츠	18,000	60	1,080,000		
18	헬로키티 스노쿨 세트	스포츠	21,900	46	1,007,400		
20	아이언맨 우의	유아동패션/잡화	35,000	50	1,750,000		
21	미니마우스 샤인 레인부즈	유아동패션/잡화	26,700	45	1,201,500		
24	뽀로로 프리미엄 빨대 물통	주방	9,900	170	1,683,000		
25	또봇 어린이빨대물병	주방	6,900	150	1,035,000		
30	강아지 캐릭터 유아용 모기장	홈인테리어	21,700	70	1,519,000		
31	무당벌레 220V 안전커버	홈인테리어	3,500	350	1,225,000		
33							

자동 필터 해제하기

❾ [데이터] 탭의 [정렬 및 필터] 그룹에서 **[필터]**를 클릭합니다.

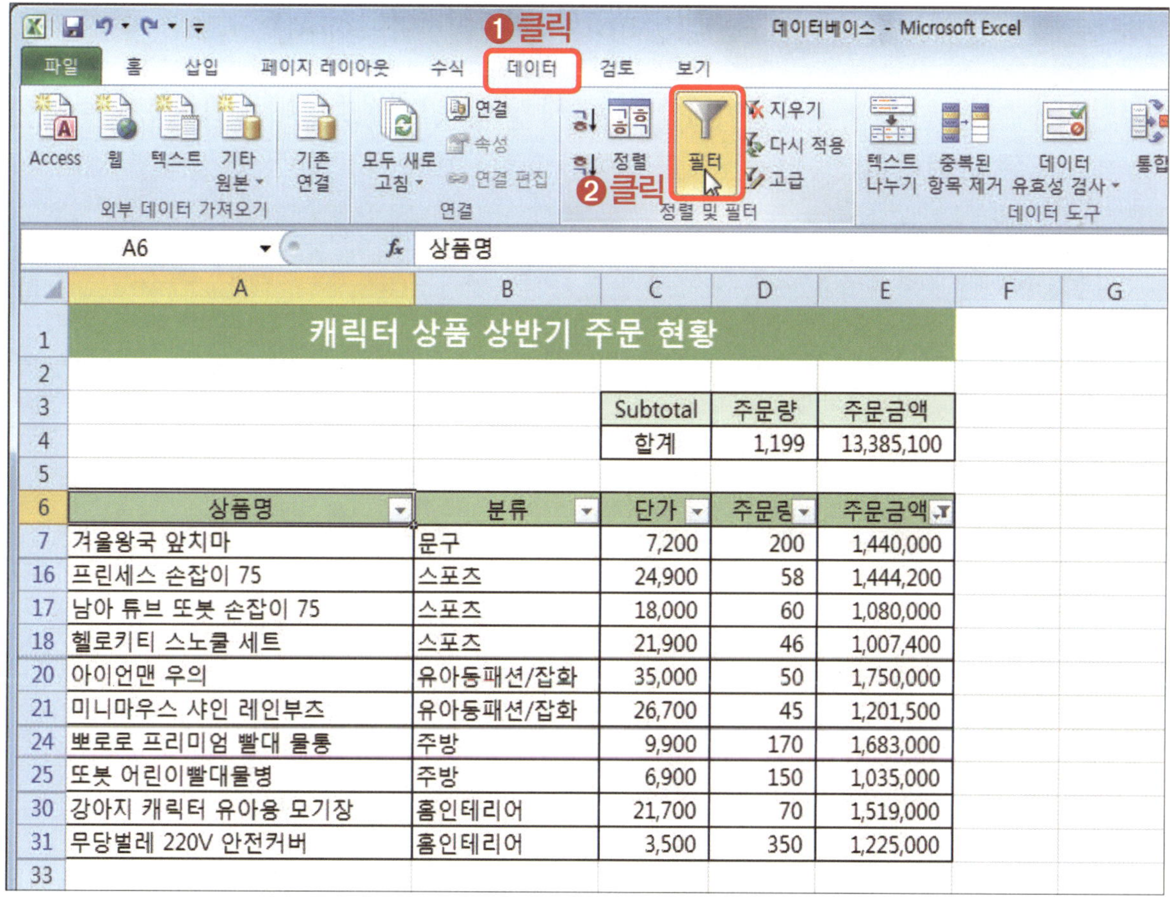

	A	B	C	D	E	F	G
1	캐릭터 상품 상반기 주문 현황						
2							
3			Subtotal	주문량	주문금액		
4			합계	1,199	13,385,100		
5							
6	상품명	분류	단가	주문링	주문금액		
7	겨울왕국 앞치마	문구	7,200	200	1,440,000		
16	프린세스 손잡이 75	스포츠	24,900	58	1,444,200		
17	남아 튜브 또봇 손잡이 75	스포츠	18,000	60	1,080,000		
18	헬로키티 스노쿨 세트	스포츠	21,900	46	1,007,400		
20	아이언맨 우의	유아동패션/잡화	35,000	50	1,750,000		
21	미니마우스 샤인 레인부즈	유아동패션/잡화	26,700	45	1,201,500		
24	뽀로로 프리미엄 빨대 물통	주방	9,900	170	1,683,000		
25	또봇 어린이빨대물병	주방	6,900	150	1,035,000		
30	강아지 캐릭터 유아용 모기장	홈인테리어	21,700	70	1,519,000		
31	무당벌레 220V 안전커버	홈인테리어	3,500	350	1,225,000		
33							

⑩ 자동 필터가 해제됩니다.

	A	B	C	D	E	F	G
1	캐릭터 상품 상반기 주문 현황						
2							
3			Subtotal	주문량	주문금액		
4			합계	2,787	38,702,430		
5							
6	상품명	분류	단가	주문량	주문금액		
7	겨울왕국 앞치마	문구	7,200	200	1,440,000		
8	해적왕 캐릭터 장패드	문구	21,100	42	886,200		
9	동물이 궁금해	문구	6,860	75	514,500		
10	리락쿠마 캐릭터 스티커	문구	980	190	186,200		
11	오리 압핀	문구	1,800	98	176,400		
12	무민캐릭터 빗거울 세트	문구	4,500	38	171,000		
13	꿀벌 압핀	문구	1,800	78	140,400		
14	미키키즈 삼천리 자전거	스포츠	200,000	51	10,200,000		
15	제브라/밀크카우 키즈체어	스포츠	15,840	150	2,376,000		
16	프린세스 손잡이 75	스포츠	24,900	58	1,444,200		
17	남아 튜브 또봇 손잡이 75	스포츠	18,000	60	1,080,000		

실습3 부분합을 이용하여 계산하기

부분합이란 특정한 필드를 기준으로 데이터를 분류하고 각 분류별로 필요한 계산을 할 수 있는 기능을 말합니다. 부분합을 계산하기 전에 부분합을 구하려는 기준 필드를 정렬해야 합니다.

'분류'를 기준으로 내림차순 정렬하기('부분합' 시트에서)

① [B6] 셀을 선택한 후 [데이터] 탭의 [정렬 및 필터] 그룹에서 [내림차순 정렬 힣] 단추를 클릭합니다.

	A	B	C	D	E	F	G
1	캐릭터 상품 상반기 주문 현황						
2							
3			Subtotal	주문량	주문금액		
4			합계	2,787	38,702,430		
5		❶ 클릭					
6	상품명	분류	단가	주문량	주문금액		
7	강아지 캐릭터 유아용 모기장	홈인테리어	21,700	70	1,519,000		
8	무당벌레 220V 안전커버	홈인테리어	3,500	350	1,225,000		
9	초록문패 입체벽 캐릭터	홈인테리어	38,900	20	778,000		
10	뽀로로 가방 수저통 식판세트	주방	19,900	140	2,786,000		
11	뽀로로 프리미엄 빨대 물통	주방	9,900	170	1,683,000		
12	또봇 어린이빨대물병	주방	6,900	150	1,035,000		
13	헬로키티 어린이 빨대 물병	주방	4,500	130	585,000		
14	릴팡백설공주누들 스푼포크세트	주방	6,500	69	448,500		
15	미키미니투명컵	주방	1,000	240	240,000		
16	풀리 어린이 스푼포크 세트	주방	1,990	87	173,130		
17	포캣몬 책가방	유아동패션/잡화	62,200	80	4,976,000		

② [B6] 셀을 선택한 후 [데이터] 탭의 [윤곽선] 그룹에서 [부분합]을 클릭합니다.

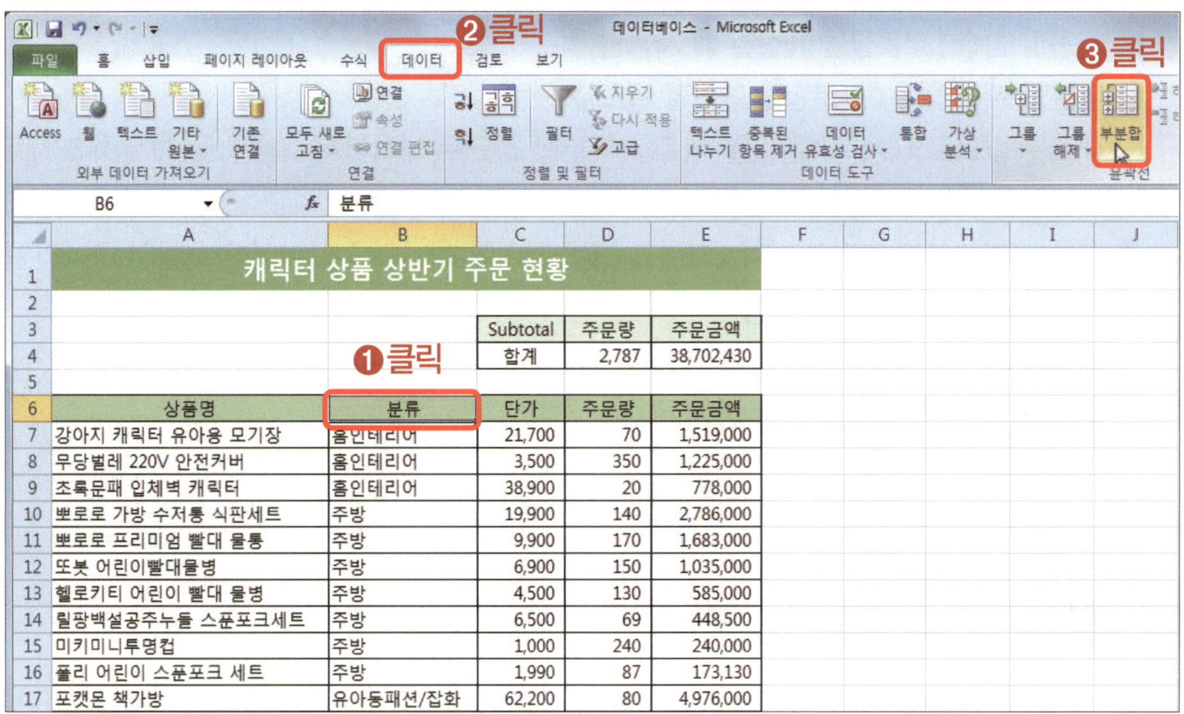

③ [부분합] 대화상자에서 '그룹화할 항목'은 '분류', 사용할 함수는 '합계', 부분합 계산 항목은 '주문금액'을 선택하고 [확인] 단추를 클릭합니다.

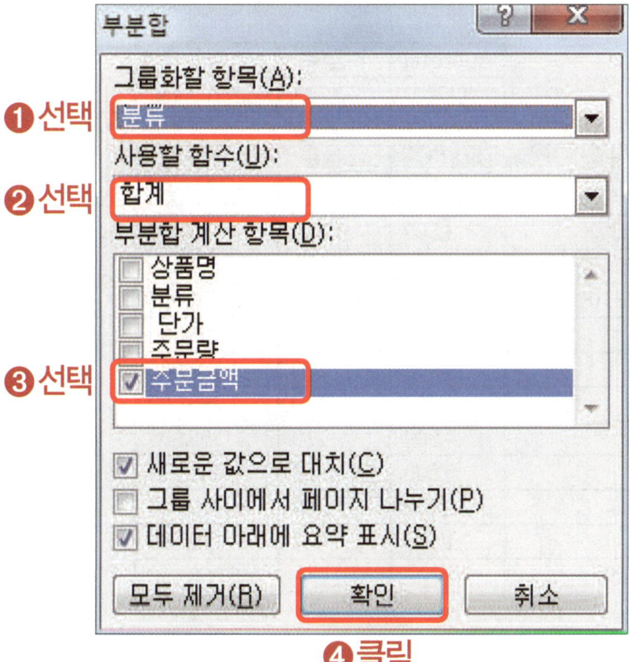

① 그룹화할 항목 : 부분합을 구할 기준 필드를 지정(정렬된 필드)

② 사용할 함수 : 부분합을 계산할 때 사용할 함수 선택

③ 부분합 계산 항목 : 부분합을 계산할 필드를 선택

④ 새로운 값으로 대치 : 기존값을 새로운 부분합 값으로 대치할지, 기존값을 보존하고 새로운 부분합을 추가로 표시할지 선택

⑤ 그룹 사이에서 페이지 나누기 : 그룹과 그룹 사이에 페이지를 나누어 인쇄할지 하나의 용지에 연속적으로 인쇄할지 결정

⑥ 데이터 아래에 요약 표시 : 요약 결과를 표시할지 결정

⑦ 모두 제거 : 부분합을 해제할 때 사용

요약만 표시하기

4 '주문금액' 별로 합계(요약)가 표시됩니다. 열 머리글 왼쪽에 **윤곽 기호 '2'**를 클릭합니다.

	A	B	C	D	E	F
1	캐릭터 상품 상반기 주문 현황					
2						
3			Subtotal	주문량	주문금액	
4			합계	2,787	38,702,430	
5						
6	상품명	분류	단가	주문량	주문금액	
7	강아지 캐릭터 유아용 모기장	홈인테리어	21,700	70	1,519,000	
8	무당벌레 220V 안전커버	홈인테리어	3,500	350	1,225,000	
9	초록문패 입체벽 캐릭터	홈인테리어	38,900	20	778,000	
10		홈인테리어 요약			3,522,000	
11	뽀로로 가방 수저통 식판세트	주방	19,900	140	2,786,000	
12	뽀로로 프리미엄 빨대 물통	주방	9,900	170	1,683,000	
13	또봇 어린이빨대물병	주방	6,900	150	1,035,000	
14	헬로키티 어린이 빨대 물병	주방	4,500	130	585,000	
15	릴팡백설공주누들 스푼포크세트	주방	6,500	69	448,500	
16	미키미니투명컵	주방	1,000	240	240,000	
17	폴리 어린이 스푼포크 세트	주방	1,990	87	173,130	
18		주방 요약			6,950,630	

- **1** : 전체 결과만 표시
- **2** : 부분합의 결과 표시
- **3** : 부분합의 결과, 데이터를 표시
- **+** : 하위 그룹 데이터를 숨기고 부분합의 결과만 표시
- **−** : 하위 그룹 데이터와 부분합의 결과 표시

부분합 제거하기

5 데이터 안쪽에 커서를 두고 [데이터] 탭의 [윤곽선] 그룹에서 **[부분합]**을 클릭합니다.

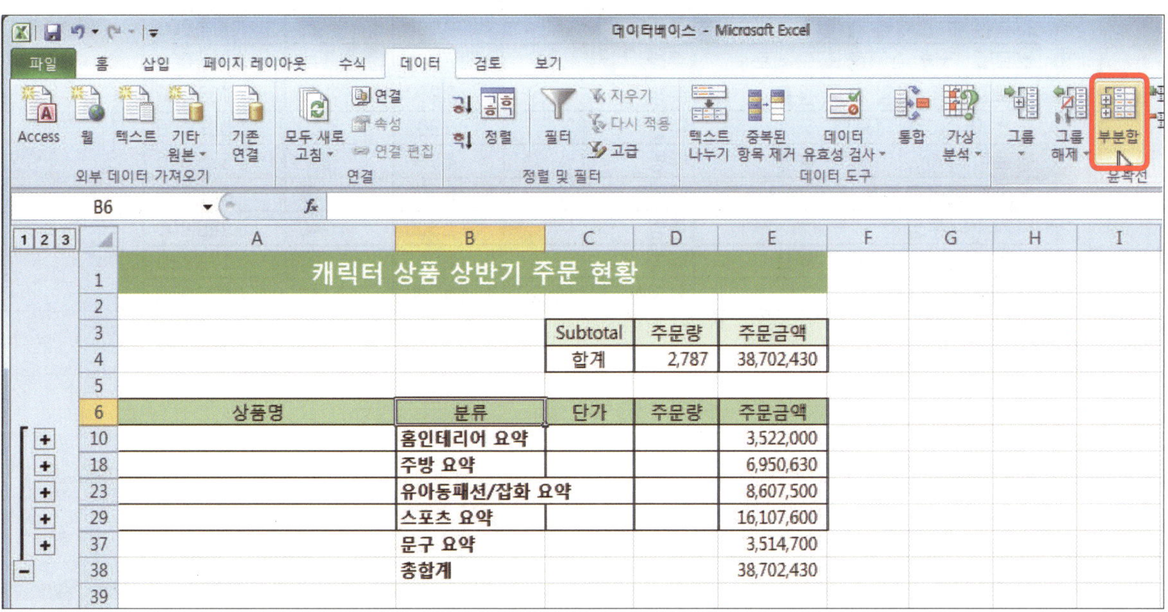

6 [부분합] 대화상자에서 왼쪽 하단에 **[모두 제거]** 단추를 클릭합니다.

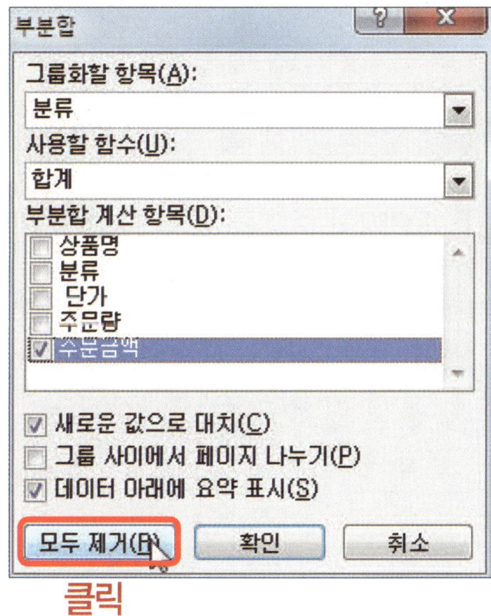

7 부분합이 제거된 후 원래의 데이터로 표시됩니다.

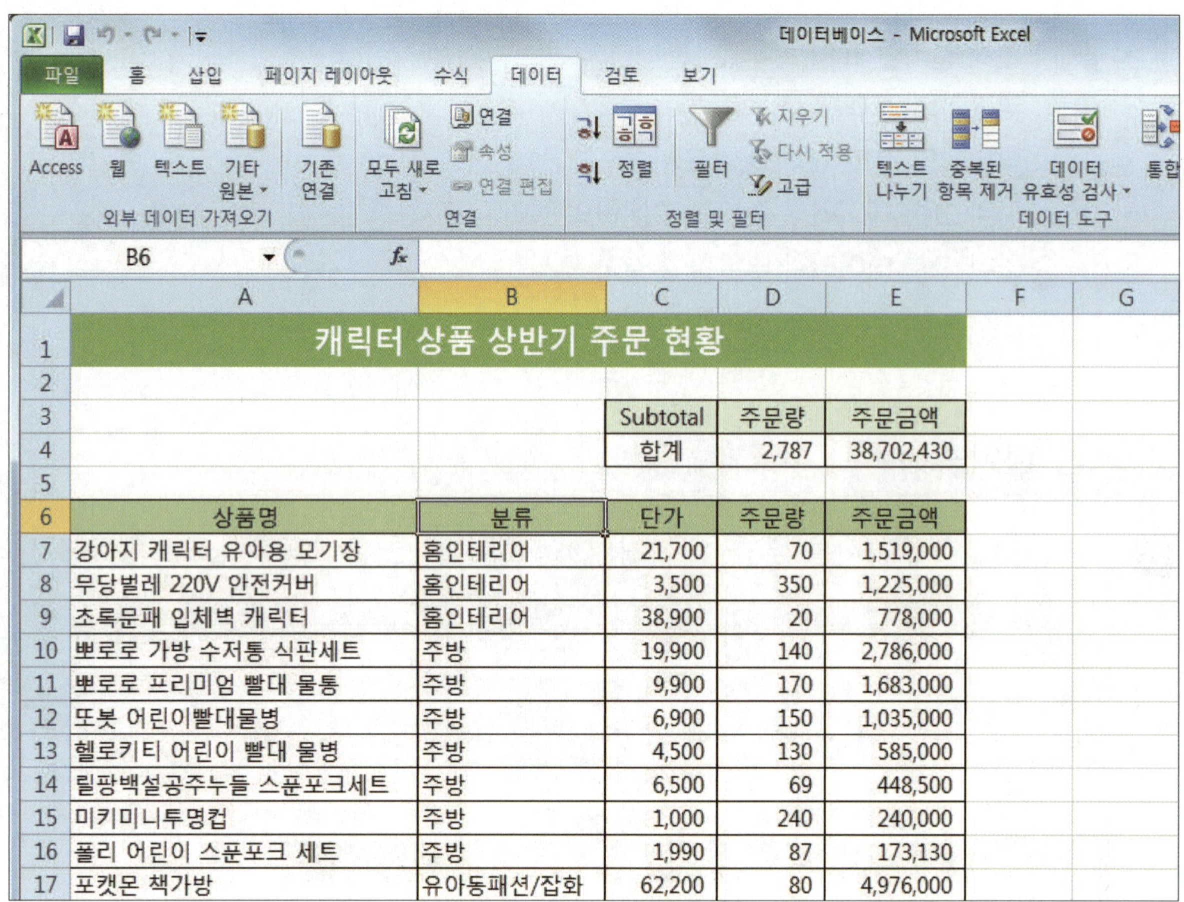

	A	B	C	D	E
1	캐릭터 상품 상반기 주문 현황				
2					
3			Subtotal	주문량	주문금액
4			합계	2,787	38,702,430
5					
6	상품명	분류	단가	주문량	주문금액
7	강아지 캐릭터 유아용 모기장	홈인테리어	21,700	70	1,519,000
8	무당벌레 220V 안전커버	홈인테리어	3,500	350	1,225,000
9	초록문패 입체벽 캐릭터	홈인테리어	38,900	20	778,000
10	뽀로로 가방 수저통 식판세트	주방	19,900	140	2,786,000
11	뽀로로 프리미엄 빨대 물통	주방	9,900	170	1,683,000
12	또봇 어린이빨대물병	주방	6,900	150	1,035,000
13	헬로키티 어린이 빨대 물병	주방	4,500	130	585,000
14	릴팡백설공주누들 스푼포크세트	주방	6,500	69	448,500
15	미키미니투명컵	주방	1,000	240	240,000
16	폴리 어린이 스푼포크 세트	주방	1,990	87	173,130
17	포캣몬 책가방	유아동패션/잡화	62,200	80	4,976,000

실습4 피벗 테이블을 이용하여 표로 정리하기

피벗 테이블은 제목(필드)을 재배치하여 전체 데이터에 대한 통계를 한눈에 파악할 수 있도록 요약 분석하는 기능입니다. 피벗 테이블의 행과 열을 회전하여 원본 데이터에 대한 여러 가지 요약을 볼 수 있으며, 관심 분야를 상세하게 표시할 수 있습니다.

피벗 테이블 작성하기('피벗테이블' 시트에서)

1 데이터 목록 안에 아무 셀이나 클릭한 후 **[삽입]** 탭의 [표] 그룹에서 **[피벗 테이블]** 을 클릭합니다.

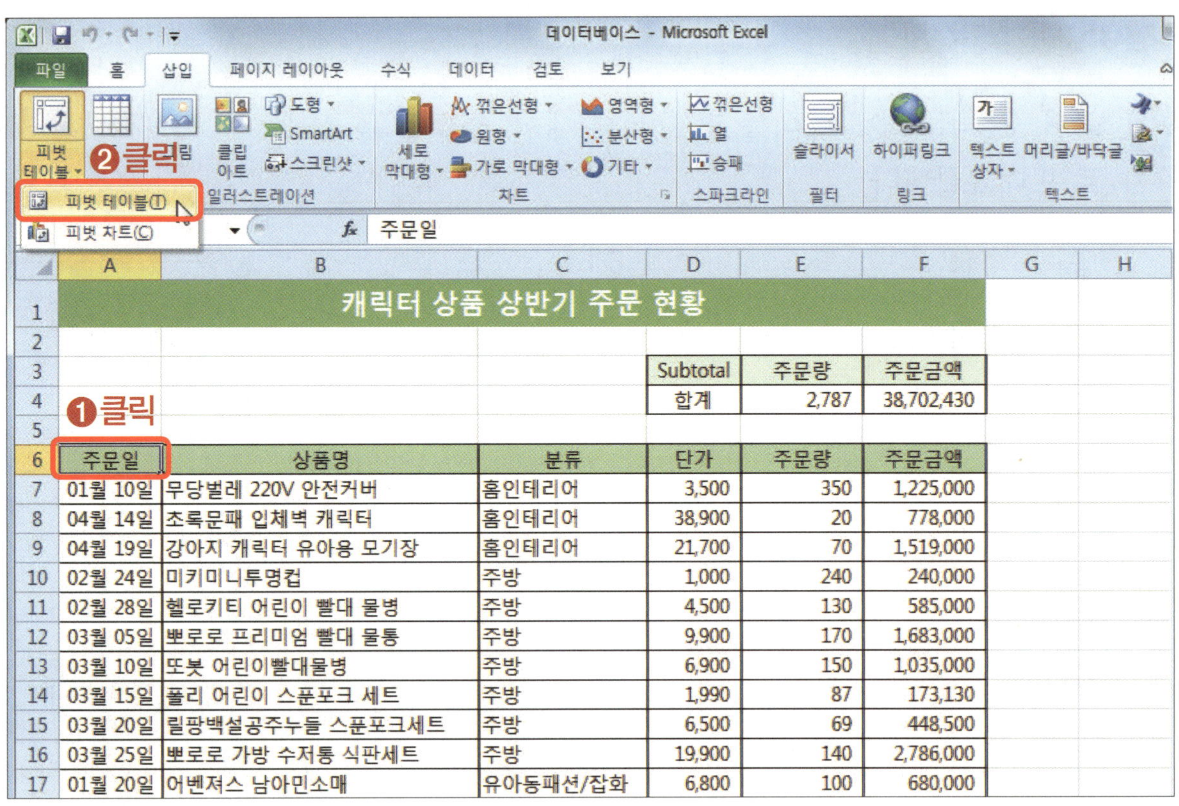

주문일	상품명	분류	단가	주문량	주문금액
01월 10일	무당벌레 220V 안전커버	홈인테리어	3,500	350	1,225,000
04월 14일	초록문패 입체벽 캐릭터	홈인테리어	38,900	20	778,000
04월 19일	강아지 캐릭터 유아용 모기장	홈인테리어	21,700	70	1,519,000
02월 24일	미키미니투명컵	주방	1,000	240	240,000
02월 28일	헬로키티 어린이 빨대 물병	주방	4,500	130	585,000
03월 05일	뽀로로 프리미엄 빨대 물통	주방	9,900	170	1,683,000
03월 10일	또봇 어린이빨대물병	주방	6,900	150	1,035,000
03월 15일	폴리 어린이 스푼포크 세트	주방	1,990	87	173,130
03월 20일	릴팡백설공주누들 스푼포크세트	주방	6,500	69	448,500
03월 25일	뽀로로 가방 수저통 식판세트	주방	19,900	140	2,786,000
01월 20일	어벤져스 남아민소매	유아동패션/잡화	6,800	100	680,000

❷ [피벗 테이블 만들기] 대화상자에서 '표/범위'에 [$A$6:$F$32]로 지정하고 '새 워크시트'를 선택한 후 [확인] 단추를 클릭합니다.

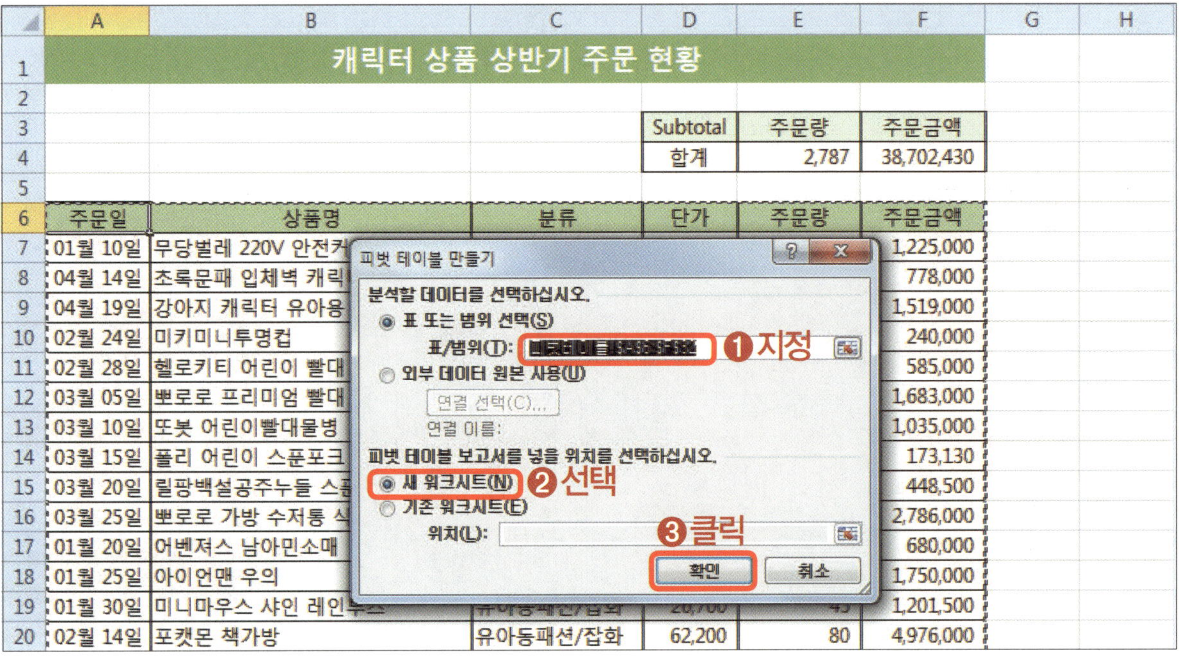

데이터 안쪽에 커서를 두고 피벗 테이블을 실행하면 자동으로 연결된 데이터 범위로 인식하여 [A6 : F32] 영역이 선택됩니다.

③ 화면 오른쪽 [피벗 테이블 필드 목록]에서 **'주문일'**을 선택하여 아래쪽 **'행 레이블'**로 드래그합니다.

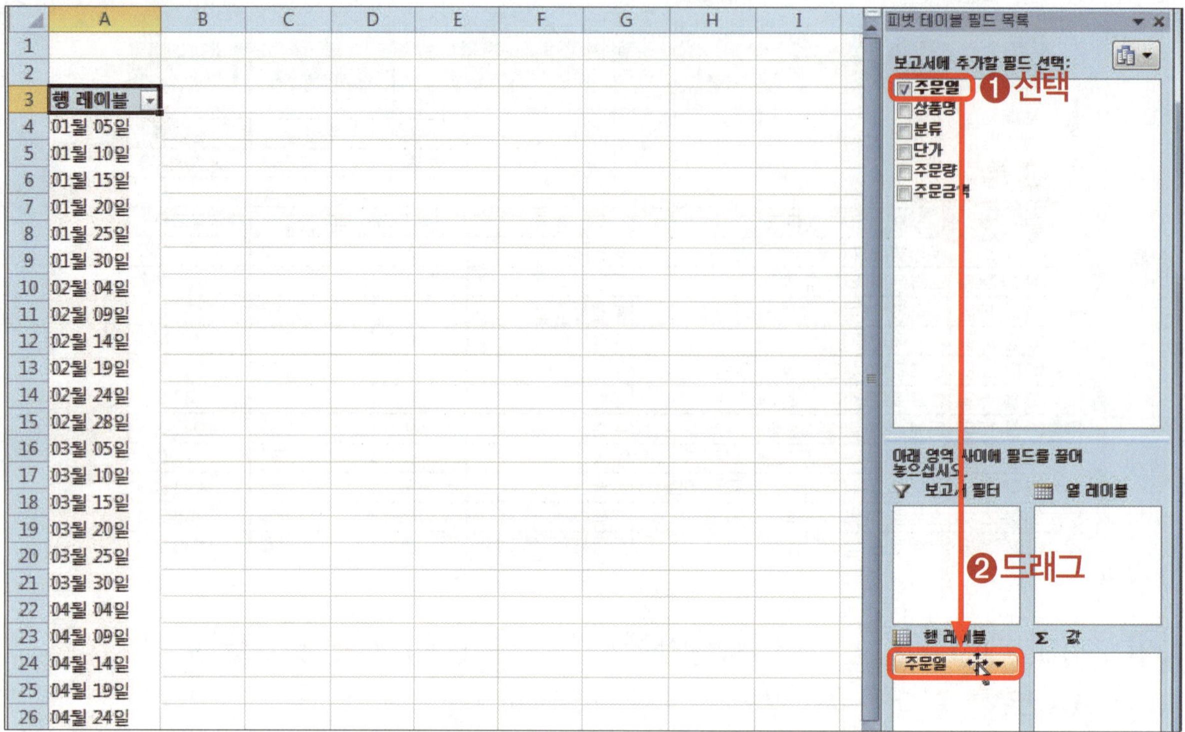

④ [피벗 테이블 필드 목록]에서 **'분류'**를 선택하여 **'열 레이블'**로 드래그합니다.

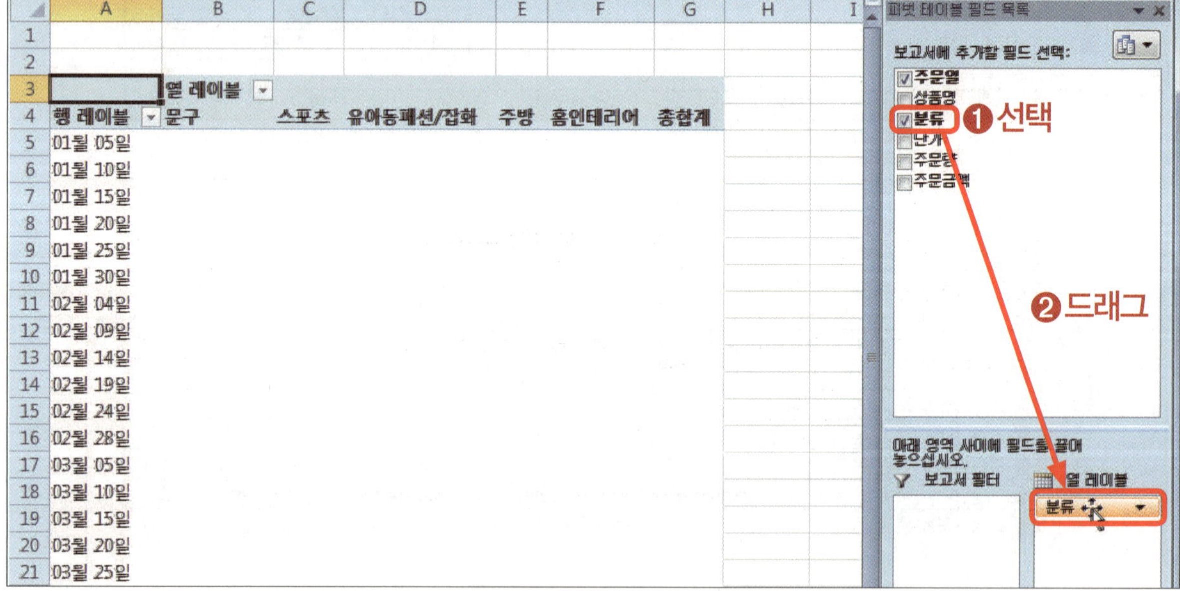

5 [피벗 테이블 필드 목록]에서 '**주문금액**'을 선택하여 '**값**'으로 드래그합니다.

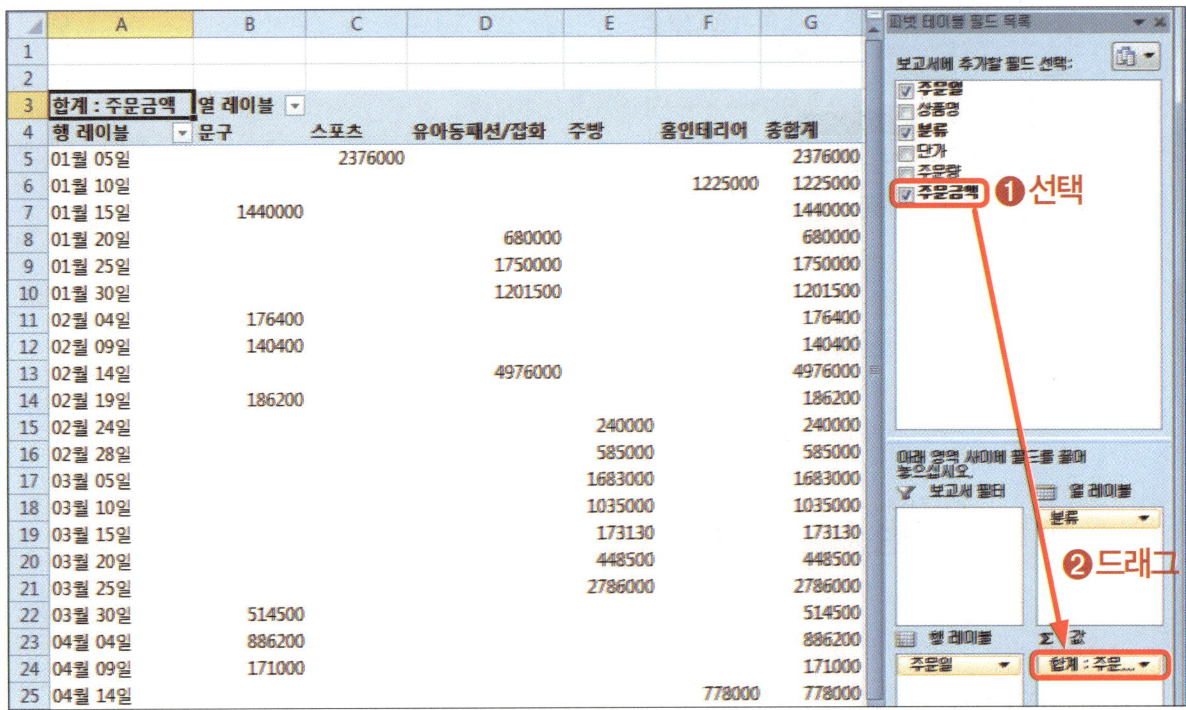

주문일을 '월' 단위로 그룹 만들기

6 주문일[A5] 셀에서 마우스 오른쪽 단추를 클릭하여 [그룹]을 선택합니다.

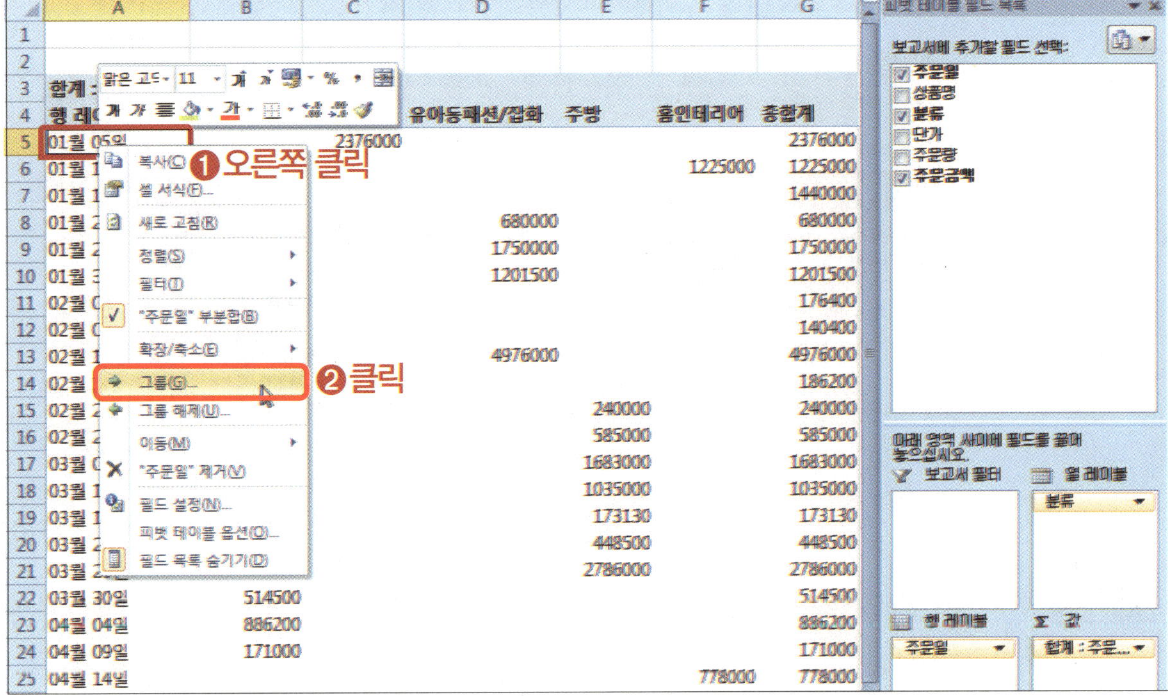

❼ [그룹화] 대화상자에서 단위는 **'월'**을 선택하고 [확인] 단추를 클릭합니다.

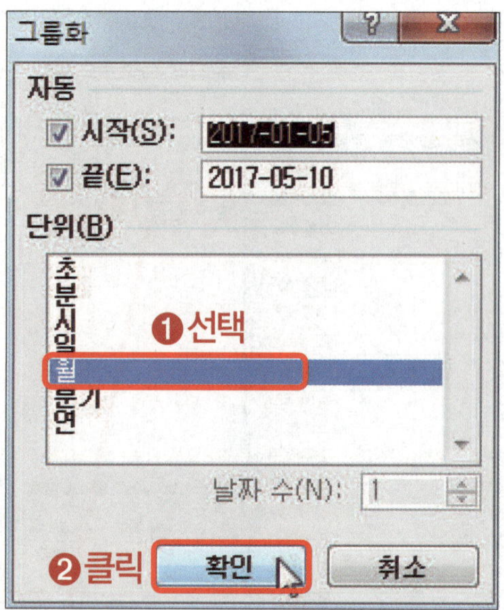

피벗 테이블 디자인 서식 지정하기

❽ [피벗 테이블 도구] – [디자인] 탭 [레이아웃] 그룹에서 [보고서 레이아웃] – [테이블 형식으로 표시]를 클릭합니다.

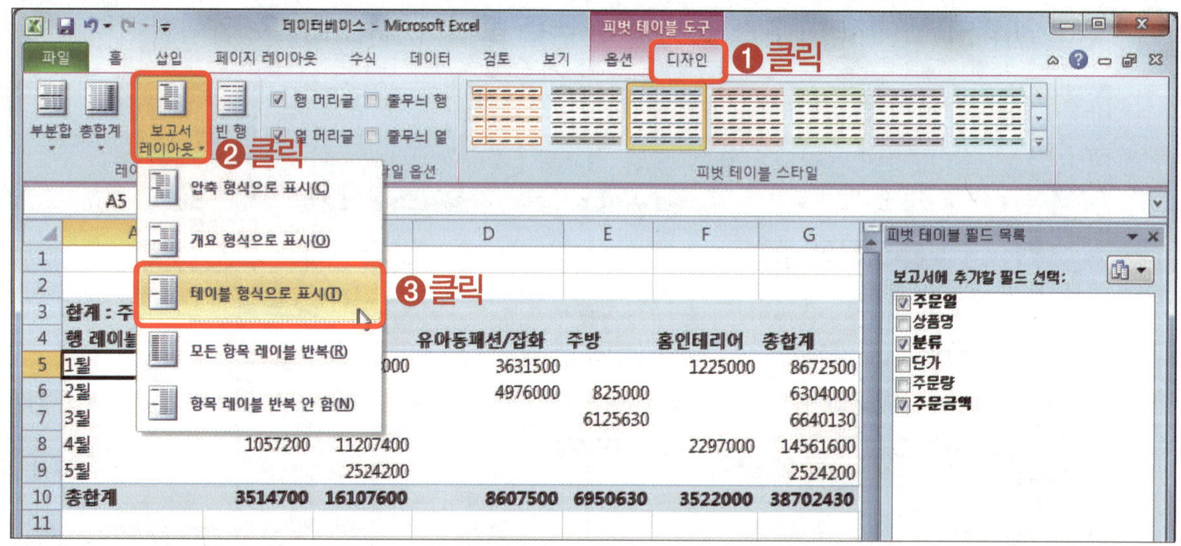

TIP 화면 오른쪽의 [피벗 테이블 필드 목록]은 [피벗 테이블 도구] – [옵션] 탭 [표시/숨기기] 그룹에서 [필드 목록]을 클릭하여 화면에 표시하거나 숨기기를 할 수 있습니다.

9 [B5:G10] 영역을 범위 지정한 후 [홈] 탭의 [표시 형식] 그룹에서 [쉼표 스타일 ,] 단추를 클릭합니다.

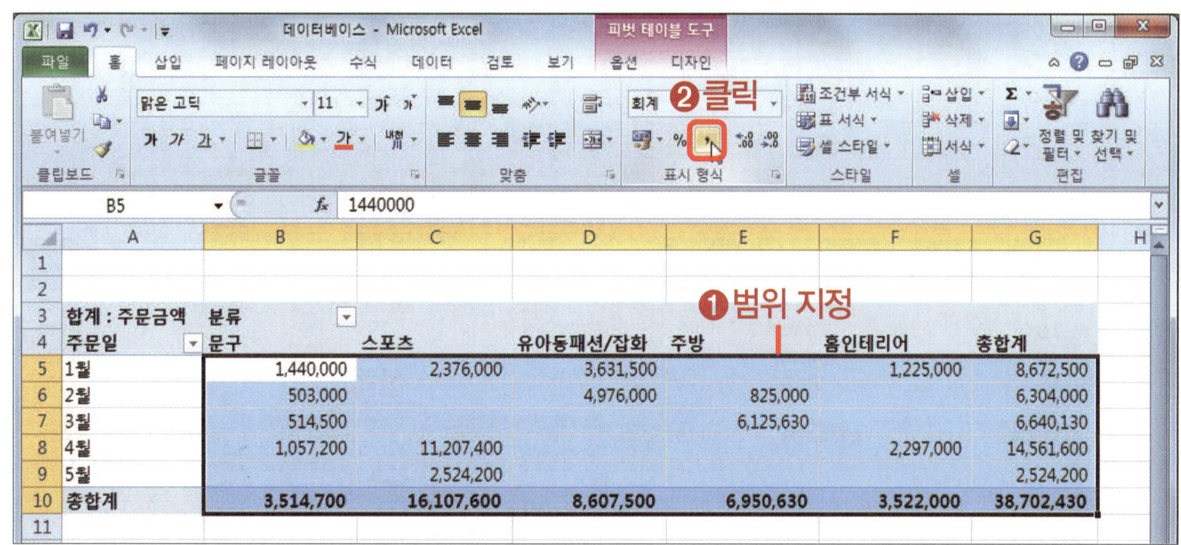

10 [피벗 테이블 도구] – [디자인] 탭 [피벗 테이블 스타일] 그룹에서 [자세히 ▼]단추를 클릭합니다.

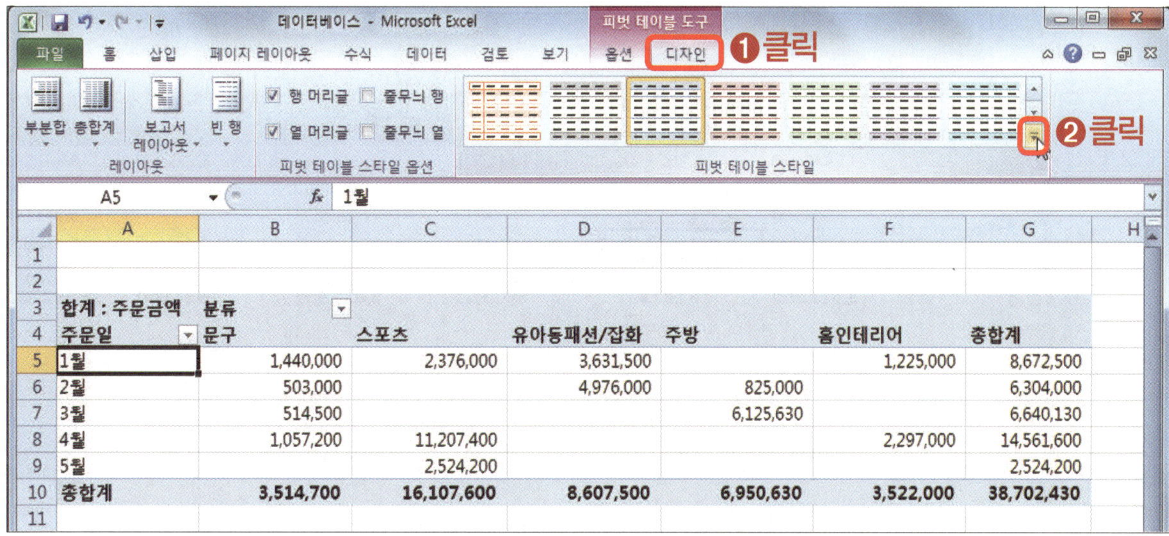

⑪ 피벗 테이블 스타일에서 **'피벗 테이블 보통 4'**를 선택합니다.

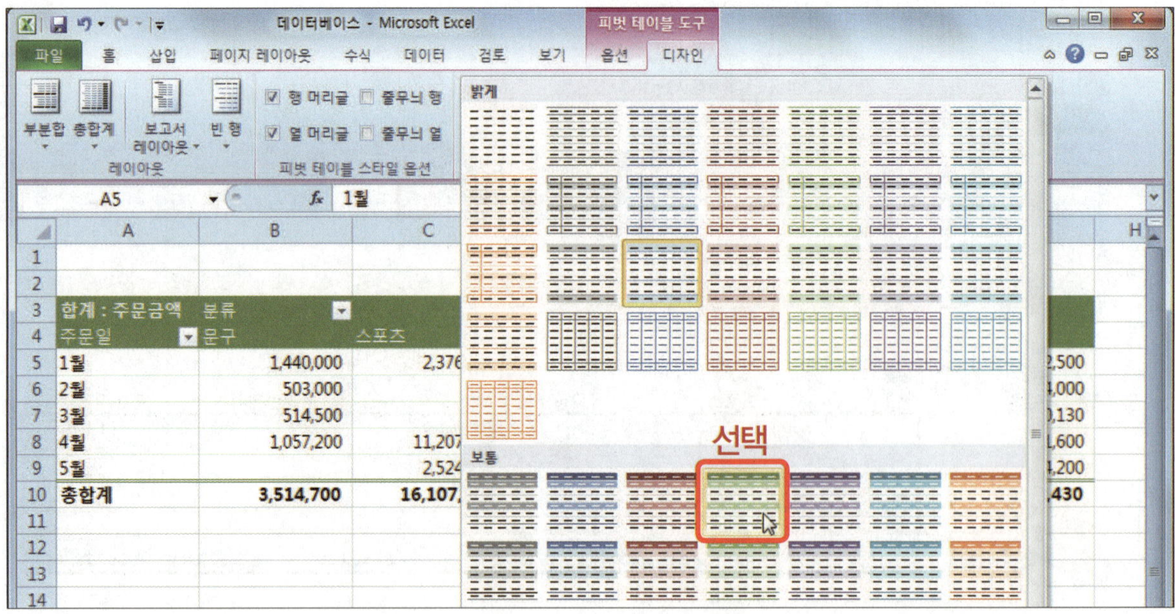

필요한 데이터 별도의 시트에 추출하기

⑫ 가장 주문금액이 큰 **금액[C8] 셀**에서 **더블 클릭**합니다.

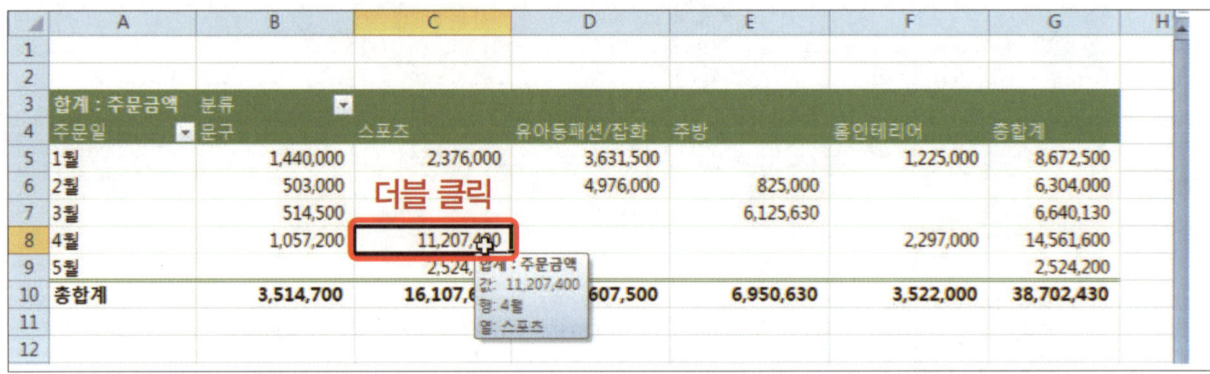

⑬ 피벗 테이블 시트 왼쪽으로 새로운 시트가 추가되며 금액에 해당한 데이터만 추출
됩니다. [A]열부터 [F]열까지 블록을 지정한 후 F열과 G열 경계라인에서 더블 클
릭하여 너비를 조절합니다.

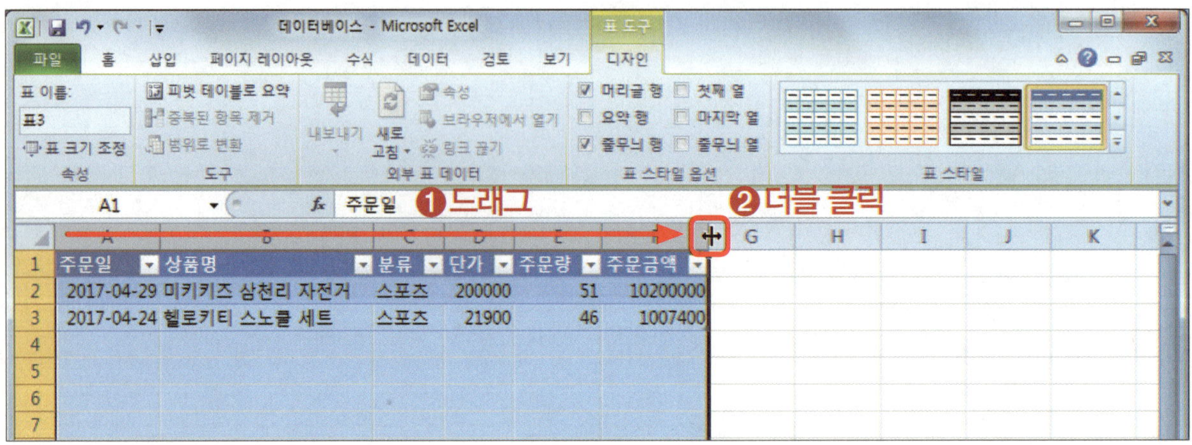

◎ 예제파일 : 엑셀2010₩7장₩혼자풀어보기.xlsx

◎ 완성파일 : 엑셀2010₩7장₩혼자풀어보기(완성).xlsx

1 '정렬' 시트에서 항목을 기준으로 오름차순 정렬을 하고 같은 항목에서는 지출 금액이 가장 큰 항목부터 낮은 항목 순으로 정렬하시오.

	A	B	C	D	E	F	G
1	가계부						
2							
3	날짜	항목	지출방법	내용	수입	지출	
4	04월 20일	경조사	현금	친척 결혼식		100,000	
5	10월 31일	경조사	현금	친척 결혼식		100,000	
6	03월 05일	경조사	현금	친구 돌 잔치		70,000	
7	05월 10일	경조사	현금	친구 결혼식		70,000	
8	09월 10일	경조사	현금	돌 잔치		70,000	
9	12월 20일	경조사	현금	돌 잔치		70,000	
10	02월 28일	경조사	현금	친구 결혼식		50,000	
11	05월 30일	경조사	현금	회사 직원 결혼식		50,000	

Hint! [데이터] 탭의 [정렬 및 필터] 그룹에서 [정렬]을 이용합니다.

2 '자동필터' 시트에서 자동필터 기능을 이용하여 항목이 '병원'과 '보육료'만 표시되도록 하시오.

	A	B	C	D	E	F	G
1	가계부						
2							
3	날짜	항목	지출방법	내용	수입	지출	
12	01월 30일	병원	체크카드	후시딘, 테라마이신		1,800	
20	02월 23일	보육료	현금	어린이집 입학금		100,000	
29	03월 04일	병원	체크카드	감기		2,800	
30	03월 04일	병원	체크카드	감기약		1,200	
33	03월 06일	병원	체크카드	흉터제거 밴드		9,800	
34	03월 08일	병원	체크카드	소아과		2,800	
35	03월 08일	병원	체크카드	감기약		1,300	
37	03월 14일	보육료	현금	3월 어린이집		323,000	
39	03월 17일	병원	체크카드	감기(아이들 소아과)		1,900	
40	03월 17일	병원	체크카드	감기약		1,200	
41	03월 19일	병원	체크카드	흉터제거 밴드		9,800	

Hint! [데이터] 탭의 [정렬 및 필터] 그룹에서 [필터]를 이용합니다.

3 '부분합' 시트에서 항목별 수입과 지출의 합계를 구하여 요약만 표시하시오.

	A	B	C	D	E	F	G
1	가계부						
2							
3	날짜	항목	지출방법	내용	수입	지출	
12		경조사 요약			-	580,000	
25		급여 요약			36,000,000	-	
38		도시가스 요약			-	1,070,870	
76		문화생활 요약			-	3,497,912	
185		병원 요약			150,100	1,029,240	
197		보육료 요약			-	3,310,000	
207		상여금 요약			13,500,000	-	
220		아파트관리비 요약			-	1,352,390	
264		자동차 요약			-	1,917,880	
289		통신요금 요약			-	916,669	
290		총합계			49,650,100	13,674,961	
291							

Hint! 부분합을 하기 전에 그룹화할 항목을 기준으로 오름차순 정렬합니다.
[데이터] 탭의 [윤곽선] 그룹에서 [부분합]을 이용합니다.

4 '피벗테이블' 시트에서 다음과 같이 피벗 테이블을 작성하시오.

- ▶ 위치 : 새 워크시트
- ▶ 레이아웃 : 보고서 필터(지출방법), 열 레이블(항목), 행 레이블(날짜), 값(지출)
- ▶ 보고서 레이아웃 : 개요 형식으로 표시
- ▶ 그룹 : 월
- ▶ 디자인 : 피벗 스타일 밝게 22
- ▶ 숫자 데이터 : 쉼표 스타일

	A	B	C	D	E	F	G	H	I	J	K	L	M
1	지출방법	(모두)											
2													
3	합계 : 지출	항목											
4	날짜	경조사	급여	도시가스	문화생활	병원	보육료	상여금	아파트관리비	자동차	통신요금	총합계	
5	1월			152,090	19,000	1,800			96,690	113,520	75,906	459,006	
6	2월	50,000		153,680	209,000		100,000		101,450	112,880	81,605	808,615	
7	3월	70,000		120,250	95,220	73,900	323,000		103,380	133,840	80,085	999,675	
8	4월	100,000		102,730	48,200	183,300	323,000		105,810	179,560	78,622	1,121,222	
9	5월	120,000		84,430	10,000	57,400	323,000		113,710	119,320	81,807	909,667	
10	6월			48,620	89,000	59,200	323,000		117,960	136,680	76,936	851,396	
11	7월			27,930	846,992	200,740	323,000		113,720	196,280	74,811	1,783,473	
12	8월			26,330	99,500	20,100	303,000		118,380	228,220	82,369	877,899	
13	9월	70,000		24,250	204,500	78,900	323,000		133,790	243,180	78,307	1,155,927	
14	10월	100,000		61,500	1,739,000	264,800	323,000		144,990	187,920	65,953	2,887,163	
15	11월			130,990	127,500	42,900	323,000		86,360	146,200	73,288	930,238	
16	12월	70,000		138,070	10,000	46,200	323,000		116,150	120,280	66,980	890,680	
17	총합계	580,000		1,070,870	3,497,912	1,029,240	3,310,000		1,352,390	1,917,880	916,669	13,674,961	
18													

Hint! [삽입] 탭의 [표] 그룹에서 [피벗 테이블]을 이용합니다.
[피벗 테이블 도구]–[디자인] 탭에서 서식을 지정합니다.

파워포인트 2010 들어서기

파워포인트 2010의 기본적인 화면 구성에 대하여 학습하고 슬라이드 작업 상태에 맞게 기본, 여러 슬라이드, 읽기용 보기, 슬라이드 쇼 등을 선택하여 화면 보기를 전환하는 방법에 대하여 알아봅니다. 슬라이드를 이동 및 복사하는 방법과 프레젠테이션 문서를 저장하는 방법에 대하여 알아봅니다.

완성파일 미리보기

● 예제파일 : 파포2010₩1장₩교육프로젝트.pptx
● 완성파일 : 파포2010₩1장₩교육프로젝트(완성).pptx

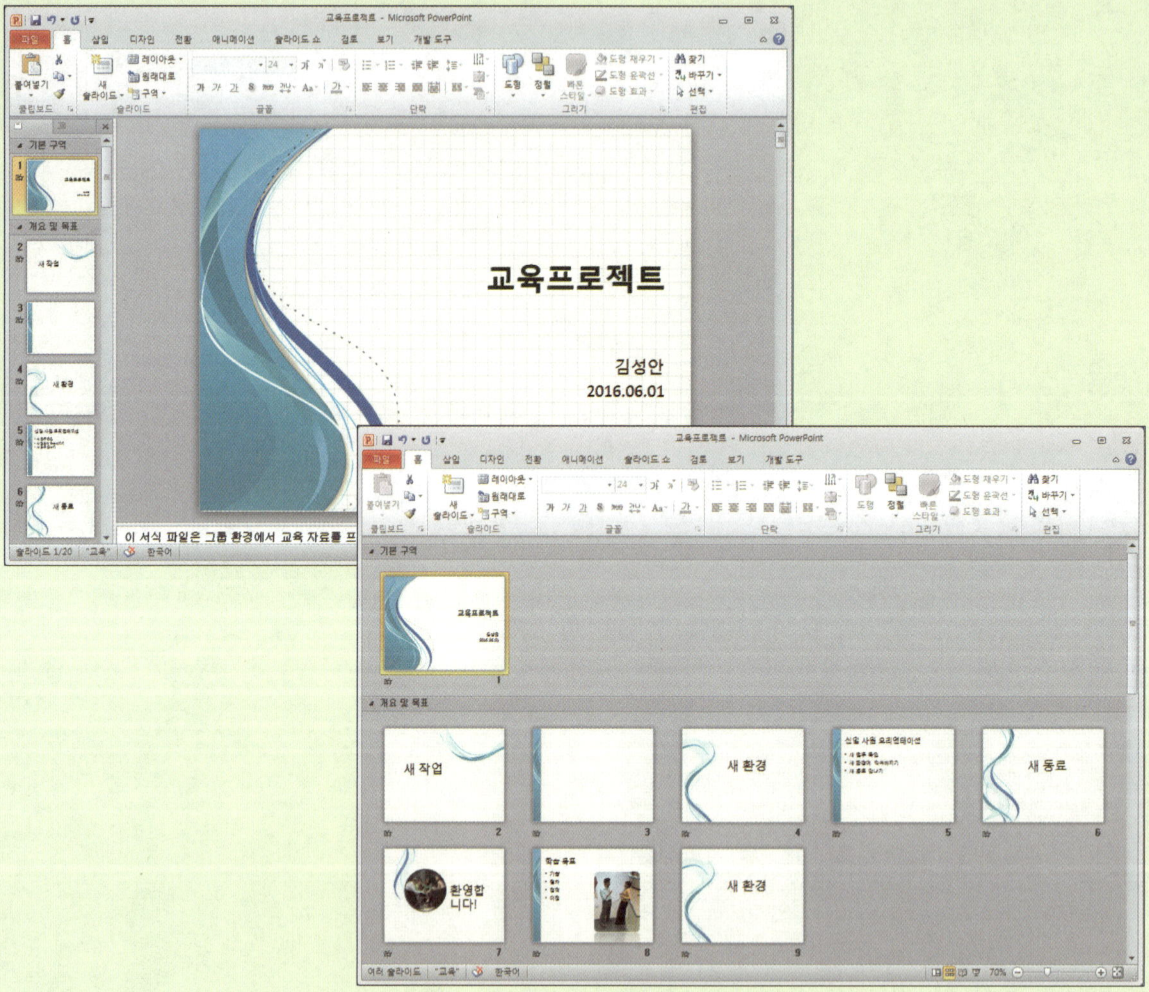

체크포인트

실습1 파워포인트 2010의 화면 구성 요소에 대하여 알아봅니다.

실습2 파워포인트의 다양한 보기 방법, 살펴보기 방법에 대하여 알아봅니다.

실습3 슬라이드를 작성하고 저장하는 방법에 대하여 알아봅니다.

파워포인트 화면의 구성

파워포인트 2010 기본 화면은 리본메뉴, 슬라이드 및 개요 창, 작업창 등으로 구성되어 있습니다. 파워포인트 2010 화면의 구성요소에 대하여 알아보도록 하겠습니다.

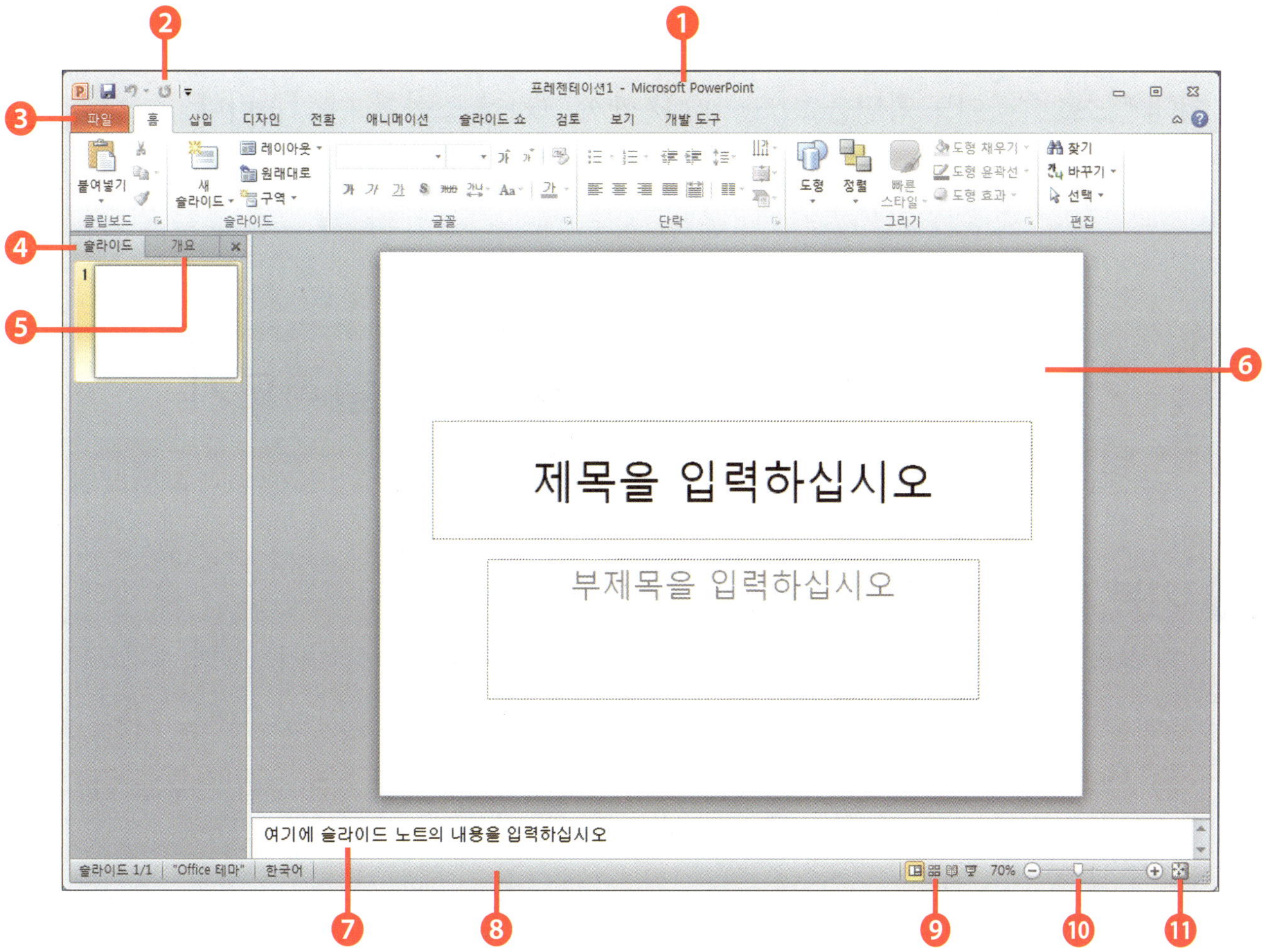

❶ **제목표시줄** : 현재 열려 있는 파일의 이름을 표시합니다.

❷ **빠른 실행 도구 모음** : 파워포인트에서 자주 쓰는 도구를 빠르게 실행할 수 있도록 도구를 등록할 수 있습니다.

❸ **리본 메뉴** : 파워포인트에서 사용하는 작업 도구들을 각각의 탭으로 구성하여 제공합니다.

❹ **슬라이드 탭** : 슬라이드의 전체 모습을 볼 수 있으며, 슬라이드를 이동하거나 복사할 수 있습니다.

❺ **개요 탭** : 제목 입력상자와 텍스트 입력상자에 입력된 텍스트를 개요 형식으로 보여주고 수정할 수도 있습니다.

❻ **슬라이드 창** : 슬라이드를 작업하는 공간으로 텍스트, 도형, 차트, 그림 등의 여러 가지 개체를 삽입하여 슬라이드를 구성할 수 있습니다.

❼ 슬라이드 노트 창 : 슬라이드 내용에 대한 설명을 입력하는 곳으로 입력된 내용은 유인물 형태로 입력할 수 있습니다.

❽ 상태표시줄 : 작업 중인 슬라이드의 번호와 적용된 테마, 사용하고 있는 언어, 작업과 관련된 설명 등이 표시됩니다.

❾ 보기 단추 : 기본(◫), 여러 슬라이드(▦), 읽기용 보기(▦), 슬라이드 쇼(▭) 등의 화면보기를 전환할 수 있습니다.

❿ 확대 축소 : 슬라이드 화면을 10%～400%까지 크기를 조절할 수 있습니다.

⓫ 창 크기 맞춤 : 슬라이드를 현재 창의 크기에 맞춥니다.

실습2 파워포인트의 다양한 보기 방법 살펴보기

프레젠테이션의 작업 상태에 맞게 기본, 여러 슬라이드, 읽기용 보기, 슬라이드 쇼 등을 선택하여 화면 보기를 전환할 수 있습니다.

❶ 기본 보기

파워포인트를 실행하면 나타나는 기본적인 화면 형태로 [슬라이드] 탭, [개요] 탭, '슬라이드 창'으로 구성되어 있으며, 오른쪽 하단에 있는 보기 단추에서 **기본(◫)을 선택하거나 [보기] 탭의 [프레젠테이션 보기] 그룹에서 [기본 ◫] 단추를 클릭합니다.**

❷ 여러 슬라이드 보기

프레젠테이션의 모든 슬라이드를 한꺼번에 보는 기능으로 전체적인 슬라이드 구성을 확인할 수 있으며, 슬라이드의 이동, 복사, 삭제 등의 작업이 편리합니다. 오른쪽 하단에 있는 보기 단추에서 **여러 슬라이드(**▦**)를 클릭하거나 [보기] 탭의 [프레젠테이션 보기] 그룹에서 [여러 슬라이드 ▦] 단추를 클릭**합니다.

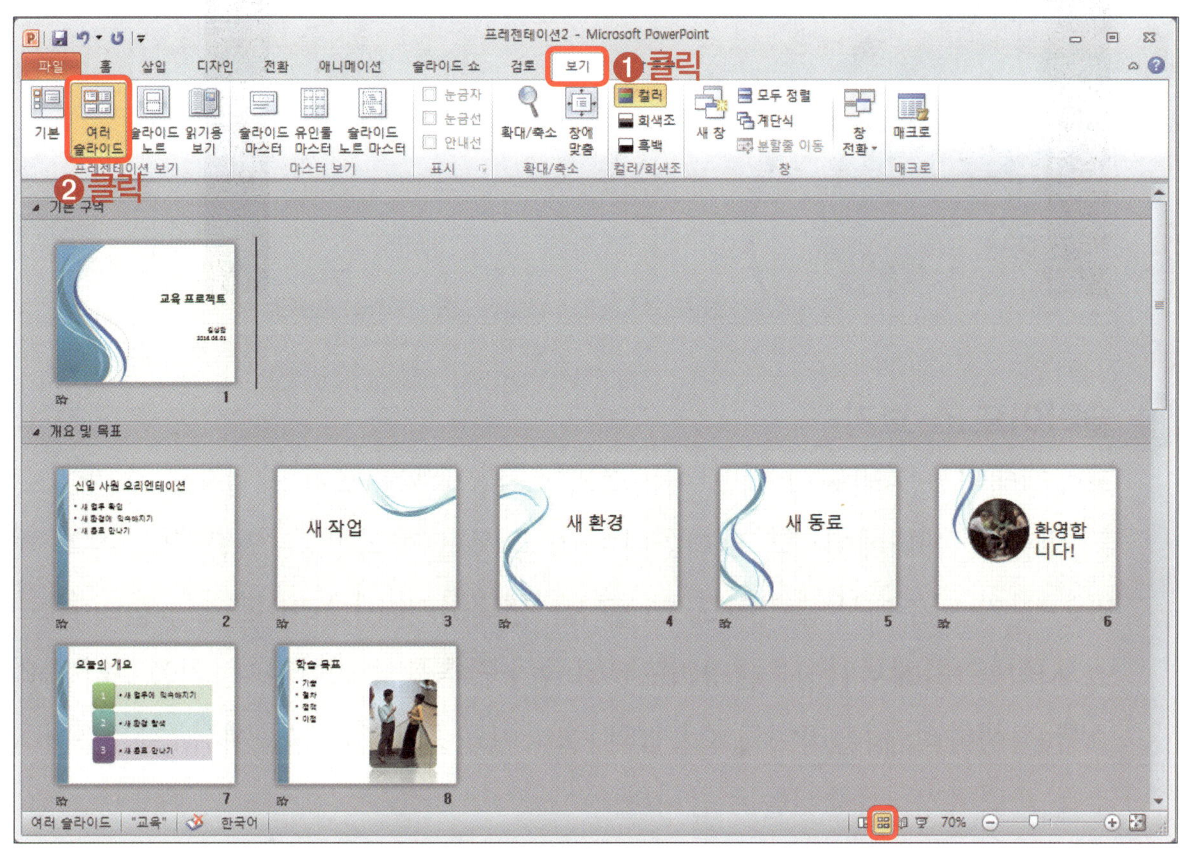

또는 클릭

❸ 읽기용 보기

읽기용 보기는 파워포인트 2010에서 새로 적용된 기능으로, 작성한 프레젠테이션을 전체 스크린이나 작업 표시줄을 차지하지 않고 현재의 파워포인트 창 안에서 미리 검토하고 시험해 볼 수 있도록 지원하는 기능으로 오른쪽 하단에 있는 **읽기용 보기(**▤**)를 클릭하거나 [보기] 탭의 [프레젠테이션 보기] 그룹에서 [읽기용 보기 ▤] 단추를 클릭합니다.**

④ 슬라이드 쇼 보기

프레젠테이션을 발표할 때 보이는 화면을 확인하는 보기 방법으로 슬라이드의 모든 내용 및 애니메이션과 멀티미디어 효과 등을 확인할 수 있습니다. 우측 하단에 있는 보기 단추에서 **슬라이드 쇼(🖵)를 선택하거나 [슬라이드 쇼] 탭의 [슬라이드 쇼 시작] 그룹에서 [현재 슬라이드부터 🖳] 단추를 클릭**합니다. 처음부터 슬라이드 쇼를 실행하려면 [슬라이드 쇼] 탭의 [슬라이드 쇼 시작] 그룹에서 [처음부터 🖳] 단추를 클릭하거나 F5 키를 누릅니다.

⑤ 슬라이드 화면의 확대/축소

우측 하단의 확대 축소 바(　)를 좌우로 움직이거나 ⊕, ⊖ 단추를 클릭하여 일정한 단위로 슬라이드의 크기를 확대 및 축소할 수 있으며, **[슬라이드 맞춤 　] 단추를 클릭**하면 자동으로 화면크기에 맞게 슬라이드의 크기를 조절합니다.

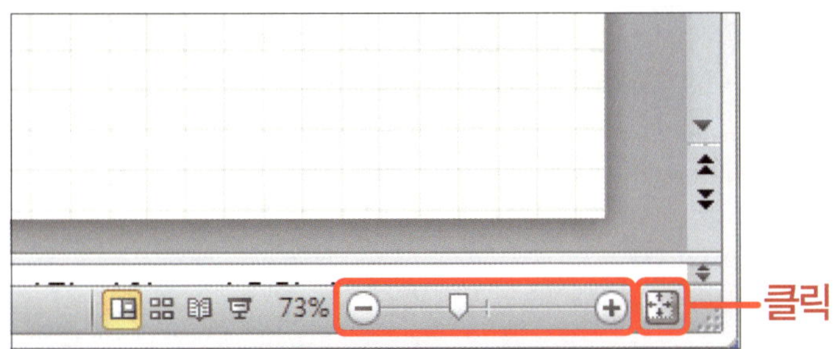

TIP Ctrl 키를 누른 상태에서 마우스의 휠을 위로 올리면 슬라이드가 확대되고 아래로 내리면 축소가 됩니다.

실습3 슬라이드를 작성하고 저장하기

예제 서식 파일을 이용하여 슬라이드를 작성하고 슬라이드를 이동 및 복사한 후 프레젠테이션 문서를 저장하는 방법에 대하여 살펴보도록 하겠습니다.

① [시작]－[모든 프로그램]－[Microsoft Office]－[Microsoft PowerPoint 2010]을 선택하거나 바탕화면에 있는 파워포인트 2010(　) 아이콘을 더블 클릭합니다.

2 [파일] 탭의 [새로 만들기]를 선택하고 [예제 서식 파일] 단추를 클릭합니다.

3 [예제 서식 파일]에서 '교육'을 선택하고 [만들기] 단추를 클릭합니다.

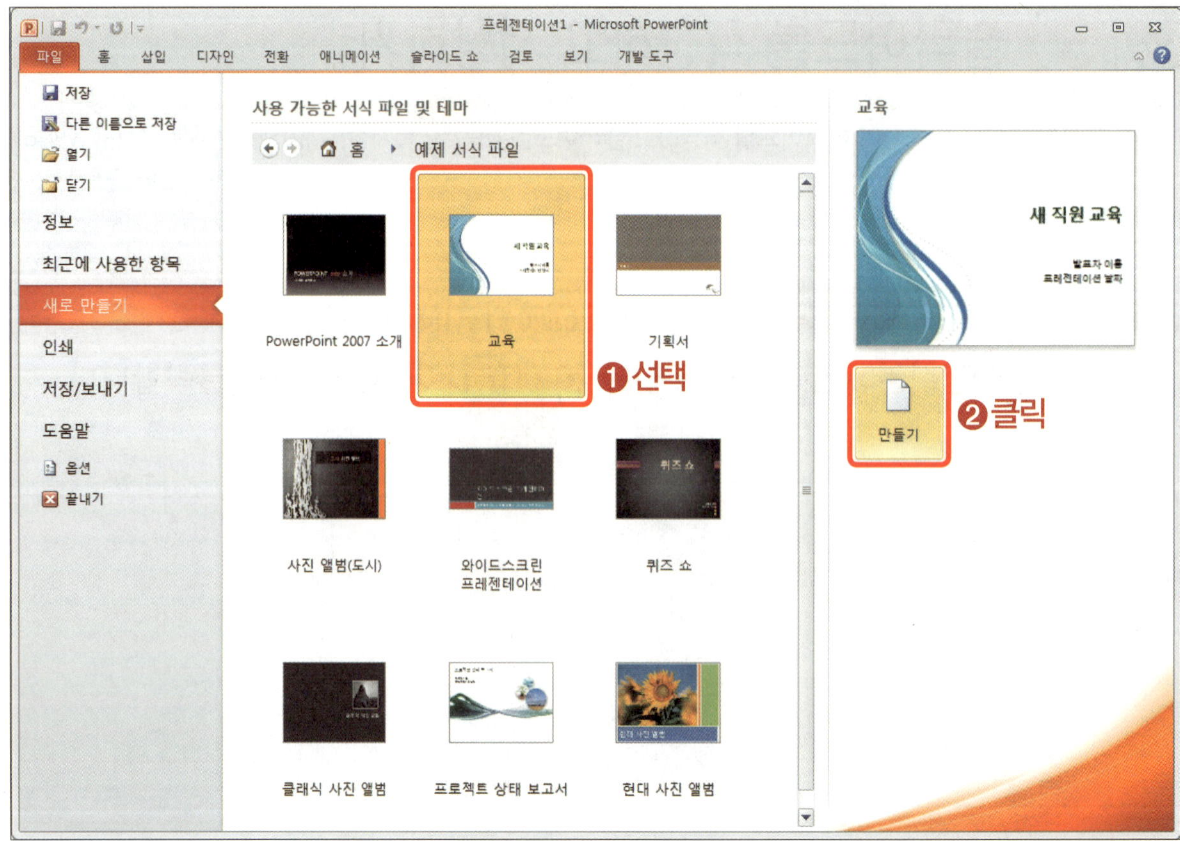

4 기존의 '새 직원 교육' 텍스트를 삭제하고 『교육 프로젝트』를 입력한 후 발표자 이름과 프레젠테이션 날짜를 각각 수정합니다.

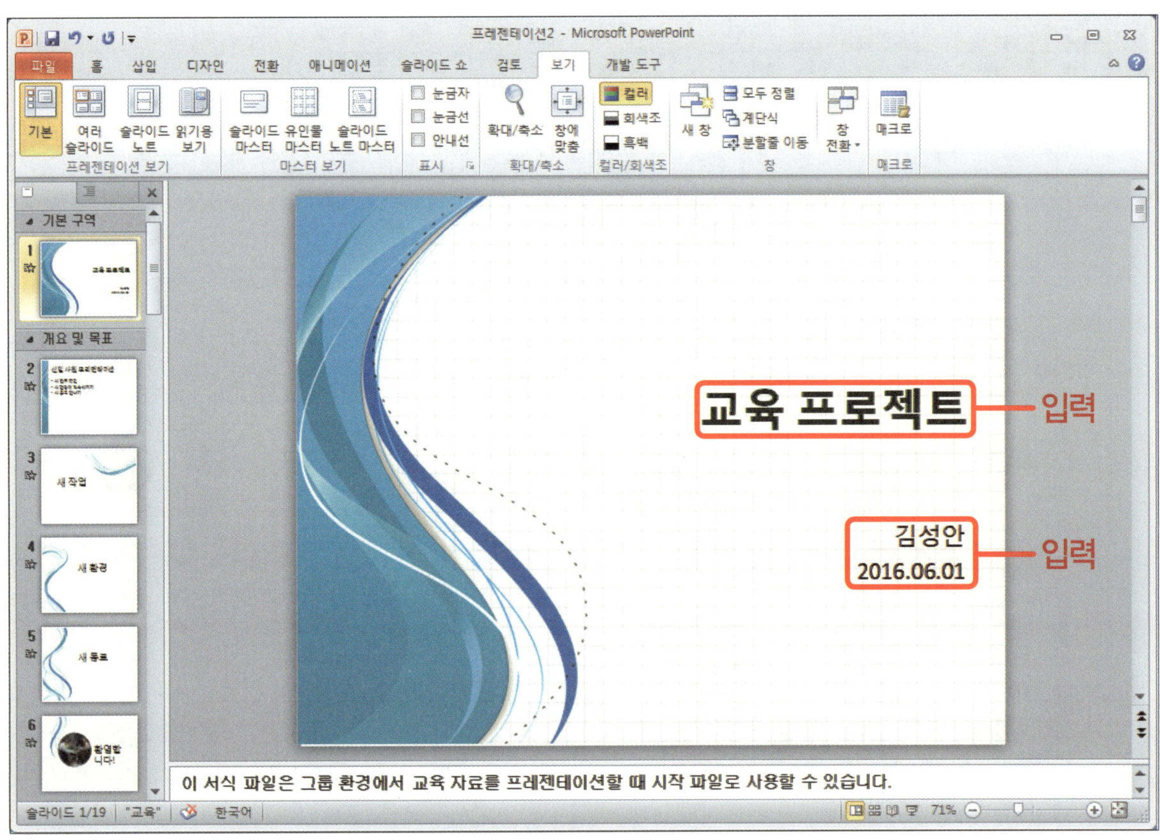

5 오른쪽 하단의 보기 단추에서 [여러 슬라이드 □□]를 클릭하여 보기 방식을 변경하고 확대/축소에서 축소(○)를 클릭하여 70%로 화면의 크기를 조절합니다.

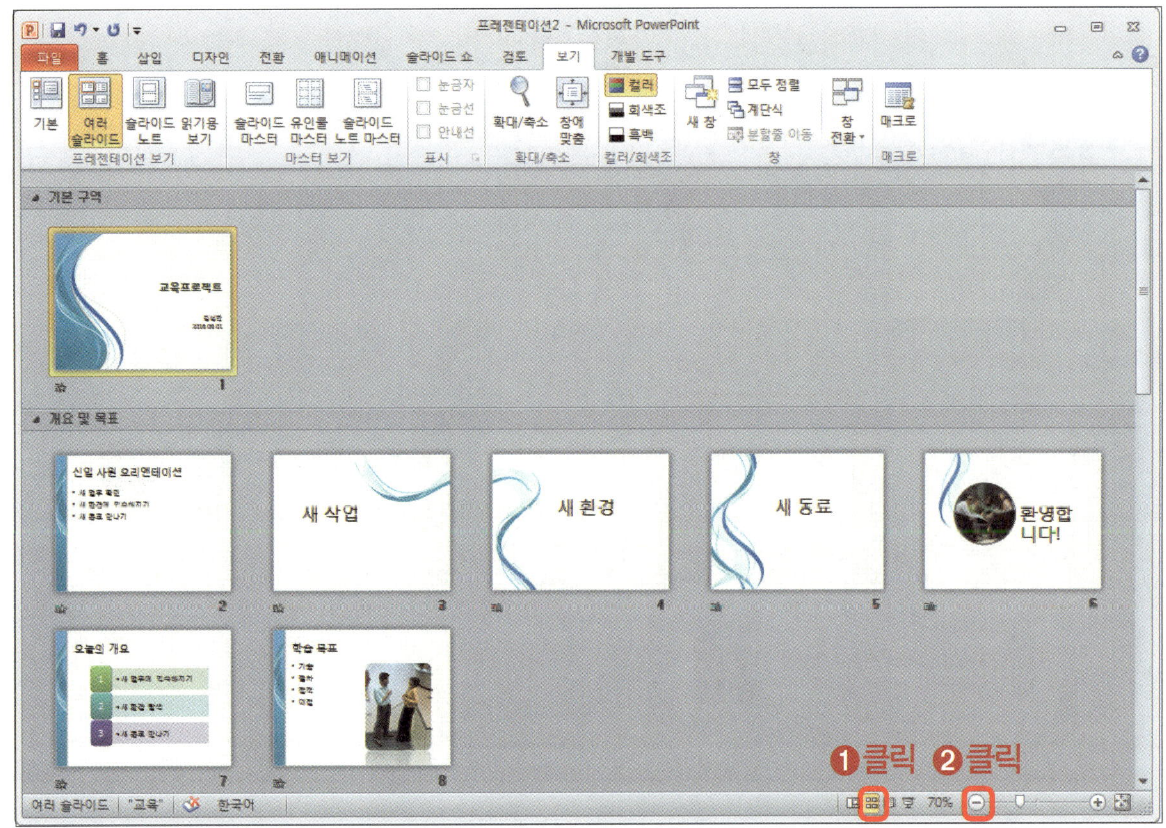

6 2번 슬라이드를 4번 슬라이드 뒤로 드래그하여 이동합니다.

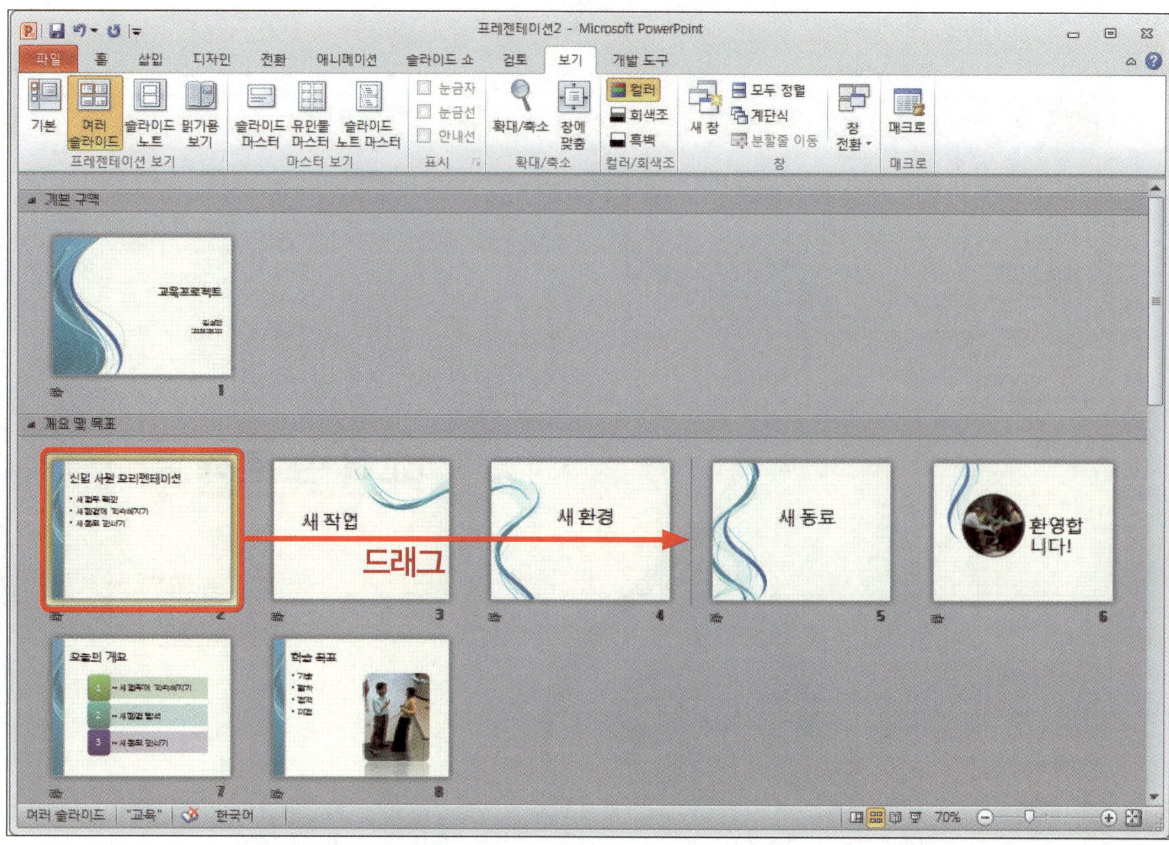

7 3번 슬라이드를 선택한 후 Ctrl 키를 누른 상태로 8번 슬라이드 뒤쪽으로 드래그하여 슬라이드를 복사합니다.

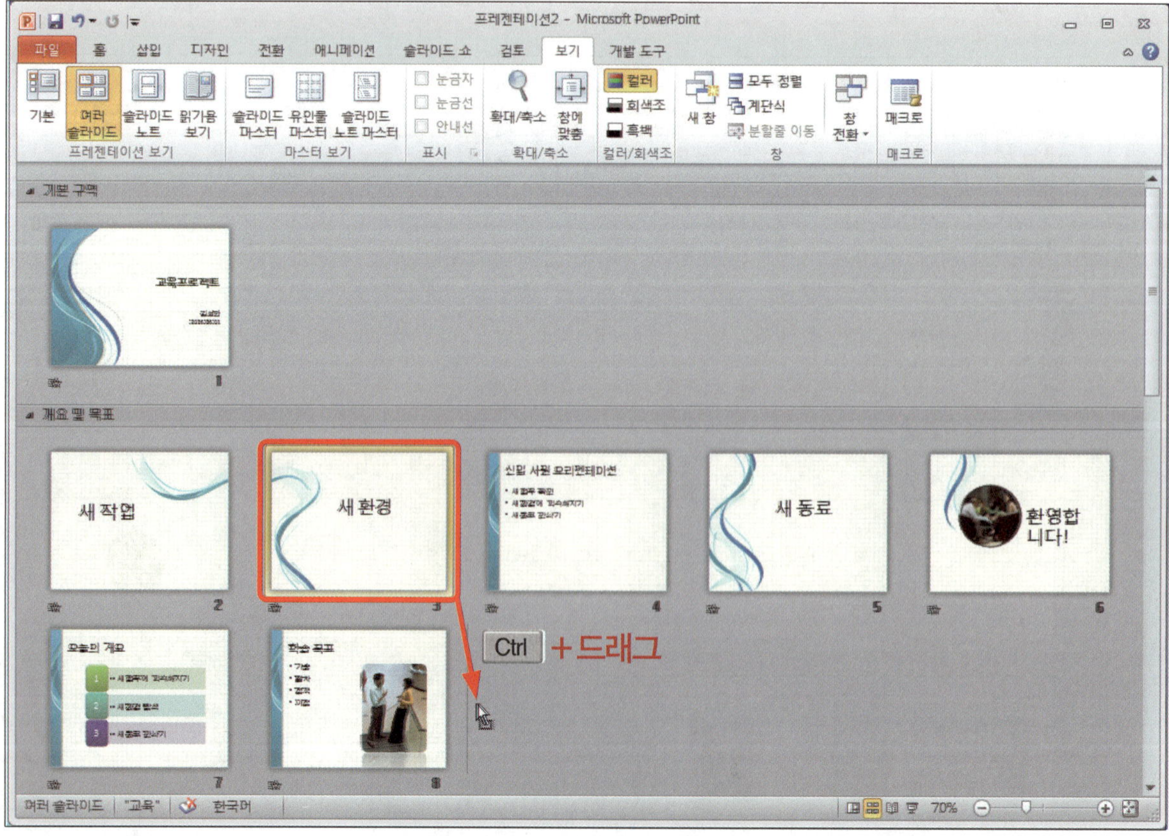

❽ **7번 슬라이드를 선택하고** Delete **키**를 누르거나 바로가기 메뉴에서 [슬라이드 삭제]를 선택하여 슬라이드를 삭제합니다.

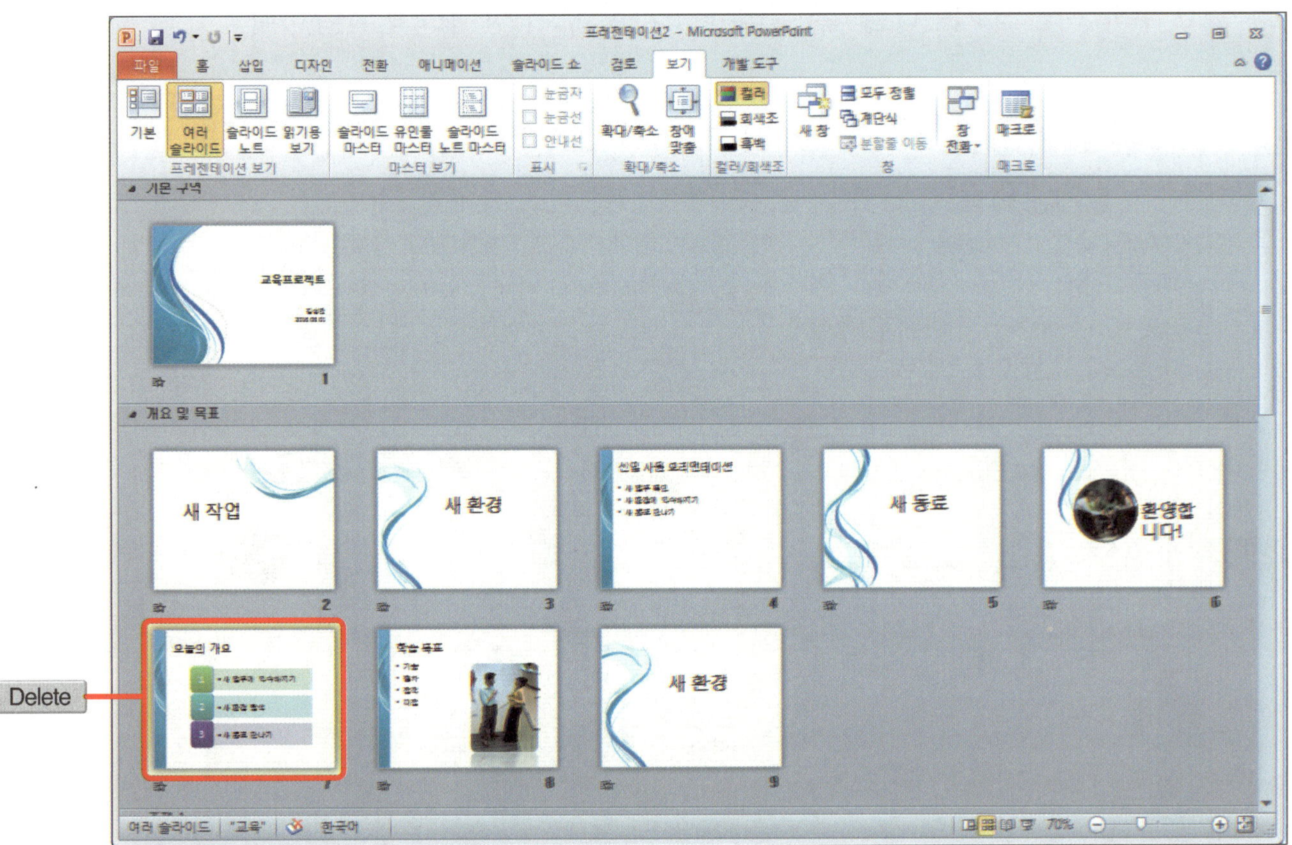

Delete

9 새로운 슬라이드를 삽입하기 위해 2번 슬라이드를 선택하고 [홈] 탭의 [슬라이드] 그룹에서 [새 슬라이드]를 클릭한 후 [제목 및 내용]을 선택하여 슬라이드를 추가하고 우측 하단의 기본(▣)을 클릭하여 기본 보기 상태로 변환합니다.

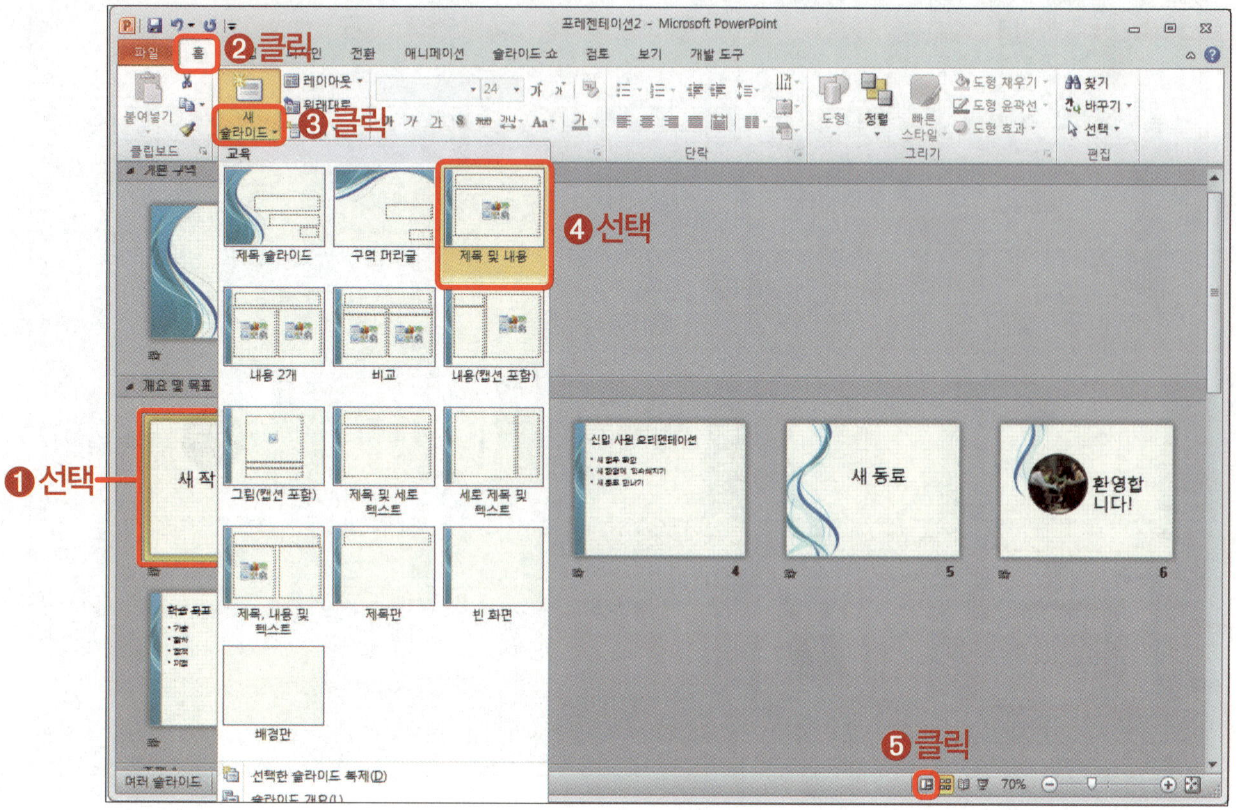

10 작업한 슬라이드를 저장하기 위해 [파일] 탭의 [다른 이름으로 저장 ▣]을 클릭합니다.

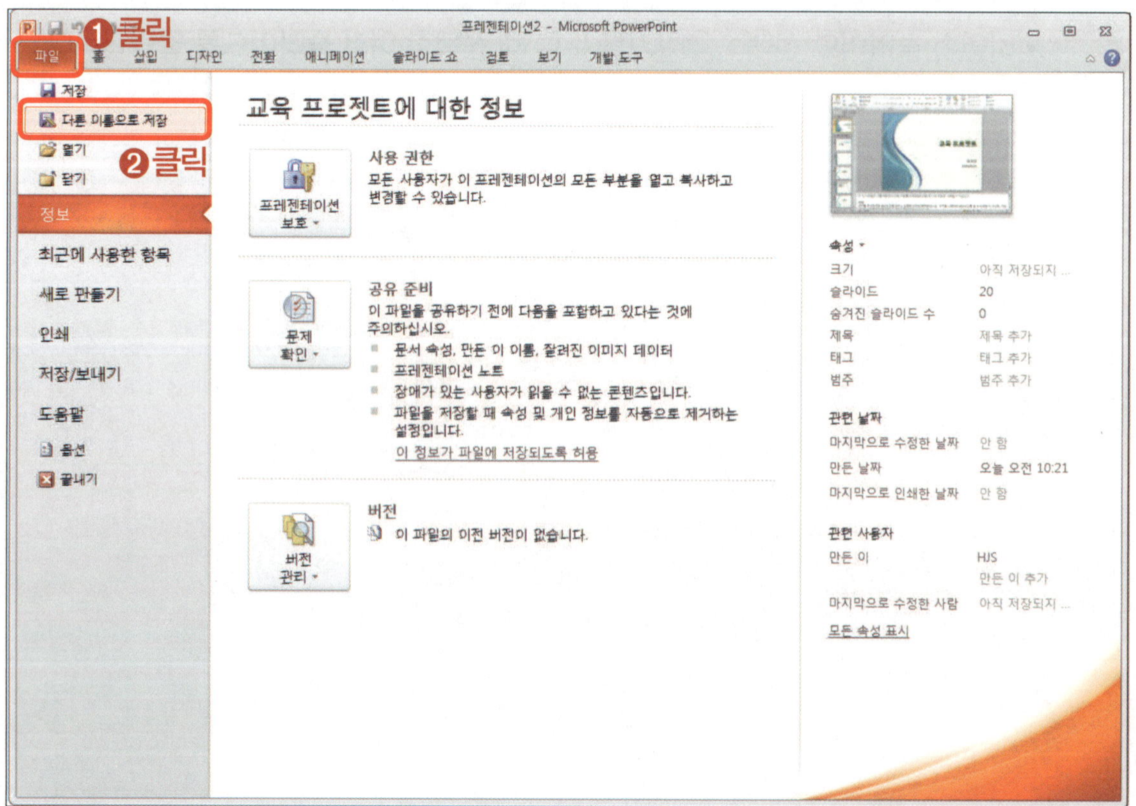

⓫ [다른 이름으로 저장] 대화상자에서 **저장 위치(C:₩성안당₩파포2010₩1장)를 지**
정하고 '파일 이름'에 『교육프로젝트』를 입력한 후 [저장] 단추를 클릭합니다.

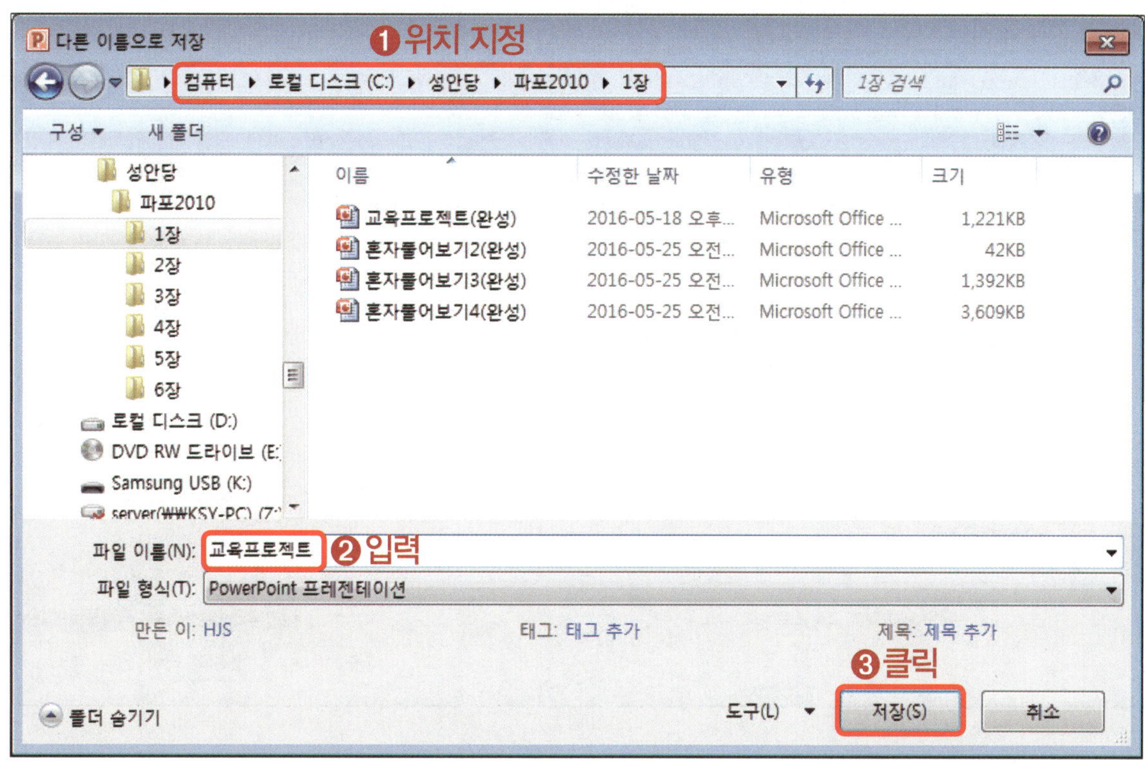

실력쑥쑥 TIP **파일 불러오기**

① 저장한 파워포인트 문서를 불러오려면 [파일] 탭의 [열기]를 선택합니다.

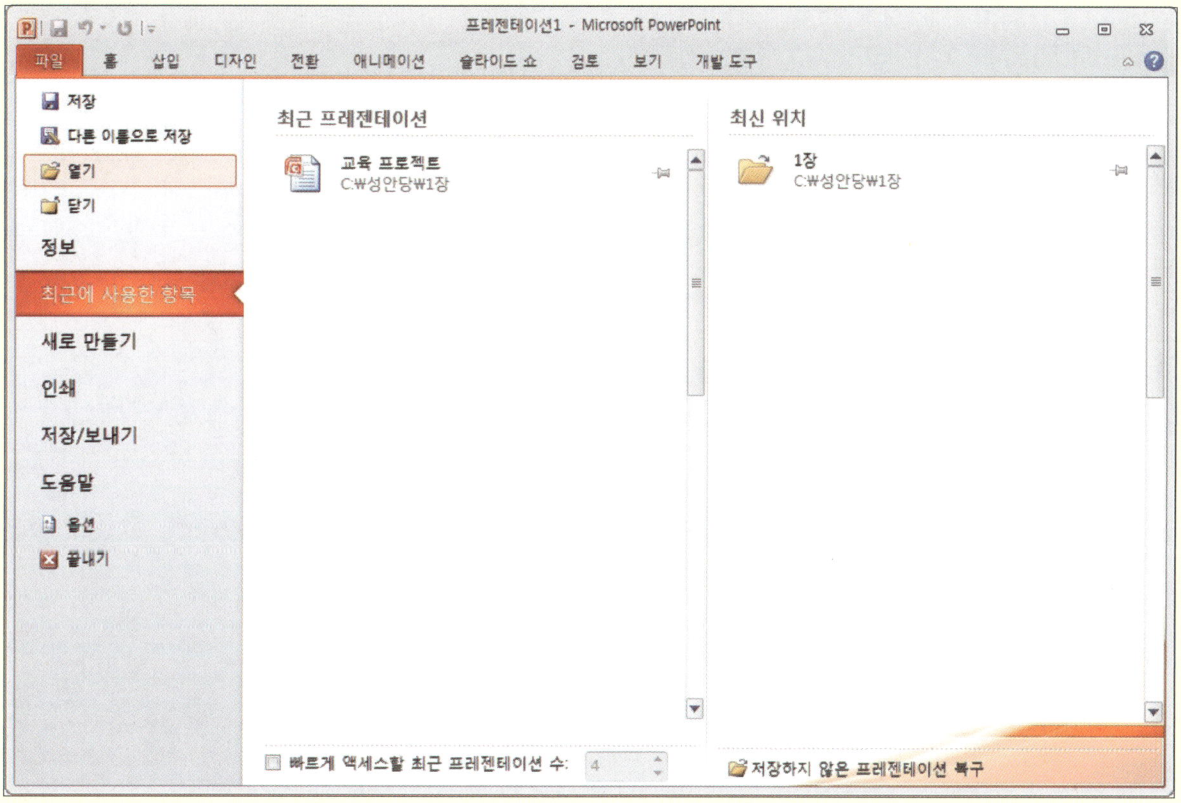

② [열기] 대화상자에서 찾는 위치(C:₩성안당₩파포2010₩1장)를 지정하고 파일 이름인 '교육 프로젝트'를 선택한 후 [열기] 단추를 클릭합니다.

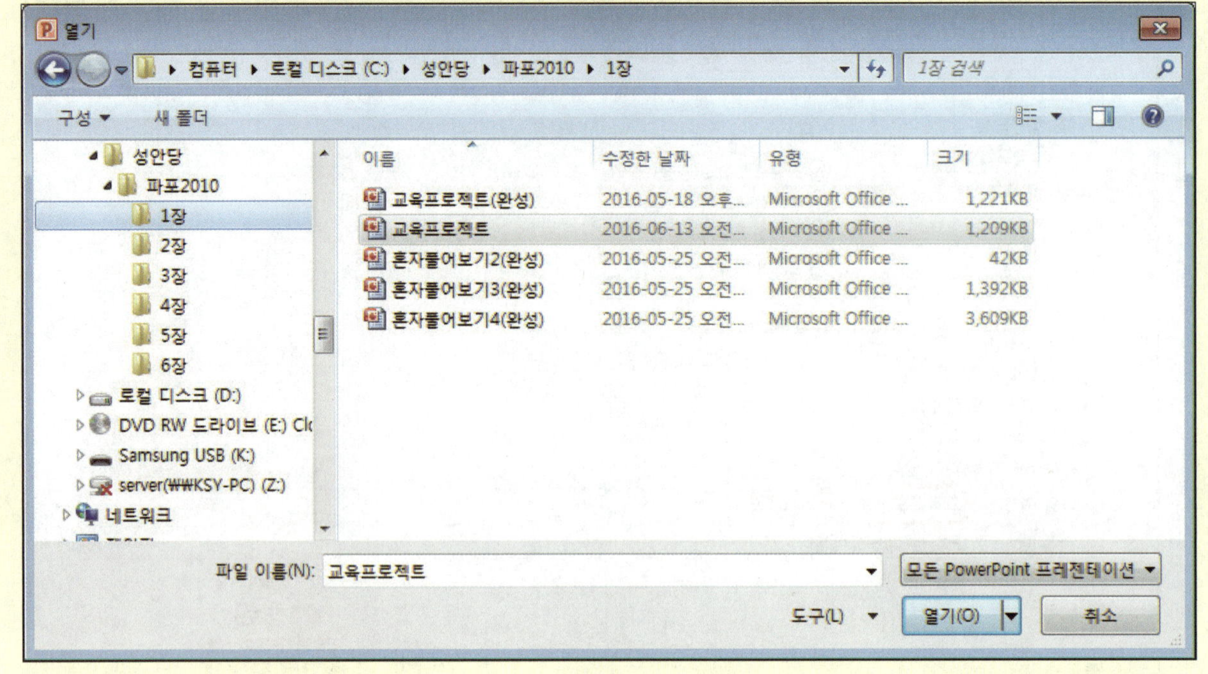

◎ 완성파일 : 파포2010₩1장₩혼자풀어보기2(완성), 혼자풀어보기3(완성),
혼자풀어보기4(완성).pptx

1 파워포인트 2010을 실행하고 주어진 내용을 입력하여 보세요.

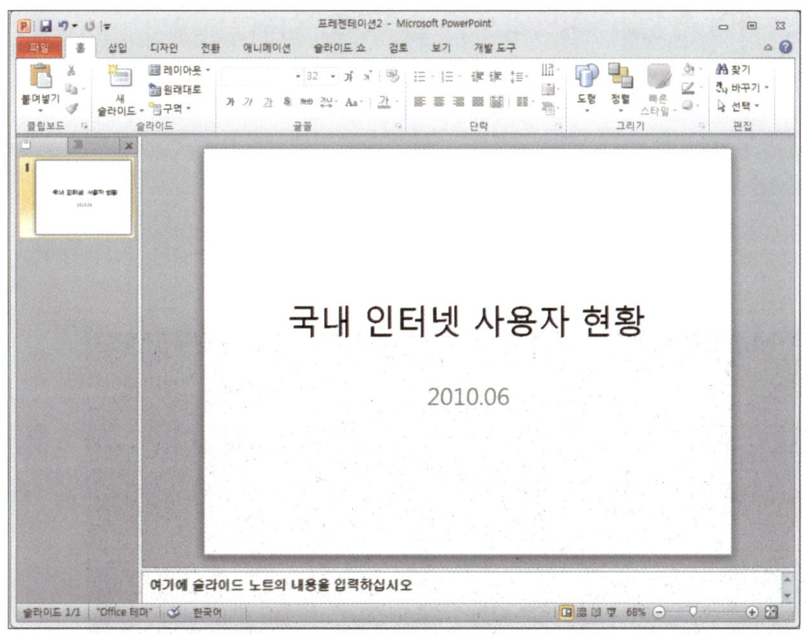

2 '제목 및 내용' 슬라이드를 추가하고 작업한 프레젠테이션을 『혼자풀어보기2』로 저장
하여 보세요.

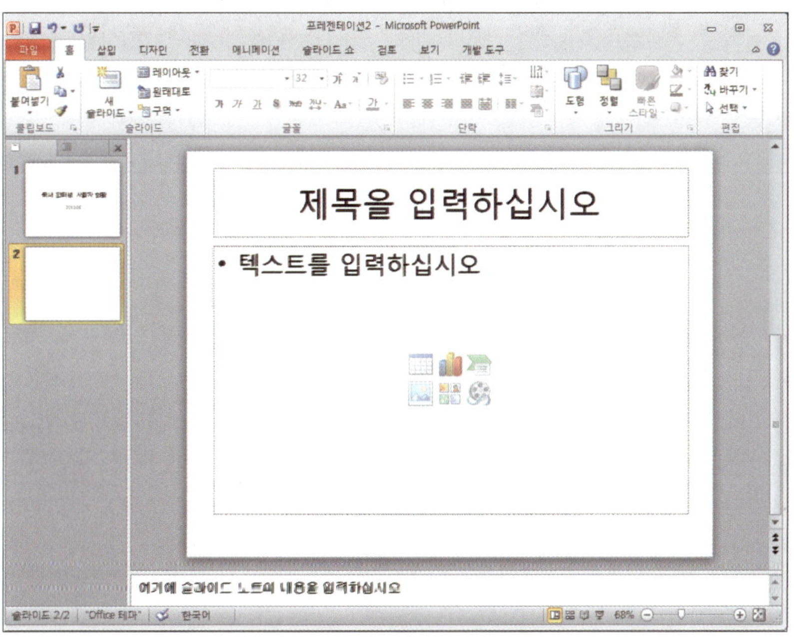

• [홈] 탭의 [슬라이드] 그룹에서 [새 슬라이드]를 클릭하고 [제목 및 내용]을 선택하여 슬라이드를
추가합니다.
• 작업한 슬라이드를 저장하기 위해 [파일] 탭의 [다른 이름으로 저장 📄]을 클릭합니다.

3 예제 서식 파일을 이용하여 소개 프레젠테이션을 만들어 보세요.

▶ 예제 서식 파일의 'PowerPoint 2007 소개' 서식 파일을 이용

▶ 표지 슬라이드의 내용을 『파워포인트 2010소개』로 변경

▶ 여러 슬라이드 보기를 이용하여 4번 슬라이드와 13번 슬라이드 삭제

▶ 작업한 프레젠테이션을 『혼자풀어보기3』으로 저장

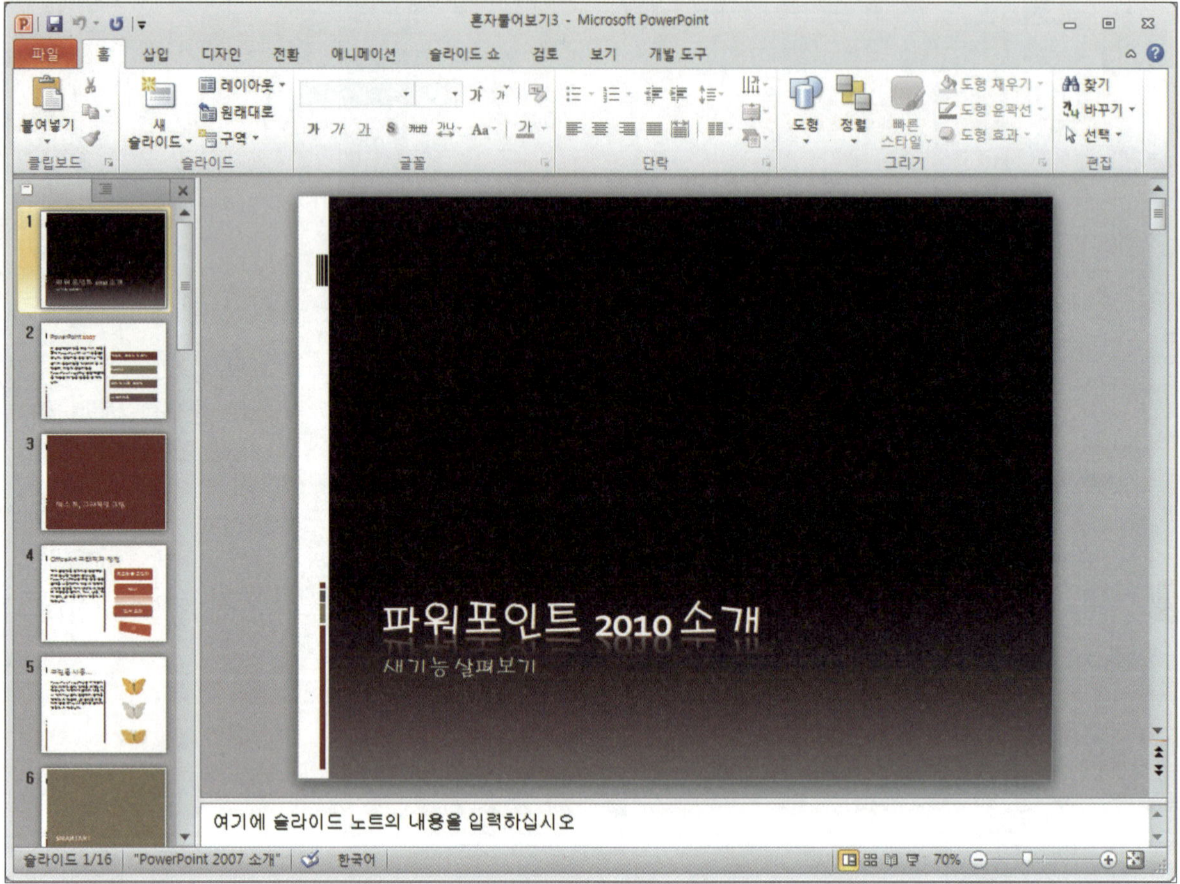

Hint!
- [파일] 탭의 [새로 만들기] – [예제 서식 파일] – [PowerPoint 2007소개]를 선택하고 [만들기]를 클릭합니다.
- 슬라이드의 내용을 '파워포인트 2010소개'로 수정하고 보기 방식에서 [여러 슬라이드]를 클릭하여 여러 슬라이드 보기에서 Ctrl 키를 누른 채 4번, 13번 슬라이드를 선택한 후 Delete 키를 눌러 슬라이드를 삭제합니다.

4 예제 서식 파일을 이용하여 가족 사진앨범을 만들어 보세요.

▶ 예제 서식 파일의 '사진 앨범(도시)' 서식 파일을 이용

▶ 표지 슬라이드의 내용을 『가족 사진 앨범』으로 변경

▶ 여러 슬라이드 보기를 이용하여 5번 슬라이드를 삭제하고 2번 슬라이드를 4번 슬라이드 뒤로 이동

▶ 작업한 프레젠테이션을 『혼자풀어보기4』로 저장

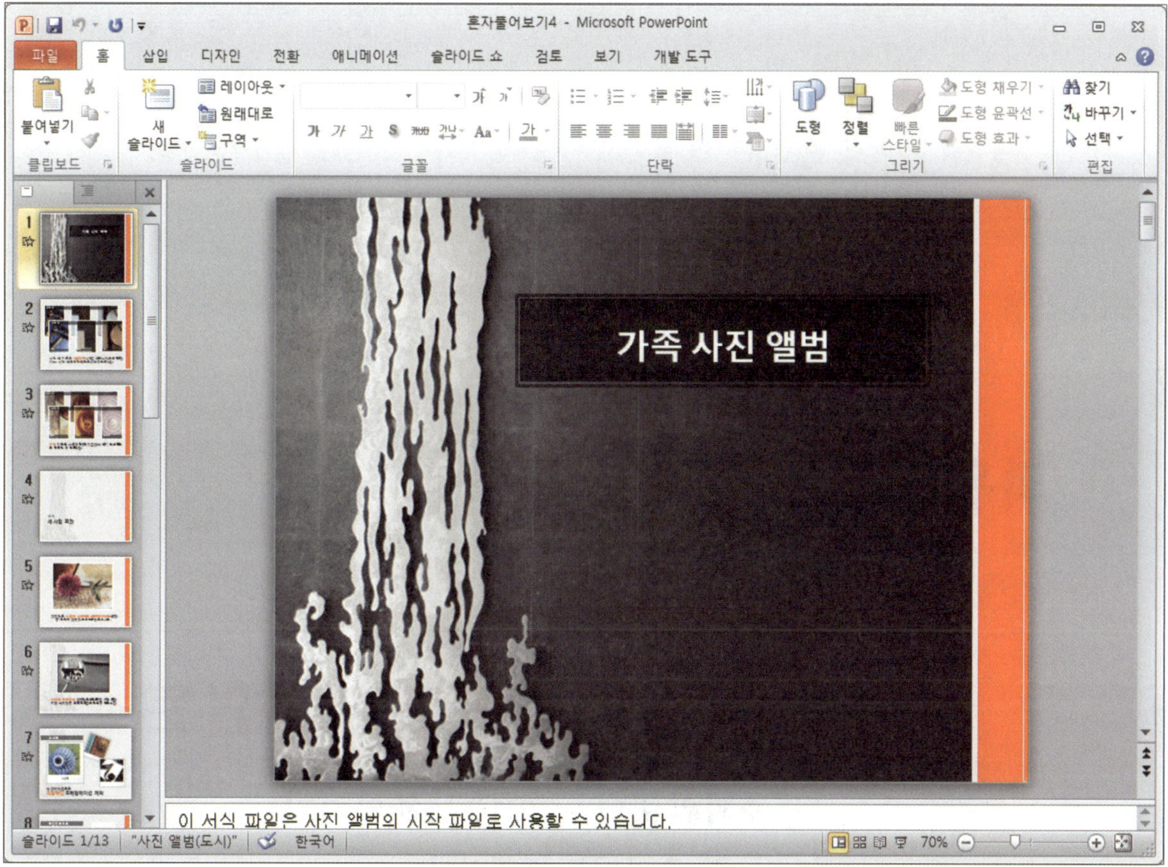

Hint!
- [파일] 탭의 [새로 만들기]-[예제 서식 파일]-[사진 앨범(도시)]를 선택하고 [만들기]를 클릭합니다.
- [여러 슬라이드 🔡] 보기 방식에서 5번 슬라이드를 선택하고 Delete 키를 눌러 삭제한 후 '2번 슬라이드'를 선택하고 '4번 슬라이드' 뒤로 드래그하여 이동합니다.

02장 텍스트 슬라이드 만들기

슬라이드에 텍스트, 한자, 특수문자, 메모를 삽입한 후 다양한 글꼴 속성을 지정하고 글머리 기호와 줄 간격 등을 조절하여 보기 좋은 슬라이드를 만드는 방법에 대하여 알아봅니다.

완성파일 미·리·보·기

● 완성파일 : 파포2010₩2장₩텍스트입력(완성).pptx

체·크·포·인·트

실습1 슬라이드에 텍스트를 입력하고 다양한 서식을 지정하는 방법에 대하여 알아봅니다.

실습2 입력된 텍스트에 글머리기호를 지정하고 줄 간격을 조절하는 방법에 대하여 알아봅니다.

실습3 한자와 특수 문자를 입력하고 메모를 삽입하는 방법에 대하여 알아봅니다.

텍스트 입력과 글꼴 속성 지정하기

슬라이드에 텍스트를 입력하고 입력한 텍스트의 글꼴, 글꼴 크기, 글꼴 속성, 글꼴 색 등을 지정할 수 있습니다.

1 파워포인트 2010을 실행하고 **'제목을 입력하십시오'가 입력되어 있는 제목 텍스트 상자를 클릭**한 후 『파워포인트 정보화 교육』을 입력합니다.

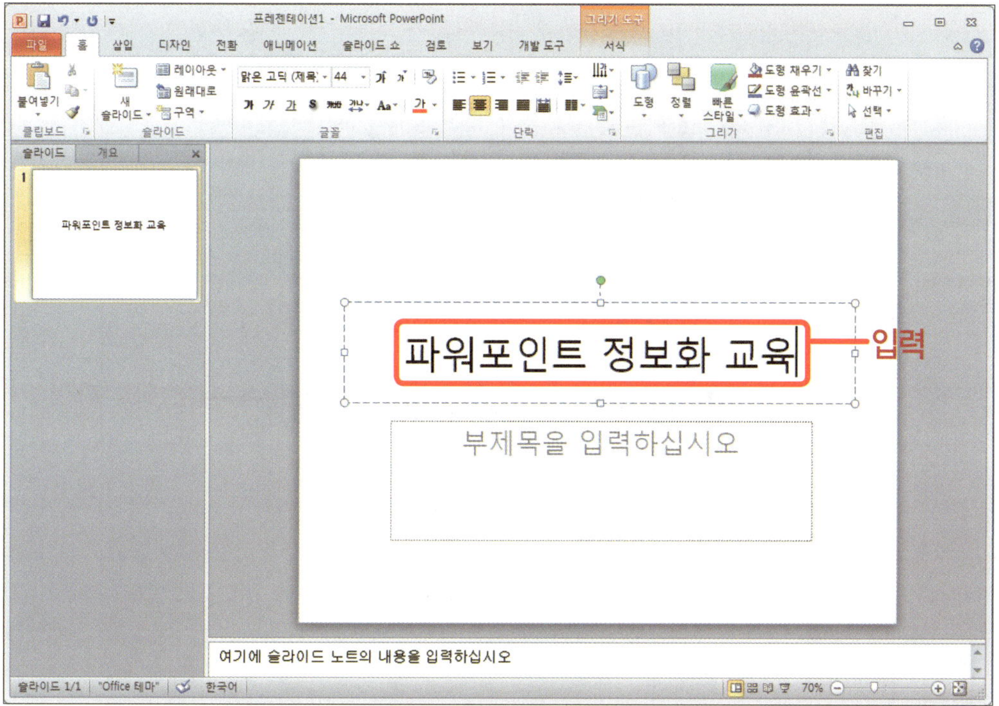

2 **'부제목을 입력하십시오'가 입력되어 있는 부제목 텍스트 상자를 선택**하고 『지원팀(support team)』을 입력합니다.

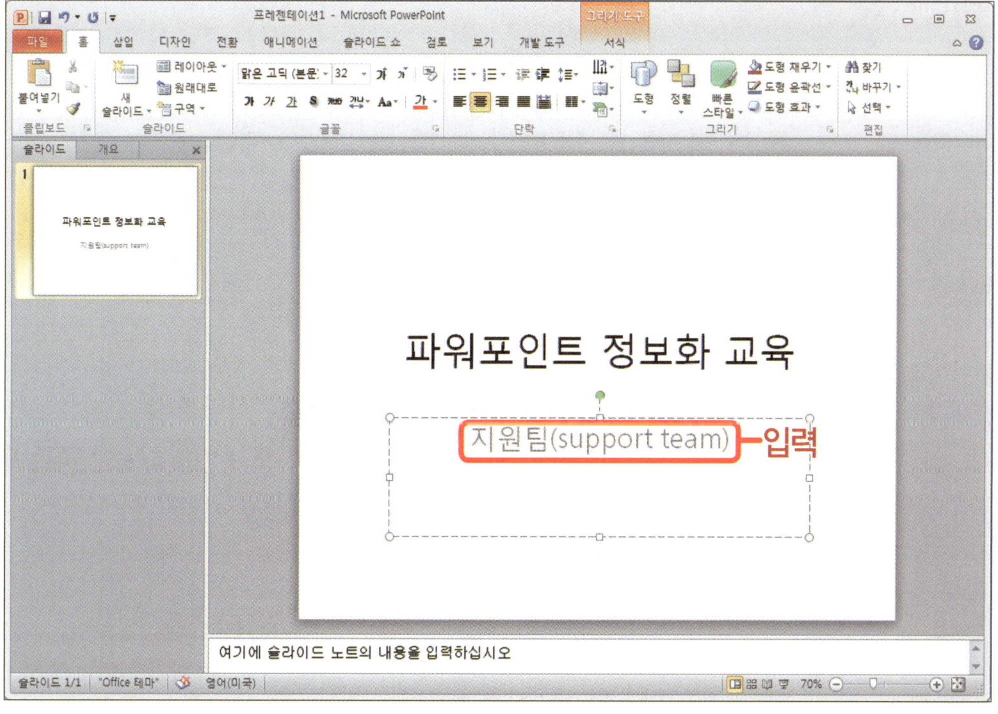

제목상자에 내용을 입력한 후 Ctrl + Enter 키를 눌러 부제목 상자로 커서를 이동할 수 있습니다.

❸ 제목 텍스트를 마우스로 드래그하여 범위 지정한 후 [홈] 탭의 [글꼴] 그룹에서 글꼴(HY견고딕), 글꼴 크기(50), 글꼴 스타일(텍스트 그림자), 글꼴 색(진한 파랑)을 각각 지정합니다.

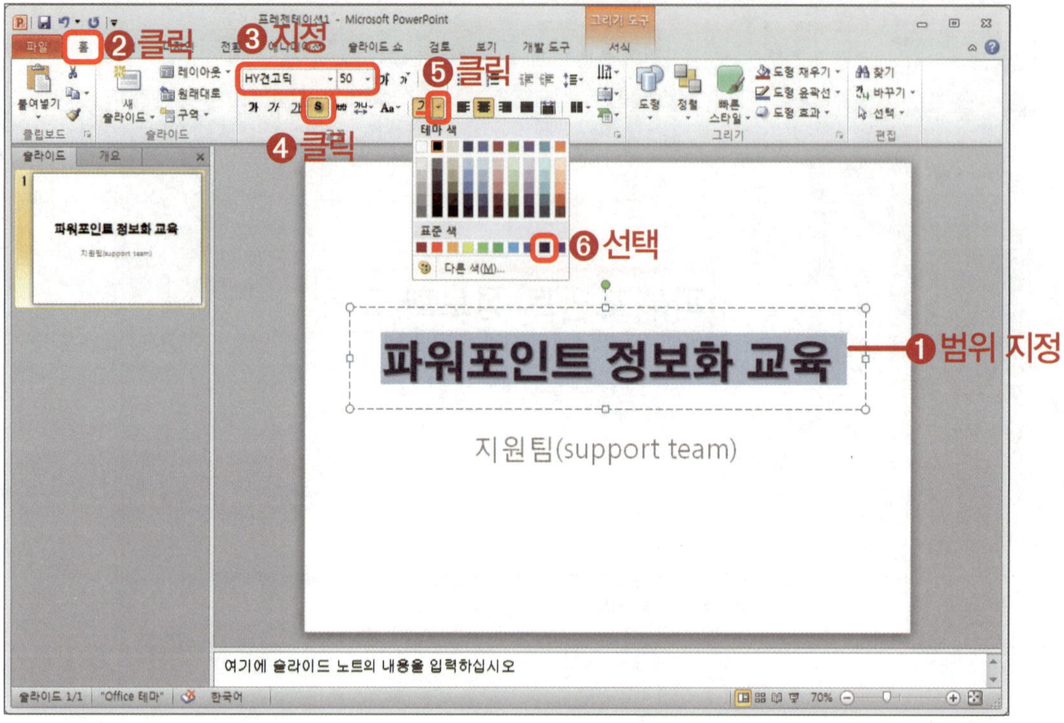

❹ 부제목을 마우스로 드래그하여 범위 지정한 후 마우스 오른쪽 단추를 클릭하고 [글꼴]을 선택합니다.

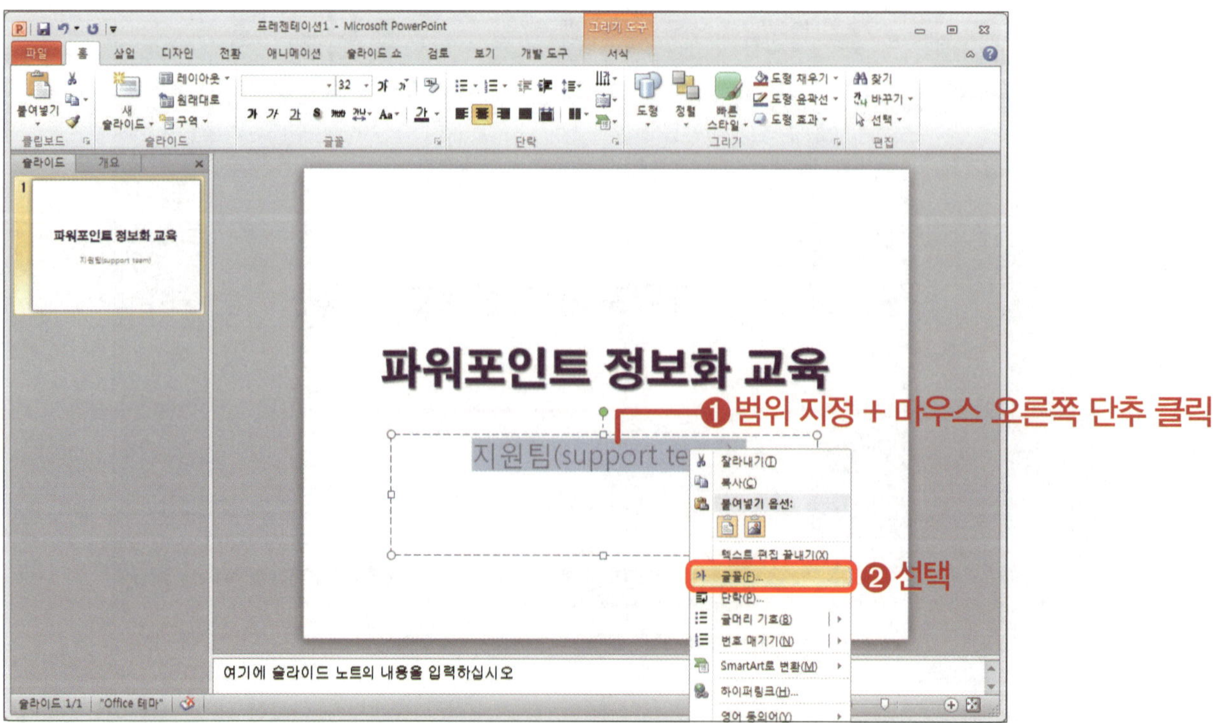

입력되어 있는 '지원팀(support team)'문자열을 마우스로 세 번 클릭하여 범위를 지정할 수도 있습니다.

5 [글꼴] 대화상자의 [글꼴] 탭에서 '영어 글꼴'은 'Arial Black', '한글 글꼴'은 'HY헤드라인M', '글꼴 색'은 '파랑', 밑줄 스타일은 '이중선'을 지정하고 '효과'에서 '소문자를 작은 대문자로'를 체크한 후 [확인] 단추를 클릭합니다.

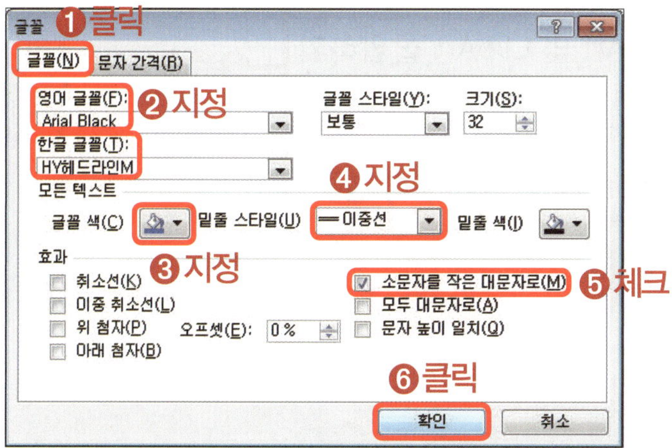

6 새 슬라이드를 삽입하기 위해 [홈] 탭의 [슬라이드] 그룹에서 [새 슬라이드]-[제목 및 내용]을 선택합니다.

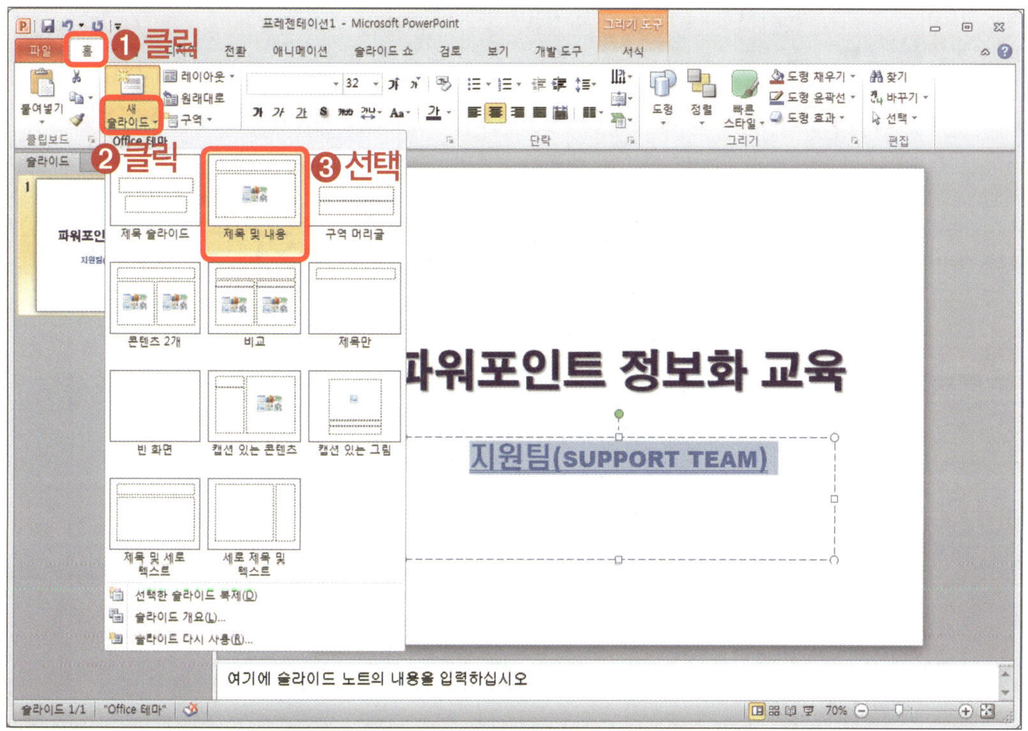

단축키 Ctrl + M 키를 누르면 '제목 및 내용' 슬라이드가 추가됩니다.

7 제목과 내용 텍스트 상자에 다음과 같이 슬라이드 내용을 입력합니다.

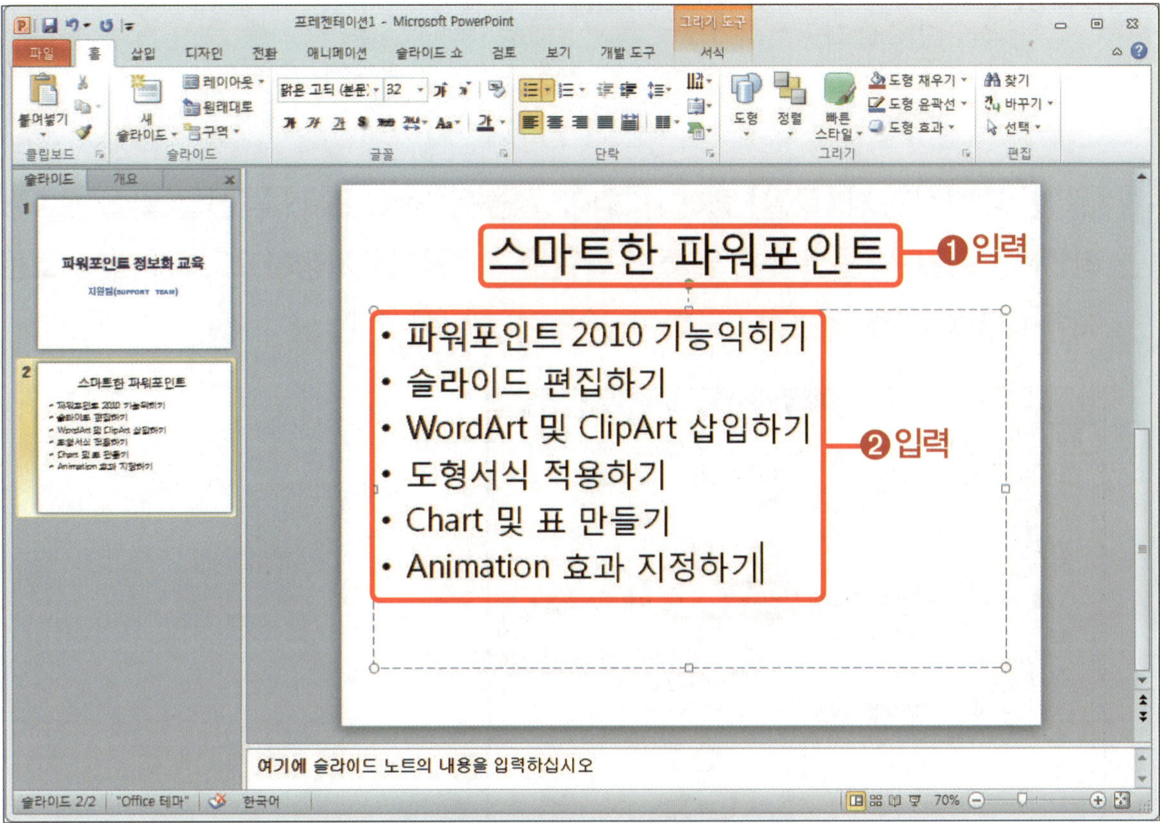

8 제목 텍스트를 마우스로 드래그하여 범위 지정한 후 [홈] 탭의 [글꼴] 그룹에서 글꼴(HY헤드라인M), 글꼴 크기(48), 글꼴 색(진한 빨강)을 각각 지정합니다.

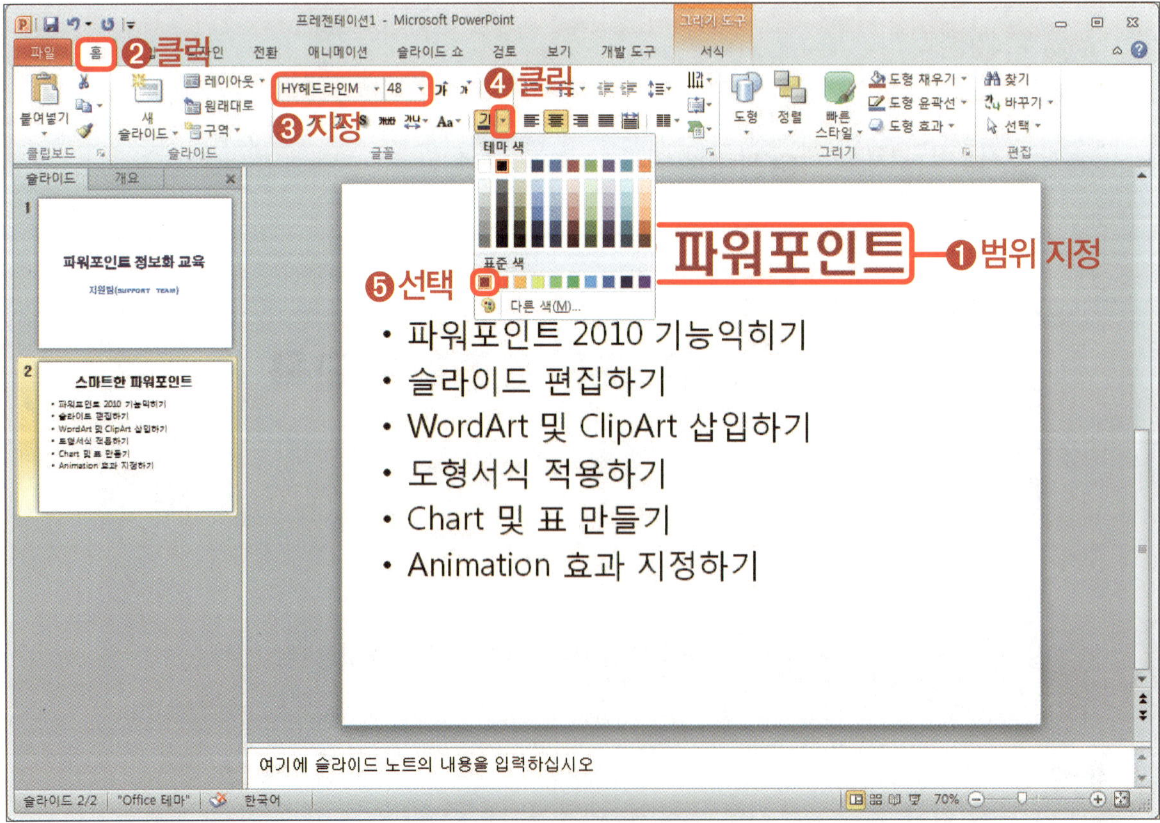

❾ 내용의 텍스트를 마우스로 드래그하여 범위 지정하고 **마우스 오른쪽 단추를 클릭한 후 [글꼴]을 선택**합니다.

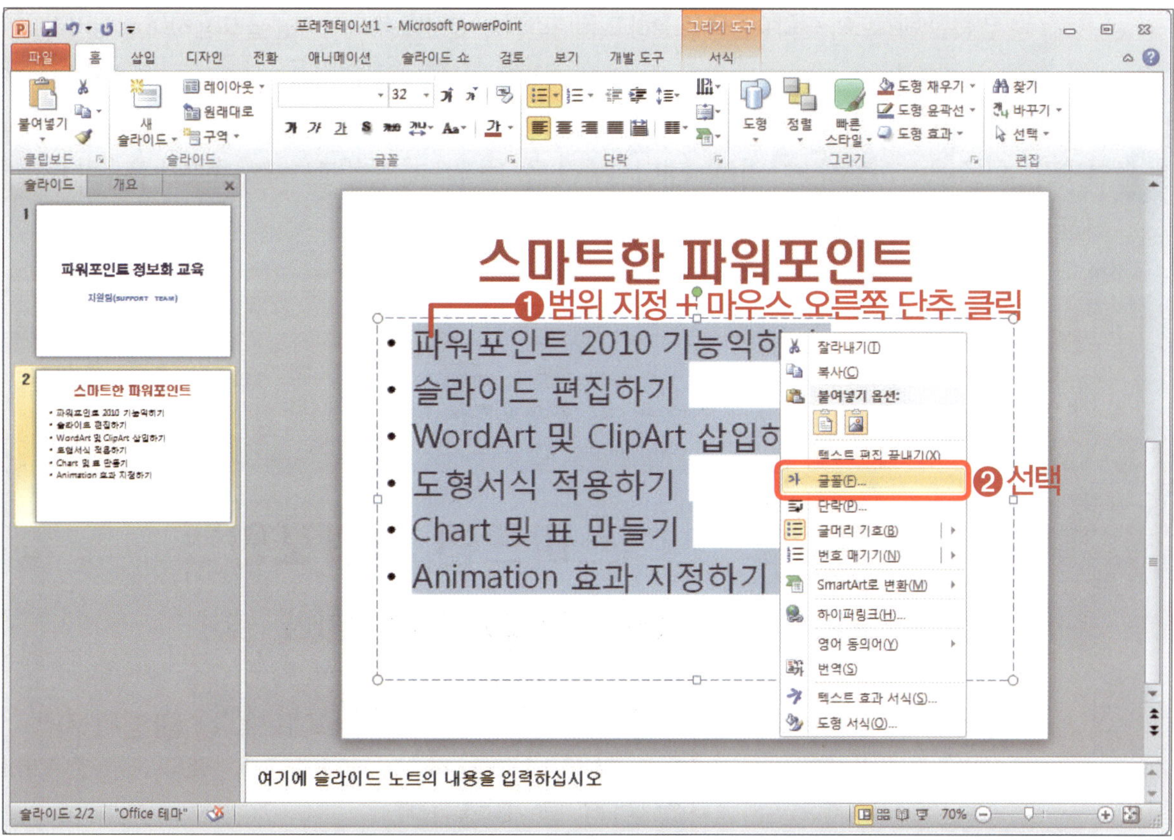

❿ [글꼴] 대화상자의 [글꼴] 탭에서 '영어 글꼴'은 'Arial', '한글 글꼴'은 'HY견명조'를 지정하고 '효과'에서 '모두 대문자로'를 체크한 후 [확인] 단추를 클릭합니다.

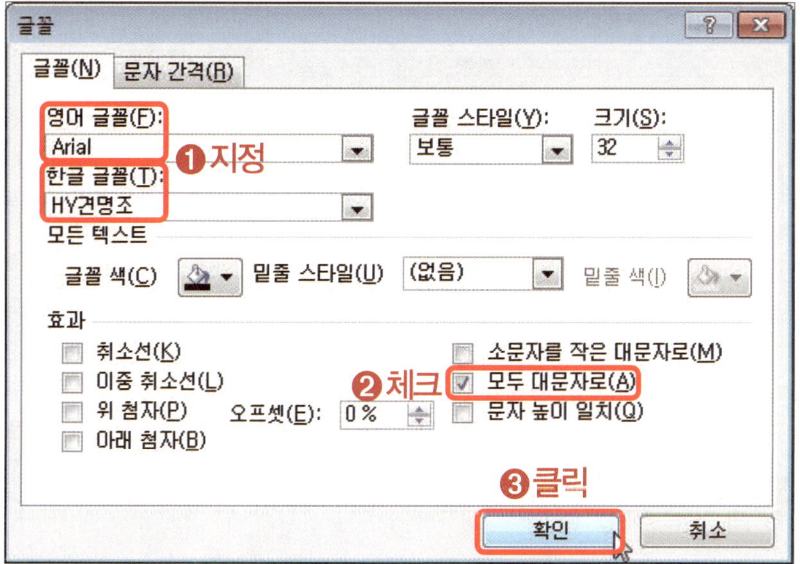

 **실습2** # 글머리 기호 지정 및 줄 간격 조절하기

입력된 텍스트의 단락수준을 조절하고 글머리기호 및 번호매기기 기능을 이용하여 글머리기호를 삽입한 후 단락 간격을 조절하여 보기 좋은 슬라이드를 만들 수 있습니다.

1 단락 수준을 조절하기 위해 해당 단락을 범위 지정하고 [홈] 탭의 [단락] 그룹에서 [목록 수준 늘림 ▦] 단추를 클릭합니다.

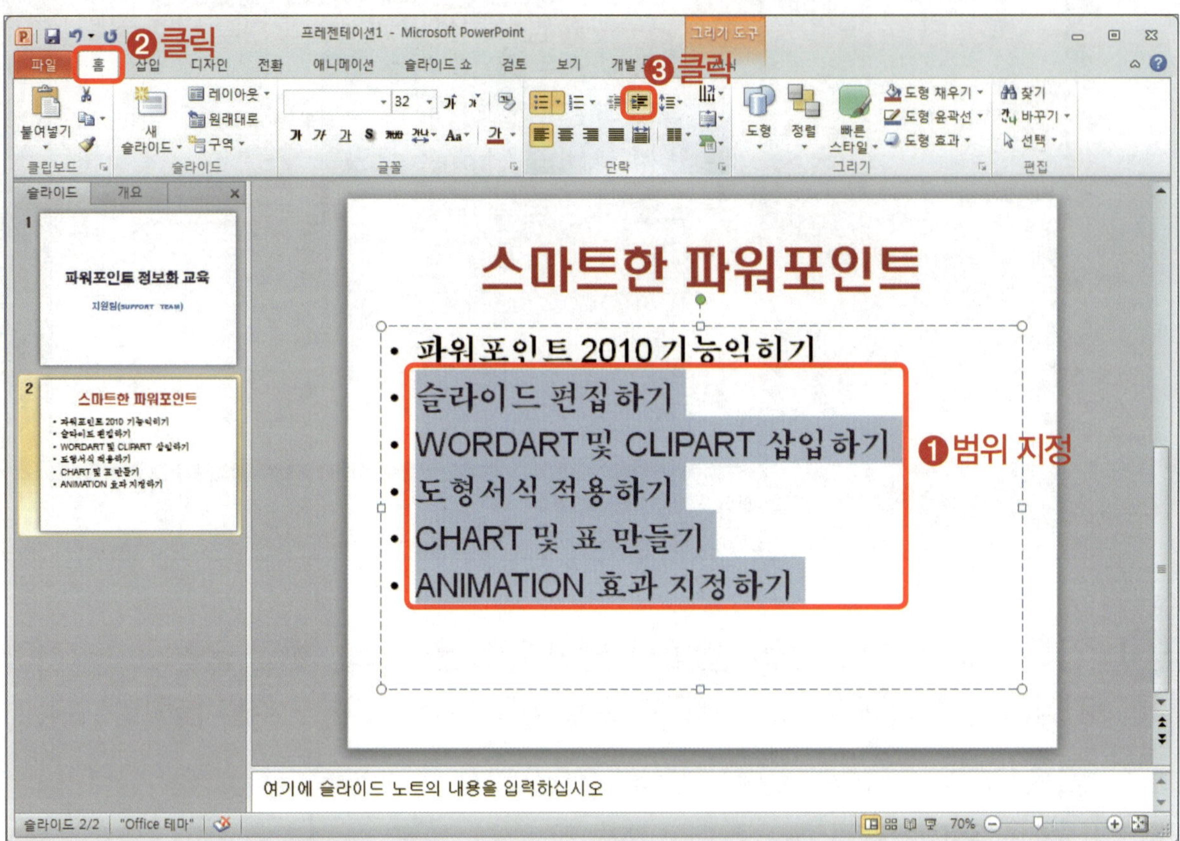

 **TIP** 범위를 지정한 후 Alt + Shift + → 키를 눌러 한 단계 아래로 수준을 내릴 수도 있습니다.

2 첫 번째 단락을 범위 지정하고 [홈] 탭의 [단락] 그룹에서 [글머리 기호 목록 ▤] 단추를 클릭한 후 '❖'모양의 글머리 기호를 선택합니다.

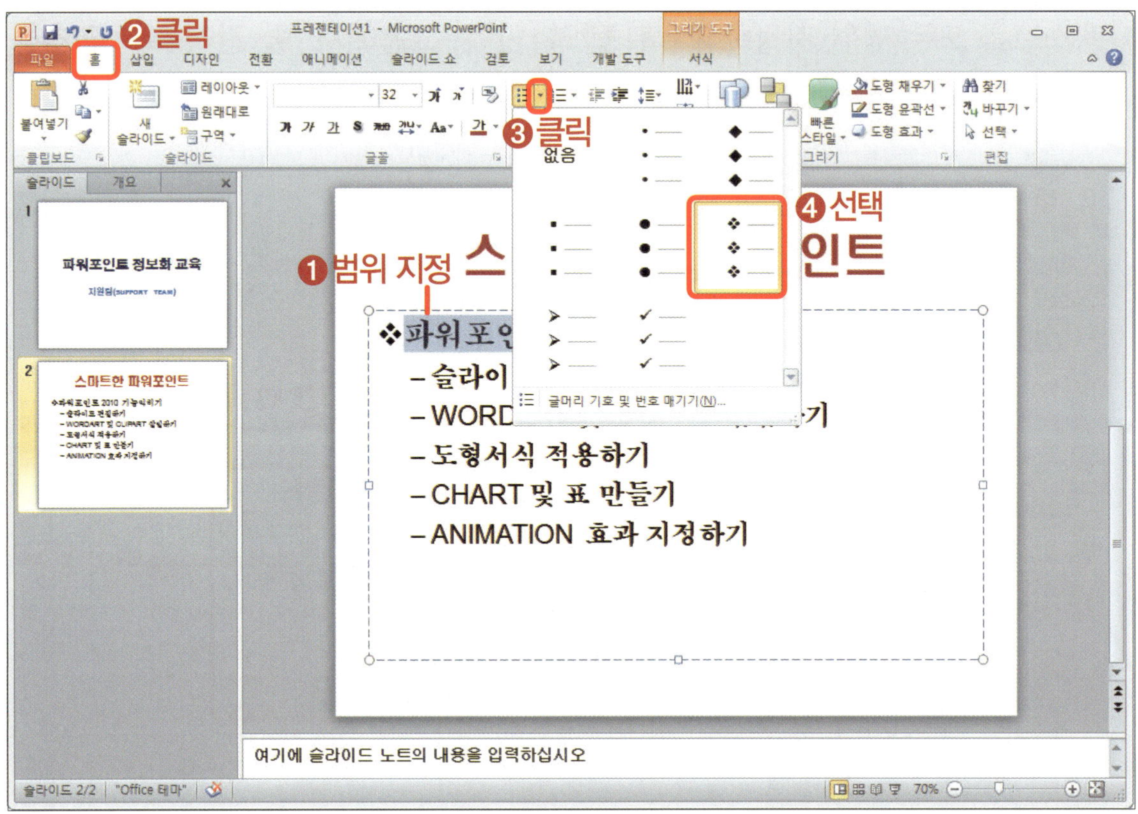

③ 두 번째 단락을 범위 지정하고 [홈] 탭의 [단락] 그룹에서 [번호 매기기 목록 📋] 단추를 클릭한 후 '1, 2, 3( )'모양을 선택합니다.

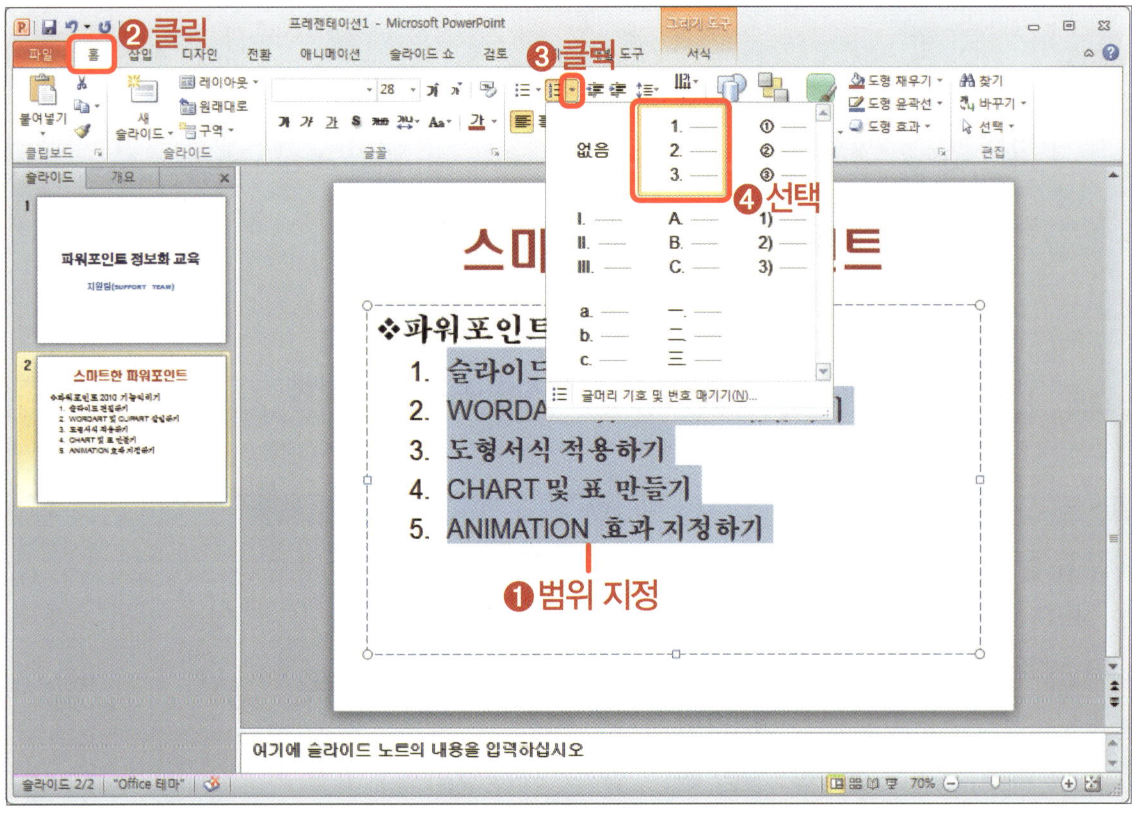

TIP 글머리 기호가 삽입된 상태에서 Enter 키를 누르면 자동으로 글머리 기호가 삽입되고, Shift + Enter 키를 누르면 다음 줄에 글머리 기호가 삽입되지 않습니다.

4 텍스트를 모두 범위 지정하고 [홈] 탭의 [단락] 그룹에서 [줄 간격 ≡▾] 단추를 클릭한 후 [줄 간격 옵션]을 선택합니다.

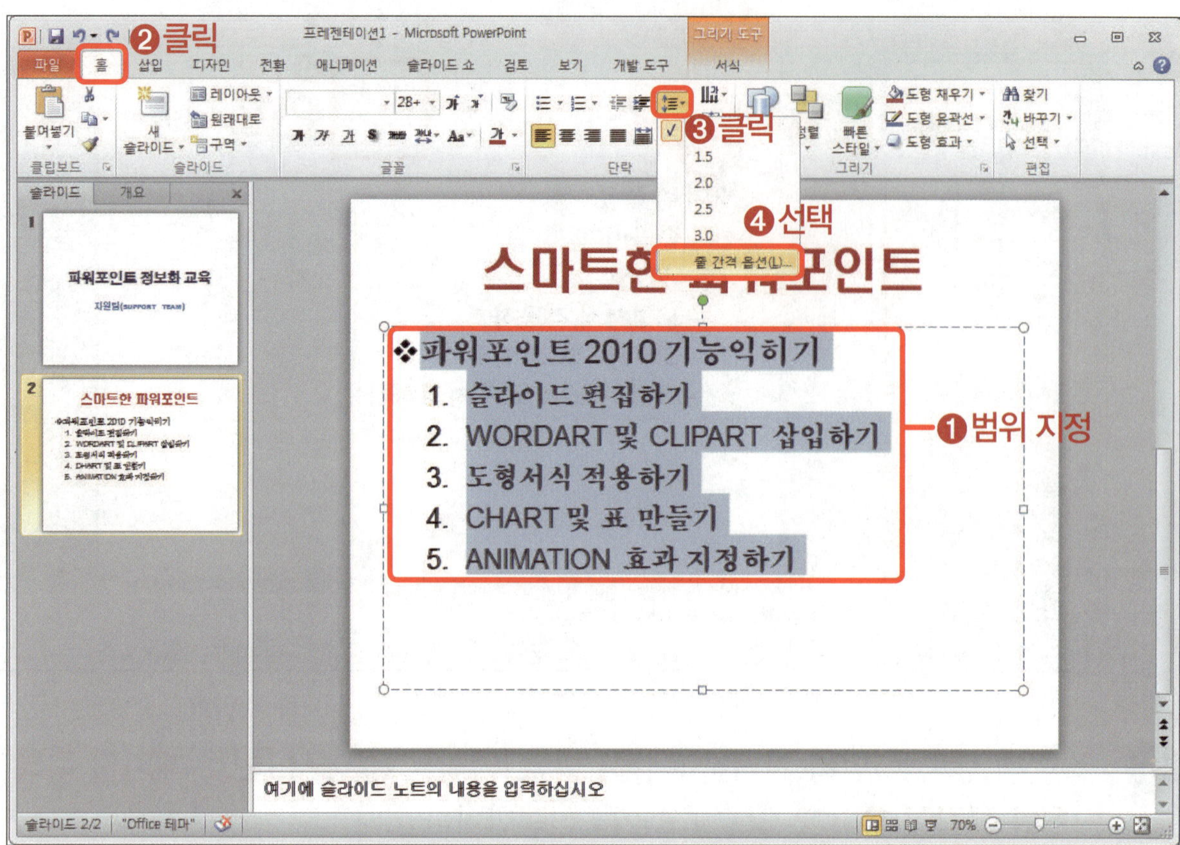

TIP 단락 간격 조절하여 답답함과 가독성을 높이자!

줄 간격 설정은 배수 1.30이 적절합니다. 1.5 이상이 되면 문장의 간격이 너무 넓어져서 슬라이드에 많은 텍스트를 입력하지 못하게 됩니다.

실력쑥쑥 TIP 한글 입력 체계에 한글 단어 잘림 허용 체크 해제

텍스트 상자에 한글을 입력하다 보면 한글이 잘림이 허용되지 않아서 단어가 잘리지 않고 아랫줄로 단어가 이동되고 위쪽 줄은 여백이 생겨 보기 싫을 때가 있습니다. 이때는 단락의 [한글 입력 체계]에서 '한글 단어 잘림 허용'의 체크를 해제합니다.

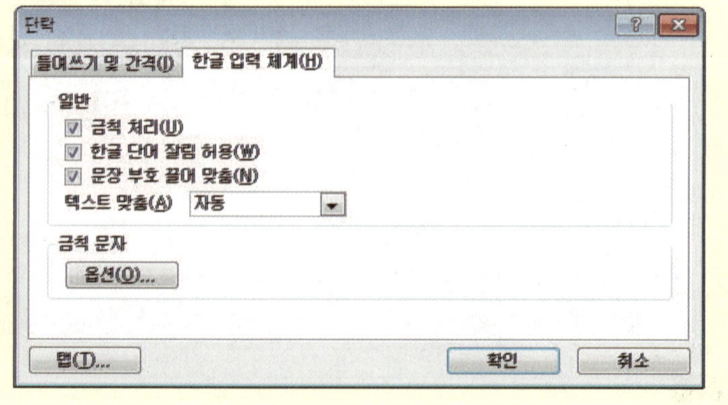

5 [단락] 대화상자의 [들여쓰기 및 간격] 탭에서 '줄 간격'을 '배수'로 지정하고 '값'에 『1.3』을 입력한 후 [확인] 단추를 클릭합니다.

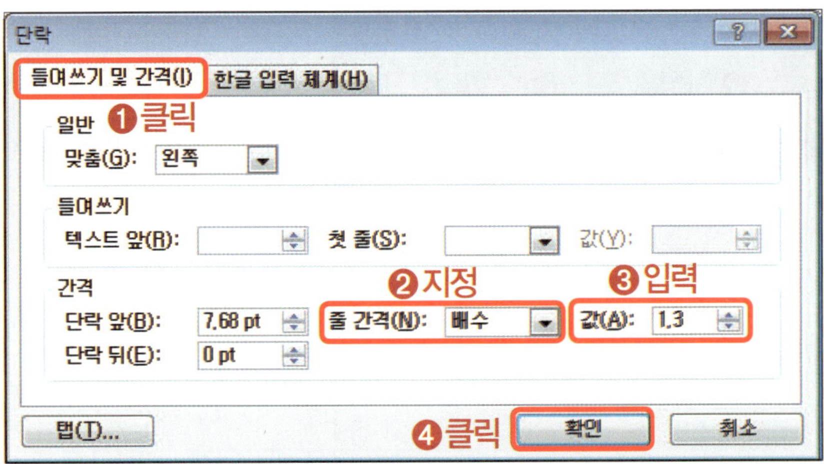

6 제목의 문자열을 범위 지정하고 마우스 오른쪽 단추를 클릭한 후 [글꼴]을 선택합니다.

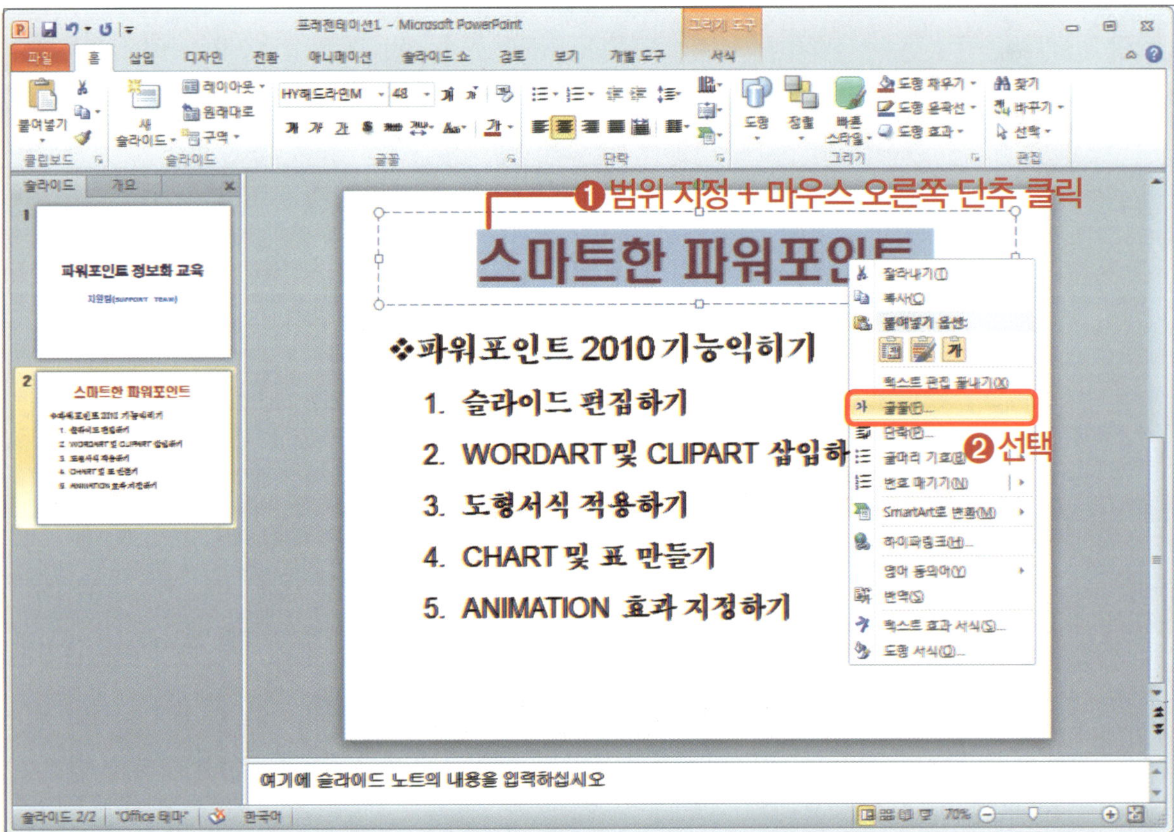

7 [글꼴] 대화상자의 [문자 간격] 탭에서 '값'에 '5'를 지정하고 [확인] 단추를 클릭합니다.

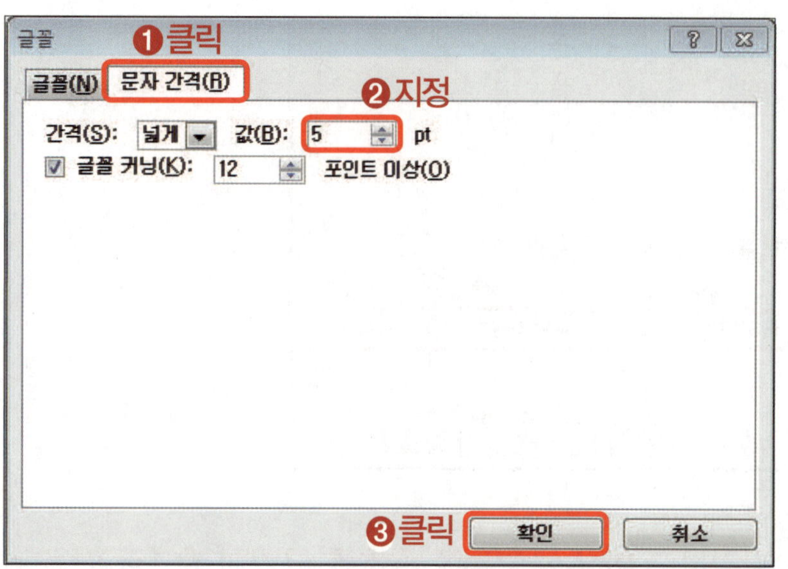

실력쑥쑥 TIP **글자 간격의 넓이를 조절하여 보자.**

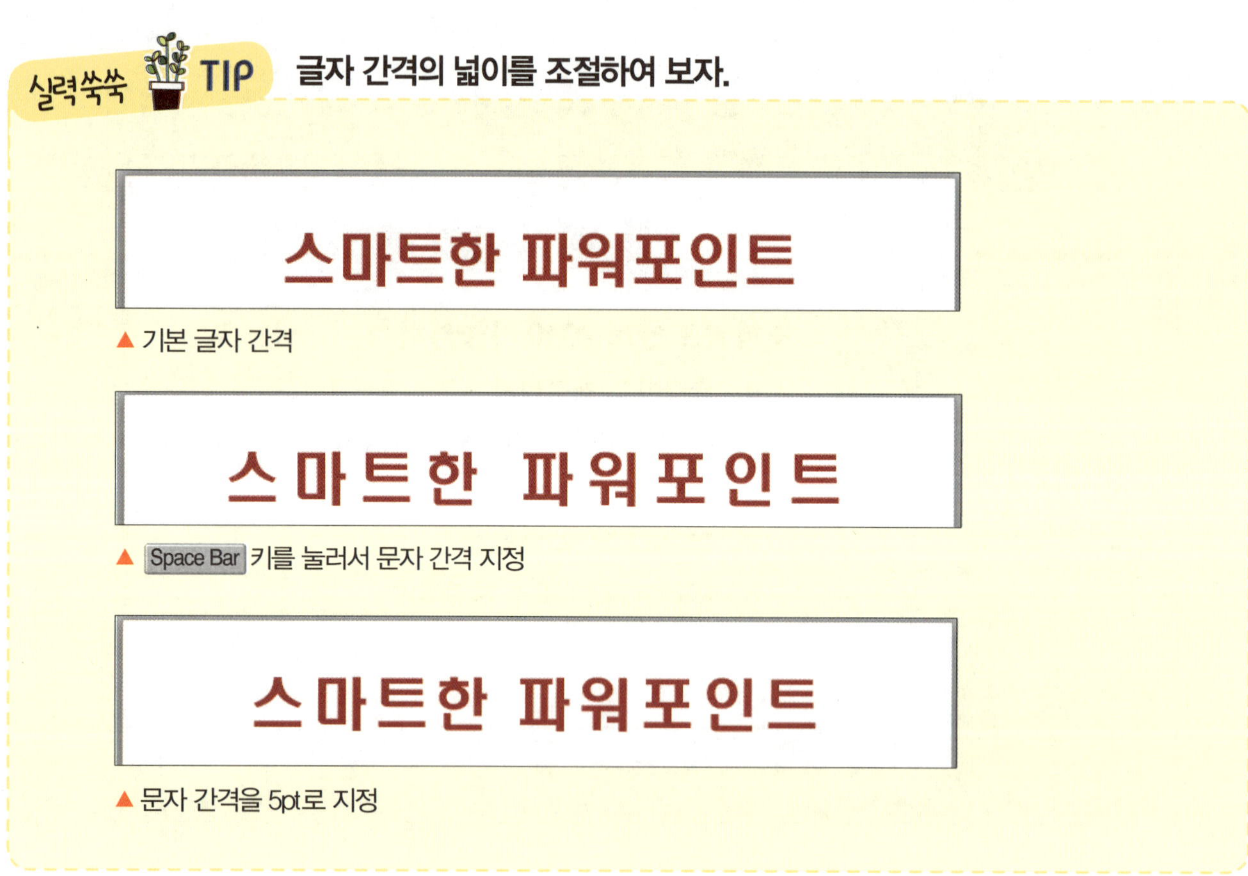

 **실습 3** 한자/특수문자/메모 삽입하기

한글 문자를 한자로 변환하고 키보드에서 입력할 수 없는 특수문자를 입력할 수 있으며, 슬라이드에서 필요한 정보를
효과적으로 표시할 수 있는 메모를 삽입할 수 있습니다.

1 한자로 변경할 '기능'을 범위 지정하고 [검토] 탭의 [언어] 그룹에서 [한글/한자 변환
한漢] 단추를 클릭하거나 한자 키를 누릅니다.

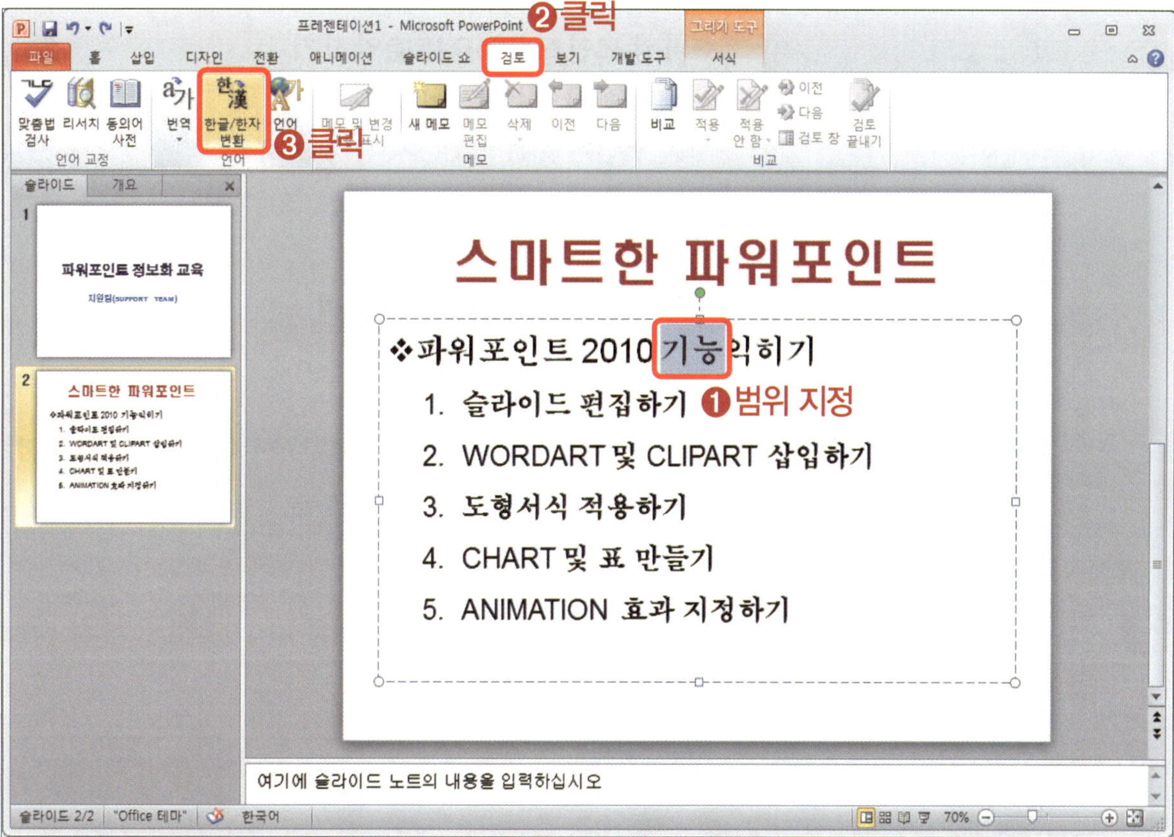

2 [한글/한자 변환] 대화상자에서 해당 한자를 선택하고 입력 형태에서 [漢字]를 클
릭한 후 [변환] 단추를 클릭합니다.

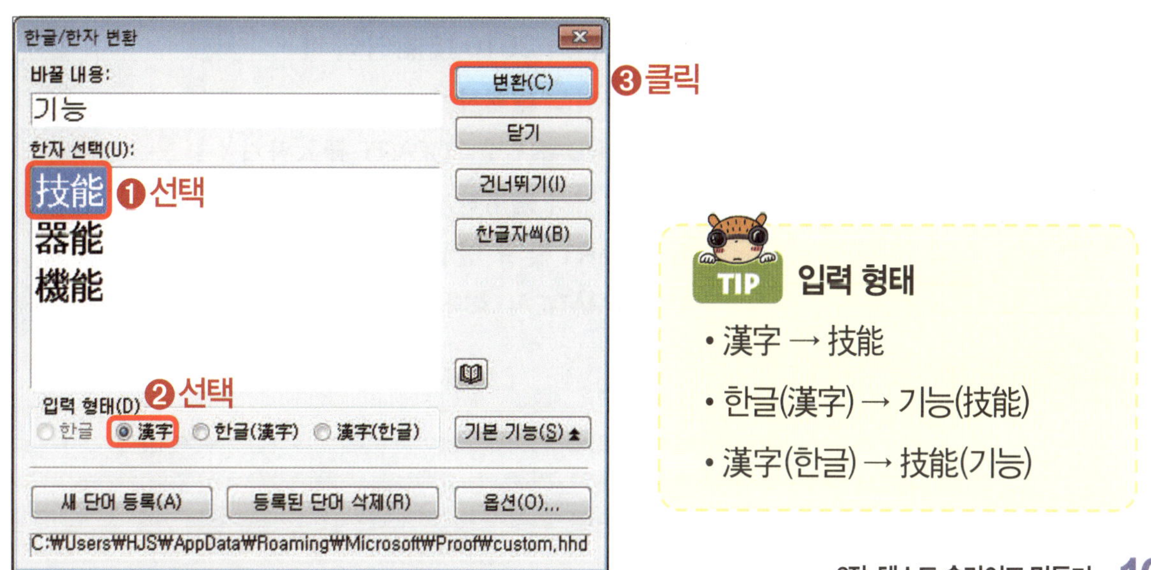

❸ 동일한 방법으로 '편집', '삽입', '적용' 단어들도 다음과 같이 해당 한자로 각각 변환합니다.

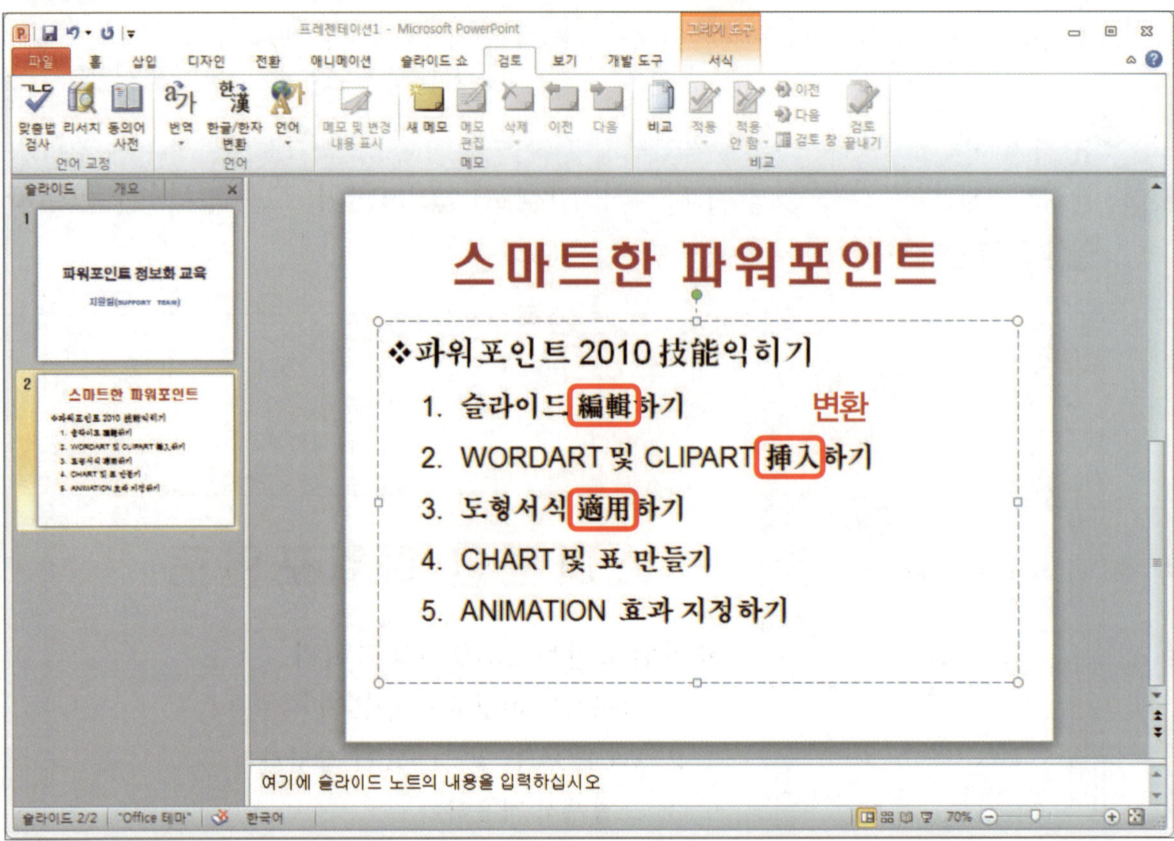

❹ 특수문자를 입력하기 위하여 제목 앞에 커서를 위치시키고, [삽입] 탭의 [기호] 그룹에서 [기호 Ω] 단추를 클릭합니다.

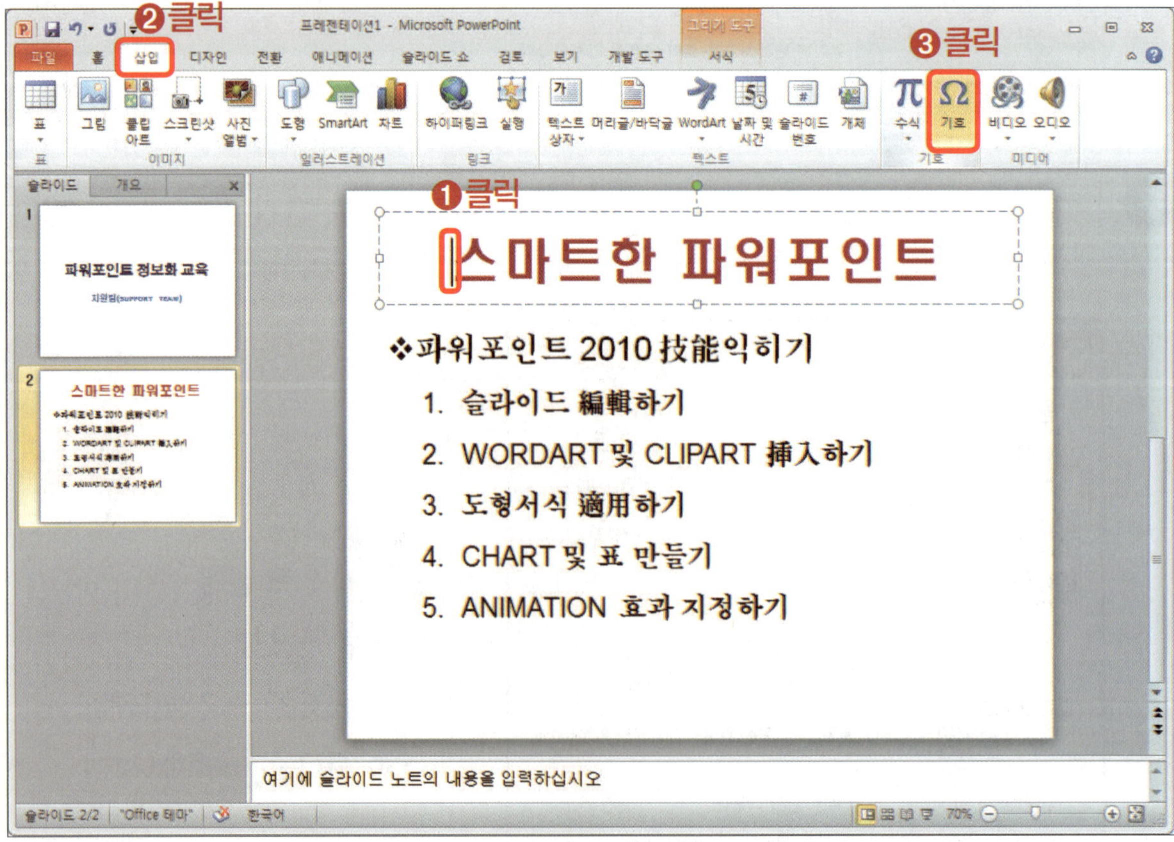

⑤ [기호] 대화상자의 **글꼴은 '(현재 글꼴)', 하위 집합은 '기타 기호'를 각각 지정**하고 '★' 기호를 선택한 후 [삽입] 단추를 클릭합니다.

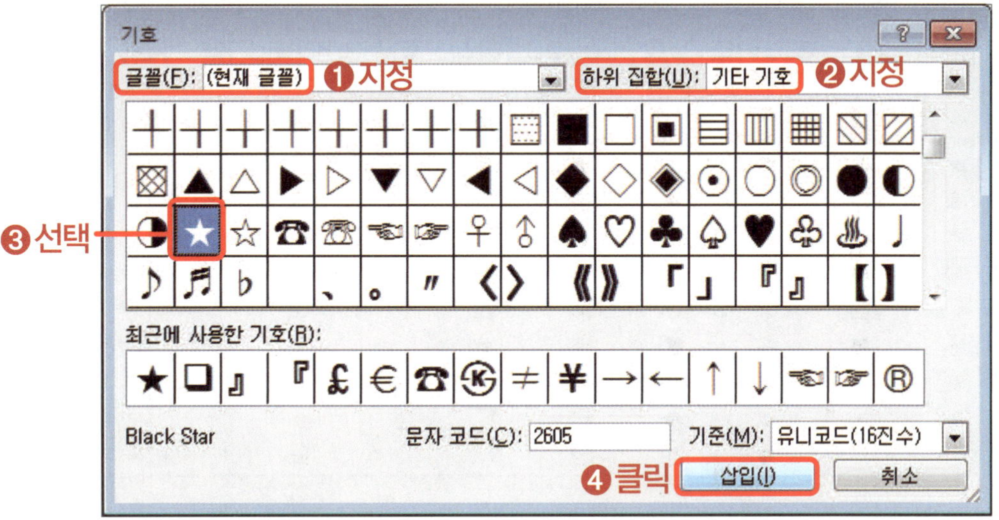

⑥ 동일한 방법으로 제목 뒤에도 커서를 위치시키고, **'★' 기호를 삽입**합니다.

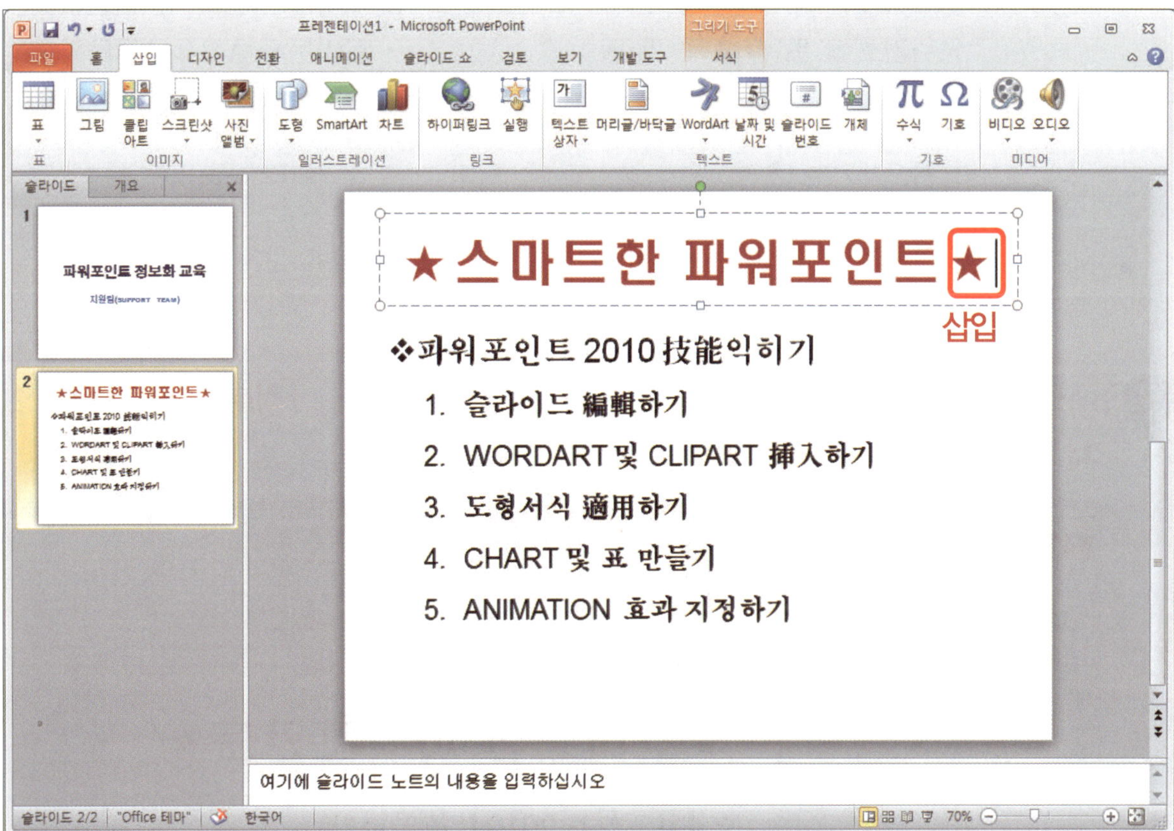

한글 자음 'ㅁ'을 입력하고 [한자] 키를 누르면 해당 자음에 대한 특수문자 목록이 나타나며 [보기 변경 »] 단추를 클릭하거나 [Tab] 키를 누르면 목록이 확장되어서 나머지 기호 목록을 볼 수 있습니다.

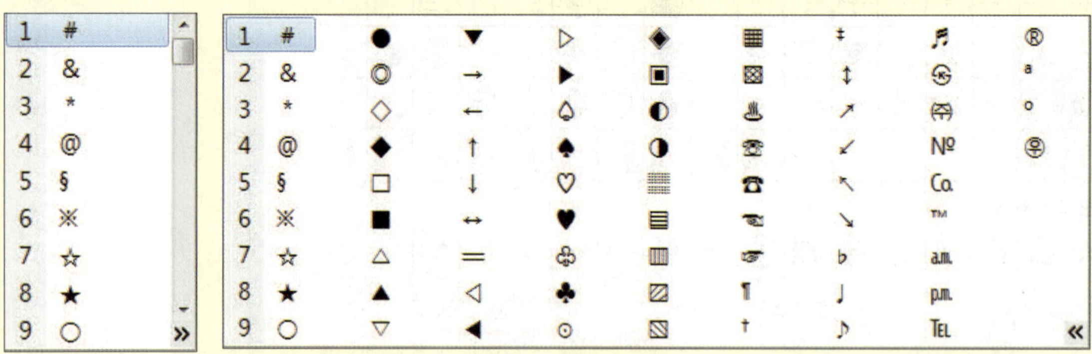

자음	특수문자	자음	특수문자
ㄱ	기술기호 ! ' ' , : ; ^	ㅊ	분수/첨자기호 ½ ¼ ¾ ⅛
ㄴ	괄호기호 " ()[]{}""	ㅋ	한글 현대 자모 ㄱ ㄲ ㄳ ㄴ ㄵ ㅀ
ㄷ	학술기호 ± ÷ ≠ ∴ ∞ <	ㅌ	한글 고어 자모 ㅥ ㅦ ㅧ ㅨ ㅩ ㅪ
ㄹ	단위기호 $ % ₩ Å ℃ km ㎍	ㅍ	로마문자 A B C D E F
ㅁ	일반기호 # & @ ※ ☆ ★	ㅎ	그리스문자 Α Β Γ Δ Ε Ζ Η
ㅂ	괘선조각 ─ │ ┌ ┐ └	ㄲ	발음기호 Æ Đ Ħ IJ Ŀ Ł
ㅅ	한글표제기호 ㉠ ㉡ ㉢ ㉣ ㉤	ㄸ	히라가나 ぁ あ ぃ い ぅ
ㅇ	영문표제기호 ⓐ ⓑ ⓒ ⓓ ⓔ	ㅃ	카타카나 ァ ア ィ イ ゥ
ㅈ	로마숫자 ⅰ ⅱ ⅲ ⅳ ⅴ ⅵ	ㅆ	러시아문자 А Б В Г Д

7 메모를 삽입하기 위해 '슬라이드' 단어를 범위 지정하고 **[검토] 탭의 [메모] 그룹에서 [새 메모]** 단추를 클릭합니다.

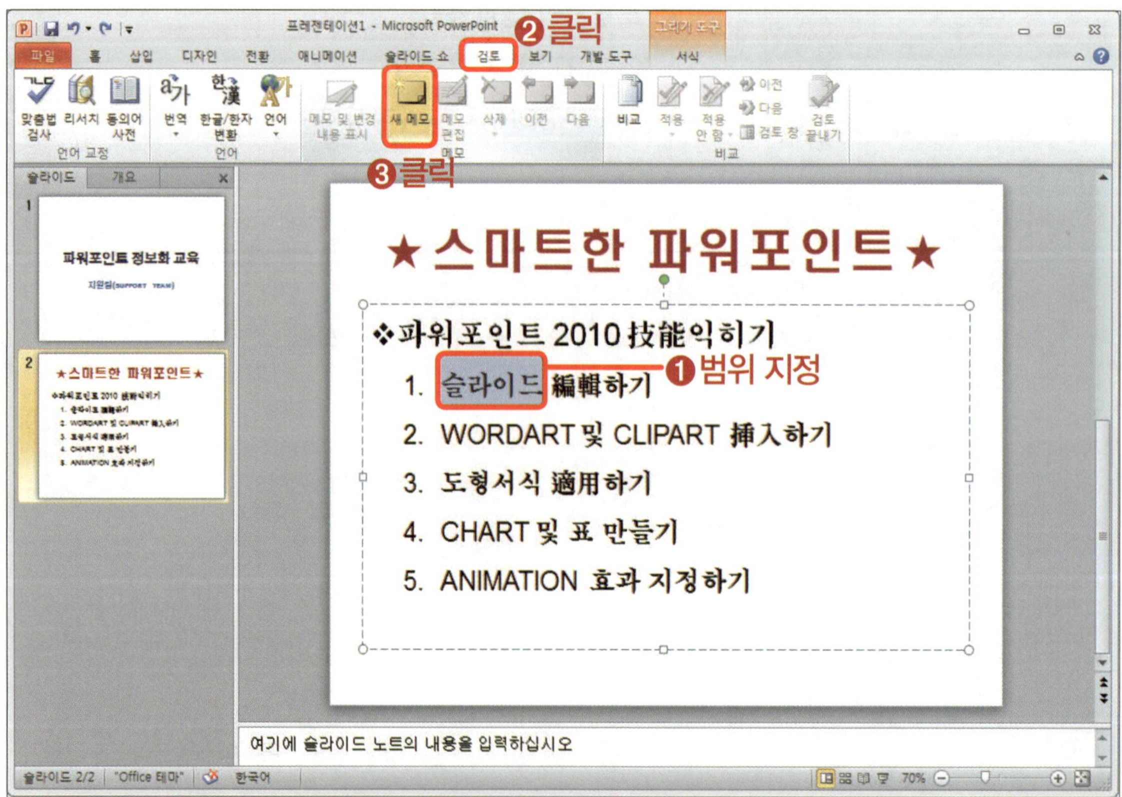

⑧ 메모 입력 상자가 나타나면『파워포인트를 작업할 수 있는 공간』을 입력합니다.

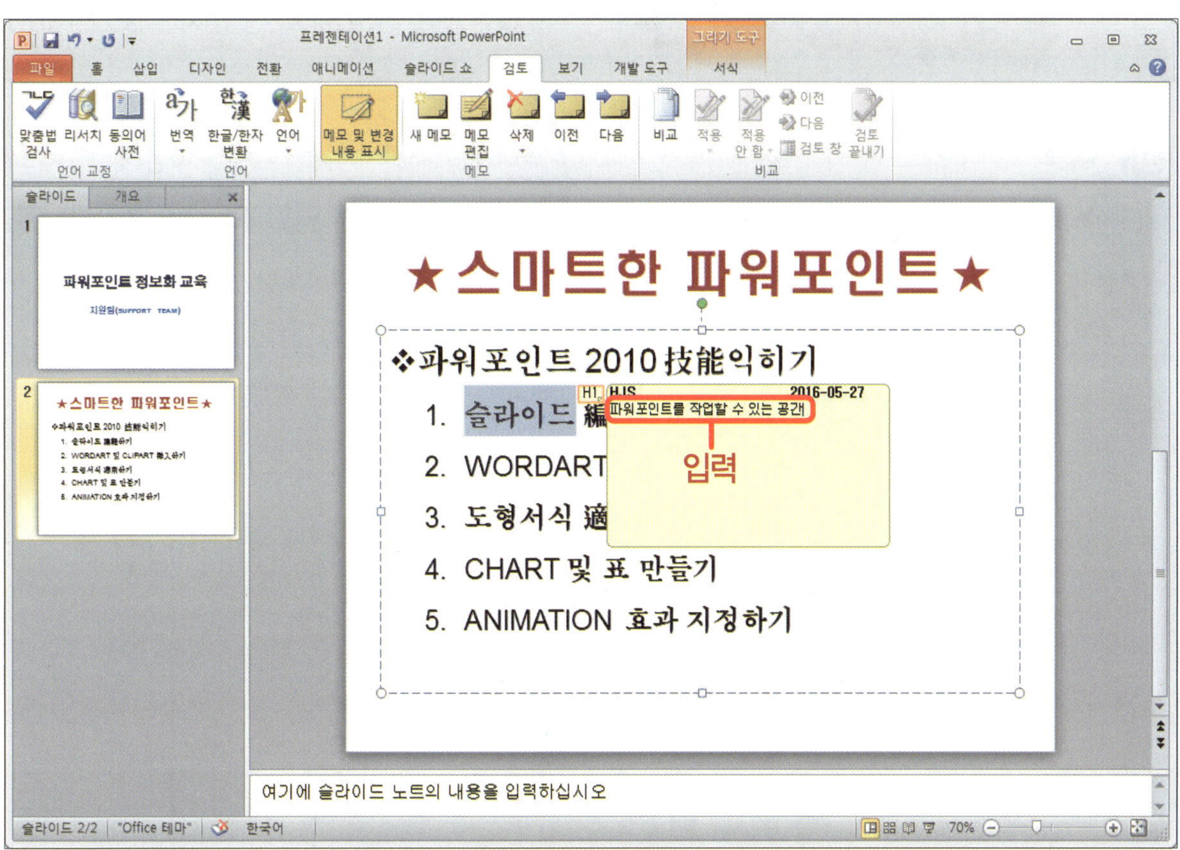

 **TIP** 메모 확인하기

메모는 슬라이드 쇼 실행 시 표시되지 않으며, 삽입된 메모를 보려면 [기본] 보기 상태에서 '메모 표시 기호'를 클릭하여 내용을 확인할 수 있습니다.

◉ 완성파일 : 파포2010₩2장₩혼자풀어보기(완성).pptx

1 '제목 슬라이드'에 주어진 내용을 입력하고 주어진 서식을 각각 지정해 보세요.

▶ 제목 : 글꼴(양재참숯체B), 글꼴 크기(50), 글꼴 스타일(기울임꼴, 텍스트 그림자), 글꼴 색(진한 파랑)

▶ 부 제목 : 글꼴(HY견명조), 글꼴 크기(32), 글꼴 스타일(밑줄), 글꼴 색(녹색)

유비쿼터스 로봇

유비쿼터스 컴퓨팅과

Hint! 제목과 부제목에 텍스트 내용을 각각 입력하고 [홈] 탭의 [글꼴] 그룹에서 주어진 글꼴 서식을 각각 지정합니다.

2 '제목 및 내용' 슬라이드를 추가하고 주어진 내용을 입력한 후 주어진 서식을 지정하여 보세요.

▶ 제목 : 글꼴(HY견고딕), 글꼴 크기(40), 글꼴 색(진한 빨강)

▶ 슬라이드에서 해당 단락의 수준을 내리고, 줄 간격을 1.5로 조정

▶ 다음과 같이 글머리 기호(➢)와 번호(A, B, C)를 각각 삽입

유비쿼터스 로봇 친구

➢개념

    A. It 기반 지능형 서비스 로봇 새로운 패러다임

➢목표

    A. 단품 로봇과의 차별성, 편리성 제공

    B. 인프라구축

    C. 네트워크인프라(유비쿼터스/센서 네트워크)

Hint!
- `Ctrl` 키를 이용하여 해당 단락을 드래그하여 동시에 범위 지정하고 [홈] 탭의 [단락] 그룹에서 [목록 수준 늘림] 단추를 클릭합니다.
- `Ctrl` 키를 이용하여 첫 번째 단락과 두 번째 단락을 범위 지정하고 [글머리 기호] 목록에서 화살표 글머리 기호(➢)를 선택합니다.
- 나머지 단락을 범위 지정하고 [번호 매기기] 목록에서 'A, B, C'를 선택합니다.

3 슬라이드 내용 개념과 목표를 한자 형태로 변환하고 제목 앞뒤에 해당 특수 문자를 삽입하여 보세요.

◆유비쿼터스 로봇 친구◆

➢개념(槪念)

    A. It 기반 지능형 서비스 로봇 새로운 패러다임

➢목표(目標)

    A. 단품 로봇과의 차별성, 편리성 제공

    B. 인프라구축

    C. 네트워크인프라(유비쿼터스/센서 네트워크)

Hint! • [한글/한자 변환] 대화상자에서 주어진 한자를 선택하고 '입력 형태'를 '한자(漢字)'로 선택합니다.
• 제목 앞뒤에 한글 자음 'ㅁ'을 입력하고 한자키를 눌러 해당 특수 문자를 입력합니다.

4 슬라이드 내용 중 '유비쿼터스' 문자열에 주어진 메모를 삽입하여 보세요.

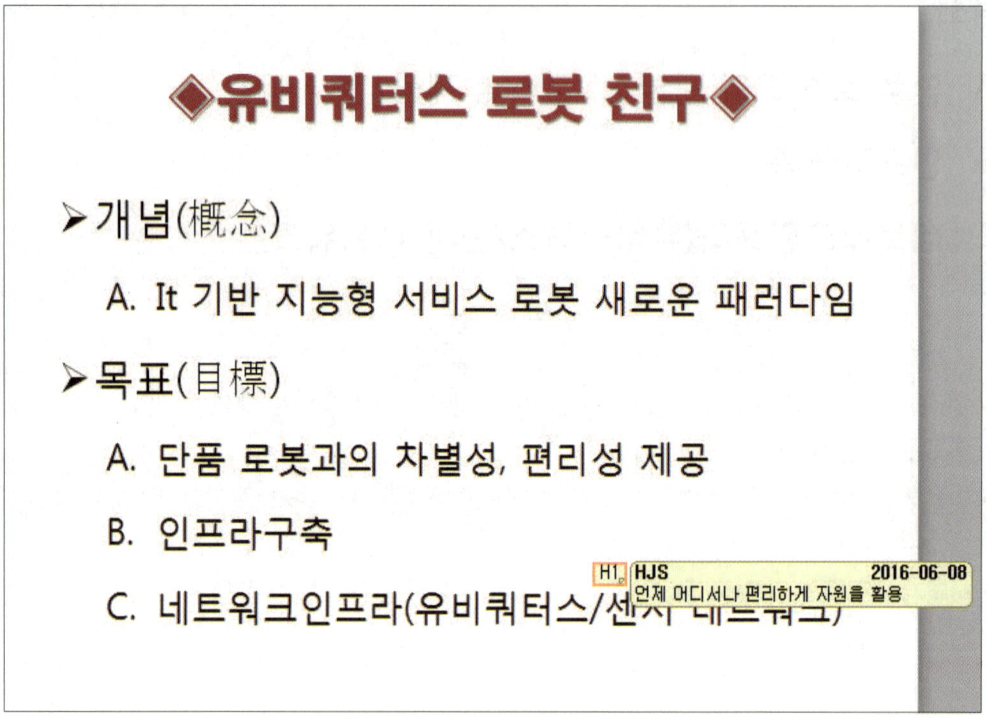

Hint! '유비쿼터스' 단어를 범위 지정하고 [검토] 탭의 [메모] 그룹에서 [새 메모] 단추를 클릭한 후 삽입된 메모에 주어진 내용을 입력합니다.

03 장

도형 슬라이드 만들기

도형을 추가하고 편집하여 슬라이드를 시각적으로 보기 좋게 구성할 수 있습니다. 다양한 도형을 삽입하고 복사, 이동을 하여 슬라이드의 목차를 만들고, 도형에 다양한 효과를 지정하여 입체감 있는 도형을 만드는 방법에 대하여 알아보도록 하겠습니다.

완성파일 미·리·보·기

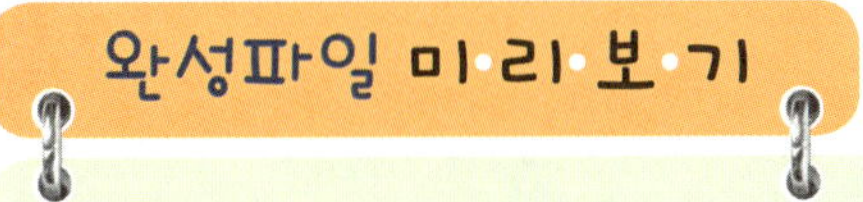

완성파일 : 파포2010₩3장₩도형슬라이드(완성).pptx

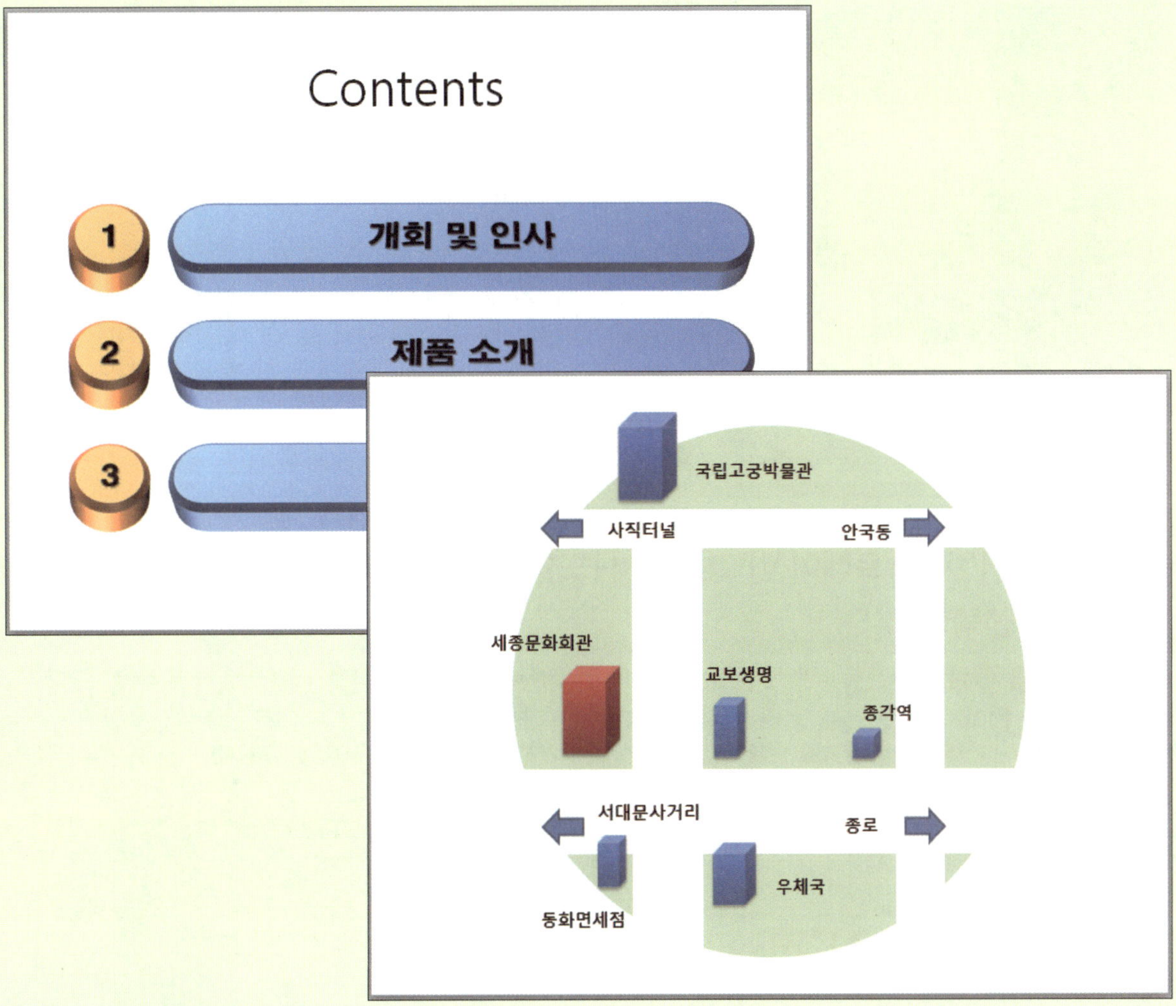

체크포인트

실습 1 도형을 삽입하고 복사를 하여 슬라이드 목차를 만드는 방법에 대하여 알아봅니다.

실습 2 도형에 다양한 도형 효과를 적용하여 입체감 있는 도형을 만드는 방법에 대하여 알아봅니다.

실습 3 도형으로 도로와 건물, 방향을 표시하고 텍스트를 입력하여 약도를 만드는 방법에 대하여 알아봅니다.

도형을 이용한 목차 만들기

파워포인트에서의 도형은 시각적인 표현을 효과적으로 나타낼 수 있는 기능으로 도형을 삽입하고 복사, 이동, 편집 기능을 이용하여 시각적으로 보기 좋은 슬라이드를 만들 수 있습니다.

1 [홈] 탭 [슬라이드] 그룹에서 [레이아웃 ▦] 단추를 클릭하고 '제목만'을 선택한 후 슬라이드의 제목 상자에 『Contents』를 입력합니다.

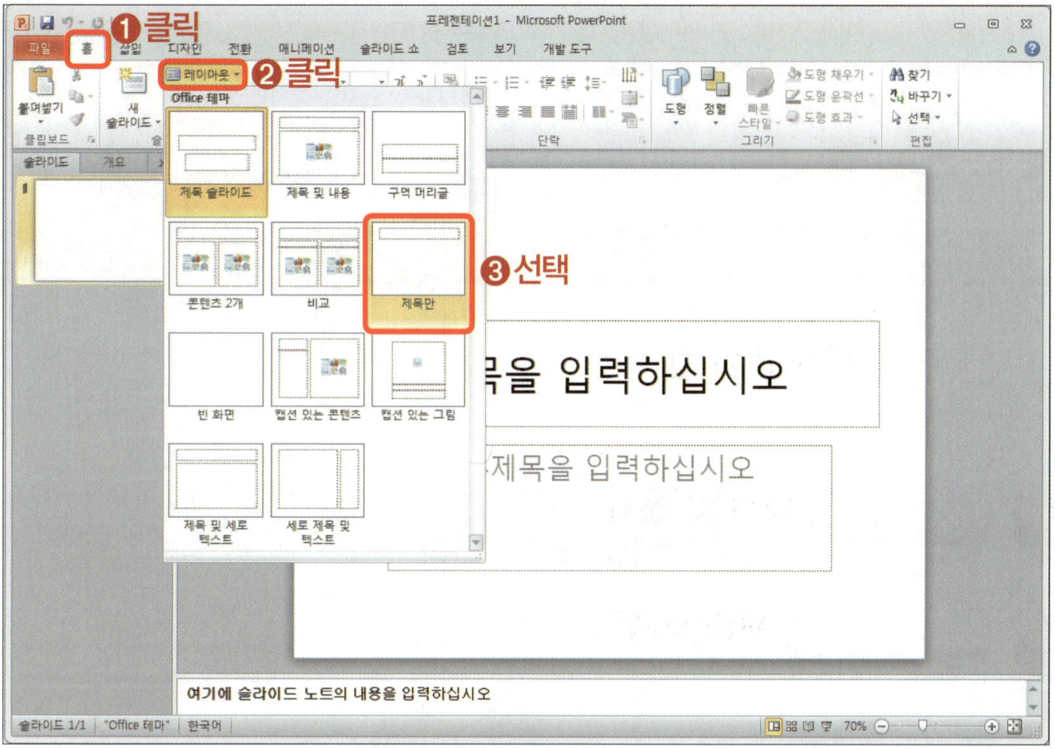

2 [삽입] 탭의 [일러스트레이션] 그룹에서 [도형 ▣] 단추를 클릭하고 기본 도형에 [타원 ◯]을 선택합니다.

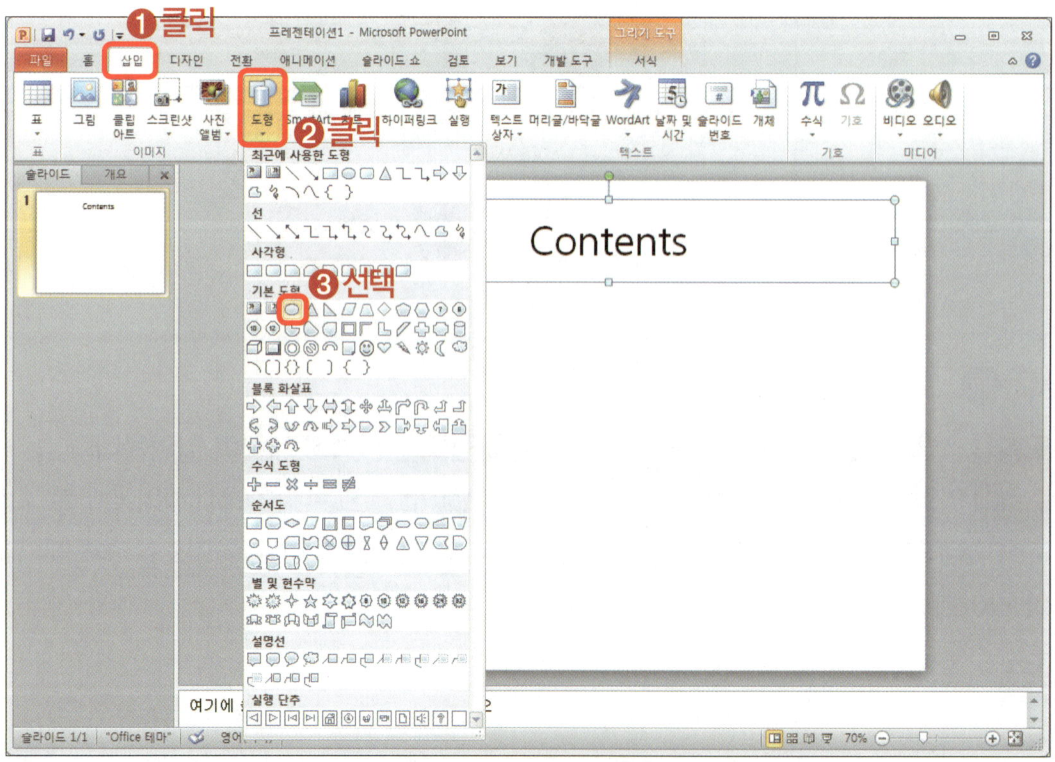

❸ 마우스 포인터가 '+' 모양으로 변경되면 슬라이드에 Shift 키를 누른 채 드래그하여 정원 도형을 그립니다.

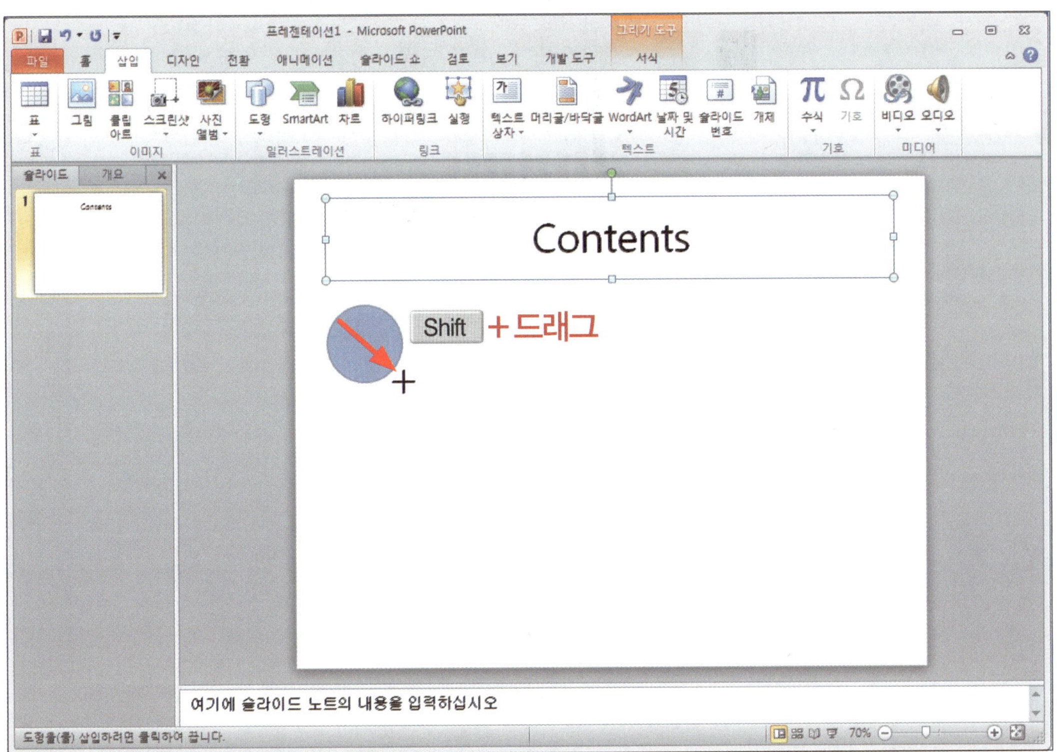

TIP **도형 그리기 방법**

- Shift + 드래그 : 가로세로 비율이 같은 정사각형/정원 등의 도형을 그립니다.
- Ctrl + 드래그 : 도형의 중심점을 기준으로 도형이 그려집니다.

❹ 도형이 선택된 상태에서 [그리기 도구]-[서식] 탭의 [도형 스타일] 그룹에서 [도형 채우기 🖌] 단추를 클릭하고 '주황 강조6'을 선택하여 색을 변경합니다.

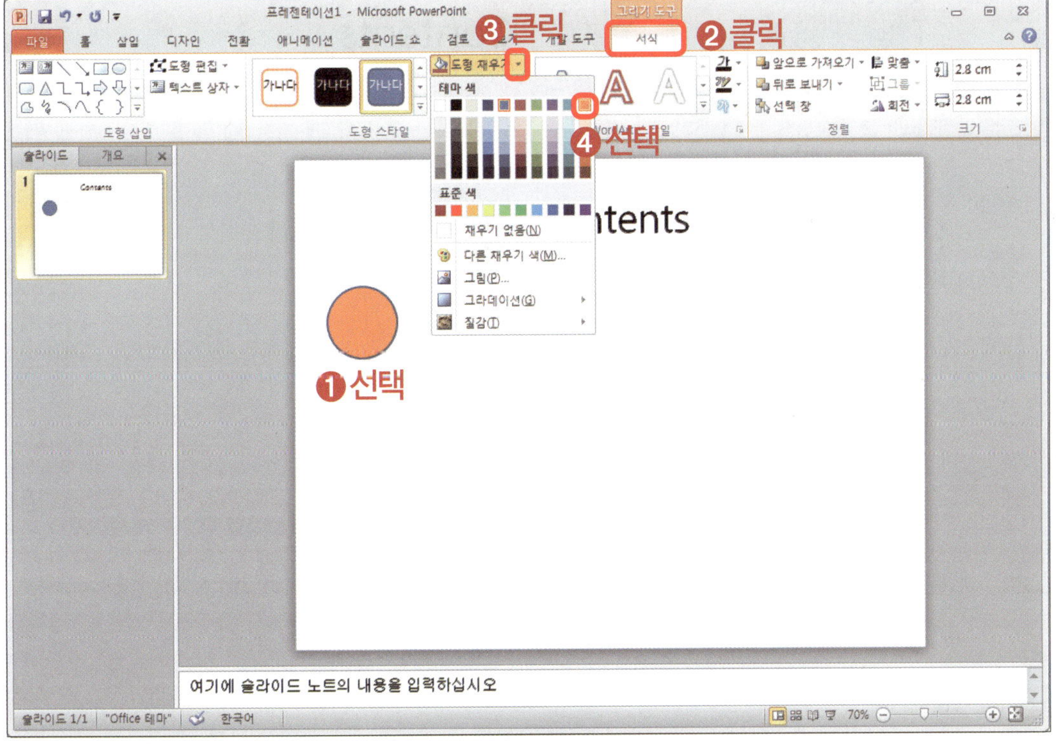

5 계속해서 [도형 윤곽선 ✎] 단추를 클릭하고 [윤곽선 없음]을 선택합니다.

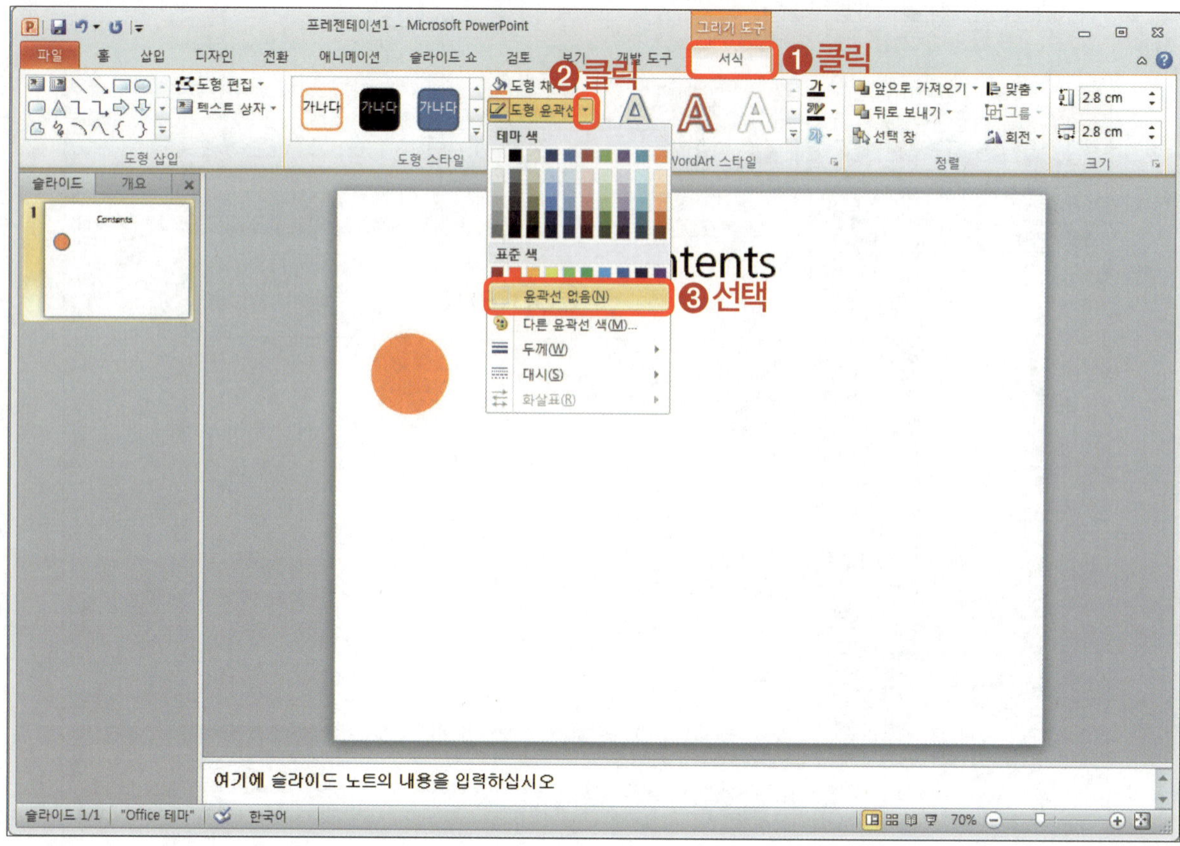

6 [삽입] 탭의 [일러스트레이션] 그룹에서 [도형 ⬜] 단추를 클릭하고 '사각형'에 [모서리가 둥근 직사각형 ⬜]을 선택합니다.

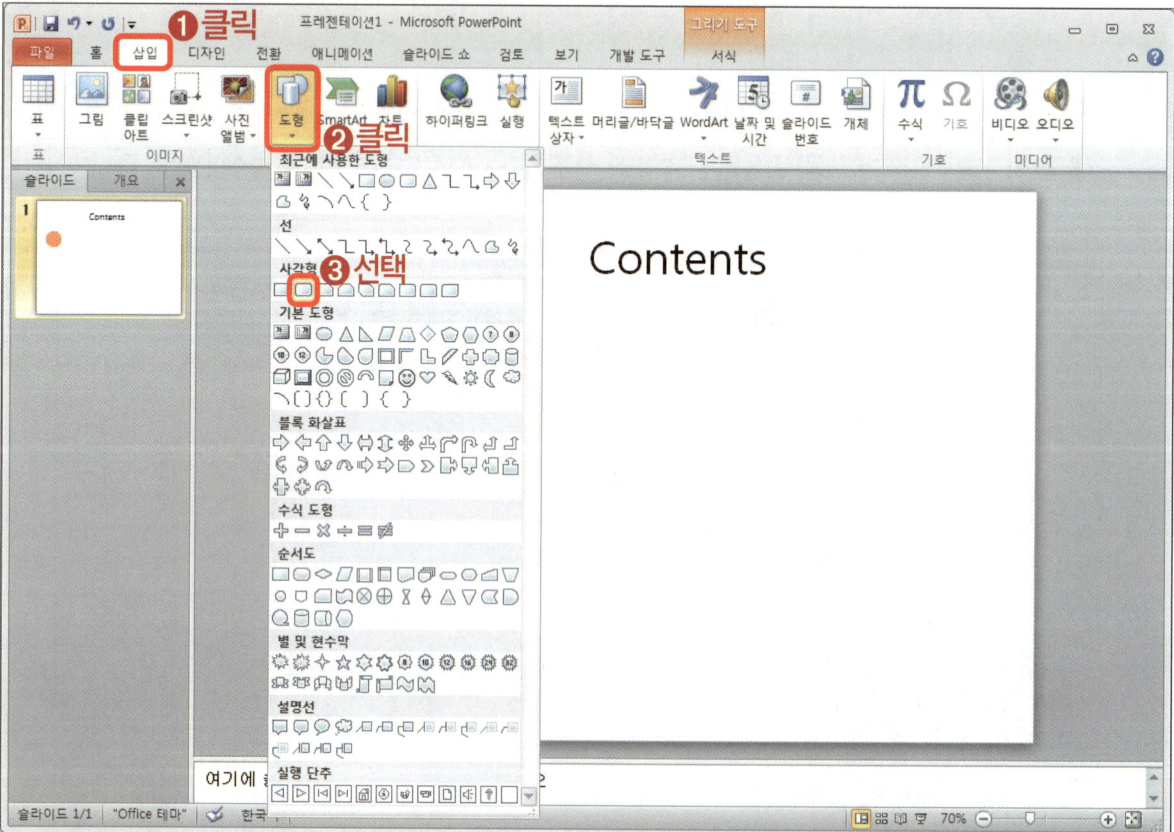

7 마우스 포인터가 '**+**' 모양으로 변경되면 슬라이드에 **드래그**하여 [모서리가 둥근 직사각형 ▢] 도형을 그립니다.

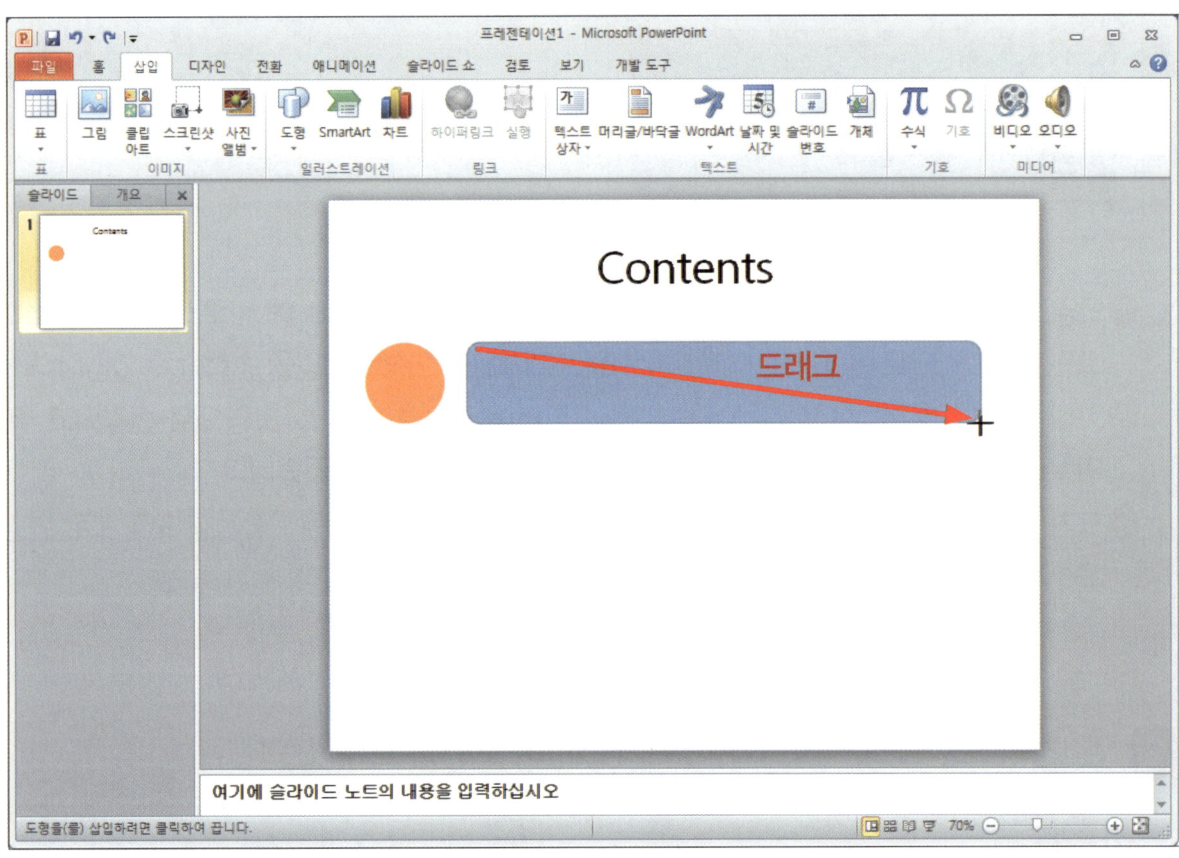

8 도형이 선택된 상태에서 [**노란색 모양 조절 핸들 ◆**]을 **오른쪽으로 드래그**하여 도형 모양을 변경합니다.

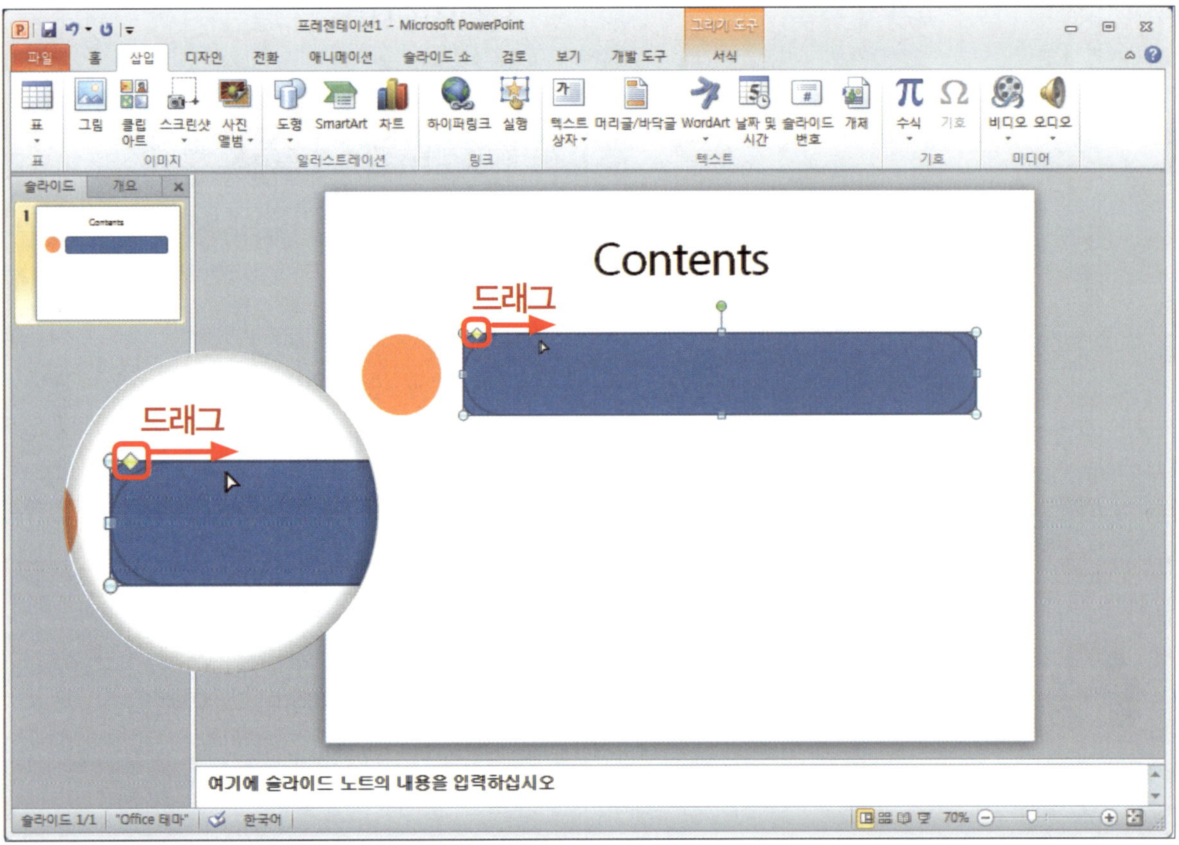

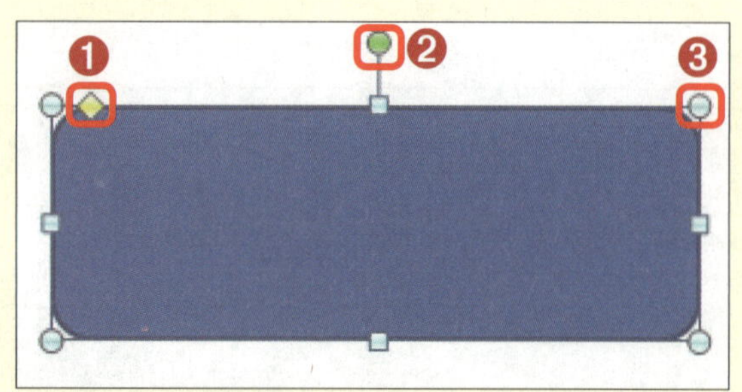

❶ 모양조절 핸들 : 도형이 선택된 상태에서 노란색 모양 조절 핸들 에 마우스 포인터를 올려놓으면 모양으로 변경되고, 이때 마우스를 드래그하면 도형의 모양을 변형할 수 있습니다.

❷ 회전 핸들 : 연두색 회전 핸들에 마우스 포인터를 올려놓으면 모양으로 변경되고, 이때 마우스를 왼쪽 또는 오른쪽으로 드래그하면 도형을 회전할 수 있습니다.

❸ 크기 조절 핸들 : 크기 조절 핸들에 마우스 포인터를 올려놓으면 , 모양으로 변경되고, 이때 마우스로 드래그하여 도형의 크기를 조절할 수 있습니다.

❾ 두 개의 도형을 복사하기 위해 **드래그하여 도형을 모두 선택**합니다.

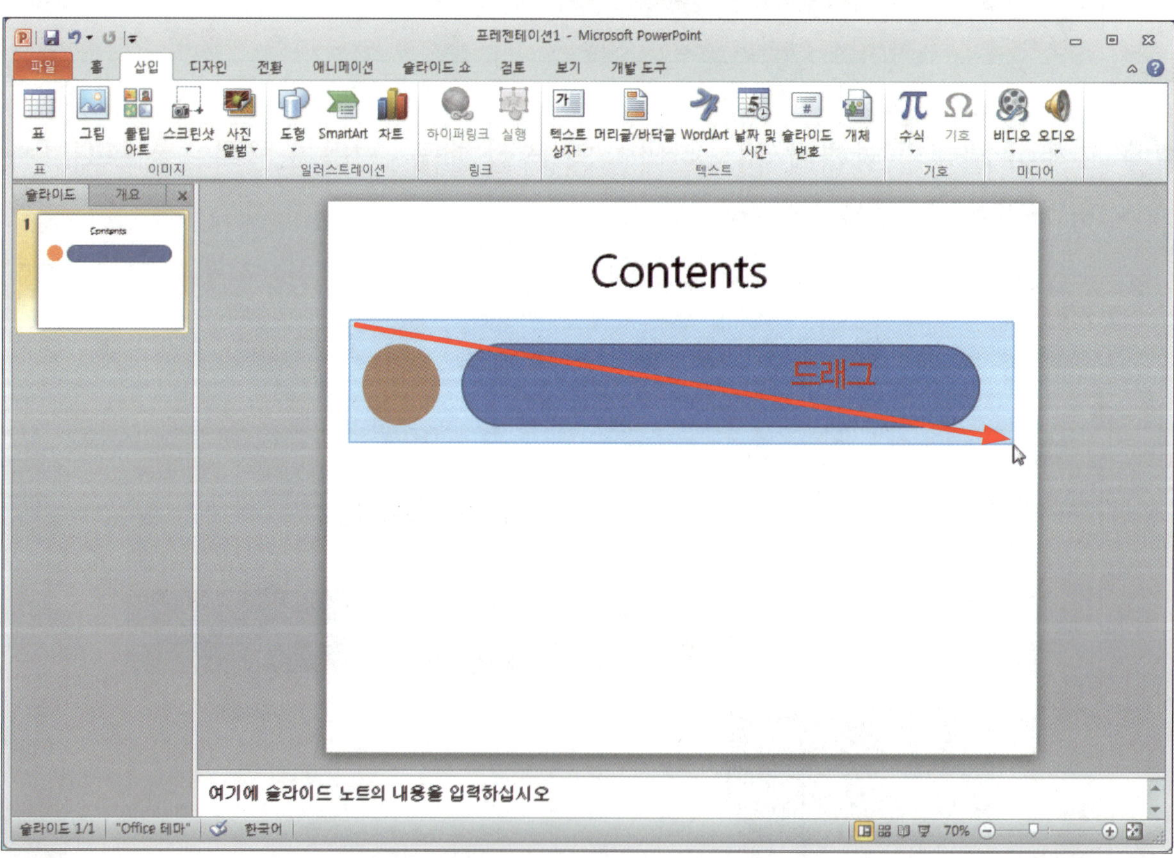

Ctrl 키를 누른 채 도형을 선택하면 여러 도형을 동시에 선택할 수 있습니다.

10 선택된 도형을 Ctrl + Shift 키를 누른 상태에서 아래쪽으로 드래그하여 복사합니다.

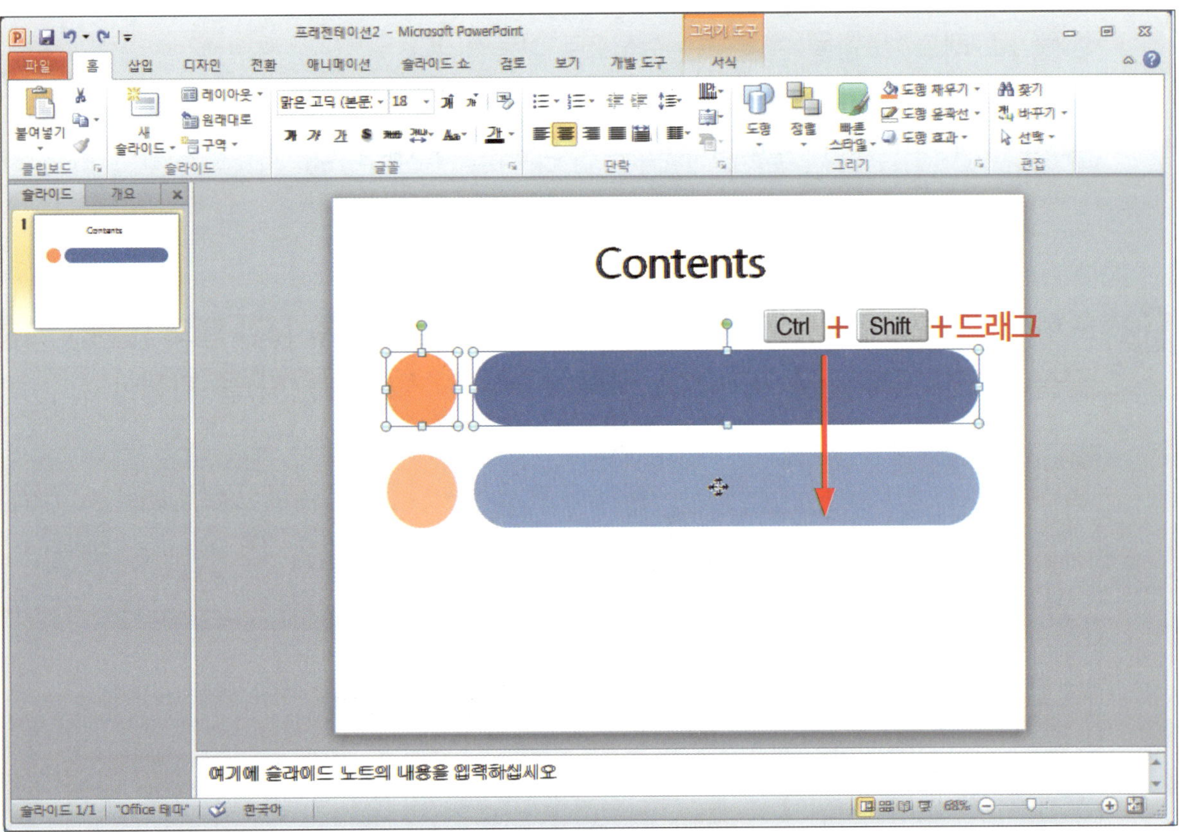

11 동일한 방법으로 아래쪽으로 한 번 더 복사합니다.

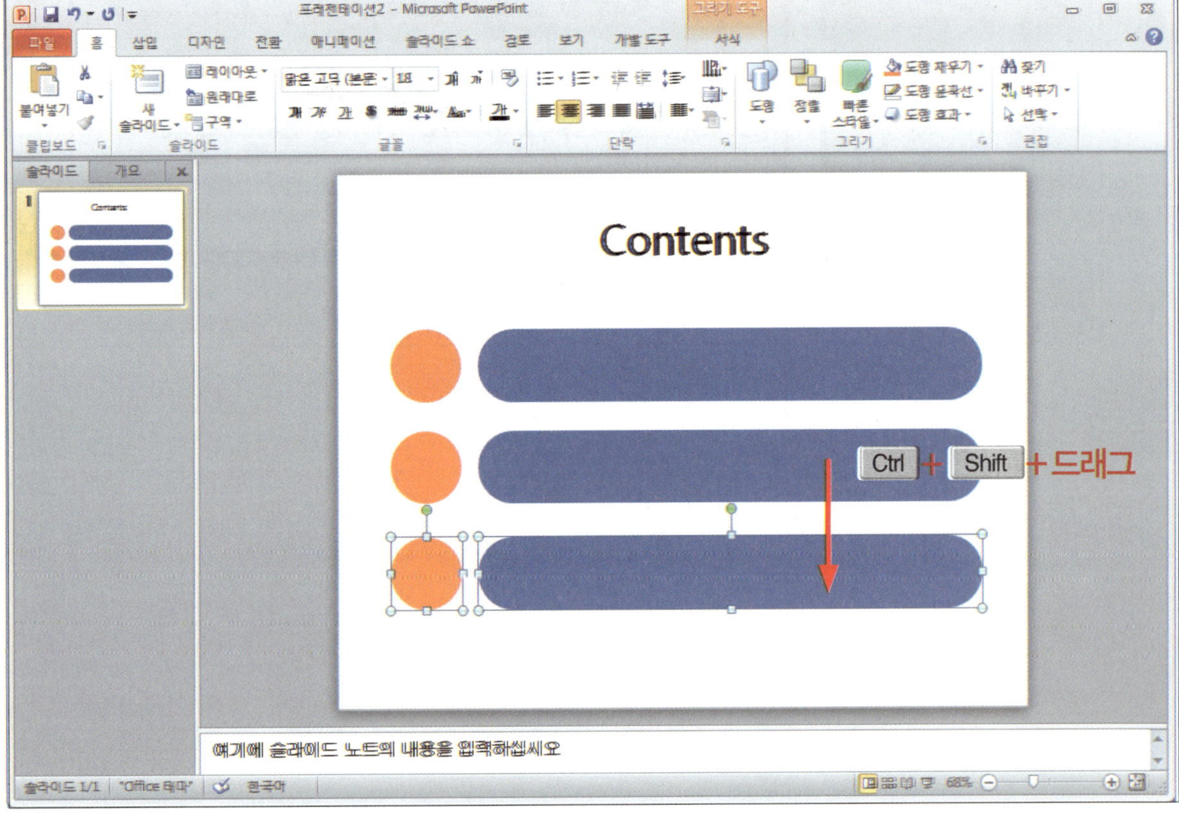

- 드래그 : 도형을 원하는 위치로 이동합니다.
- Shift + 드래그 : 도형을 수평 또는 수직으로 이동합니다.
- Ctrl + 드래그 : 도형을 복사합니다.
- Ctrl + Shift + 드래그 : 도형을 수평 또는 수직으로 복사합니다.

⑫ 도형에 주어진 내용을 입력하고 **도형을 모두 선택한 후 [홈] 탭의 [글꼴] 그룹에서 글꼴(HY견고딕), 글꼴 크기(30), 글꼴 스타일(텍스트 그림자)을 지정**합니다.

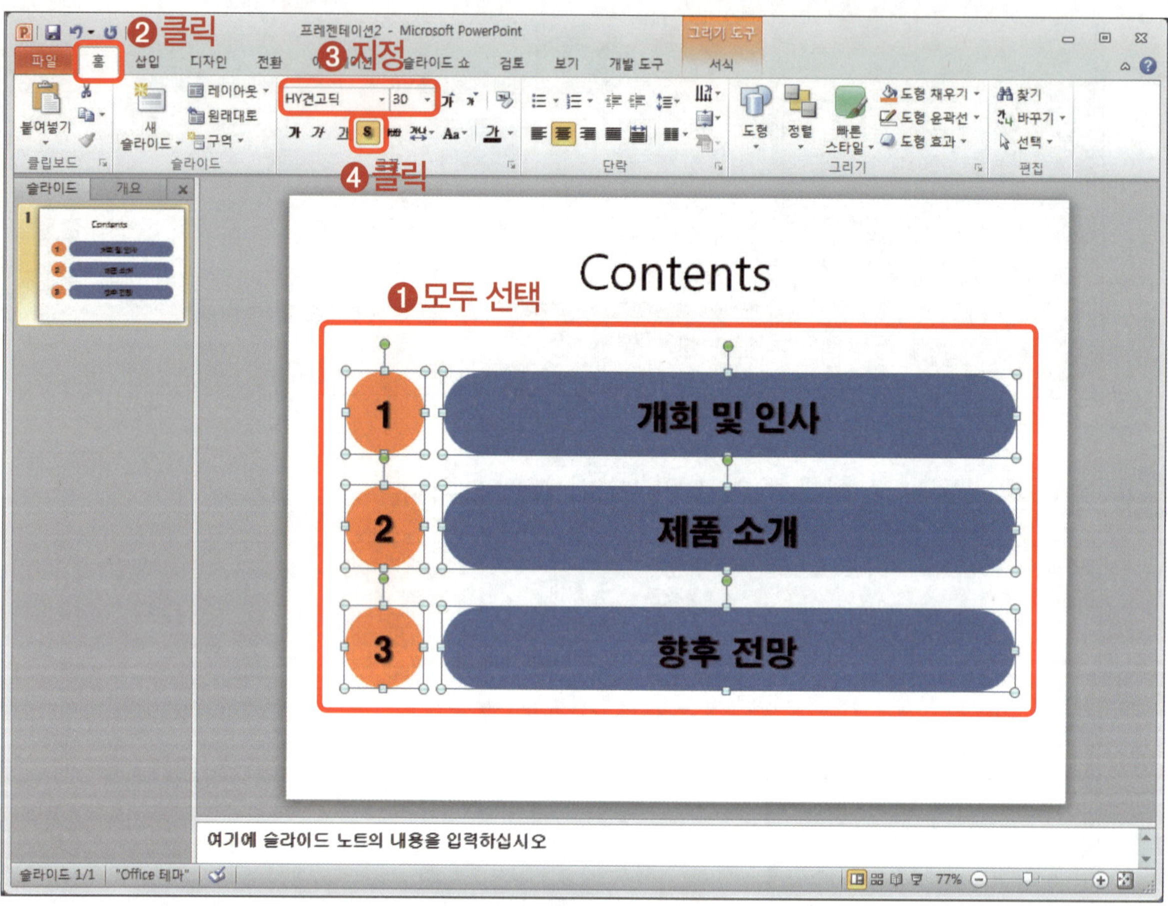

도형에 입체감 표현하기

작업한 도형을 이용하여 도형에 도형 효과, 3차원 회전 기능 등을 이용하여 입체감 있는 도형으로 작업할 수 있습니다.

1 왼쪽 상단부터 오른쪽 하단으로 마우스를 드래그하여 도형을 모두 선택합니다.

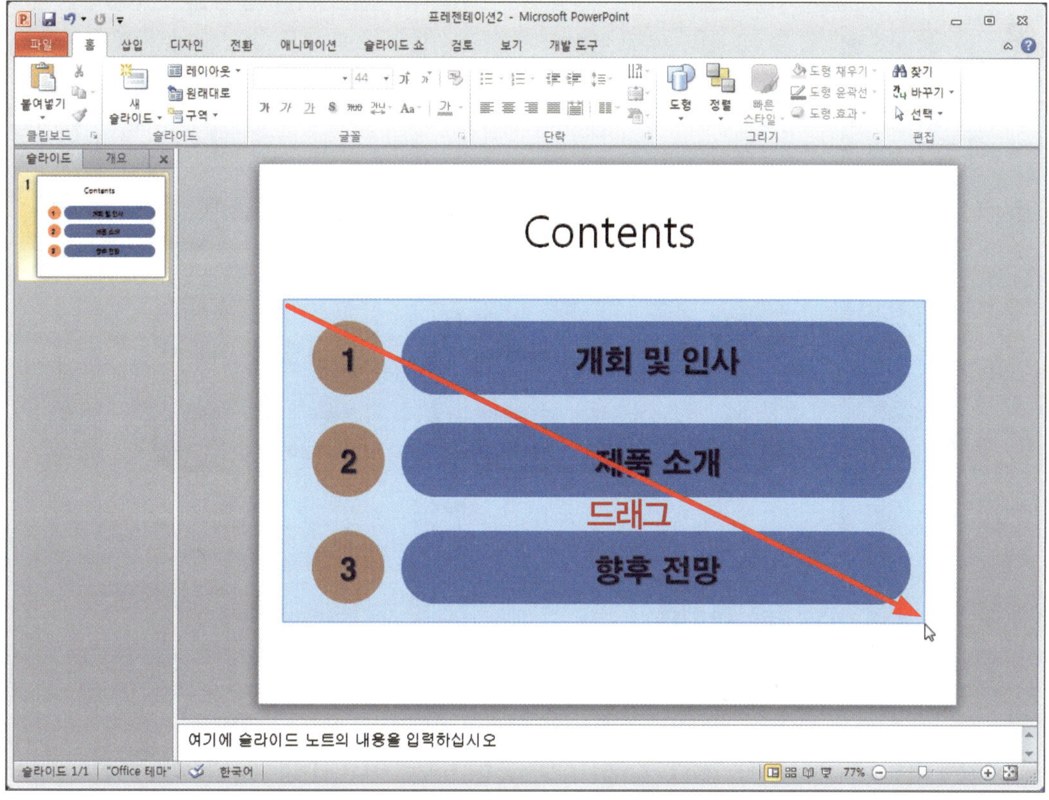

2 도형이 선택된 상태에서 [그리기 도구]-[서식] 탭의 [도형 스타일] 그룹에서 [도형 효과] 단추를 클릭하고 [입체 효과]-[각지게]를 선택합니다.

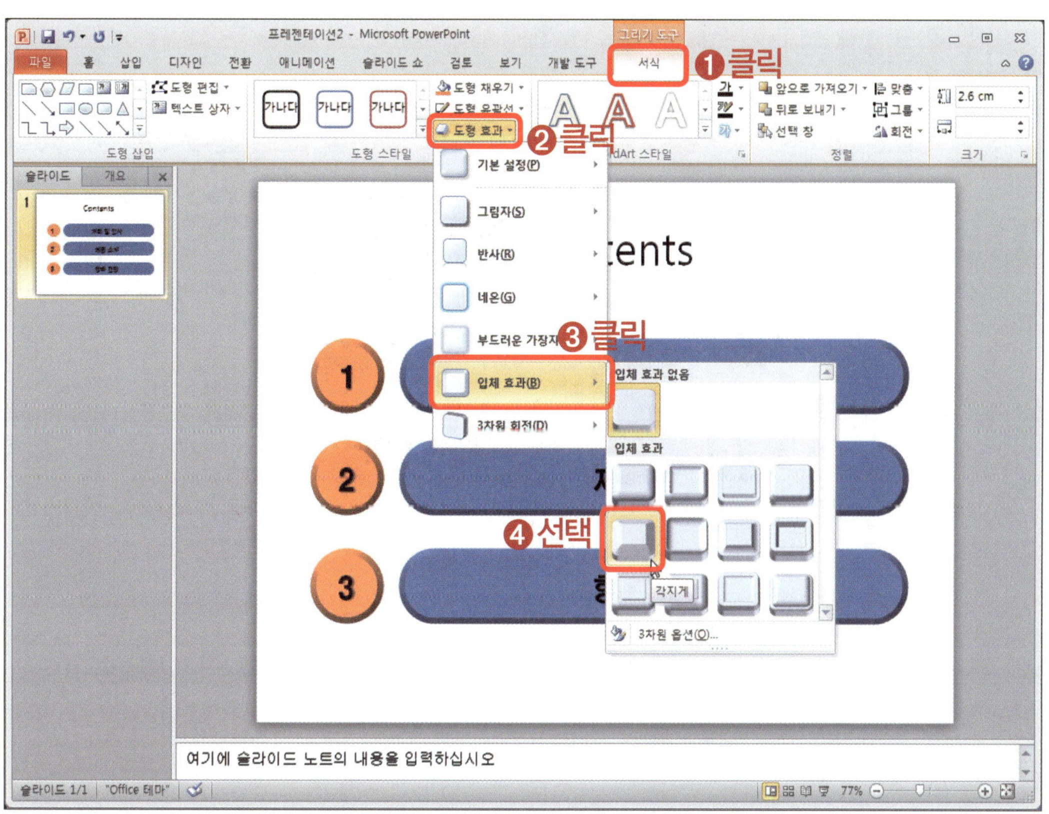

❸ 계속해서 [도형 효과 ▱] 단추를 클릭하고 [3차원 회전] – [원근감(보통의 경사)]를 **선택**합니다.

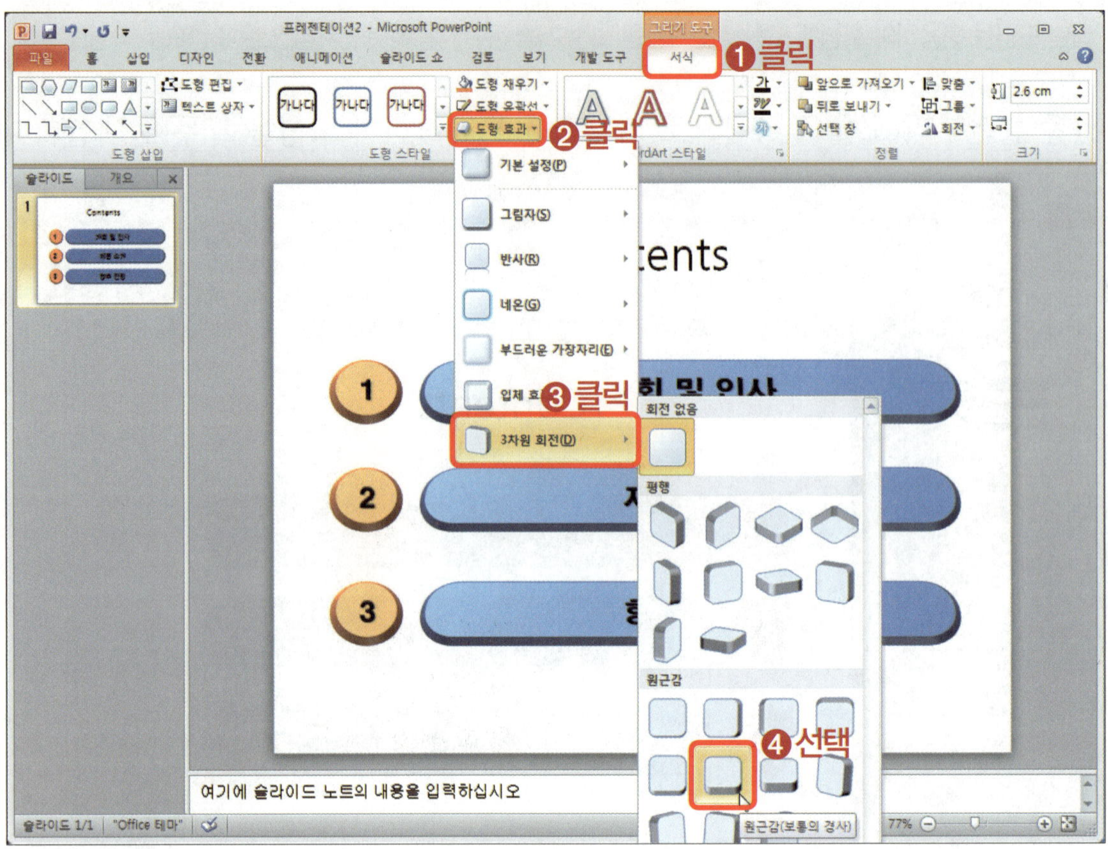

❹ 도형이 선택된 상태에서 마우스 오른쪽 단추를 클릭하고 [개체 서식]을 선택합니다.

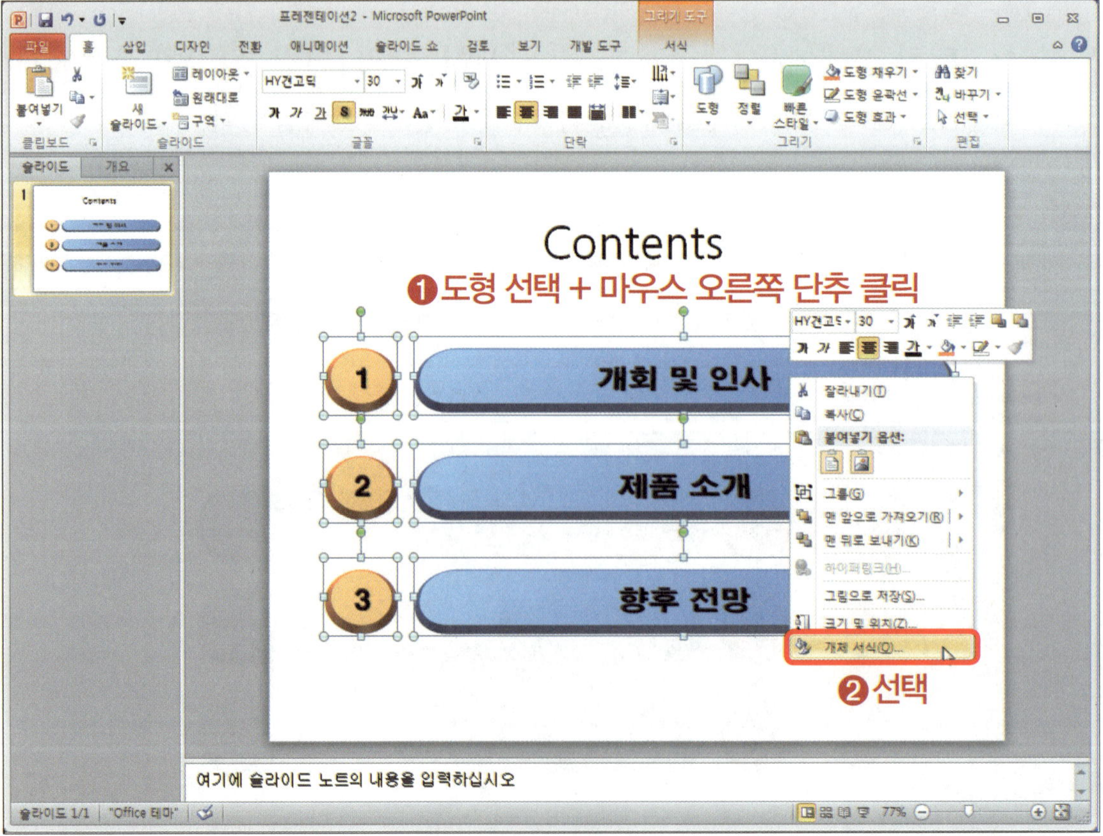

5 [도형 서식] 대화상자의 [3차원 서식]에서 깊이를 '30'으로 지정하고 [닫기] 단추를 클릭합니다.

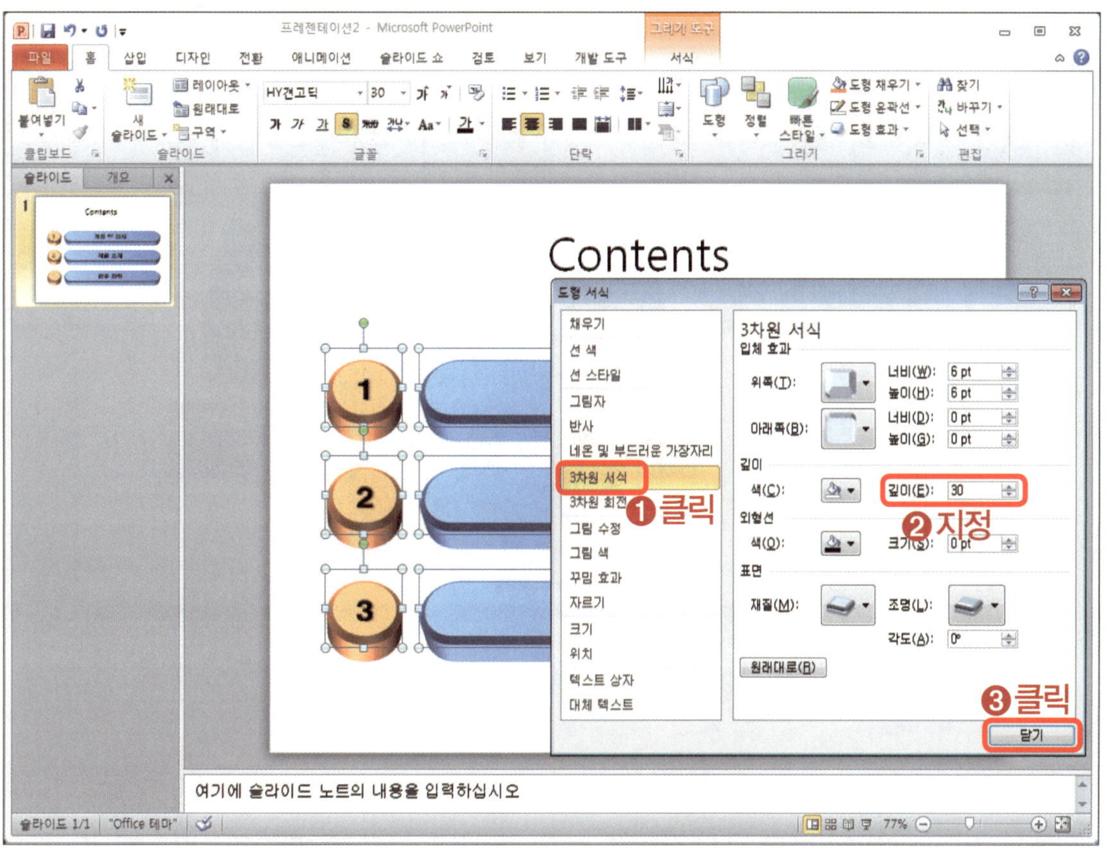

 **도형을 이용하여 약도 만들기**

슬라이드에 도형을 삽입하고 채우기, 복사하기, 텍스트 상자를 입력하여 약도를 만들 수 있습니다.

1 [홈] 탭의 [슬라이드] 그룹에서 [새 슬라이드]-[빈 화면]을 선택한 후 [삽입] 탭의 [일러스트레이션] 그룹에서 [도형]을 이용하여 다음과 같이 '타원(◯)'과 '직사각형(▢)' 도형을 삽입합니다.

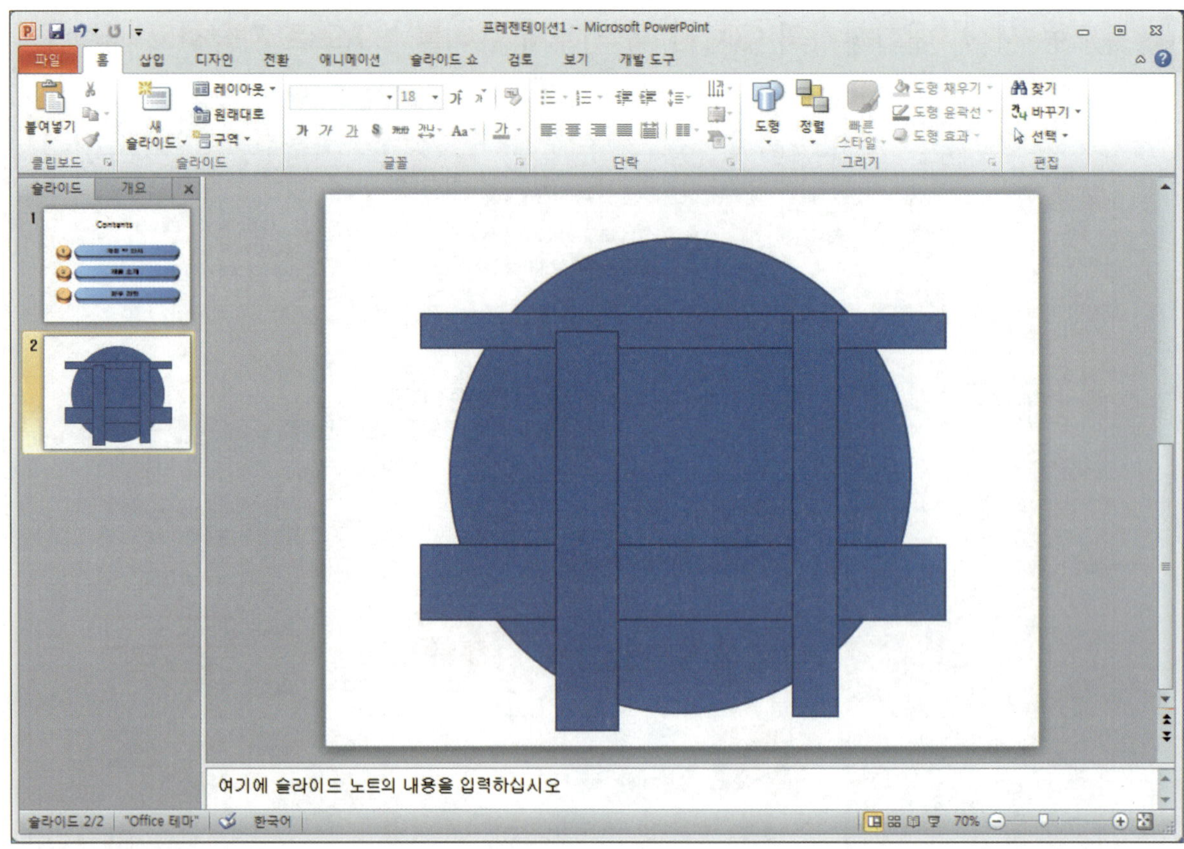

2 [Ctrl] 키를 누른 채 직사각형 도형을 클릭하여 모두 선택하고 [그리기 도구]−[서식] 탭의 [도형 스타일] 그룹에서 [도형 채우기 ▧] 단추를 클릭한 후 '흰색, 배경 1'을 선택합니다.

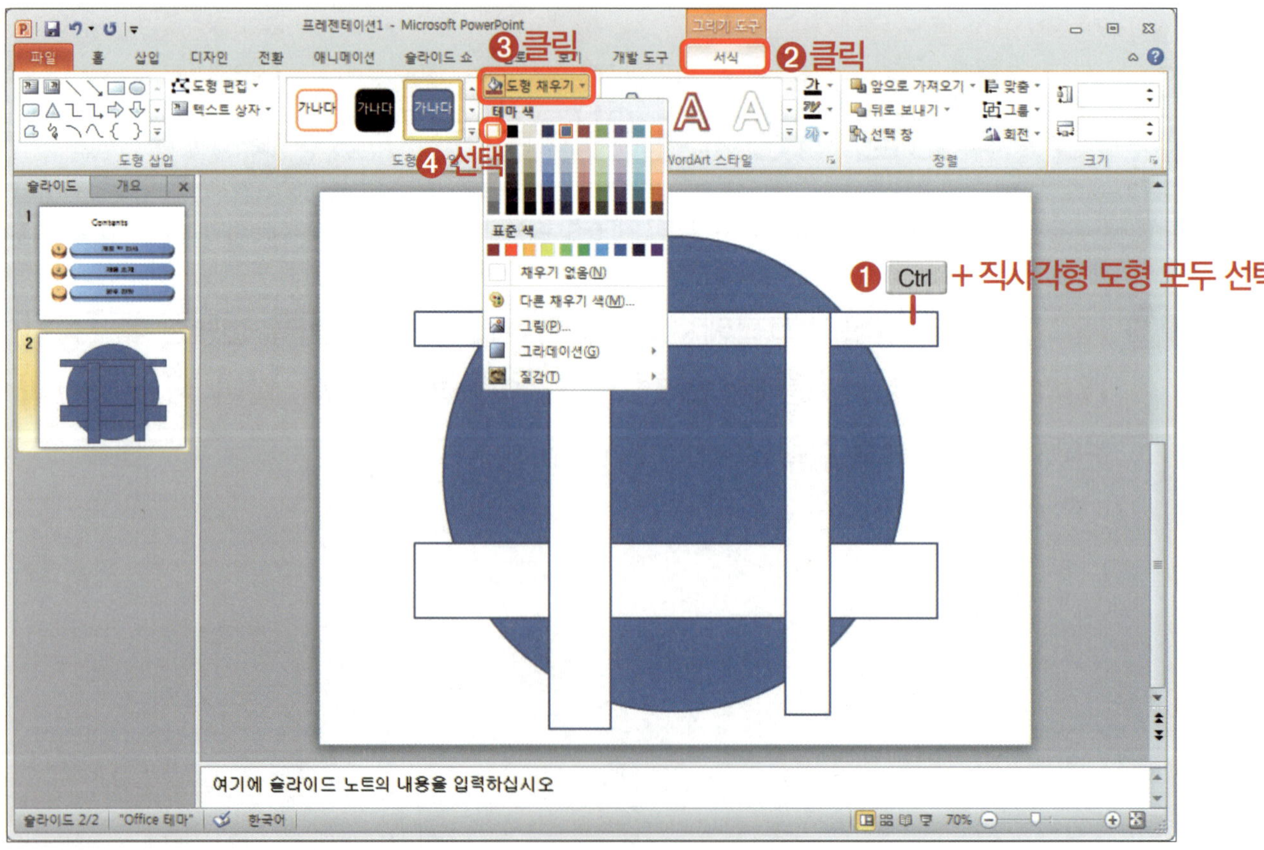

❸ 계속해서 [도형 윤곽선] 단추를 클릭하고 [윤곽선 없음]을 선택하여 약도의 도로를 완성합니다.

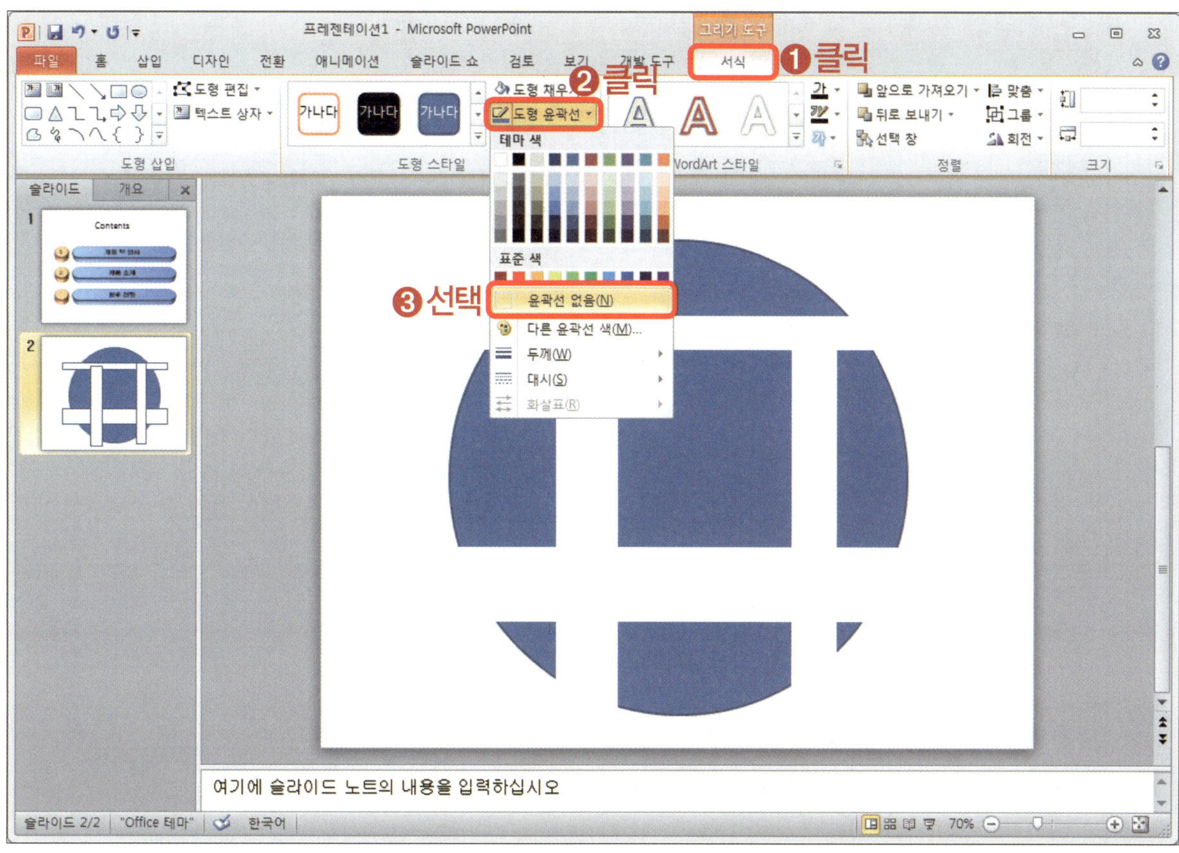

❹ 타원 도형을 클릭하여 선택하고 [그리기 도구]-[서식] 탭의 [도형 스타일] 그룹에서 [도형 채우기] 단추를 클릭한 후 '황록색, 강조 3, 60% 더 밝게'를 선택하고 계속해서 [도형 윤곽선] 단추를 클릭한 후 [윤곽선 없음]을 선택합니다.

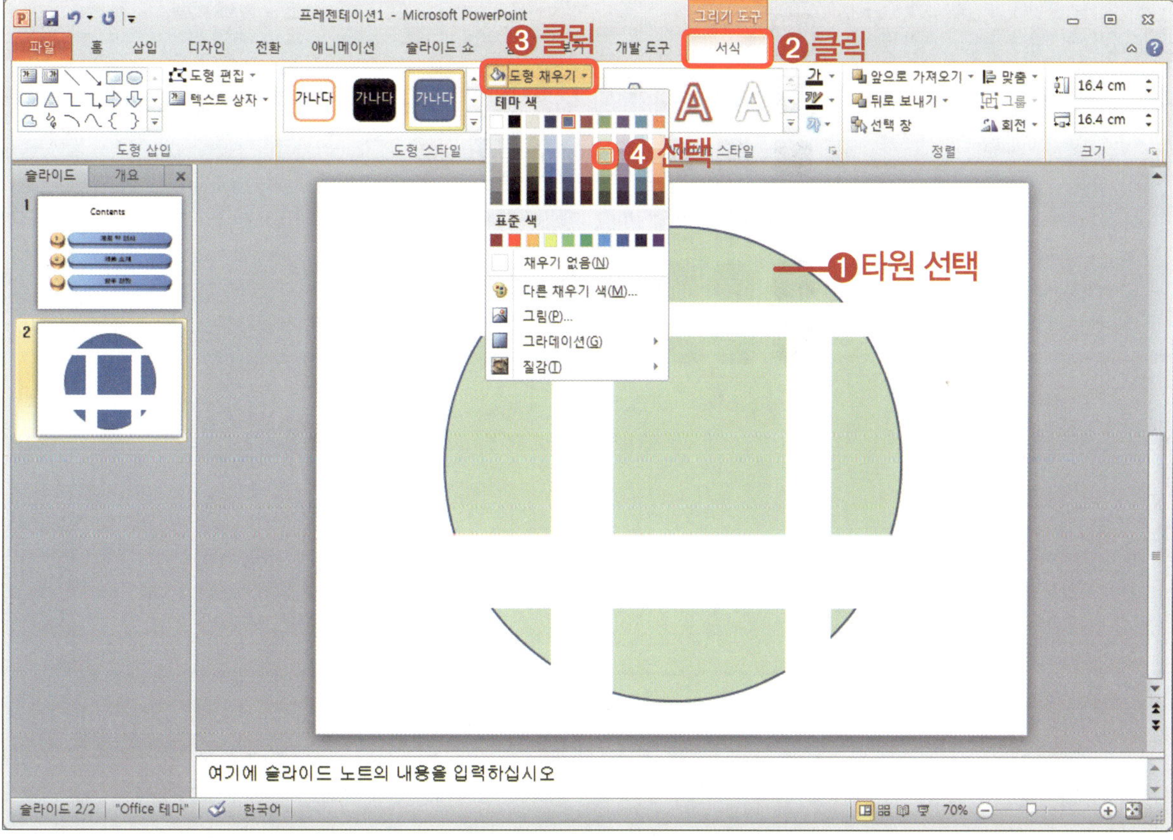

5 건물을 표시하기 위해 [삽입] 탭의 [일러스트레이션] 그룹에서 [도형 💭] 단추를 클릭하고 기본 도형에 [정육면체 🗍] 도형을 선택한 후 슬라이드에 드래그하여 삽입합니다.

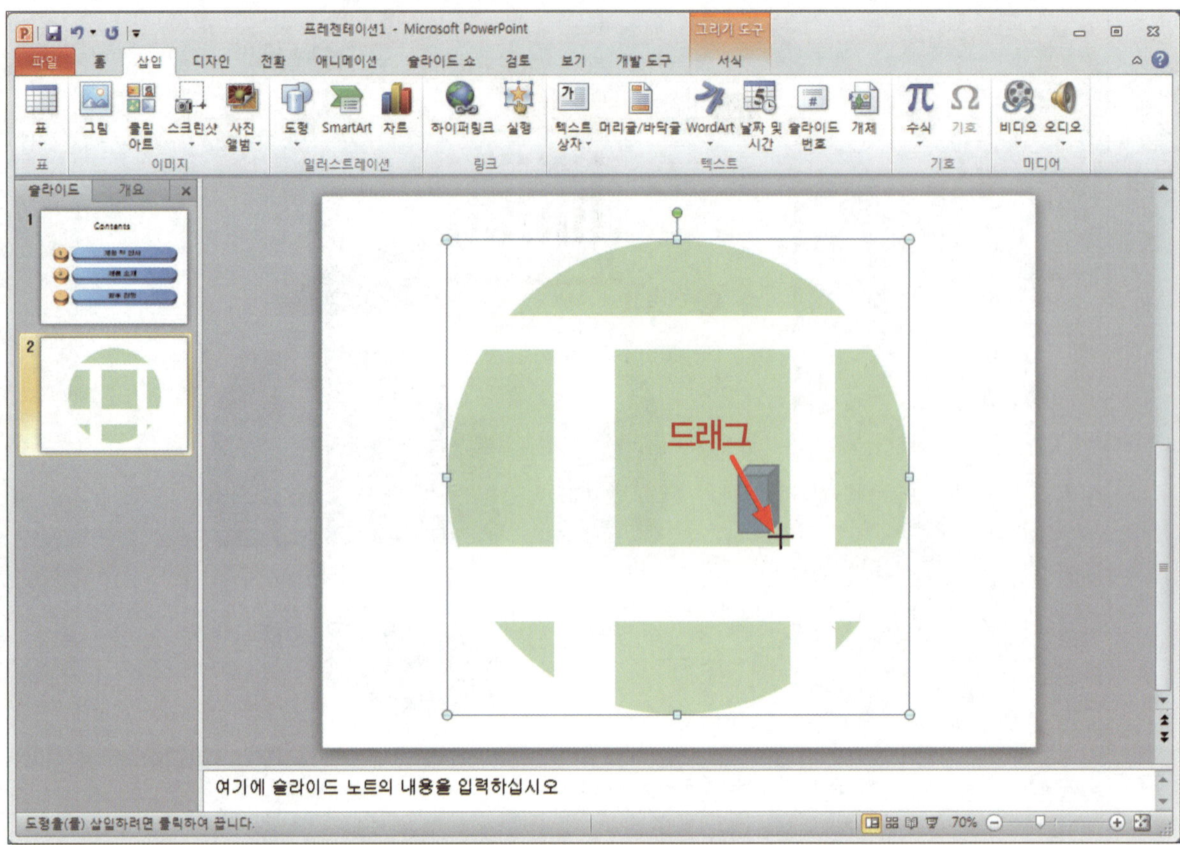

6 삽입된 건물 도형을 선택하고 [그리기 도구]−[서식] 탭의 [도형 스타일] 그룹에서 [자세히 ▾] 단추를 선택한 후 '강한 효과−파랑, 강조 1'을 선택합니다.

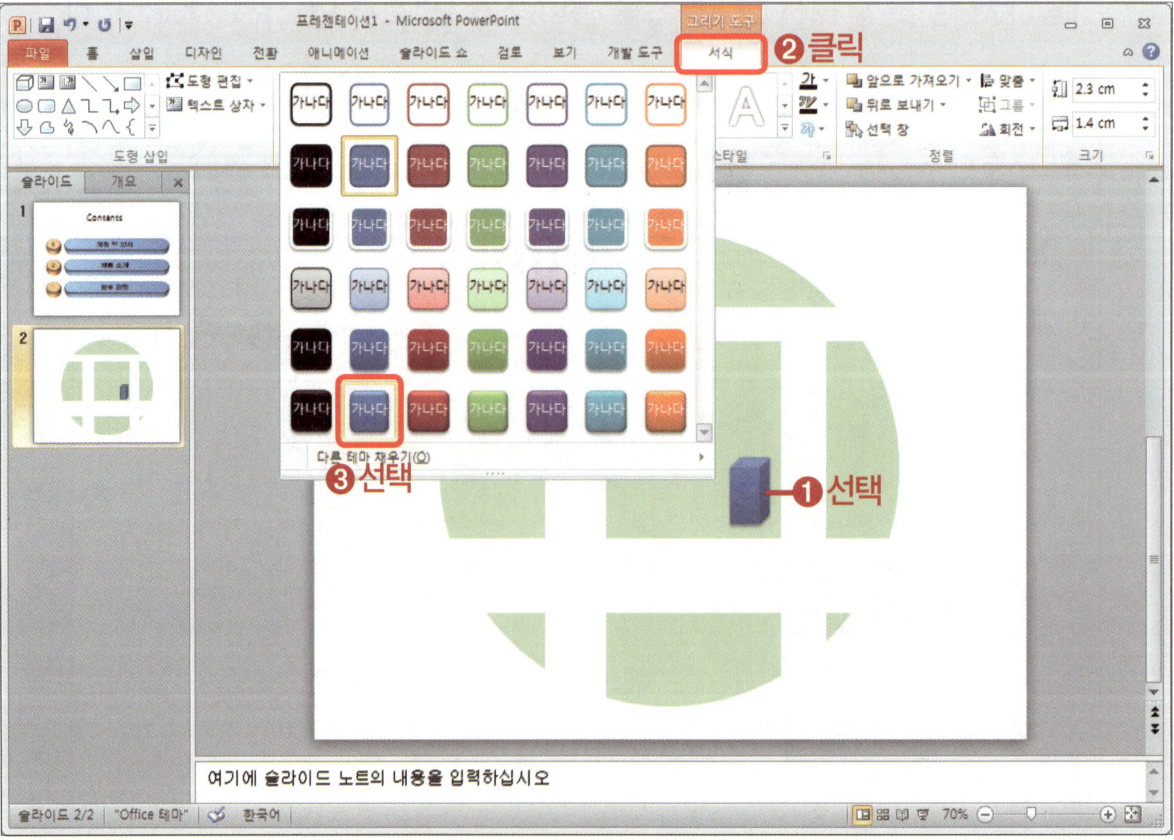

7 완성된 건물 도형을 선택하고 Ctrl 키를 누른 채 드래그하여 도형을 복사합니다.

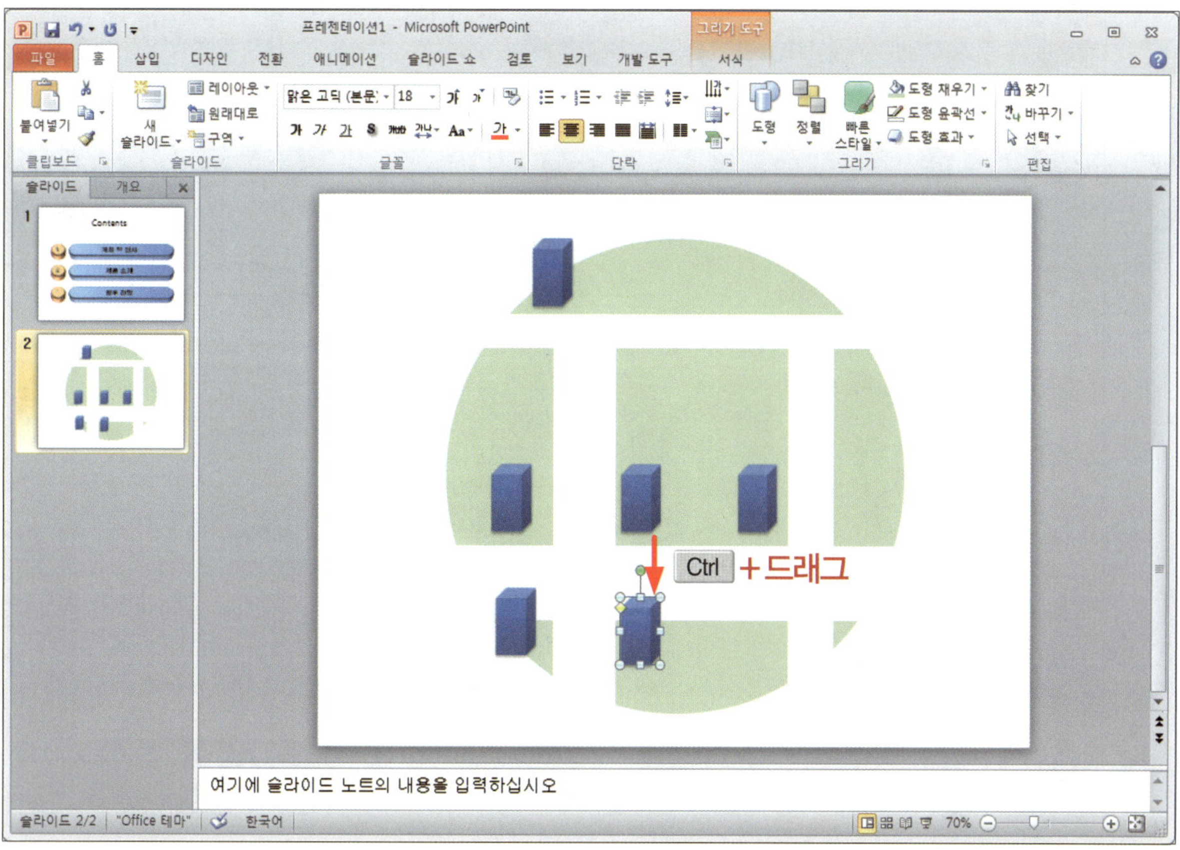

8 스타일을 바꿀 도형을 선택하고 [그리기 도구]–[서식] 탭의 [도형 스타일] 그룹에서 [자세히 ▼] 단추를 선택한 후 '강한 효과 – 빨강, 강조 2'를 선택합니다.

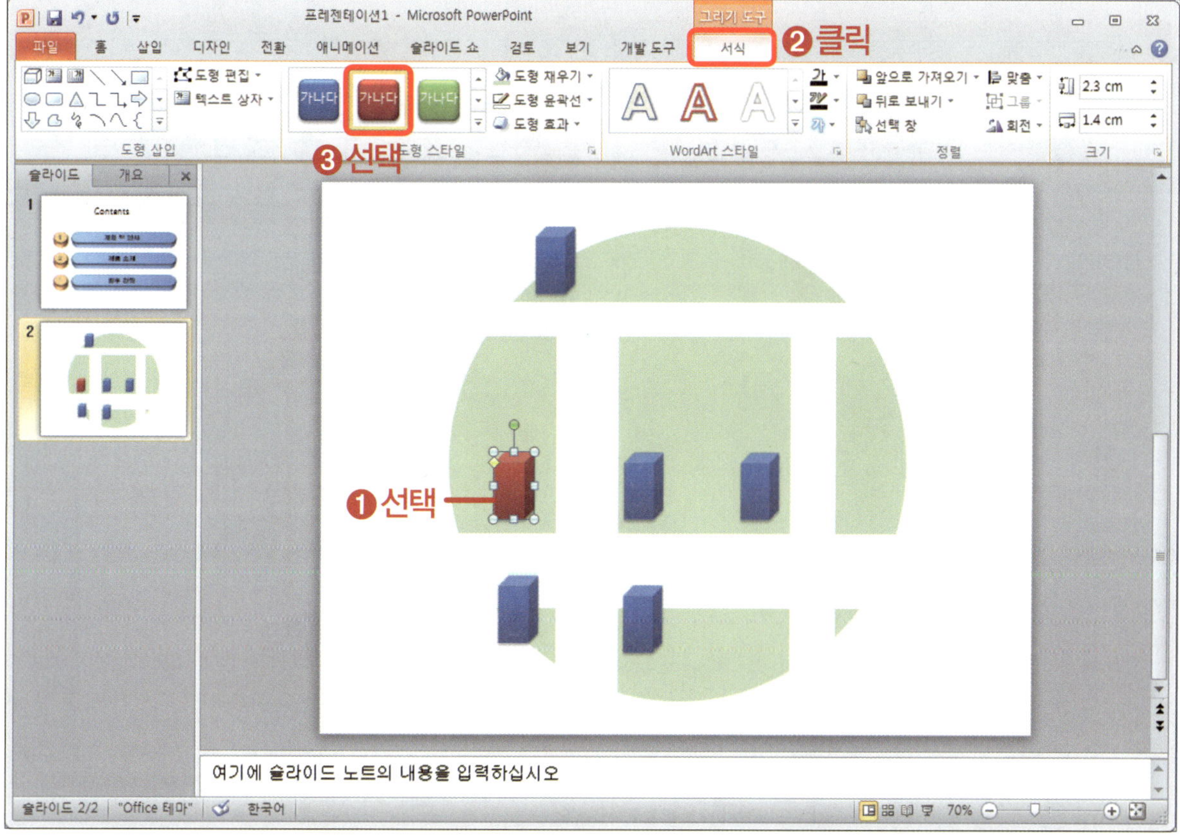

9 각각의 건물 도형을 선택하고 크기를 다음 그림과 같이 다르게 조절합니다.

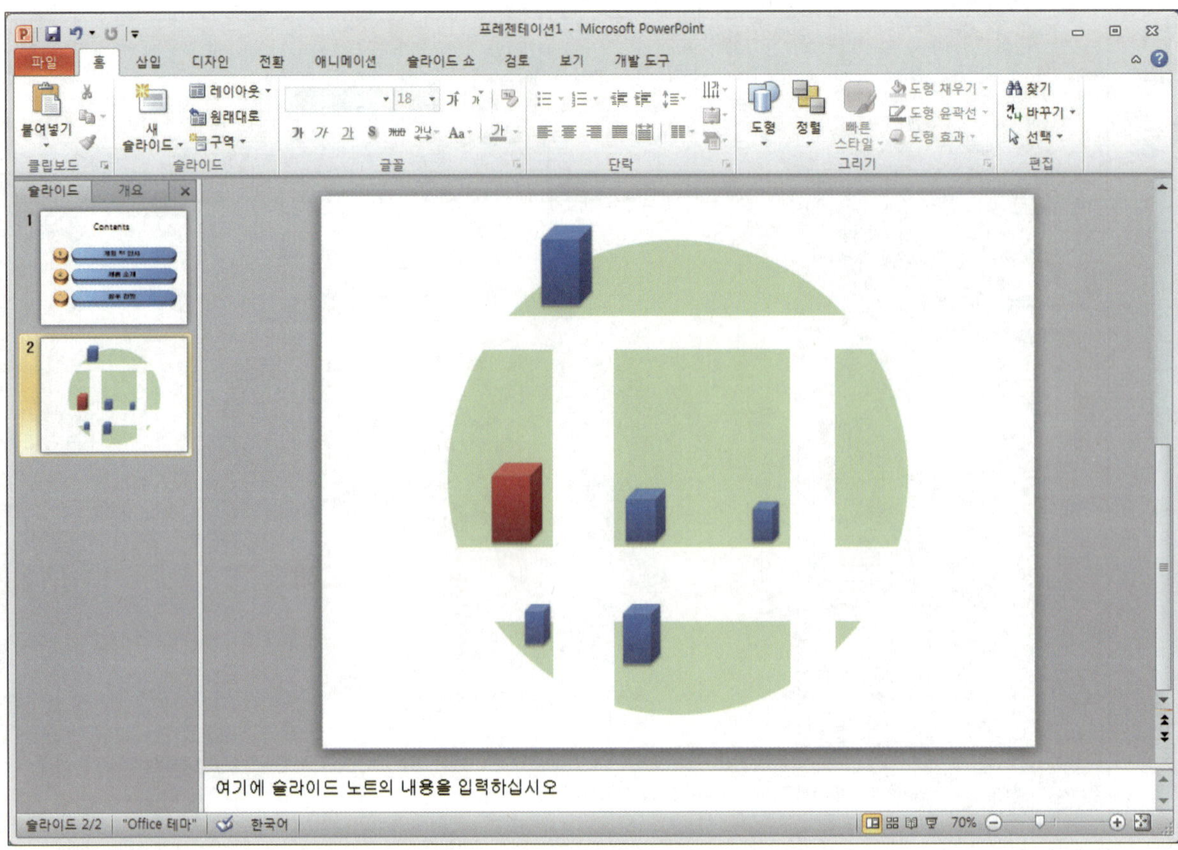

10 [삽입] 탭의 [일러스트레이션] 그룹에서 [도형] 단추를 클릭하고 블록 화살표의 [오른쪽 화살표 ⇨]를 선택하여 추가한 후 Ctrl + Shift 키를 누른 채 아래쪽으로 드래그하여 복사합니다.

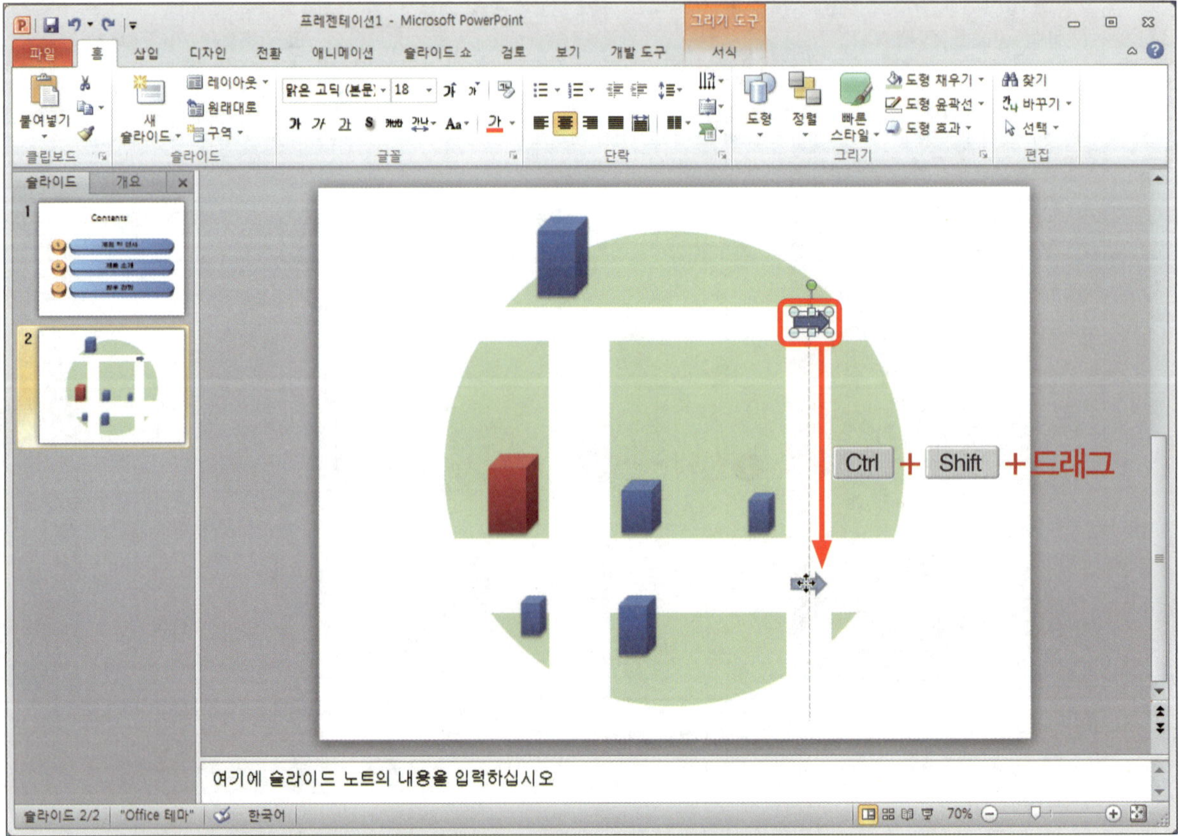

11 두 도형을 선택된 상태에서 [Ctrl] + [Shift] 키를 누른 채 왼쪽으로 드래그하여 복사합니다.

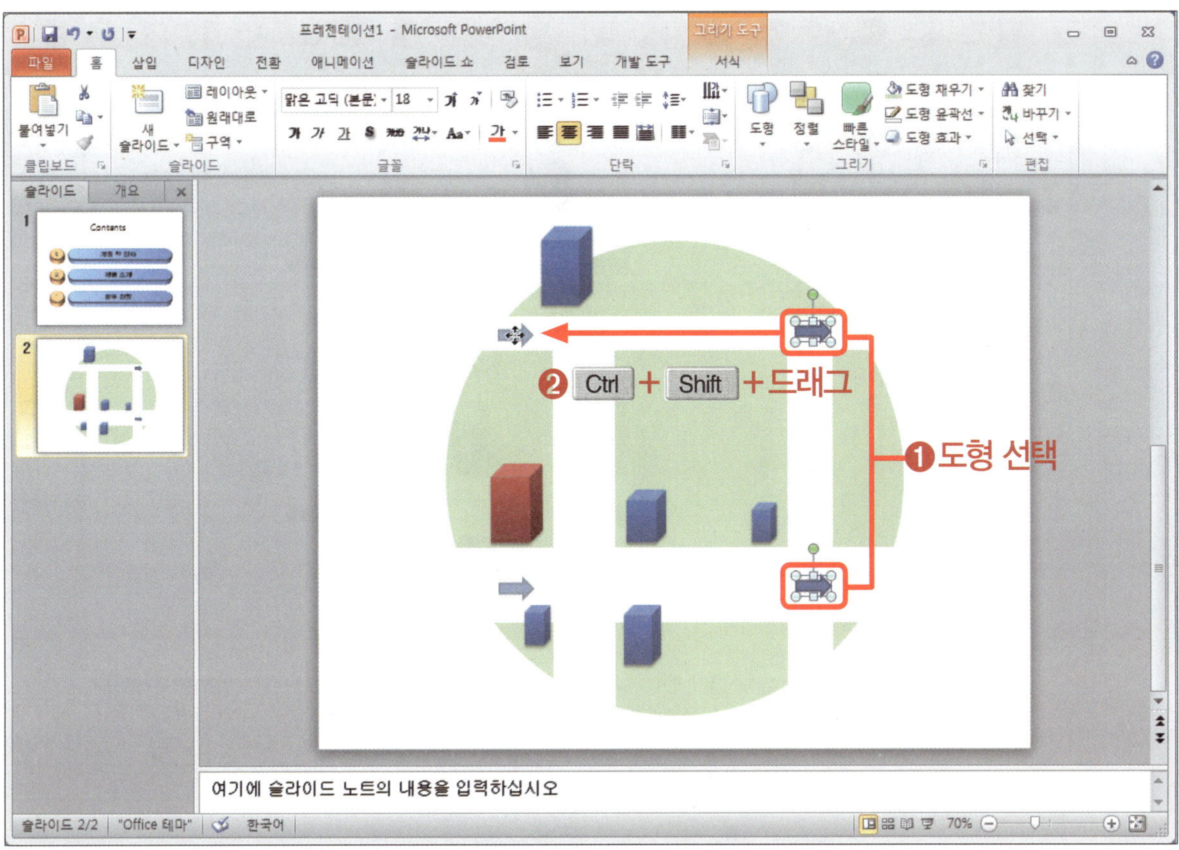

12 화살표의 방향을 바꾸기 위해 화살표를 선택하고 [그리기 도구]-[서식] 탭의 [정렬] 그룹에서 [회전]-[좌우 대칭]을 선택합니다.

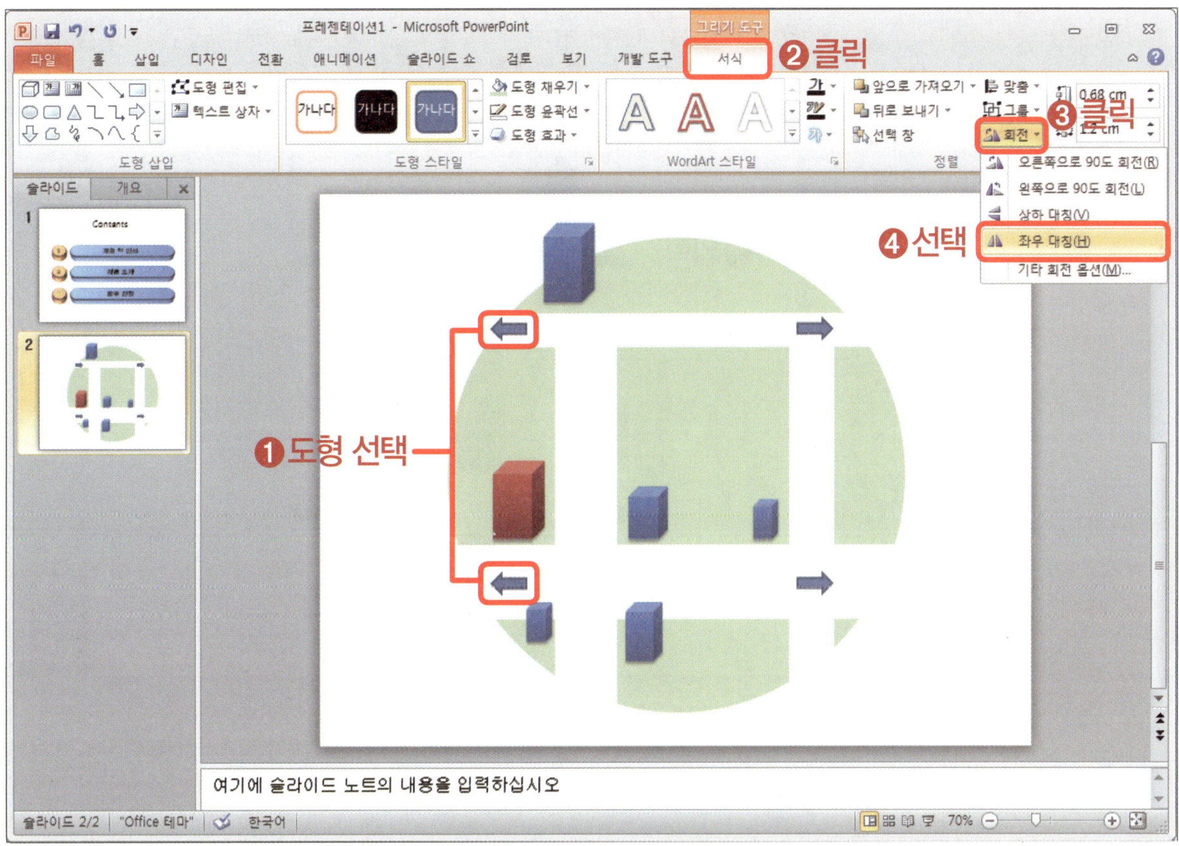

13 [삽입] 탭의 [텍스트] 그룹에서 [텍스트 상자] – [가로 텍스트 상자]를 선택합니다.

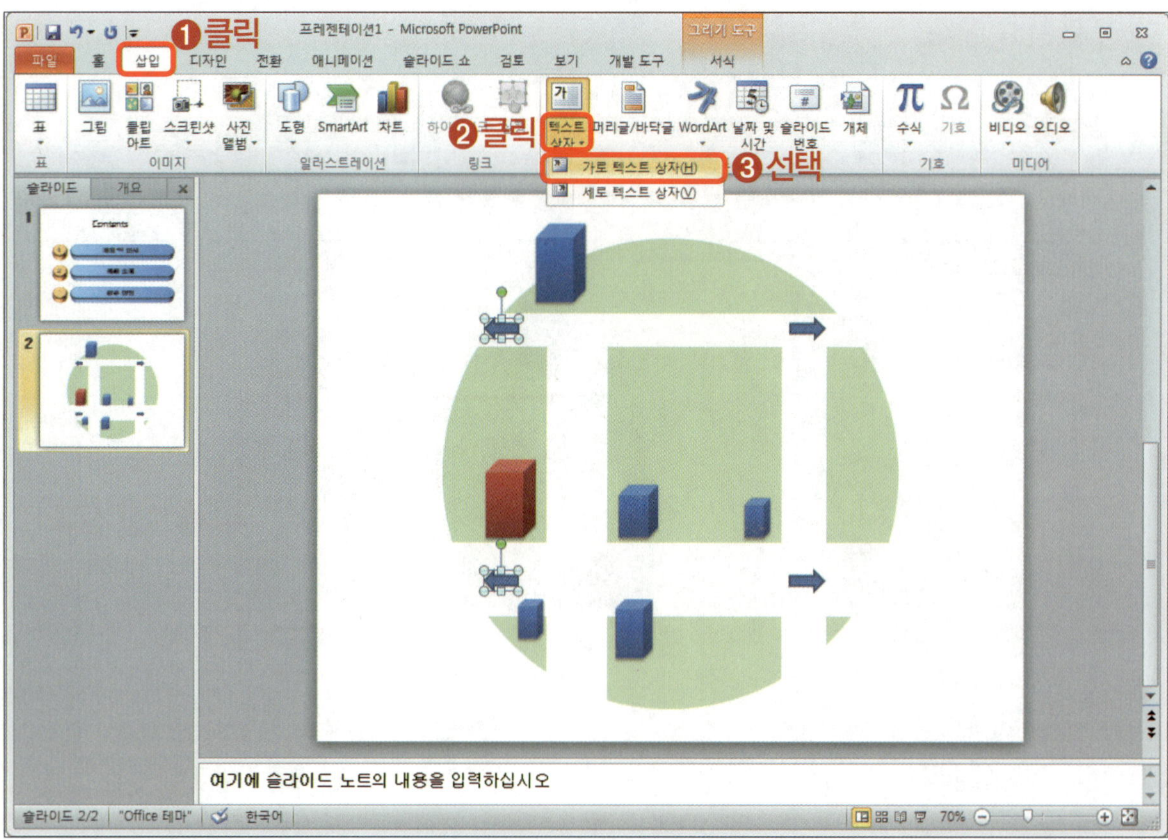

14 슬라이드에 삽입하고 『국립고궁박물관』을 입력한 후 [홈] 탭의 [글꼴] 그룹에서 글꼴 크기(15), 글꼴 속성(굵게)을 지정합니다.

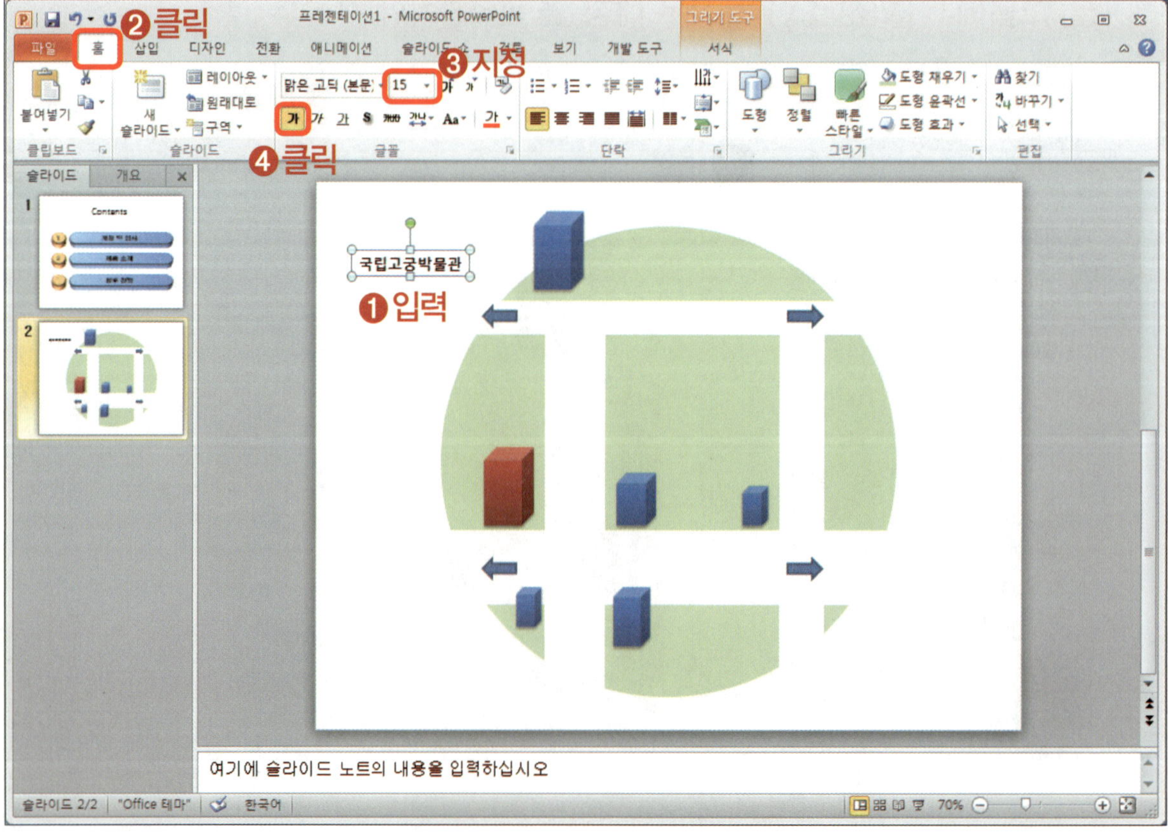

15 완성된 텍스트 상자를 다음과 같이 `Ctrl` **키를 누른 채 드래그하여 복사**합니다.

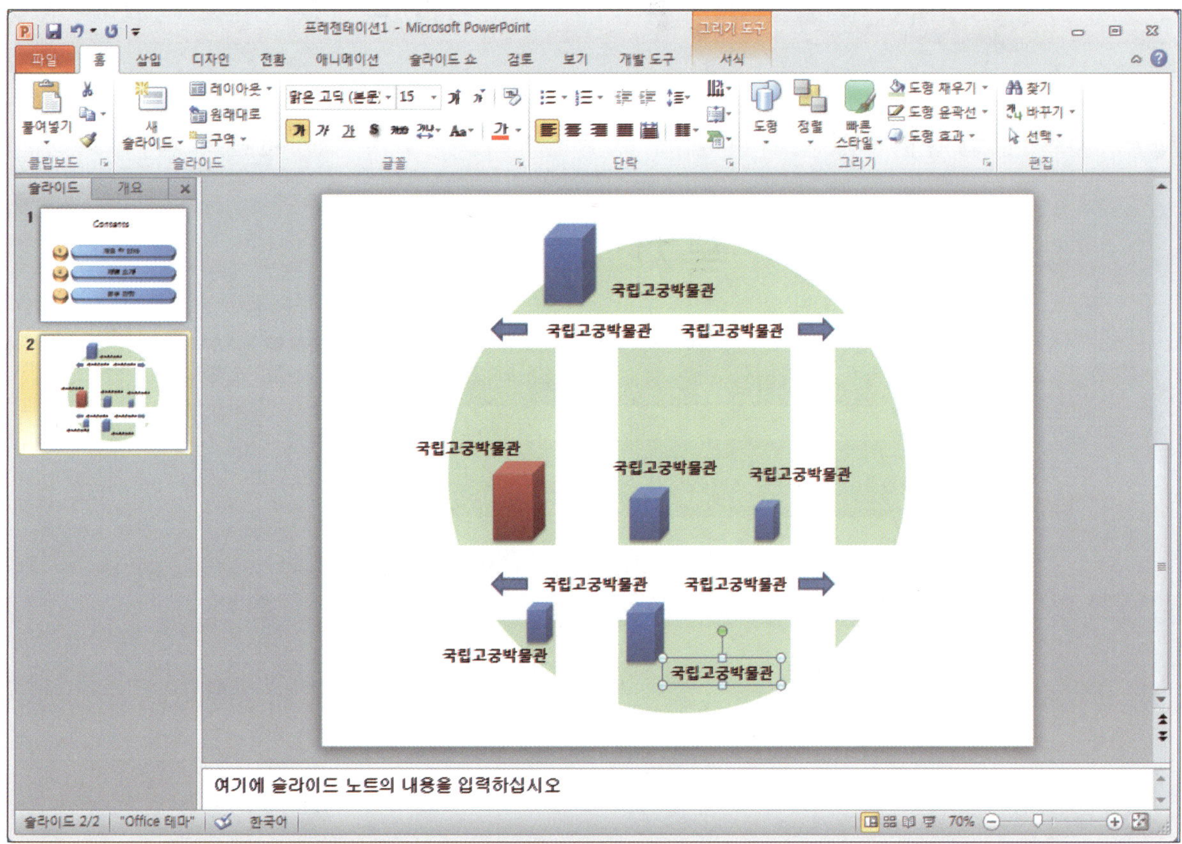

16 복사된 텍스트 상자의 텍스트를 다음과 같이 수정하여 약도를 완성합니다.

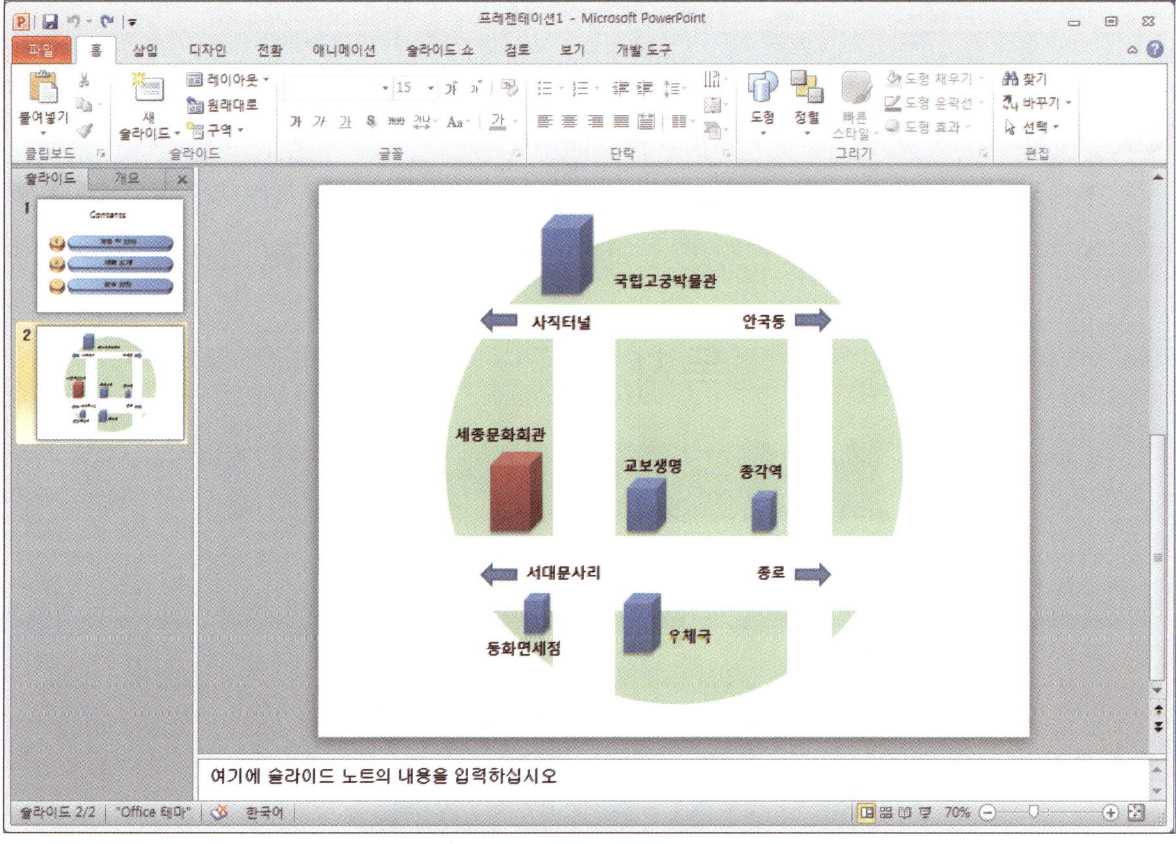

◉ 완성파일 : 파포2010₩3장₩혼자풀어보기(완성).pptx

1 '제목만' 슬라이드에 다음과 같이 도형을 이용하여 목차를 만들어 보세요.

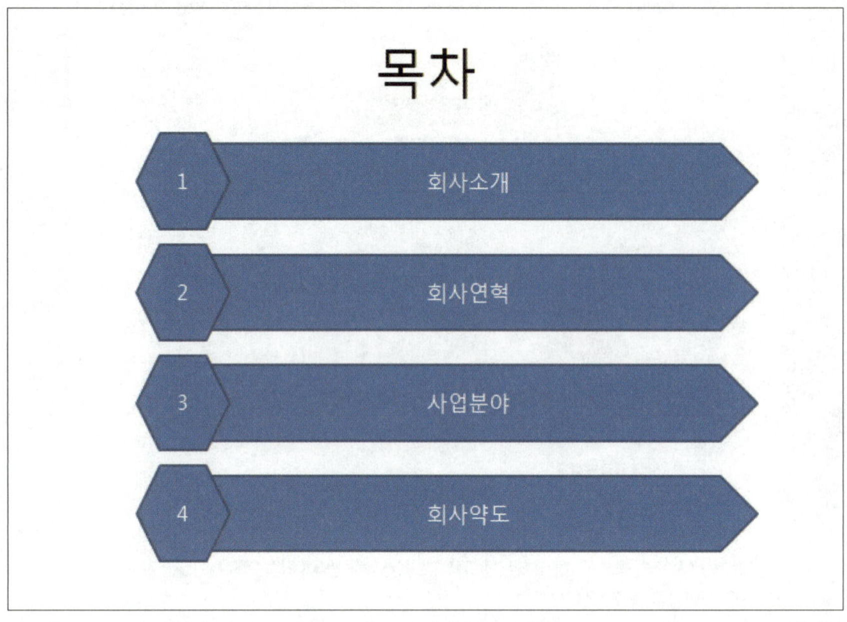

> **Hint!**
> - [삽입] 탭의 [일러스트레이션] 그룹에서 [도형] 단추를 클릭하고 블록 화살표의 '오각형'과 기본 도형의 '육각형' 도형을 순서대로 삽입합니다.
> - 삽입된 도형을 모두 선택한 후 Ctrl + Shift 키를 누른 채 아래쪽으로 드래그하여 도형을 복사합니다.

2 작성된 도형에 효과를 지정하여 보세요.

- ▶ 육각형 도형 : 도형 스타일(색 윤곽선 – 파랑, 강조 1), 도형 효과(반사 – 근접 반사, 터치)
- ▶ 오각형 도형 : 도형 스타일(강한 효과 – 파랑, 강조 1), 도형 효과(그림자 – 오프셋 아래쪽)

3 '빈 화면' 슬라이드에 모서리가 둥근 직사각형, 직사각형, 정육면체 도형을 이용하여 약도를 만들어 보세요.

▶ 모서리가 둥근 직사각형 : 도형 채우기(바다색, 강조 5, 60% 더 밝게), 도형 윤곽선(윤곽선 없음)

▶ 직사각형 : 도형 채우기(흰색, 배경1), 도형윤곽선(윤곽선 없음)

▶ 정육면체 : 도형 스타일(강한 효과 – 자주, 강조4), 도형 스타일(강한 효과 – 빨강, 강조2)

4 가로 텍스트 상자를 이용하여 건물의 이름을 입력해서 약도를 완성하여 보세요.

▶ 텍스트 상자 : 글꼴 (HY동녘B), 글꼴 크기(15)

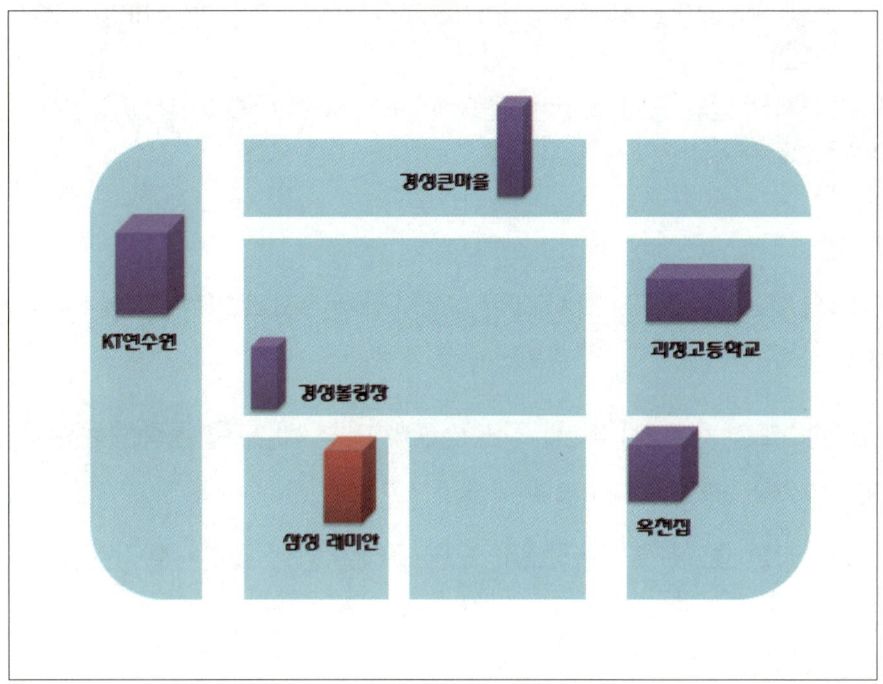

Hint!
- [삽입] 탭의 [텍스트] 그룹에서 [텍스트 상자] 단추를 클릭하고 [가로 텍스트 상자]를 삽입하여 주어진 내용을 입력한 후 글꼴과 글꼴 크기를 변경합니다.
- 가로 텍스트 상자 하나를 완성하고 Ctrl 키를 누른 채 드래그하여 복사합니다.

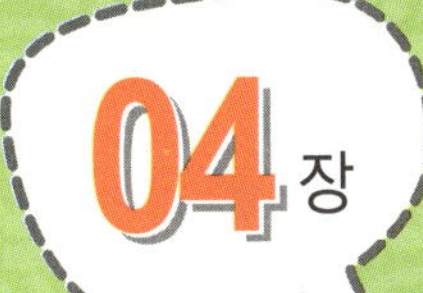

04장 표와 차트 만들기

표를 삽입하여 기본 적인 표를 완성하고 표 스타일을 지정하여 시각적으로 보기 좋은 표를 만드는 방법에 대하여 알아봅니다.

기본적인 차트를 만들고 차트의 편집 기능을 이용하여 시각적으로 보기 좋은 차트를 만드는 방법에 대하여 알아봅니다.

완성파일 미리보기

완성파일 : 파포2010₩4장₩표만들기(완성), 차트만들기(완성).pptx

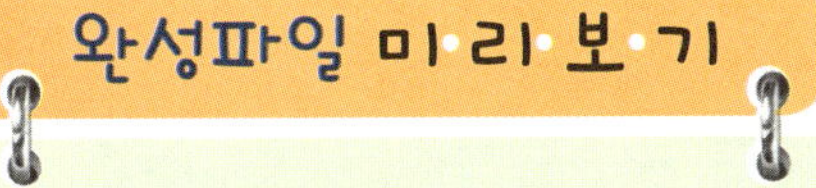

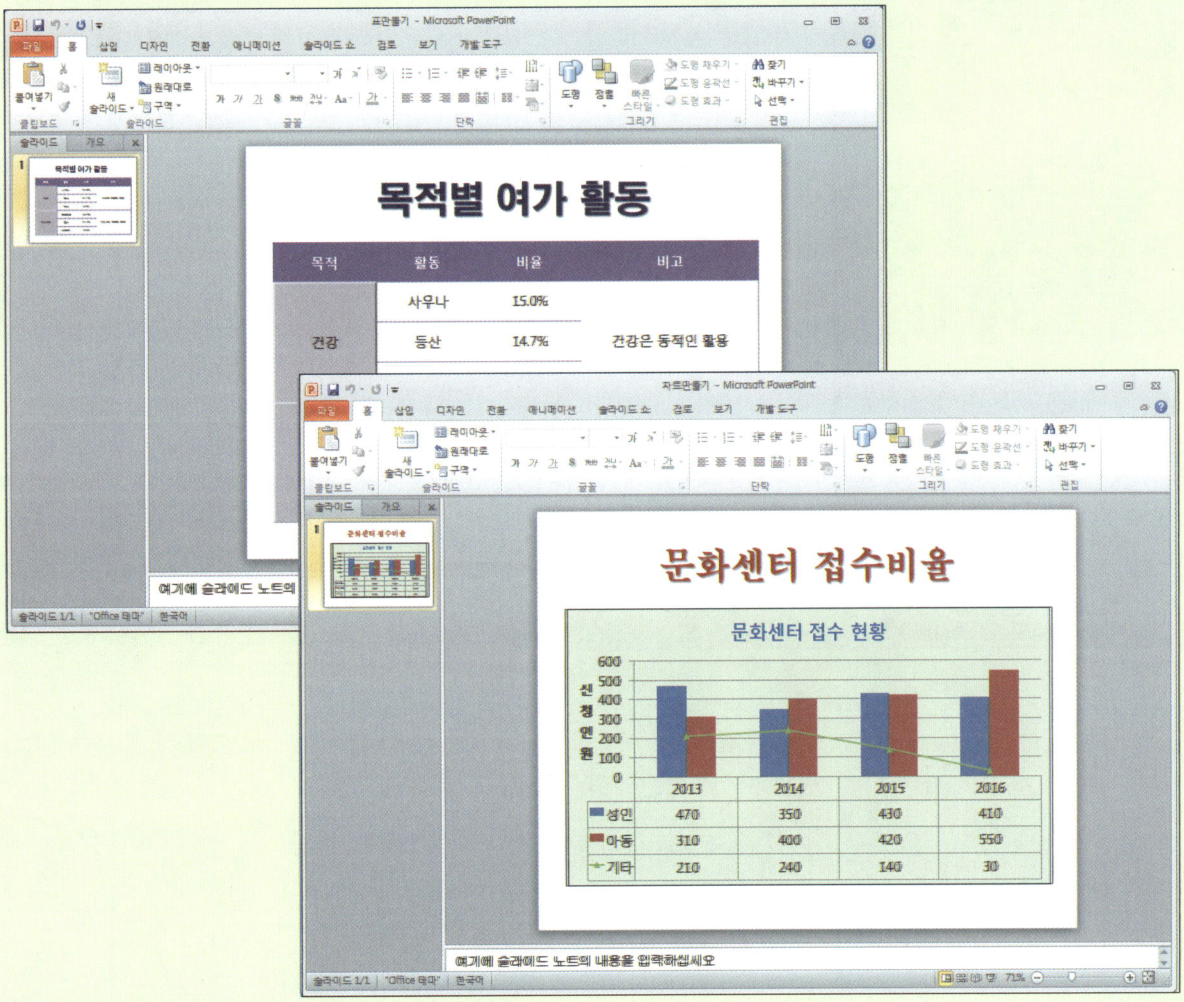

체크포인트

- 실습 1 슬라이드에 표를 삽입하여 행과 열의 너비를 조절하는 방법에 대하여 알아봅니다.
- 실습 2 삽입된 표를 디자인하기 위해 다양한 표 스타일과 옵션 등을 지정하는 방법에 대하여 알아봅니다.
- 실습 3 슬라이드에 차트를 삽입하는 방법에 대하여 알아봅니다.
- 실습 4 차트 도구를 이용하여 디자인, 레이아웃, 서식 등을 지정하는 방법에 대하여 알아봅니다.

표 만들기

슬라이드에 표를 생성하고 행 및 열 삽입, 셀 병합, 맞춤, 셀 크기 등 여러 가지 표 편집 기능을 이용하여 원하는 표를
만들 수 있습니다

1 [홈] 탭 [슬라이드] 그룹에서 [레이아웃 📧] 단추를 클릭하고 '제목 및 내용'을 선택
한 후 제목 상자에 『목적별 여가 활동』을 입력한 후 글꼴(HY견고딕), 글꼴 크기(48),
글꼴 스타일(텍스트 그림자), 글꼴 색(진한 파랑)을 지정합니다.

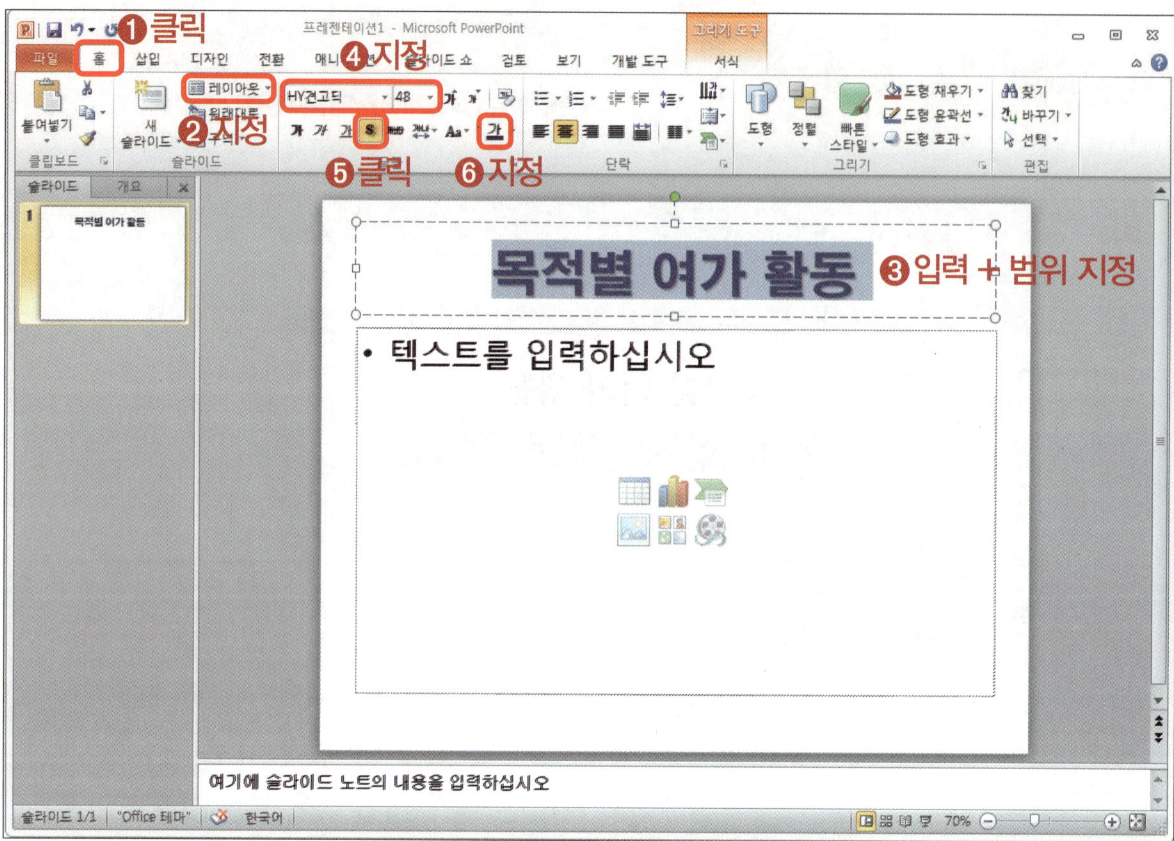

❷ 내용 텍스트 상자에서 [표 삽입 ▦] 아이콘을 클릭합니다.

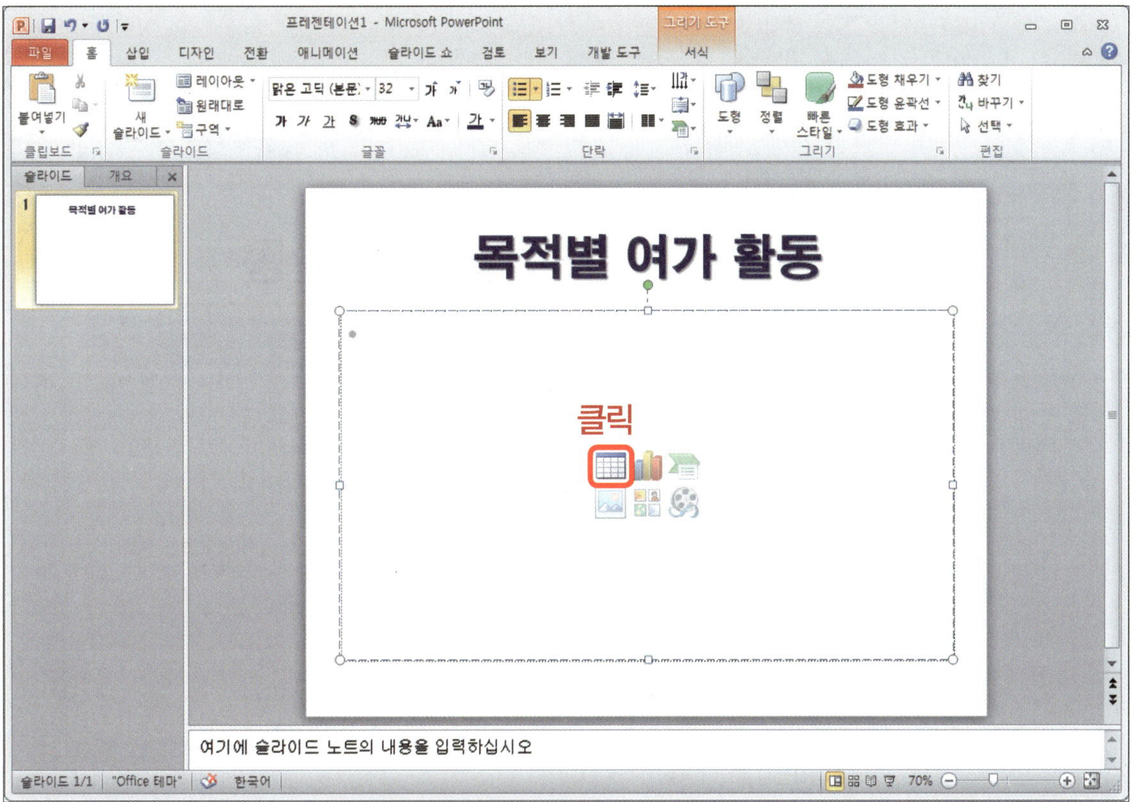

❸ [표 삽입] 대화상자에서 열 개수(4)와 행 개수(6)을 입력하고 [확인] 단추를 클릭합니다.

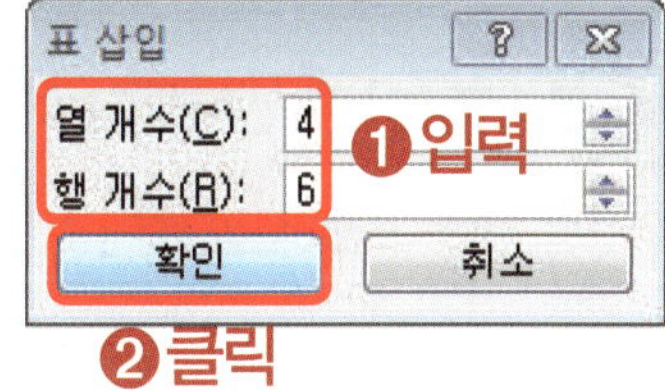

❹ 오른쪽 하단의 표의 크기 조절 선을 드래그하여 표의 전체 크기를 조절합니다.

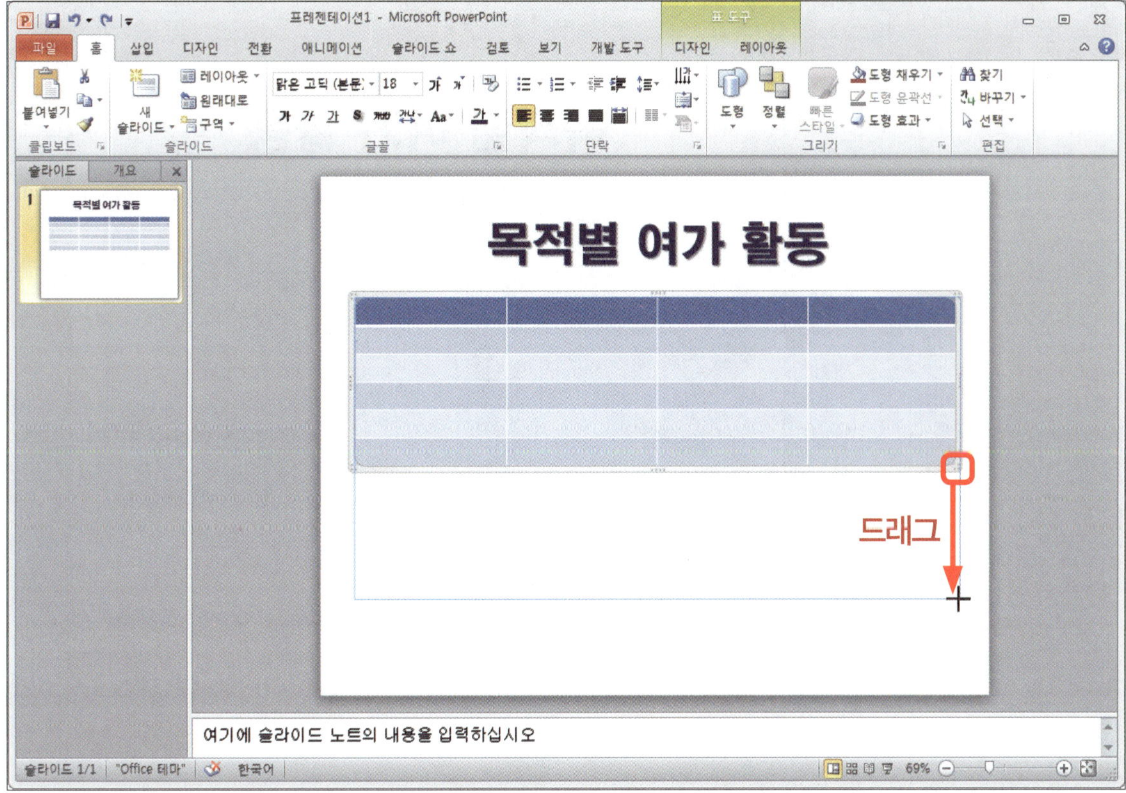

⑤ 삽입된 표에 다음과 같이 내용을 입력합니다.

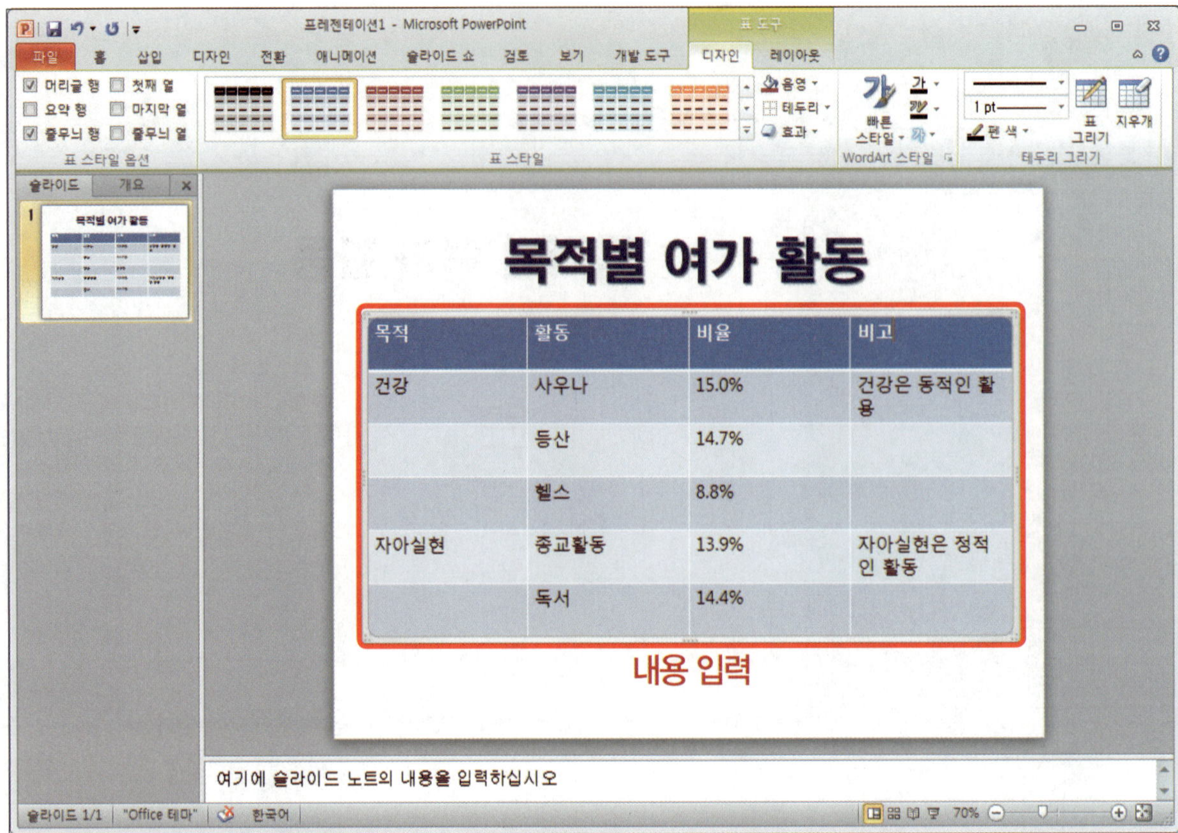

⑥ 표 안을 드래그하여 모두 선택하고 [표 도구]–[레이아웃] 탭의 [맞춤] 그룹에서 [가운데 맞춤 ▤] 단추와 [세로 가운데 맞춤 ▤] 단추를 각각 클릭합니다.

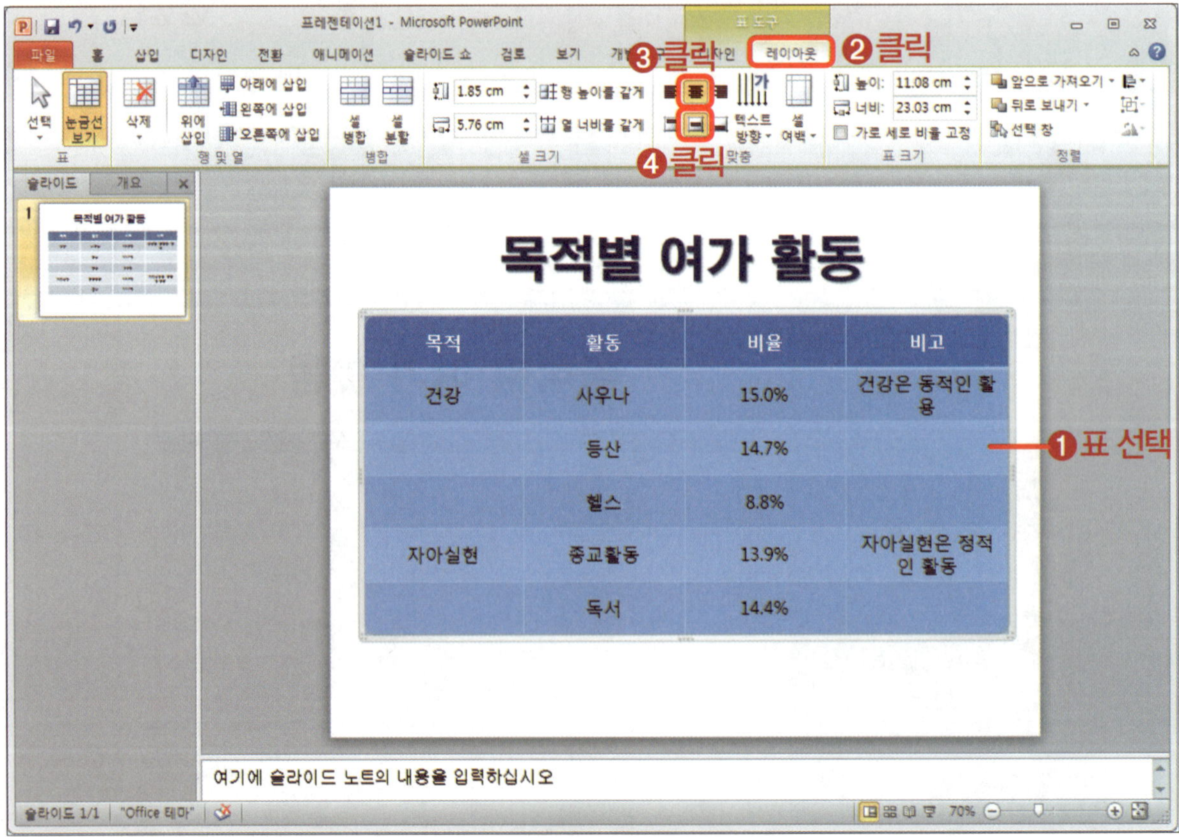

7 네 번째 열의 왼쪽 경계에서 마우스 포인터가 (✛)모양으로 변경되면 마우스를 왼쪽으로 드래그하여 열의 넓이를 조절합니다.

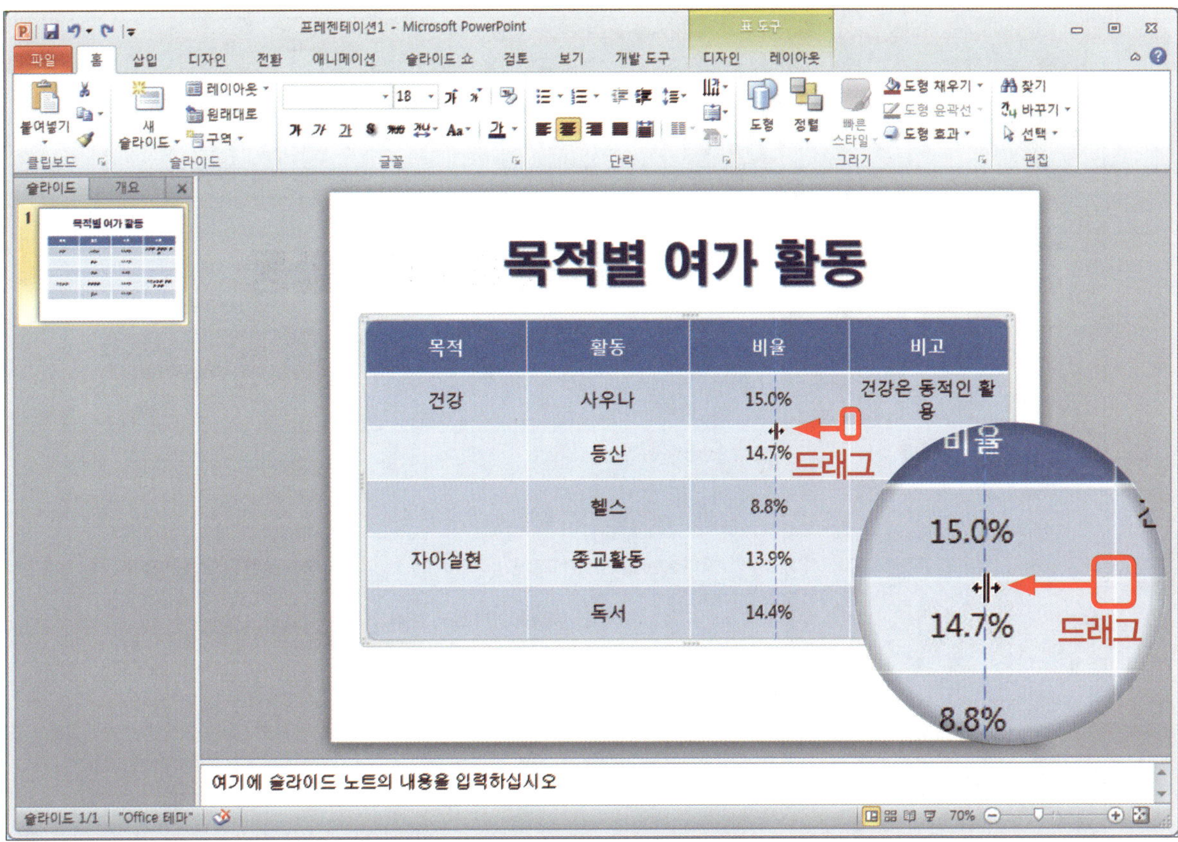

8 다음과 같이 범위를 드래그하여 선택하고 [표 도구]-[레이아웃] 탭의 [셀 크기] 그룹에서 [열 너비를 같게 🎛] 단추를 클릭하여 열 너비를 같도록 조절합니다.

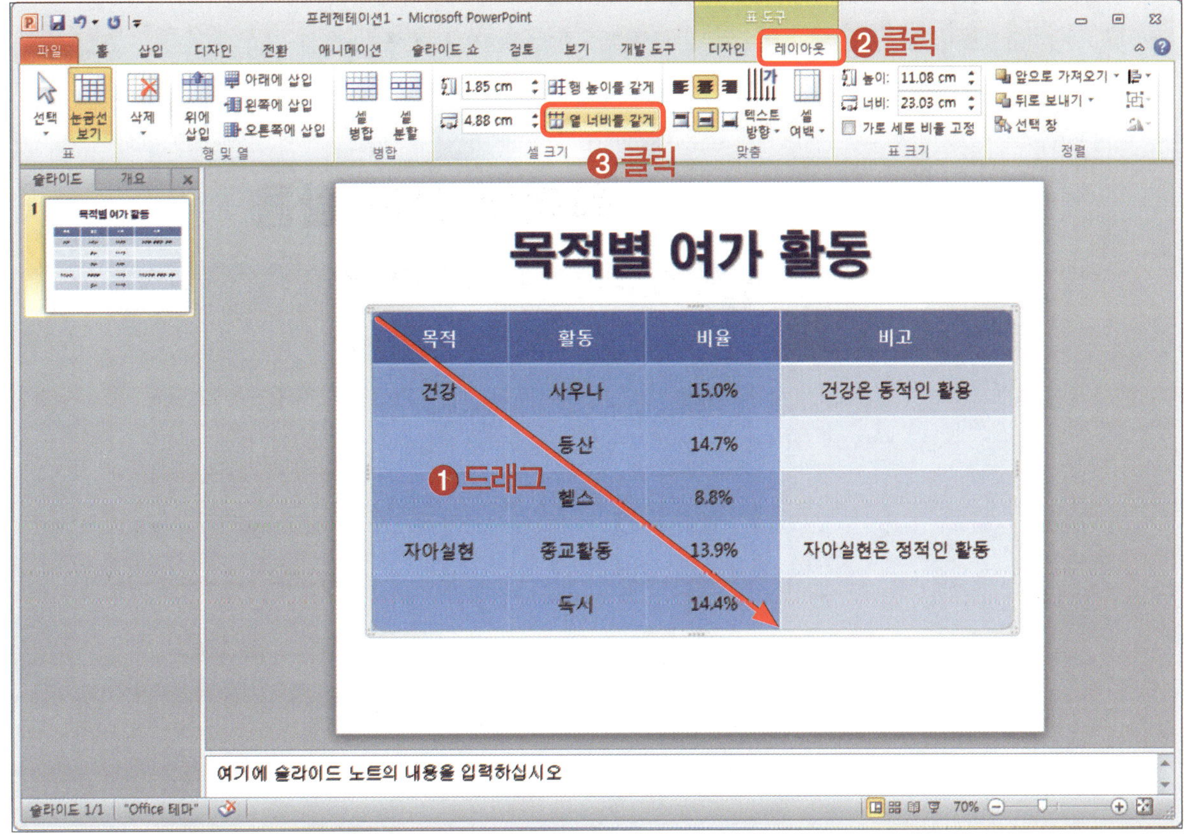

9 셀 병합할 부분을 드래그하여 범위를 지정하고 [표 도구]−[레이아웃] 탭의 [병합] 그룹에서 [셀 병합 ▦] 단추를 클릭합니다.

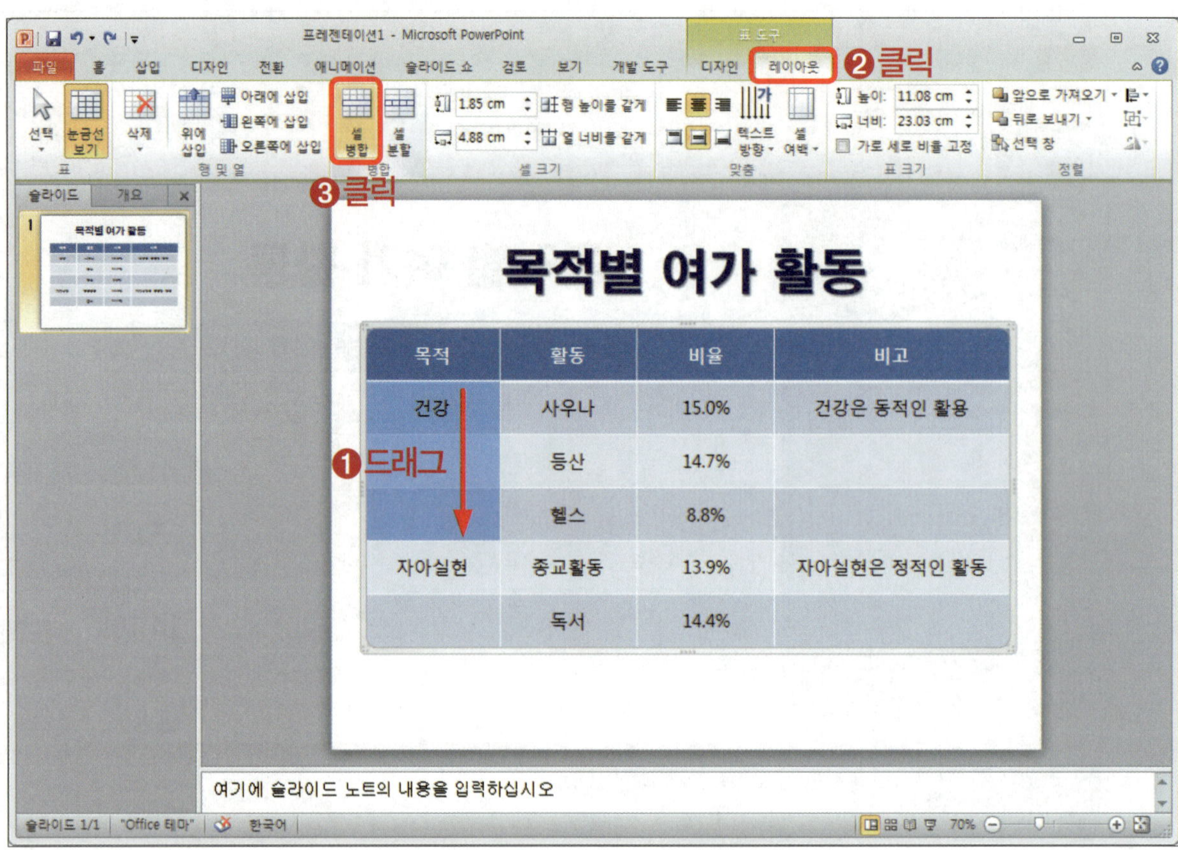

10 동일한 방법으로 표의 해당 셀 부분을 다음과 같이 각각 병합합니다.

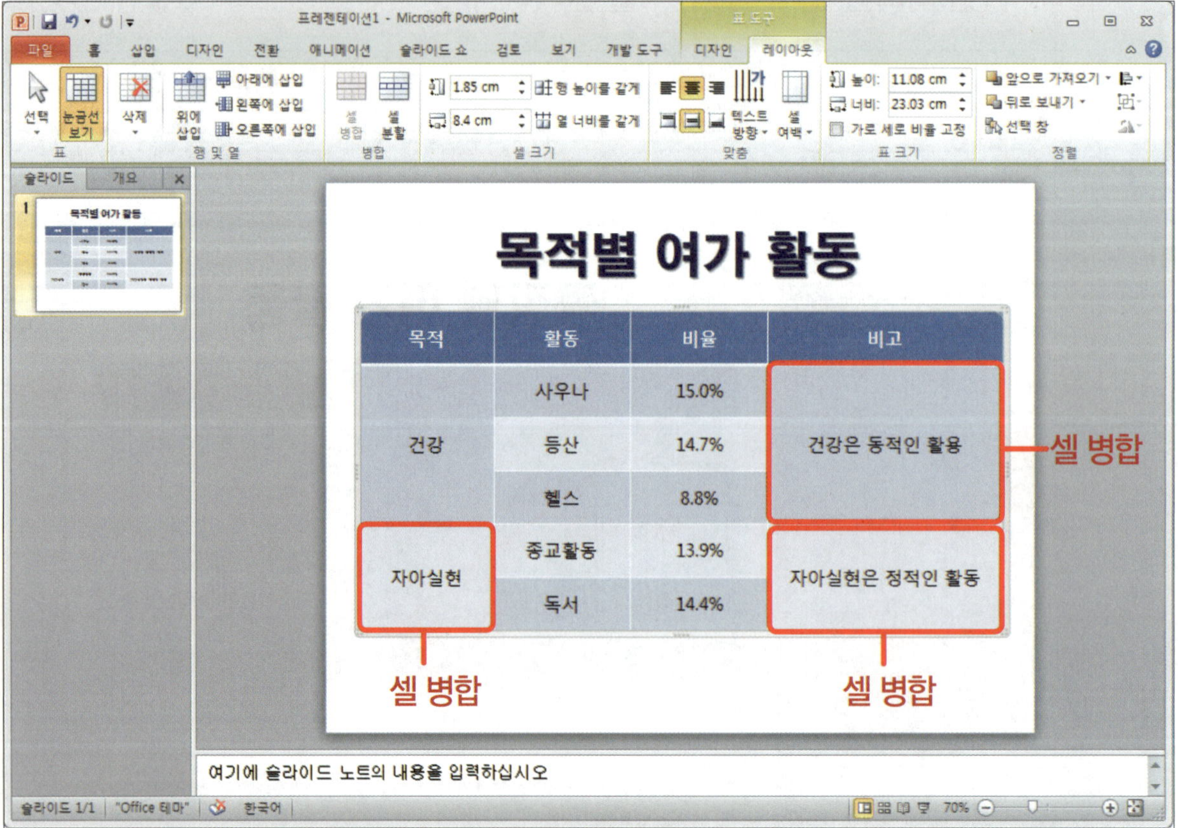

⑪ 마지막 행을 클릭하고 [표 도구] – [레이아웃] 탭의 [행 및 열] 그룹에서 [아래에 삽입] 단추를 클릭하여 맨 아래쪽에 행을 삽입합니다.

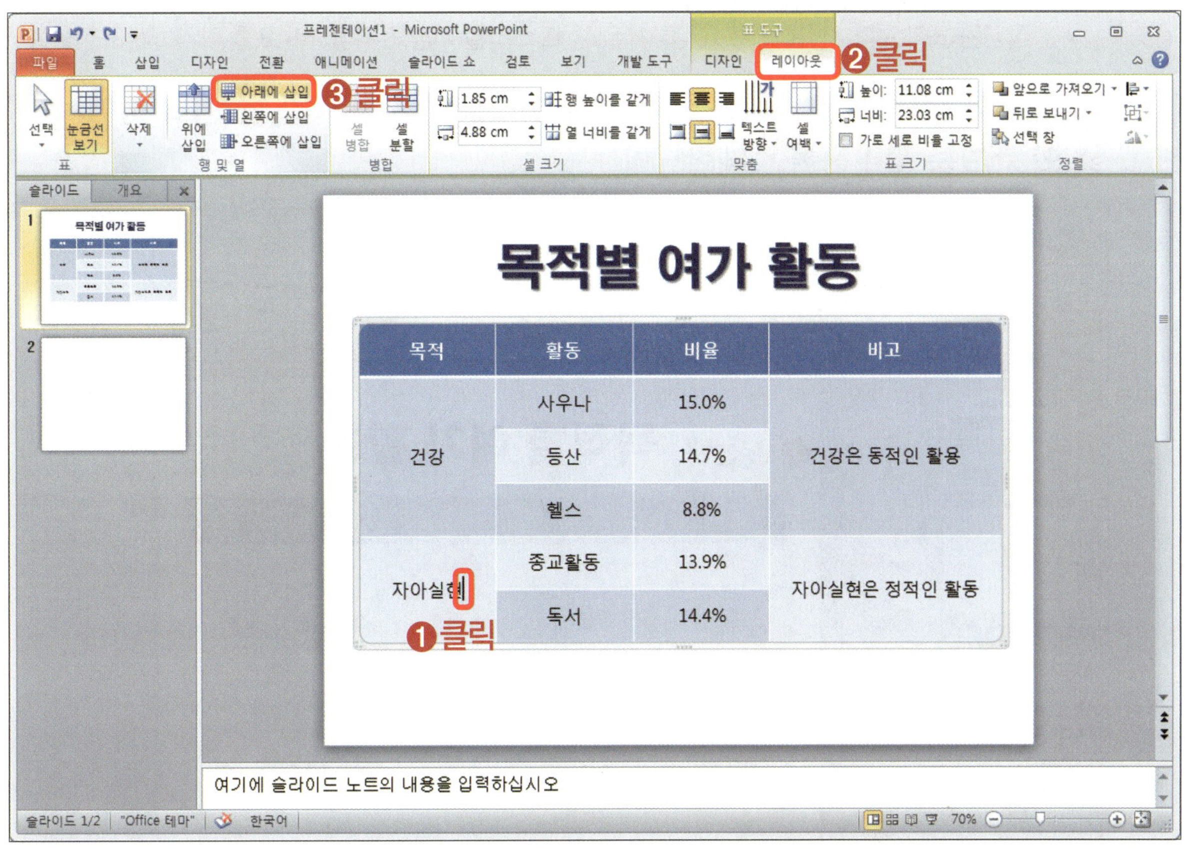

⑫ 아래 행이 삽입되면 다음 그림과 같이 셀 병합을 하고 내용을 입력합니다.

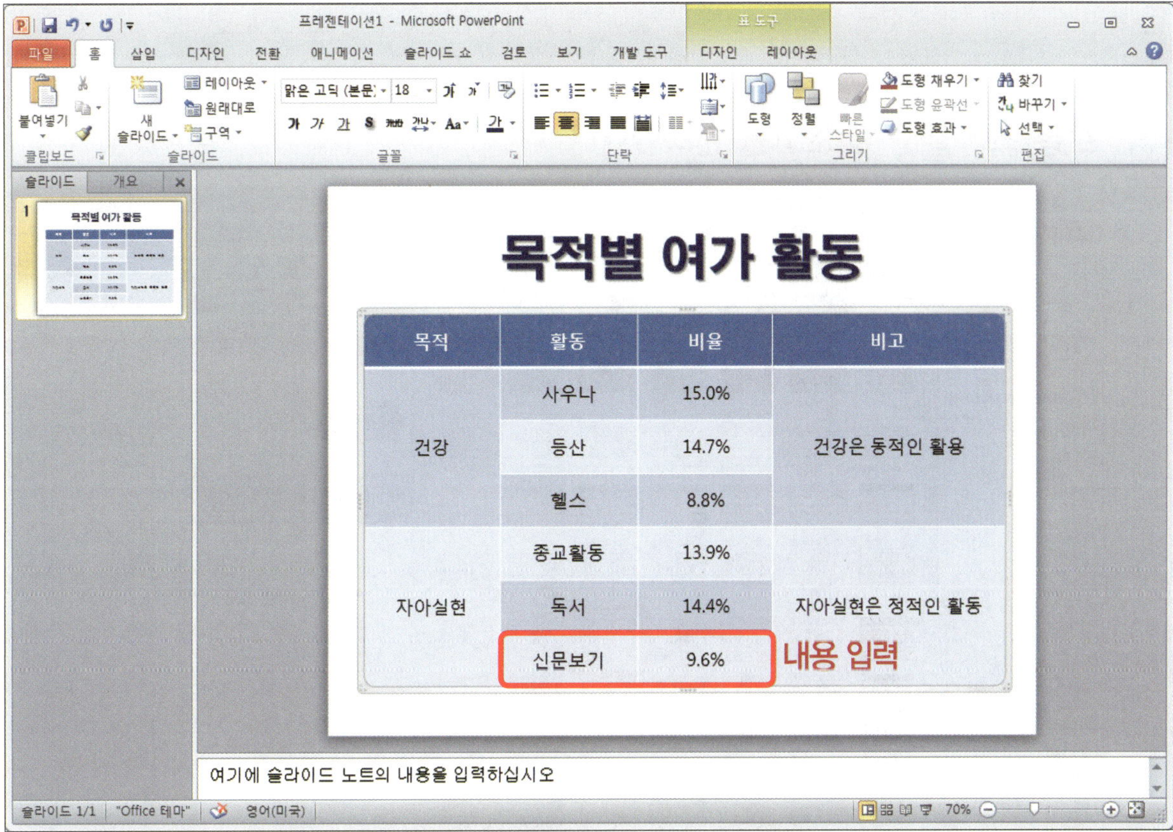

표에 서식 지정하기

작성된 표를 보다 시각적으로 표시하기 위해 표 스타일 기능을 지정하여 표를 다양하게 표현할 수 있습니다.

① 표 전체를 선택한 후 [표 도구]-[디자인] 탭의 [표 스타일 옵션] 그룹에서 [줄무늬 행]의 체크를 클릭하여 해제합니다.

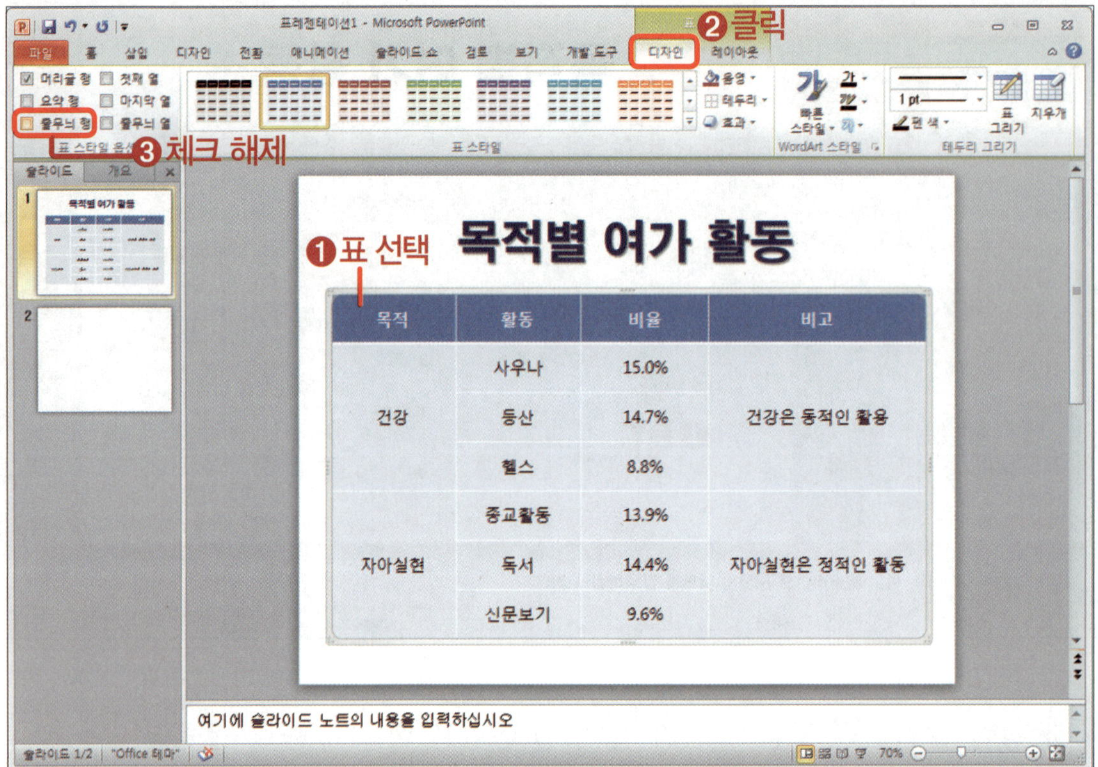

② [표 도구]-[디자인] 탭의 [표 스타일] 그룹에서 [자세히 ▾] 단추를 클릭하고 보통의 '보통 스타일 1- 강조 4'를 선택합니다.

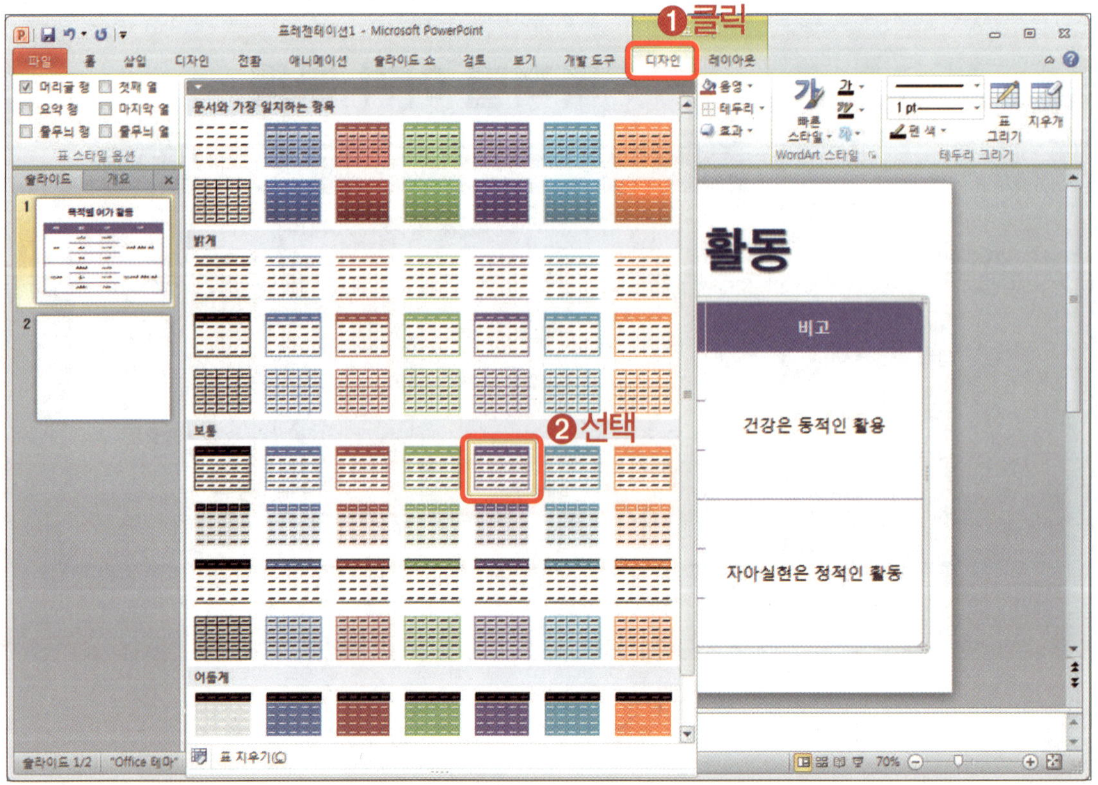

❸ 왼쪽 '건강'과 '자아실현' 셀을 범위 지정하고 [표 도구]-[디자인] 탭의 [표 스타일] 그룹에서 [음영 🖌] 단추를 클릭한 후 '자주, 강조 4, 80% 더 밝게'를 선택합니다.

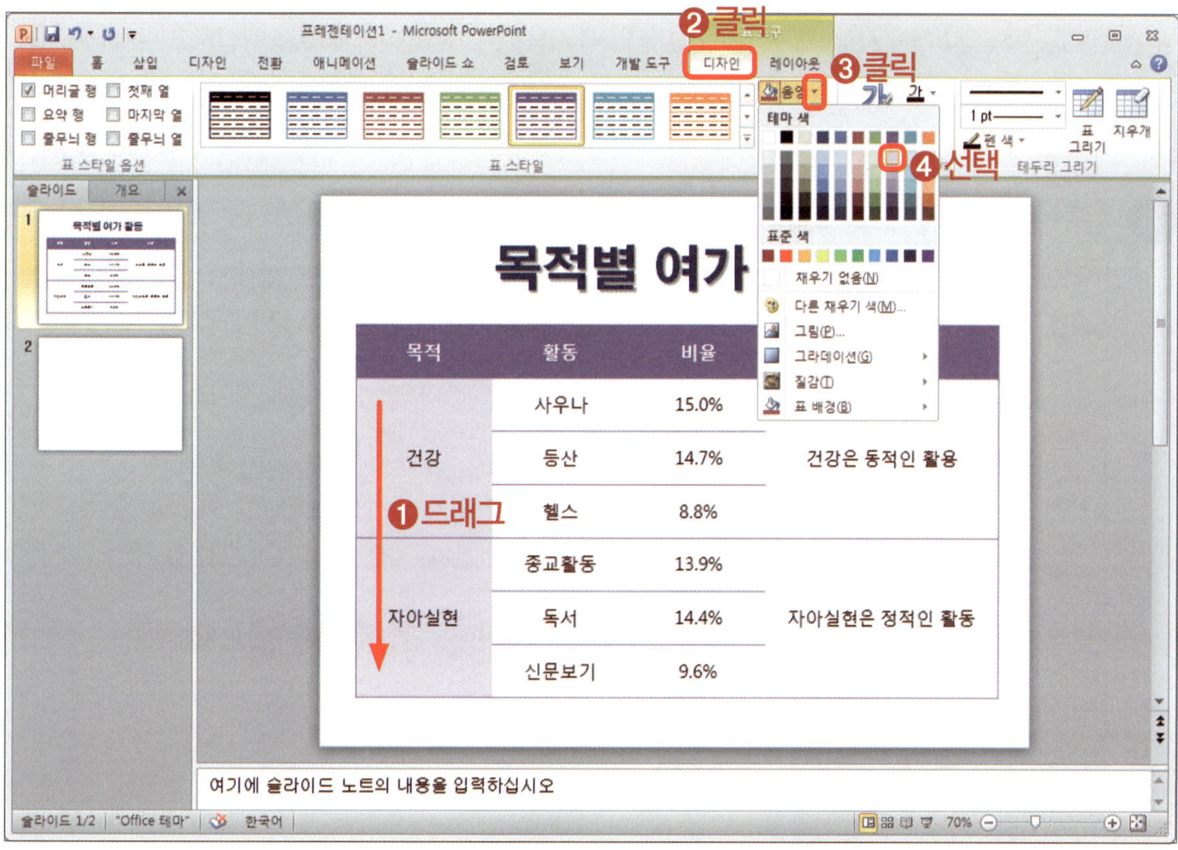

❹ 계속해서 [표 스타일] 그룹에서 [효과 🔲] 단추를 클릭하고 [셀 입체 효과]-[입체 효과]-[각지게]를 선택합니다.

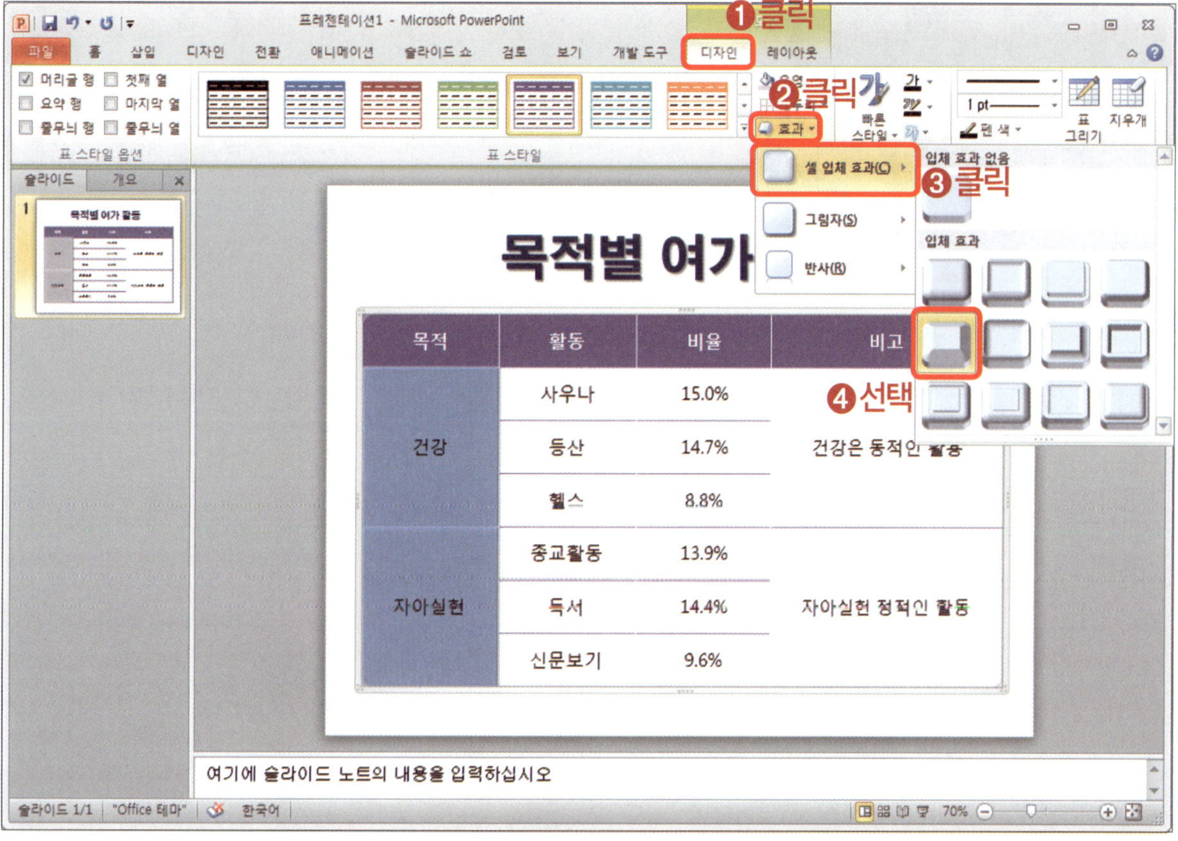

실습3 차트 만들기

차트는 수치 데이터를 시각적으로 살펴보고자 할 때 사용하는 기능입니다. 차트를 삽입하고 수치 데이터를 입력하여 데이터를 한눈에 분석할 수 있는 차트를 만들 수 있습니다.

1 [홈] 탭 [슬라이드] 그룹에서 [레이아웃 📰] 단추를 클릭하고 '제목 및 내용'을 선택한 후 제목 상자에『문화센터 접수비율』을 입력하고 글꼴(HY견명조), 글꼴 크기(48), 글꼴 스타일(텍스트 그림자), 글꼴 색(진한 빨강)을 지정합니다.

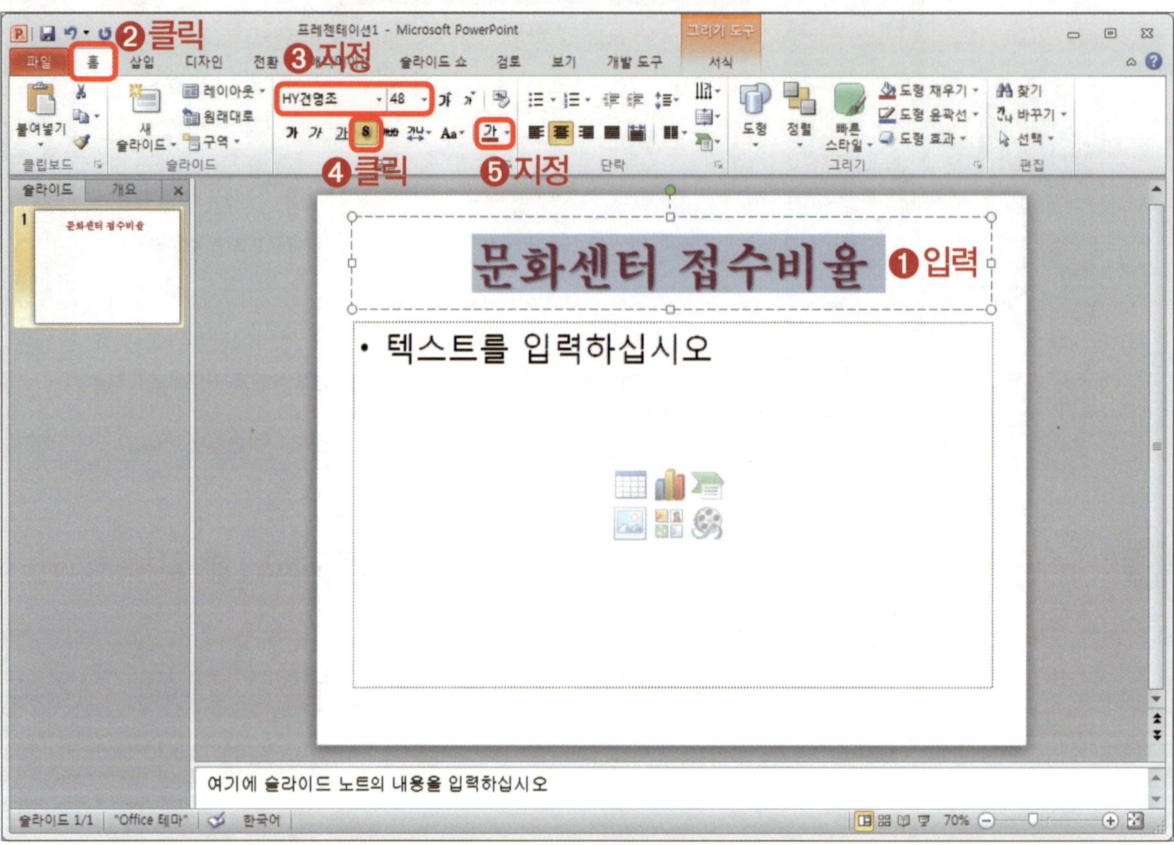

② 내용 텍스트 상자에 [차트 삽입 📊] 아이콘을 클릭합니다.

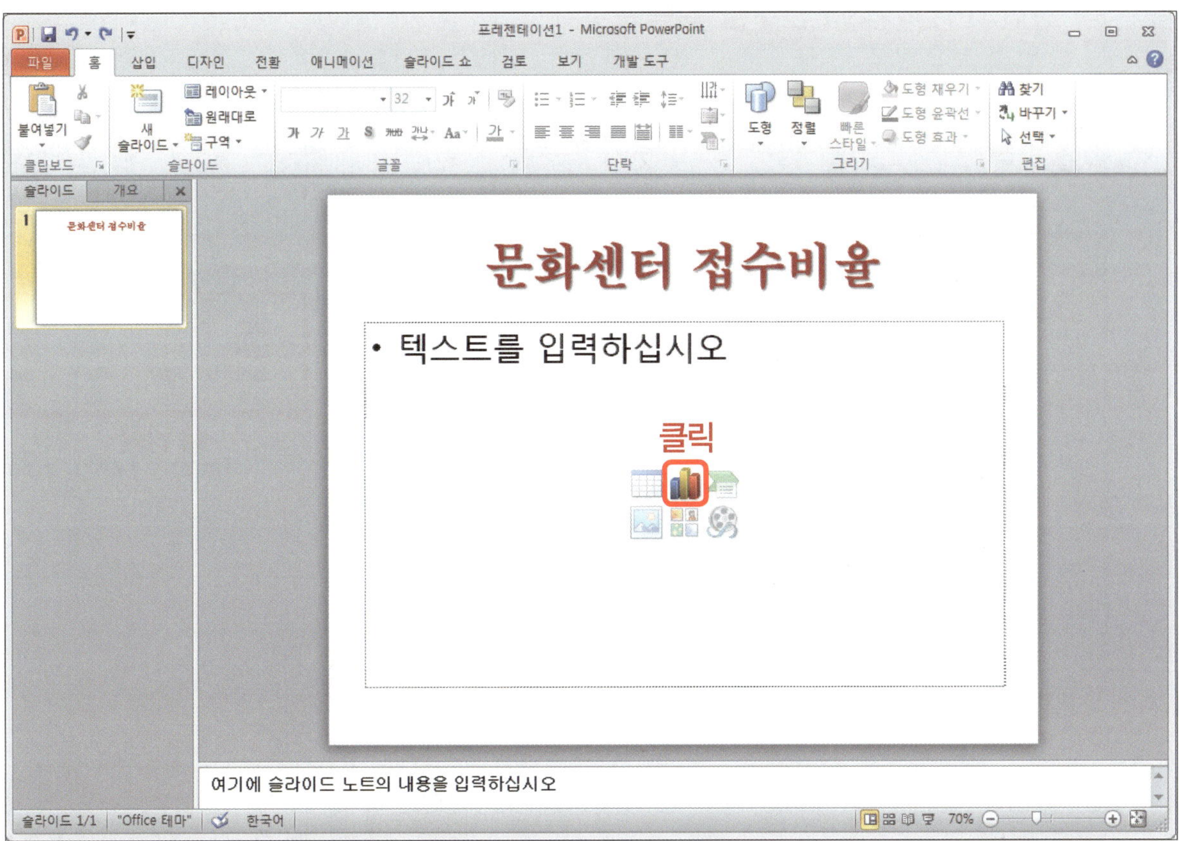

③ [차트 삽입] 대화상자에서 세로 막대형의 '묶은 세로 막대형'을 선택하고 [확인] 단추를 클릭합니다.

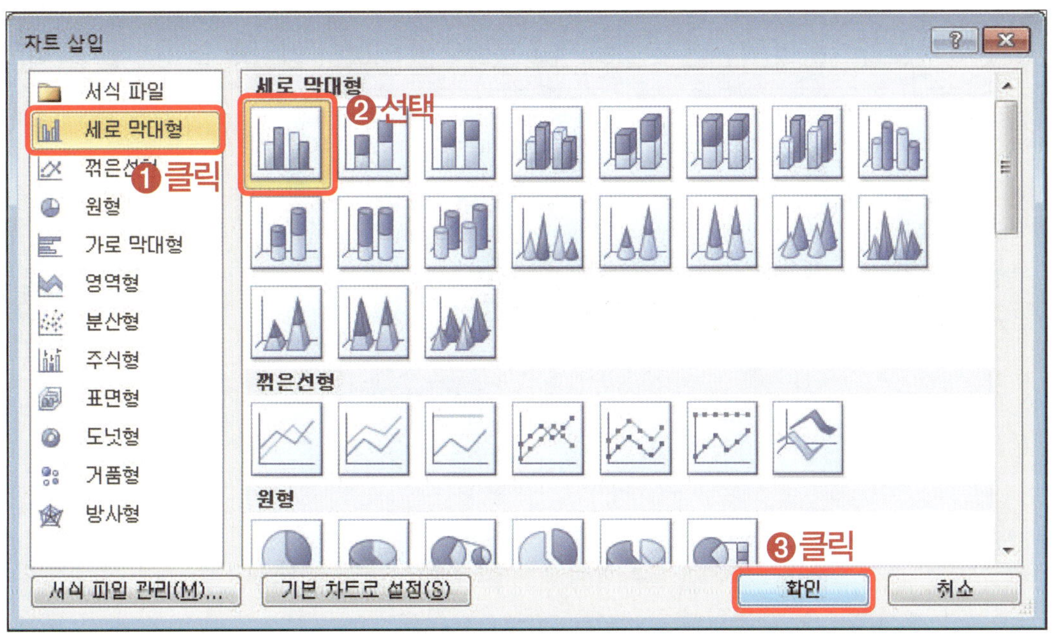

④ Microsoft PowerPoint의 차트 창이 나타나면 주어진 내용을 입력하고 화면 오른쪽 상단의 [닫기 ✖] 단추를 클릭합니다.

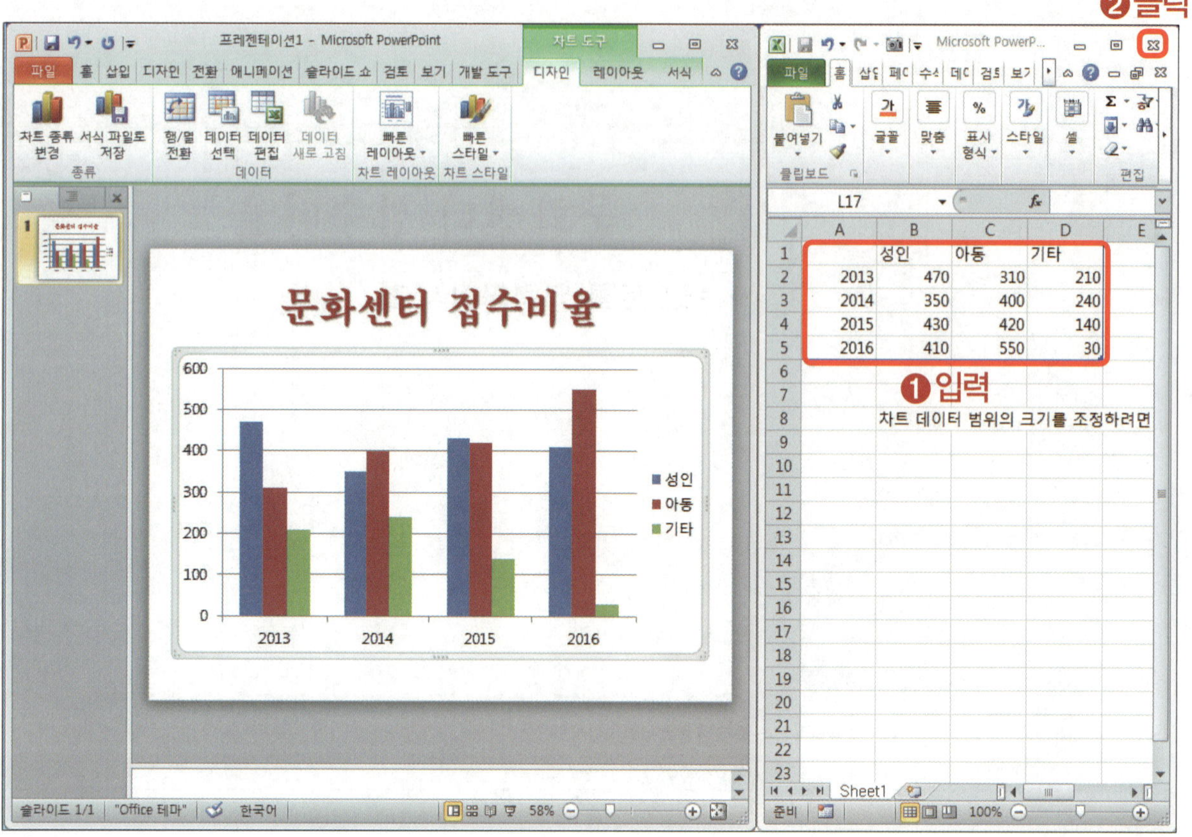

TIP 데이터 내용이 적은 경우에는 데이터 범위의 오른쪽 아래 모서리를 데이터가 입력된 곳까지 드래그하여 크기를 조절하거나 불필요한 데이터 범위의 열과 행을 삭제합니다.

	A	B	C	D
1		계열 1	계열 2	계열 3
2	항목 1	4.3	2.4	2
3	항목 2	2.5	4.4	2
4				
5				
6				

⑤ 다음과 같이 슬라이드에 차트가 완성됩니다.

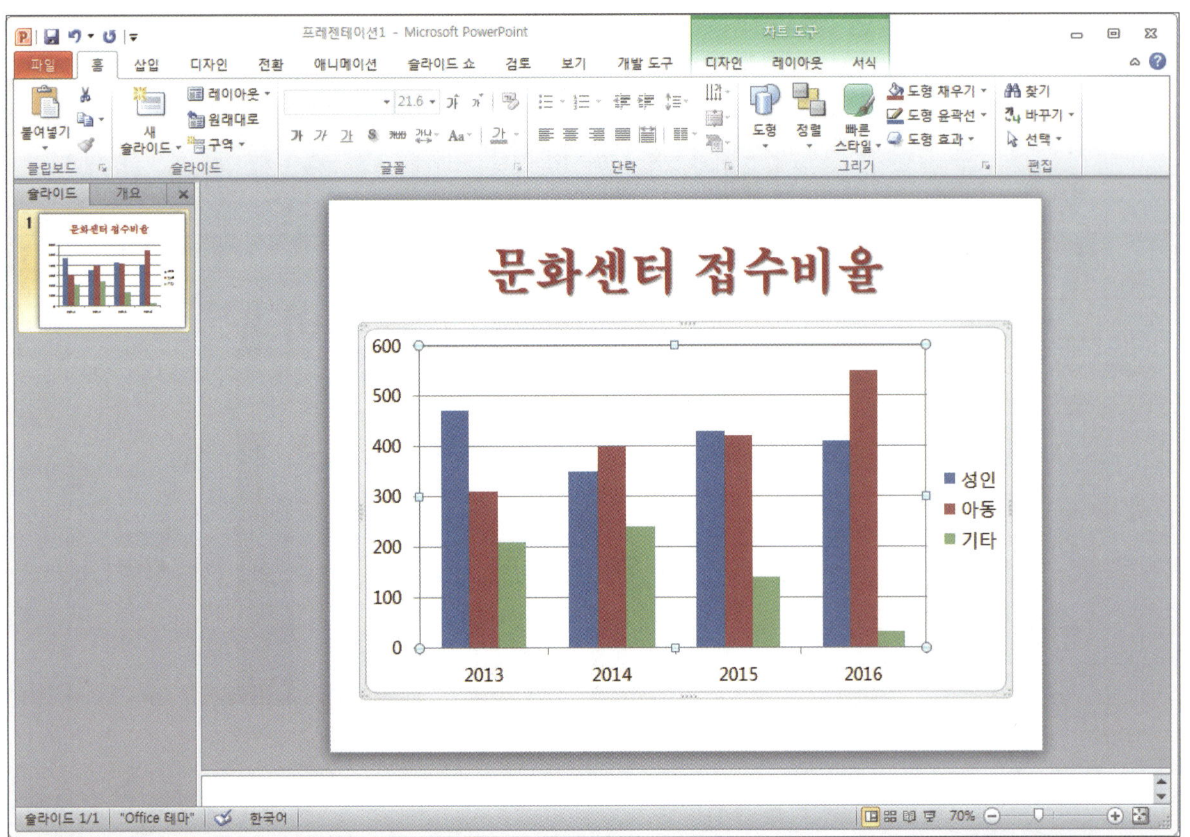

실습4 차트 레이아웃과 서식 지정하기

작성된 차트를 보다 시각적으로 표현하기 위해 디자인, 레이아웃, 서식 등의 기능을 지정하여 원하는 형태의 차트를 만들 수 있습니다.

실력쑥쑥 TIP 차트의 구성 요소

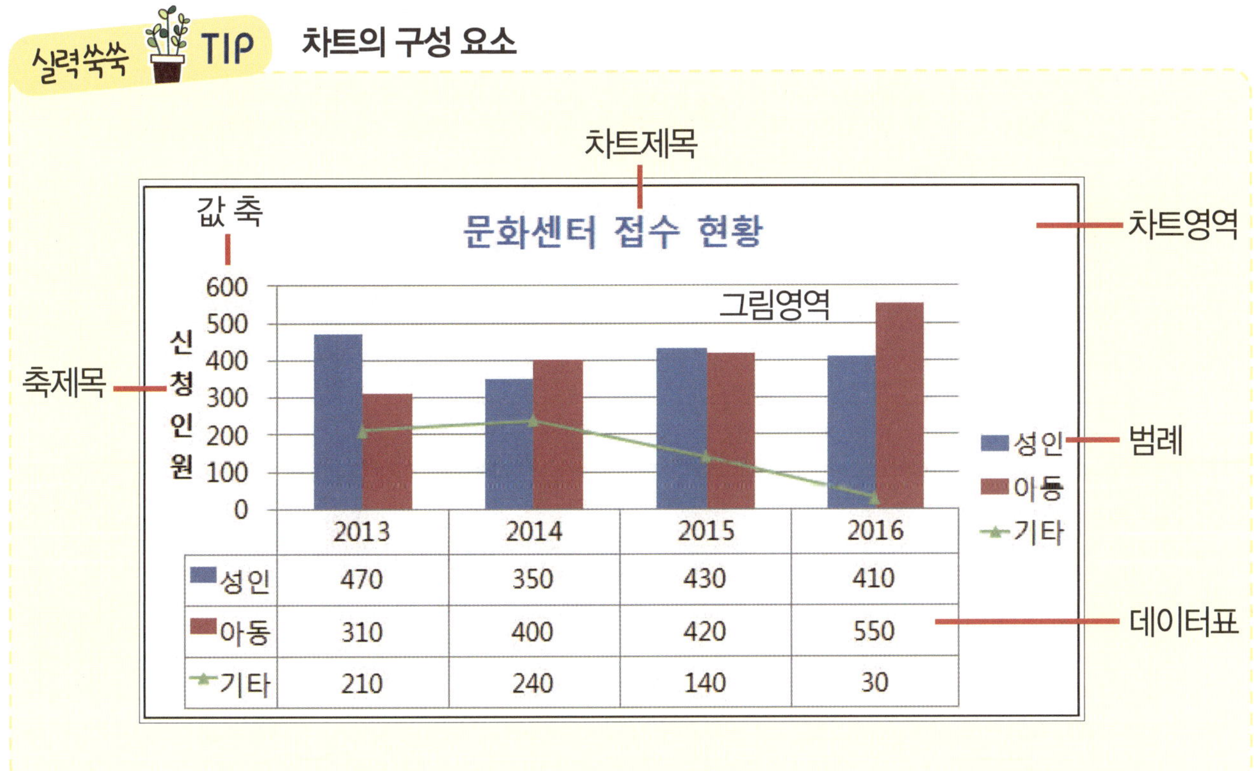

1 차트영역을 선택하고 [차트 도구]−[레이아웃] 탭의 [레이블] 그룹에서 [차트 제목] 단추를 클릭한 후 [차트 위]를 선택합니다.

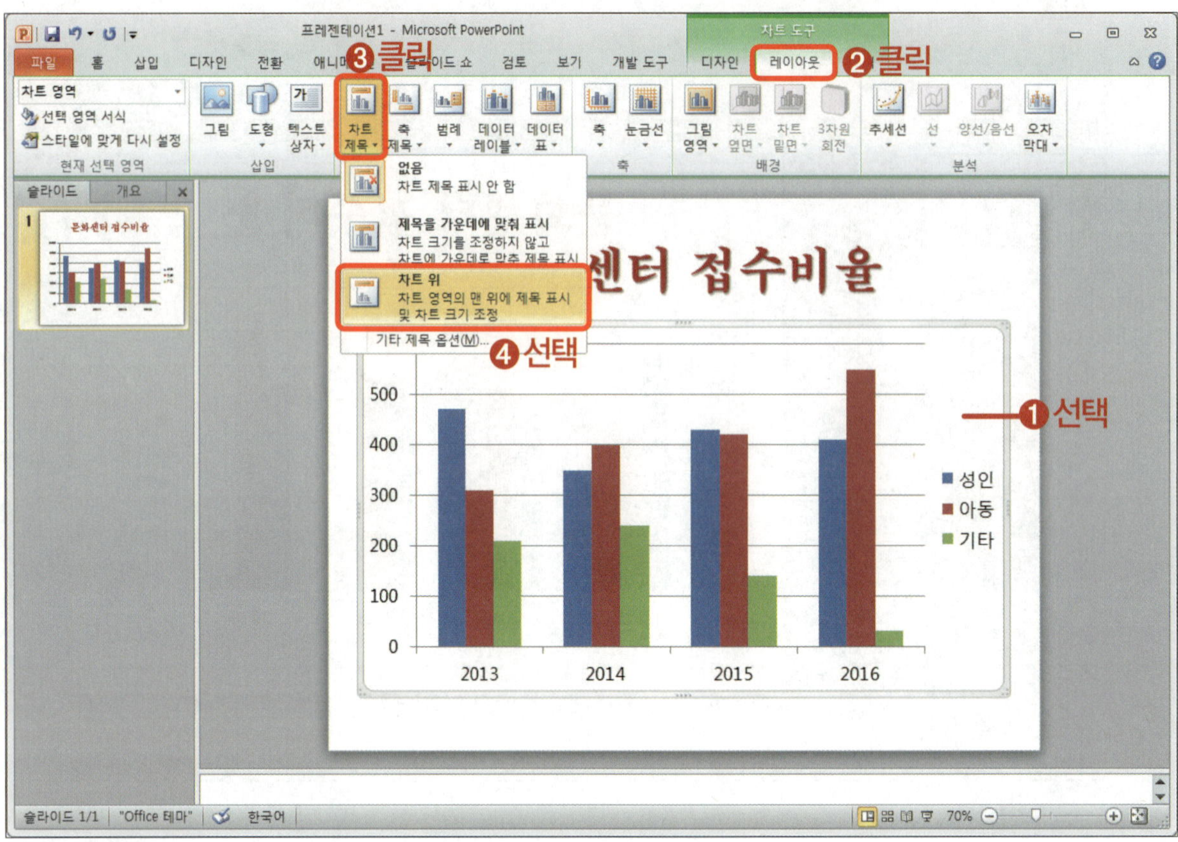

2 차트 제목이 나타나면 주어진 내용을 입력하고 [홈] 탭의 [글꼴] 그룹에서 글꼴 크기(24), 글꼴 속성(굵게), 글꼴 색(파랑)을 지정합니다.

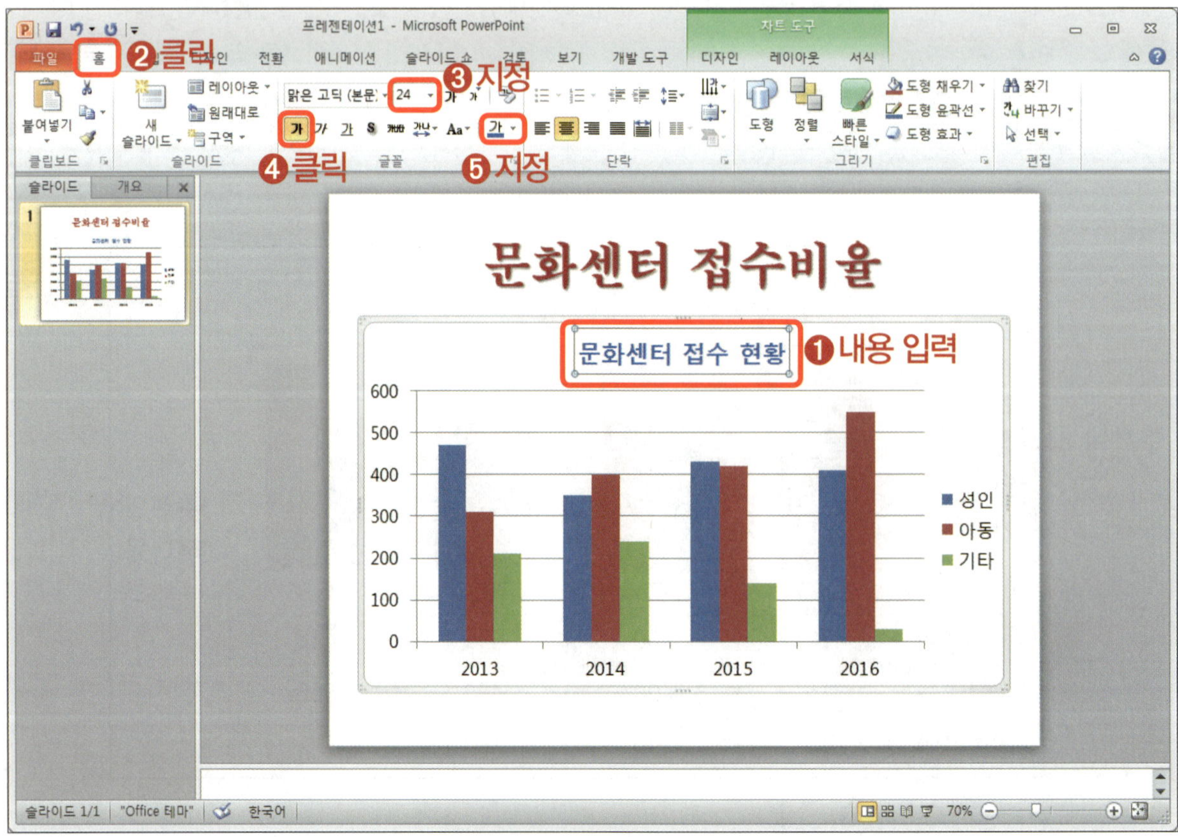

❸ [차트 도구]-[레이아웃] 탭의 [레이블] 그룹에서 [축 제목] 단추를 클릭하고 [기본 세로 축 제목]에서 [세로 제목]을 선택합니다.

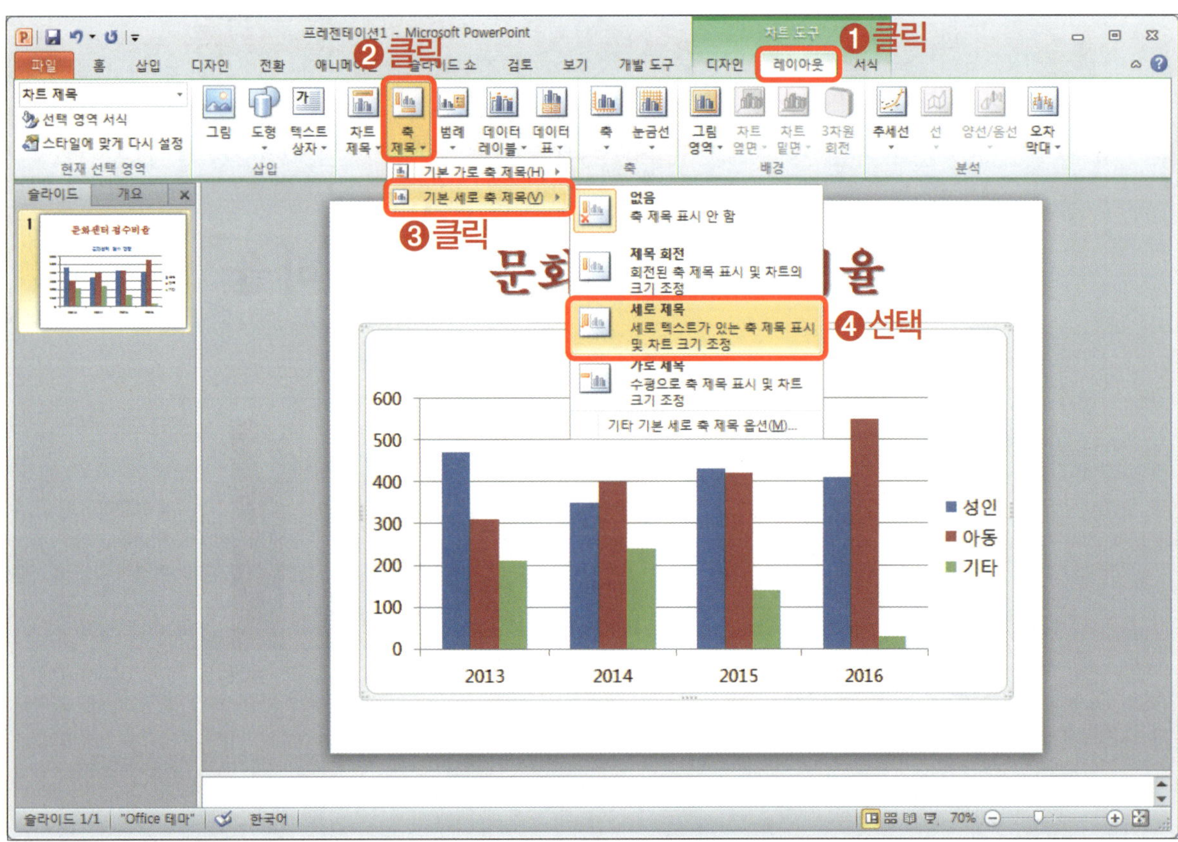

❹ 기본 세로 축 제목이 나타나면 『신청인원』을 입력합니다.

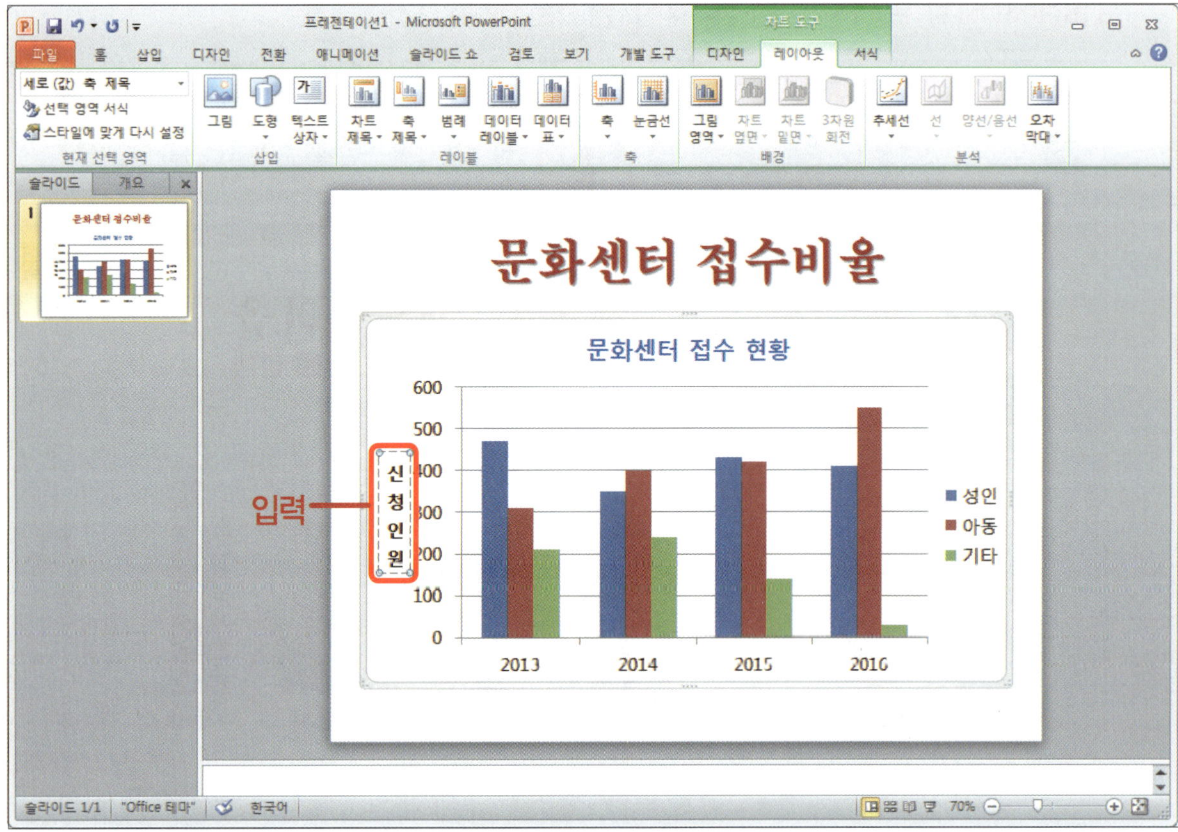

5 [차트 도구]-[레이아웃] 탭의 [레이블] 그룹에서 [범례 ▥] 단추를 클릭하고 [없음]을 **선택**하여 범례를 삭제합니다.

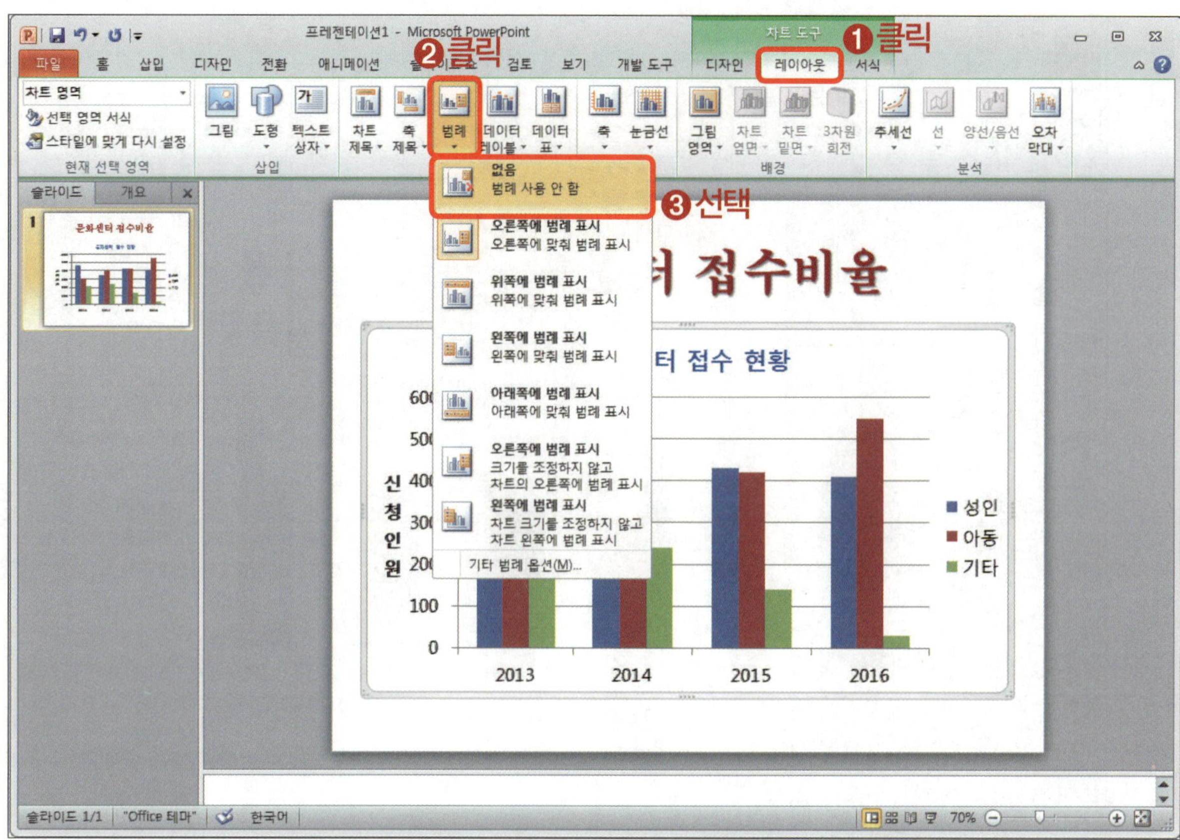

6 [차트 도구]-[레이아웃] 탭의 [레이블] 그룹에서 [데이터 표 ▥] 단추를 클릭하고 [범례 표지와 함께 데이터 표 표시 ▥]를 **선택**합니다.

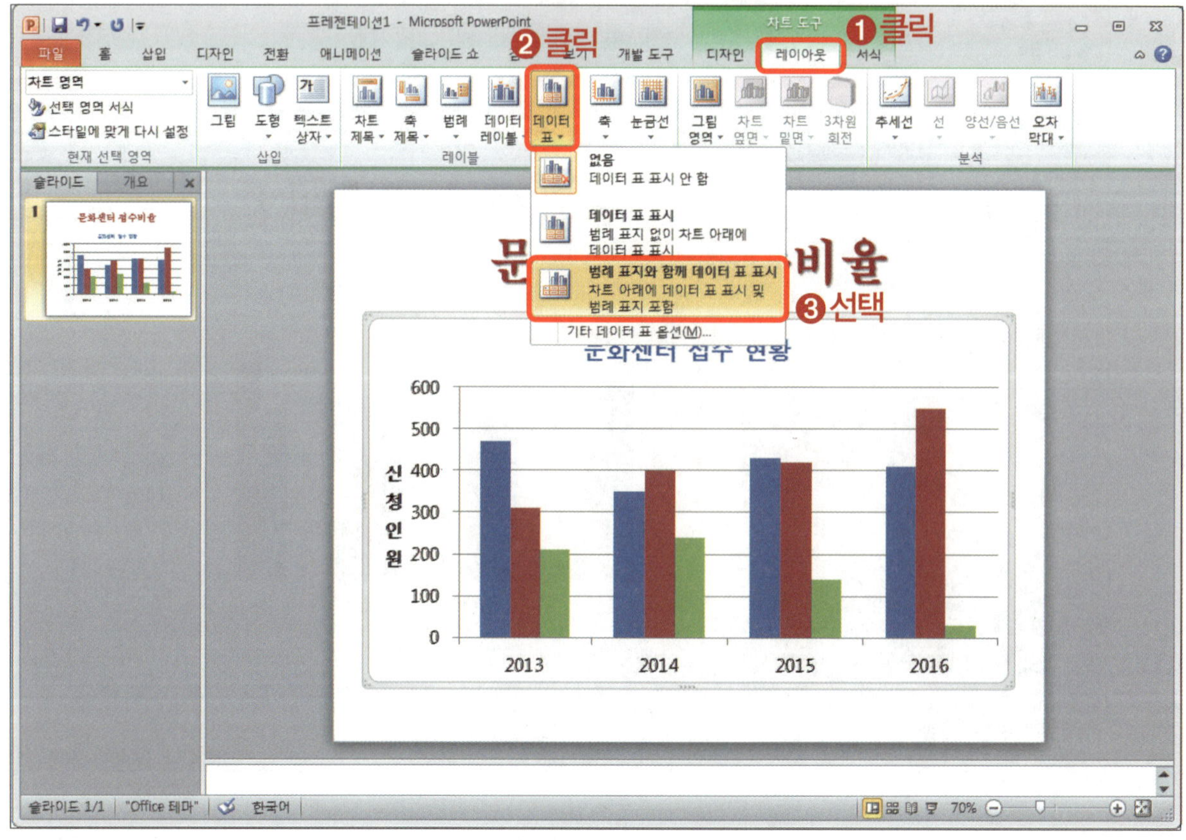

7 기타 계열을 클릭하여 선택하고 마우스 오른쪽 단추를 클릭한 후 [계열 차트 종류 변경]을 선택합니다.

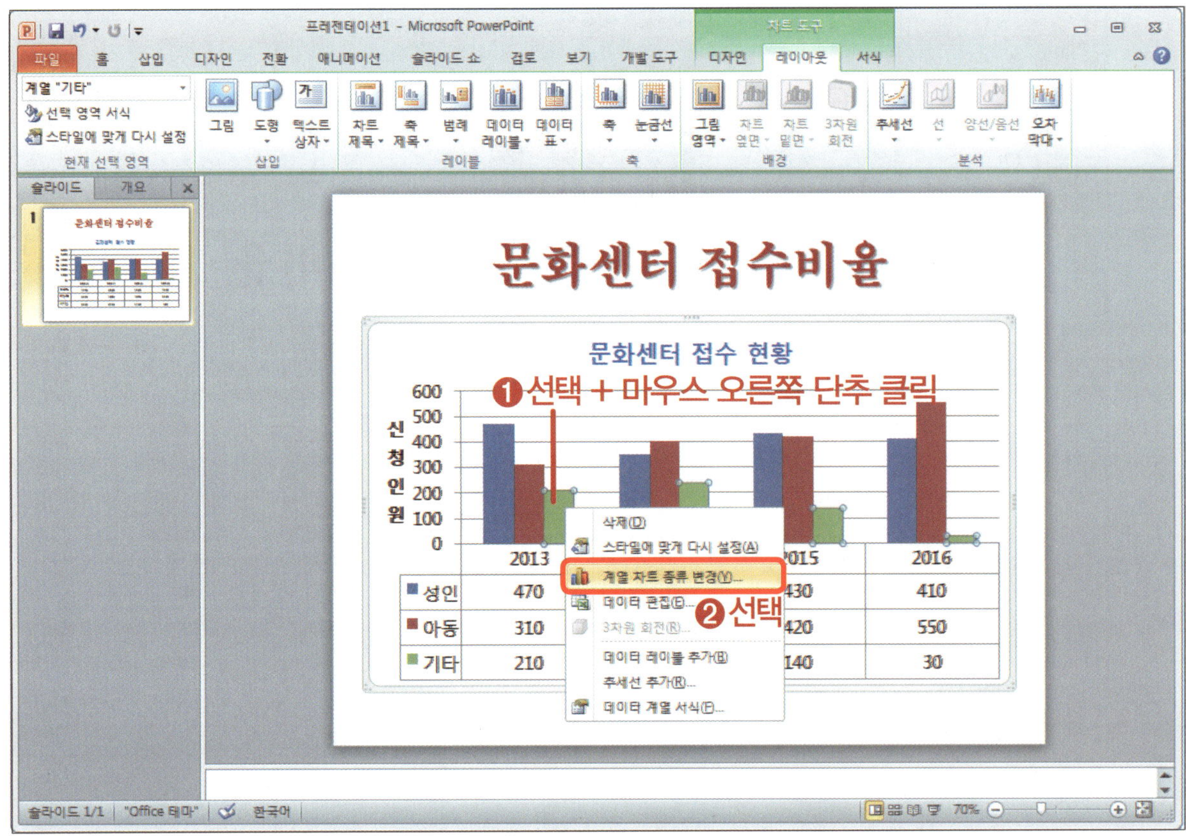

8 [차트 종류 변경] 대화상자에서 꺾은선형의 [표식이 있는 꺾은선형]을 선택하고 [확인] 단추를 클릭합니다.

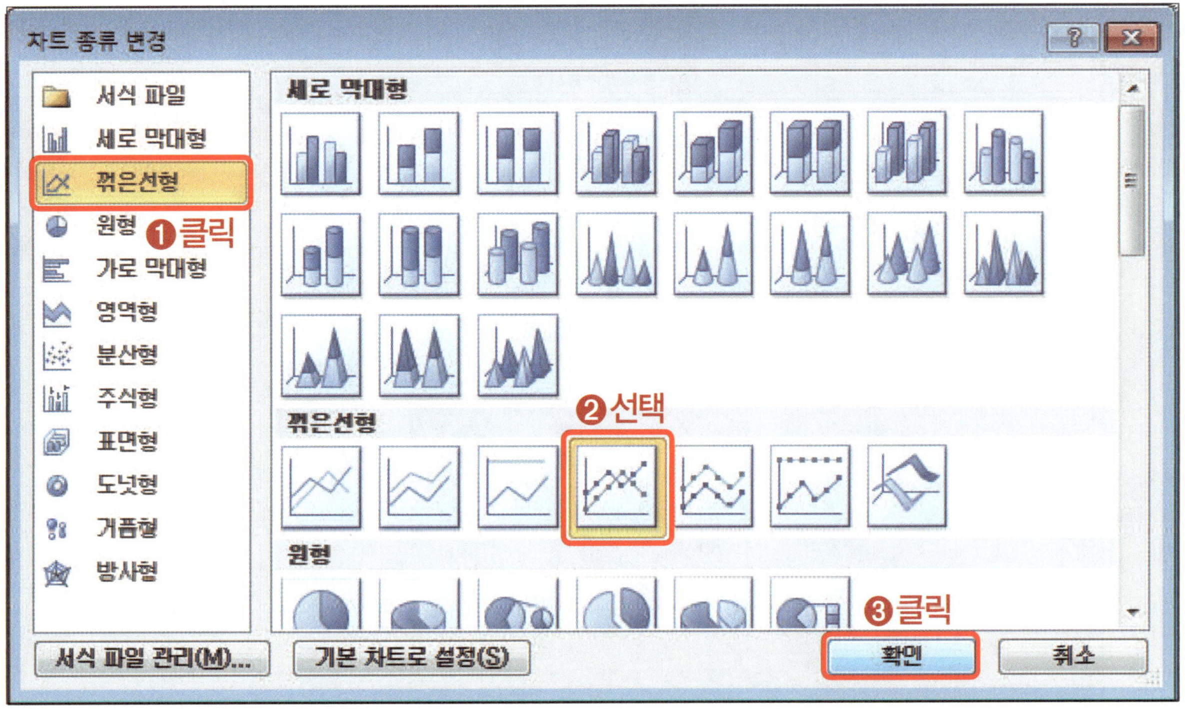

⑨ 차트영역을 선택하고 [차트 도구]-[서식] 탭의 [도형 스타일] 그룹에서 [도형 채우기] 단추를 클릭한 후 '황록색, 강조 3, 80% 더 밝게'를 선택합니다.

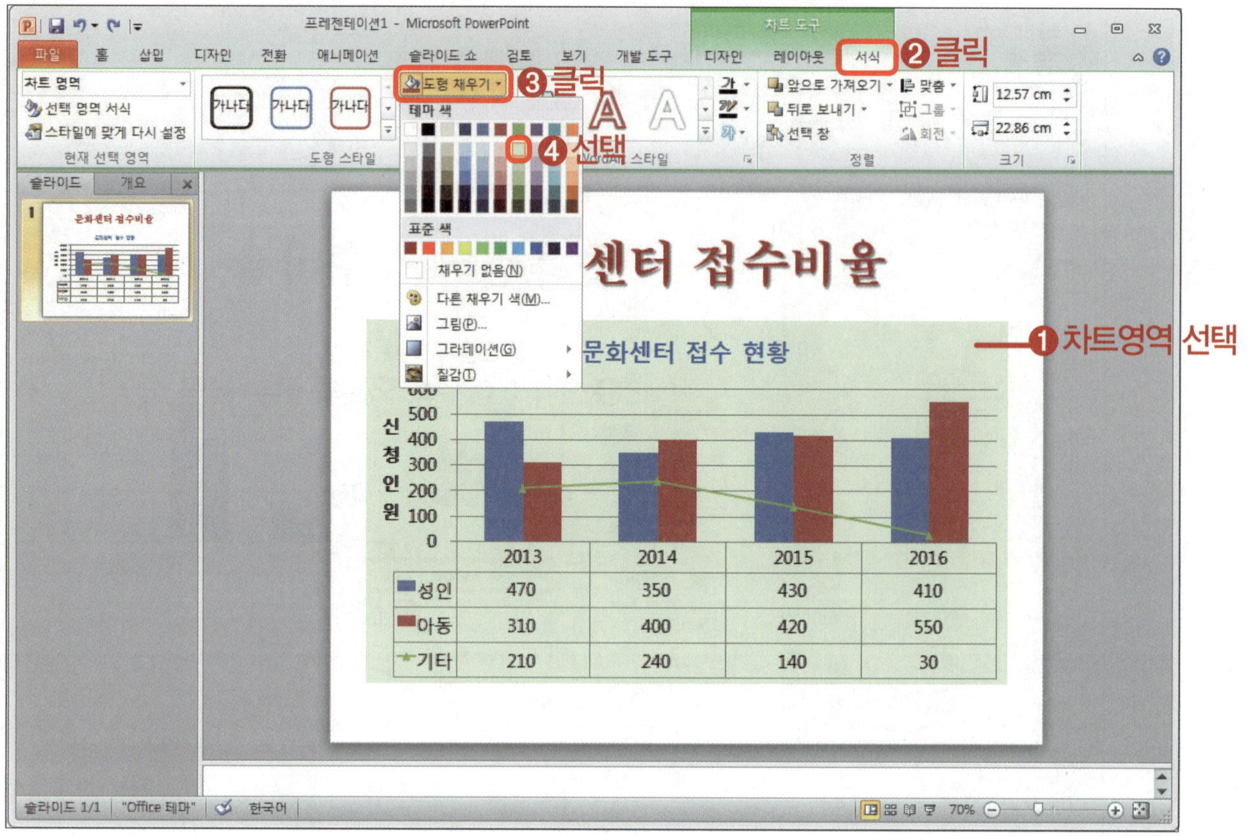

⑩ 계속해서 [도형 윤곽선] 단추를 클릭하고 '검정, 텍스트 1'을 선택합니다.

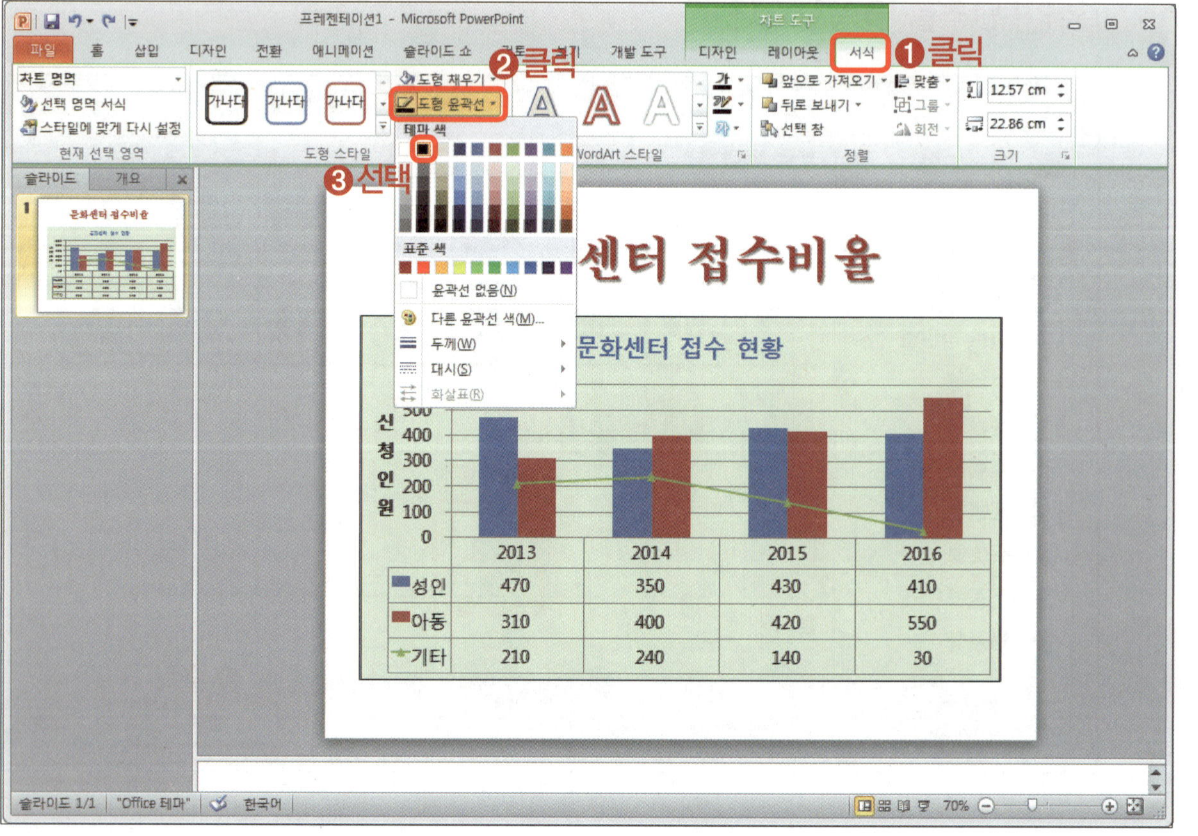

○ 완성파일 : 파포2010₩4장₩혼자풀어보기1(완성), 혼자풀어보기2(완성).pptx

1 '제목 및 내용' 슬라이드에 다음과 같은 표를 삽입하고 해당 부분들의 행을 병합하여 보세요.

Hint!

- 제목을 입력하고 내용 상자에서 [표 삽입] 아이콘을 클릭한 후 열 개수(3)와 행 개수(7)를 입력합니다.
- 해당 행을 범위 지정하고 [표 도구]-[레이아웃] 탭의 [병합] 그룹에서 [셀 병합] 단추를 클릭합니다.

2 표에 내용을 입력한 후 다음과 같이 서식을 지정하여 보세요.

▶ 텍스트 맞춤 : 가로 가운데, 세로 가운데

▶ 표 스타일 옵션 : 줄무늬 행 없음

▶ 표 스타일 : '보통의 스타일2 – 강조5'

체험교육

구분	프로그램	내용
소양교육	기본소양교육	상담, 글쓰기, 시청각 교육
행동교육	행동체험	상황별 행동 교정, 웃음 교정법
검사방법	행동시뮬레이터	상황별 스트레스 해소
	행동정밀검사	정신적 스트레스 해소
교육과정	48시간	스트레스 요인 분석 및 해소
	72시간	스트레스 요인 분석 및 상황별 대처법

Hint!

- [표 도구]-[레이아웃] 탭의 [맞춤] 그룹에서 [가운데 맞춤] 단추와 [세로 가운데 맞춤] 단추를 클릭합니다.
- [표 도구]-[디자인] 탭의 [표 스타일 옵션] 그룹과 [표 스타일] 그룹에서 각각 지정합니다.

3 '제목 및 내용' 슬라이드에 다음과 같은 차트를 삽입해보세요.

▶ 제목 서식 : 글꼴(HY견고딕), 글꼴 크기(44), 글꼴 스타일(텍스트 그림자)

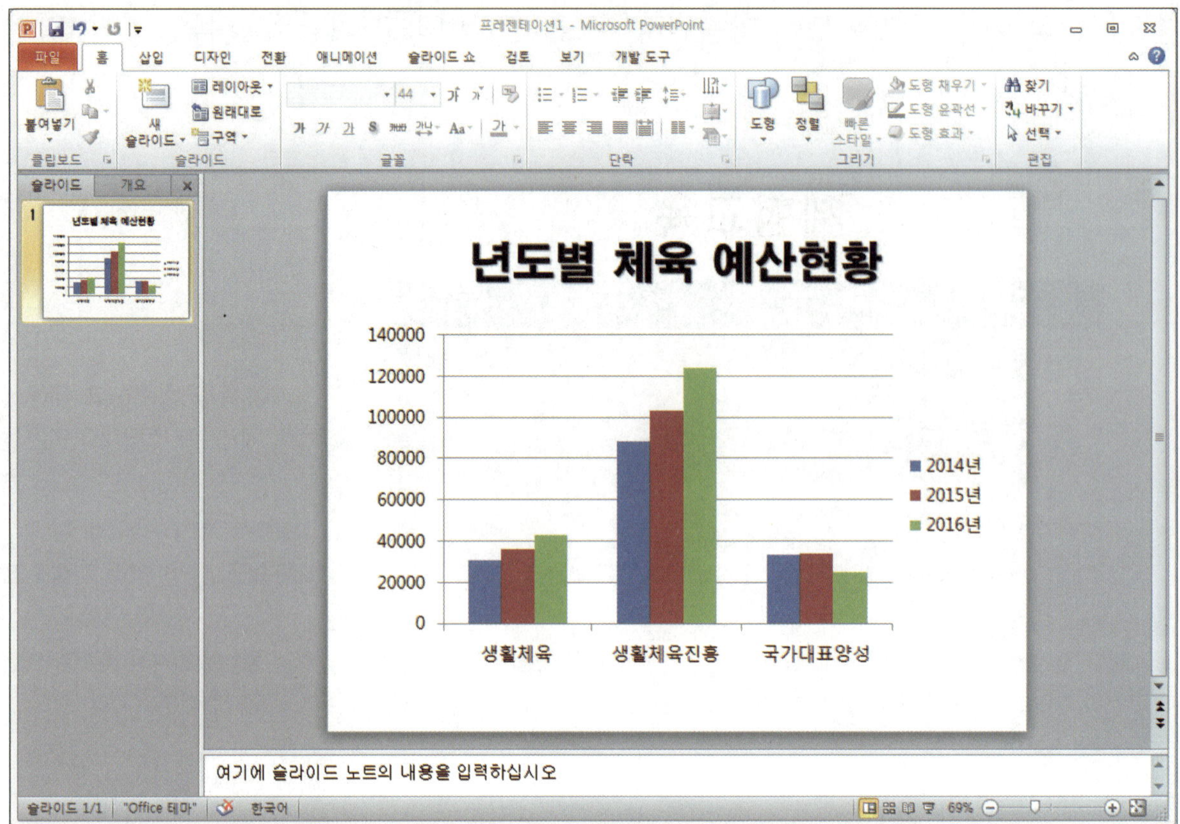

▲	A	B	C	D
1		2014년	2015년	2016년
2	생활체육	31047	35882	42904
3	생활체육진흥	88201	103335	123845
4	국가대표양성	33360	33949	24805
5				

Hint! [차트 삽입] 대화상자에서 세로 막대형의 '누적 세로 막대형'을 선택하고 차트 데이터를 입력합니다.

4 차트에서 다음과 같이 차트를 편집하여 보세요.

▶ 차트에서 차트제목, 축 제목, 범례 없음으로 다음과 같이 지정

▶ 데이터 레이블(2016년 계열)지정, 데이터 표(범례 표지와 함께 데이터 표 표시)

▶ 2016년 데이터 계열의 차트 종류를 '표식이 있는 꺾은선형'으로 변경

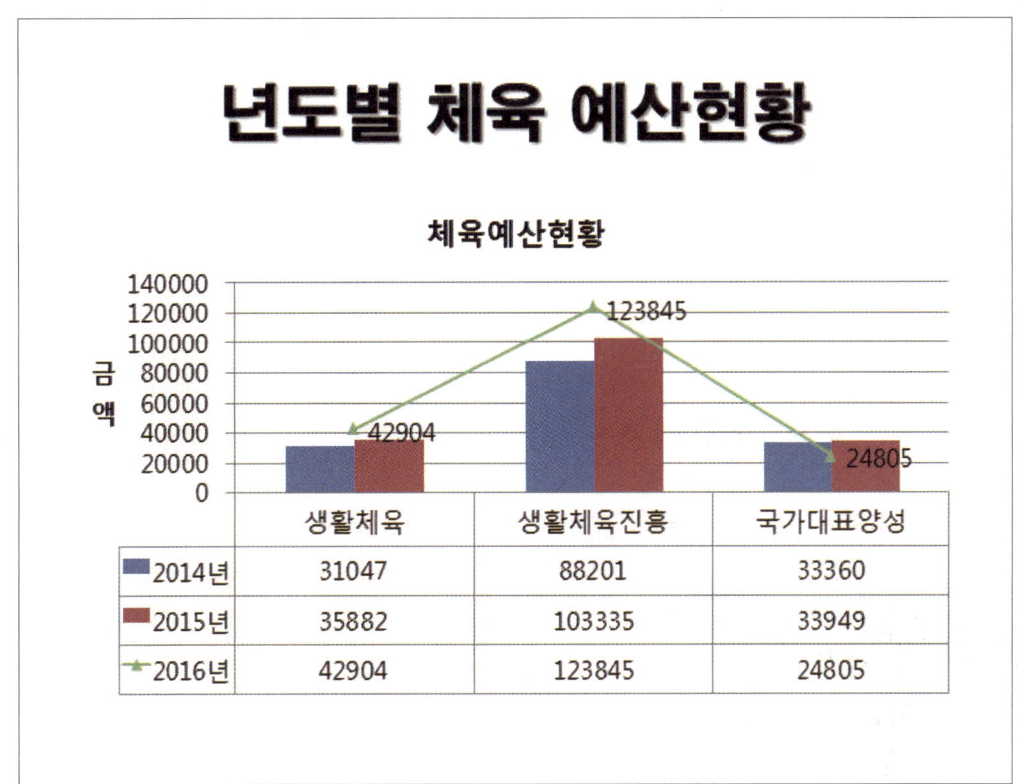

	생활체육	생활체육진흥	국가대표양성
2014년	31047	88201	33360
2015년	35882	103335	33949
2016년	42904	123845	24805

05장 다양한 개체삽입

파워포인트에는 다양한 개체 삽입 기능이 있어 시각적으로 보기 좋은 슬라이드를 만들 수 있습니다. 다양할 개체 삽입 중에서 WordArt, 클립아트, 그림, SmartArt, 비디오, 오디오 등의 다양한 개체를 삽입하고 편집하는 방법에 대하여 알아보도록 합니다.

완성파일 미리보기

● 예제파일 : 파포2010₩5장₩그림1.jpg, 그림2.jpg, 동영상1.avi, 음악1.mp3
● 완성파일 : 파포2010₩5장₩개체삽입(완성).pptx

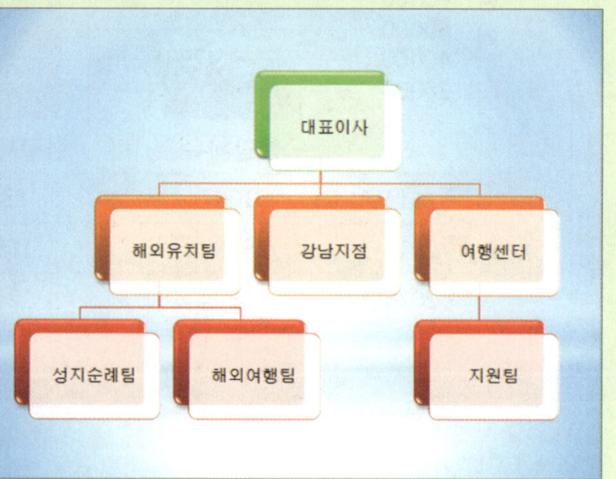

체크포인트

실습1 슬라이드에 WordArt, 클립아트, 그림을 삽입하고 서식을 지정하는 방법에 대하여 알아봅니다.

실습2 SmartArt 기능을 이용하여 조직도를 만들고, 편집하는 방법에 대하여 알아봅니다.

실습3 슬라이드에 비디오와 오디오를 삽입하고 재생하는 방법에 대하여 알아봅니다.

WordArt/클립아트/그림 삽입을 이용한 슬라이드 만들기

WordArt는 텍스트를 이미지화해서 다양한 텍스트 효과를 지정할 수 있으며, 클립아트 및 그림을 삽입하여 배경을 제거하거나 다양한 스타일을 지정할 수 있습니다.

1 [홈] 탭의 [슬라이드] 그룹에서 [레이아웃 📰]−[빈 화면]을 선택하고 빈 화면 [디자인] 탭의 [테마] 그룹에서 [자세히 ▾] 단추를 클릭한 후 '기류' 테마를 선택합니다.

2 [삽입] 탭의 [텍스트] 그룹에서 [WordArt ✈] 단추를 클릭하고 '채우기−연한 파랑, 텍스트2, 윤곽선−배경 2'를 선택합니다.

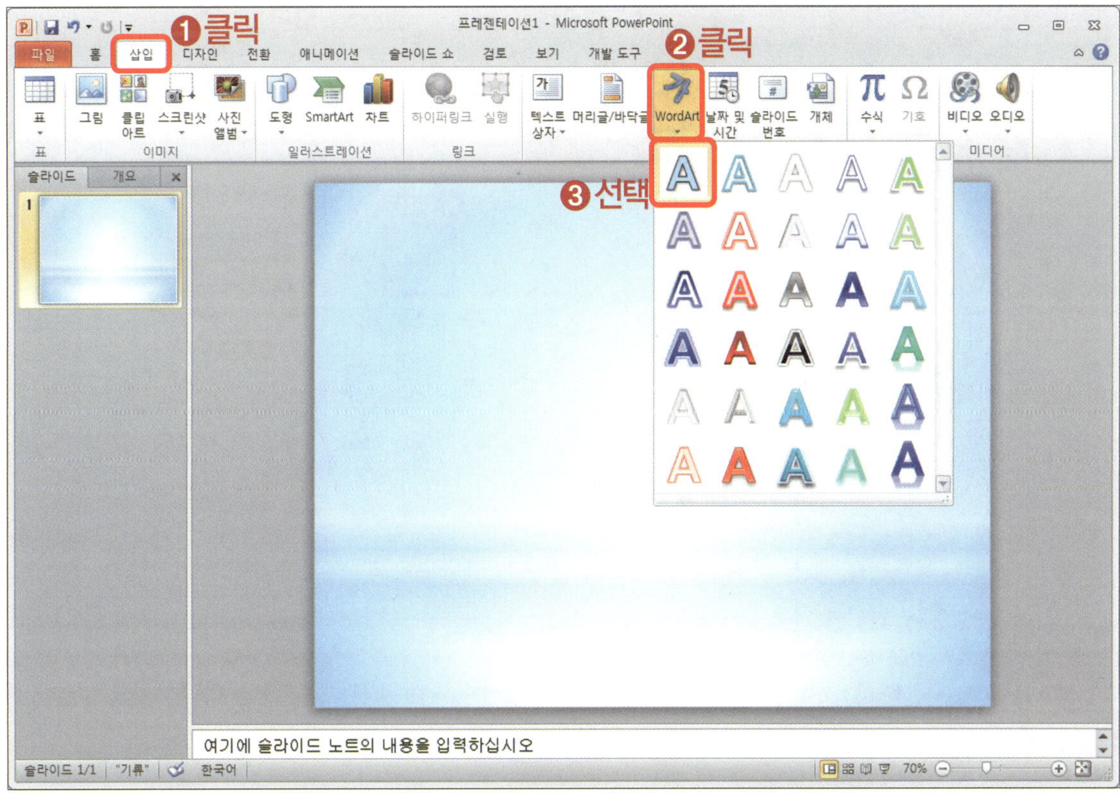

❸ 슬라이드에 선택한 WordArt가 나타나면 『PhotoGraph』 내용을 입력하고 위치를 왼쪽 상단으로 이동한 후 크기를 조절합니다.

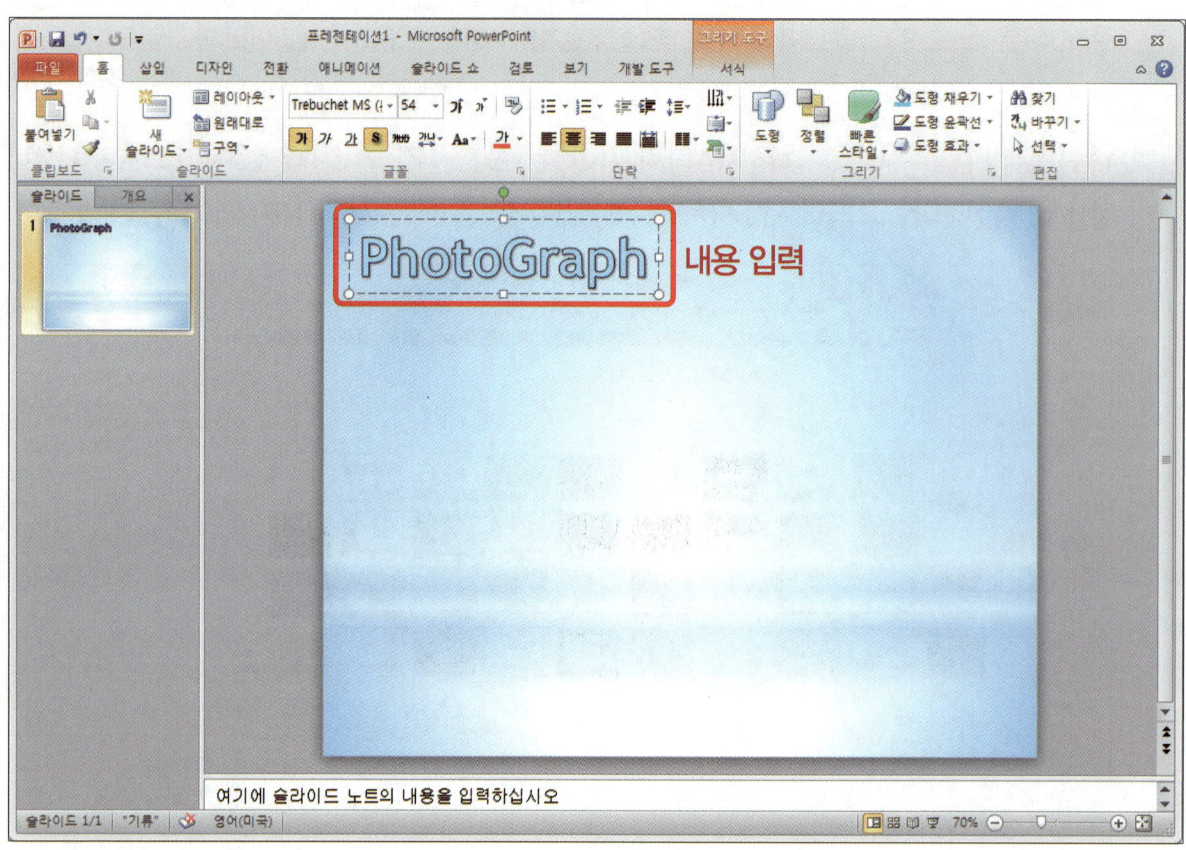

❹ [그리기 도구]-[서식] 탭의 [WordArt 스타일] 그룹에서 [텍스트 효과 가] 단추를 클릭하고 [변환 ABC]-[휘기]-[삼각형 abcde]을 선택합니다.

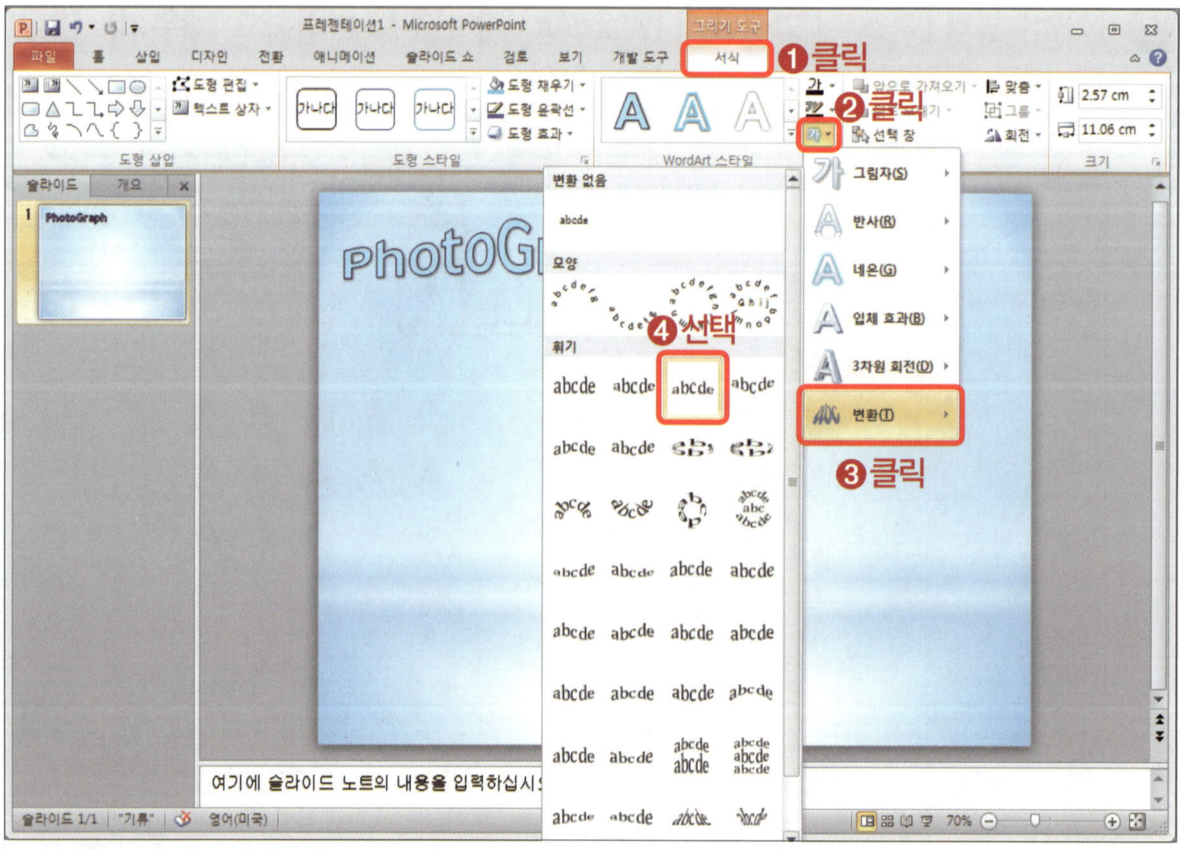

5 클립 아트를 삽입하기 위해 [삽입] 탭의 [이미지 그룹]에서 [클립아트 ▦] 단추를 클릭하고 '클립 아트' 작업창의 '검색 대상'에 『여행』을 입력한 후 [이동 이동] 단추를 클릭하고 해당 클립아트를 선택합니다.

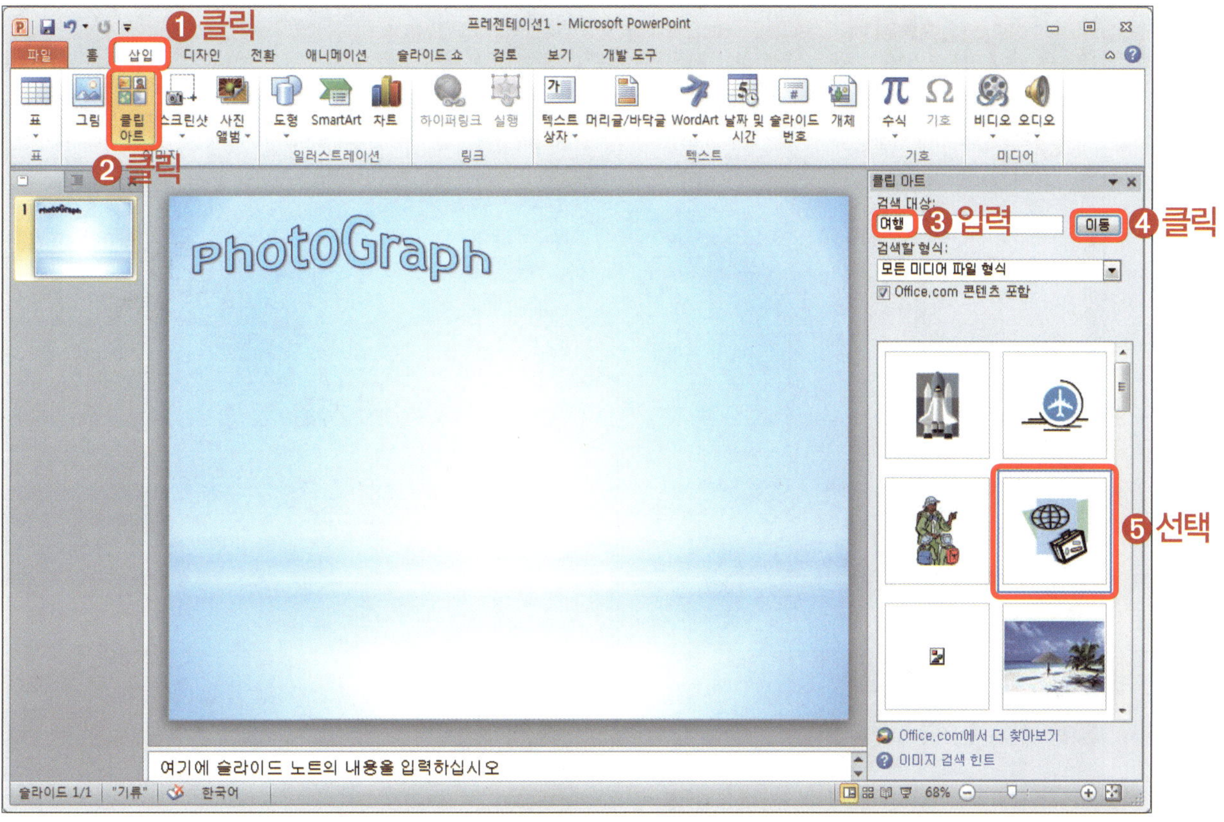

6 삽입된 클립아트를 오른쪽 상단으로 위치를 이동하고 [그림 도구]-[서식] 탭의 [그림 스타일] 그룹에서 [사각형 그림자]를 선택한 후 클립아트 작업창의 닫기(⊠)를 클릭합니다.

7 그림을 삽입하기 위해 [삽입] 탭의 [이미지] 그룹에서 [그림 🖼] 단추를 클릭하고 [그림 삽입] 대화상자에서 찾는 **위치(C:₩성안당₩파포2010₩5장)와 파일 이름 (그림1.jpg)을 선택한 후 [삽입] 단추를 클릭**합니다.

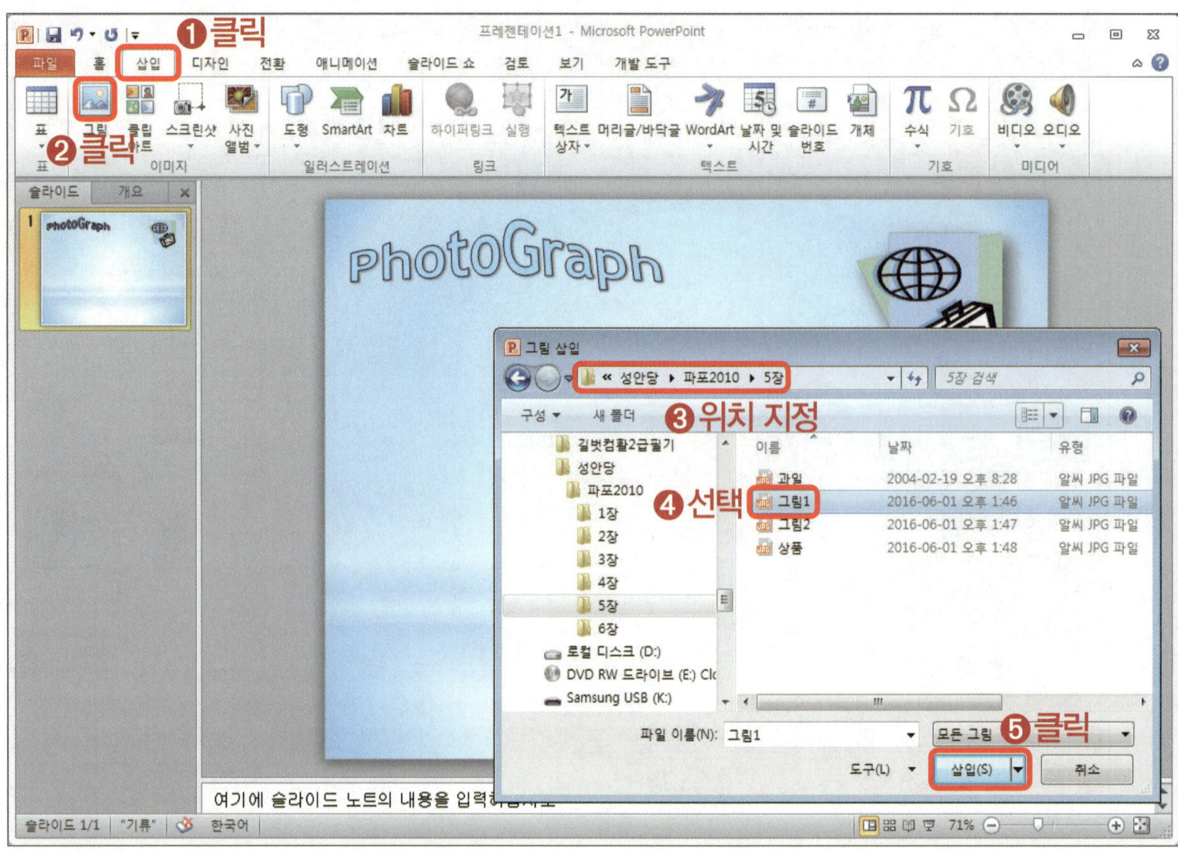

8 그림이 삽입되면 크기 조절 핸들을 드래그하여 그림의 크기와 위치를 다음과 같이 적당히 조절합니다.

⑨ 그림이 선택된 상태에서 [그림 도구]−[서식] 탭의 [그림 스타일] 그룹에서 [자세히 ▼] 단추를 클릭하고 [회전, 흰색]을 선택합니다.

⑩ 그림을 삽입하기 위해 [삽입] 탭의 [이미지] 그룹에서 [그림 🖻] 단추를 클릭하고 [그림 삽입] 대화상자에서 찾는 위치(C:₩성안당₩파포2010₩5장)와 파일 이름 (그림2.jpg)을 선택한 후 [삽입] 단추를 클릭합니다.

⑪ 그림이 선택된 상태에서 [그림 도구]-[서식] 탭의 [조정] 그룹에서 [배경 제거] 단추를 클릭합니다.

⑫ 다음과 같이 제거할 배경이 자주색이 되도록 조절점을 이용하여 조절하고 [배경 제거] 탭의 [닫기] 그룹에서 [변경내용 유지 ✓] 단추를 클릭합니다.

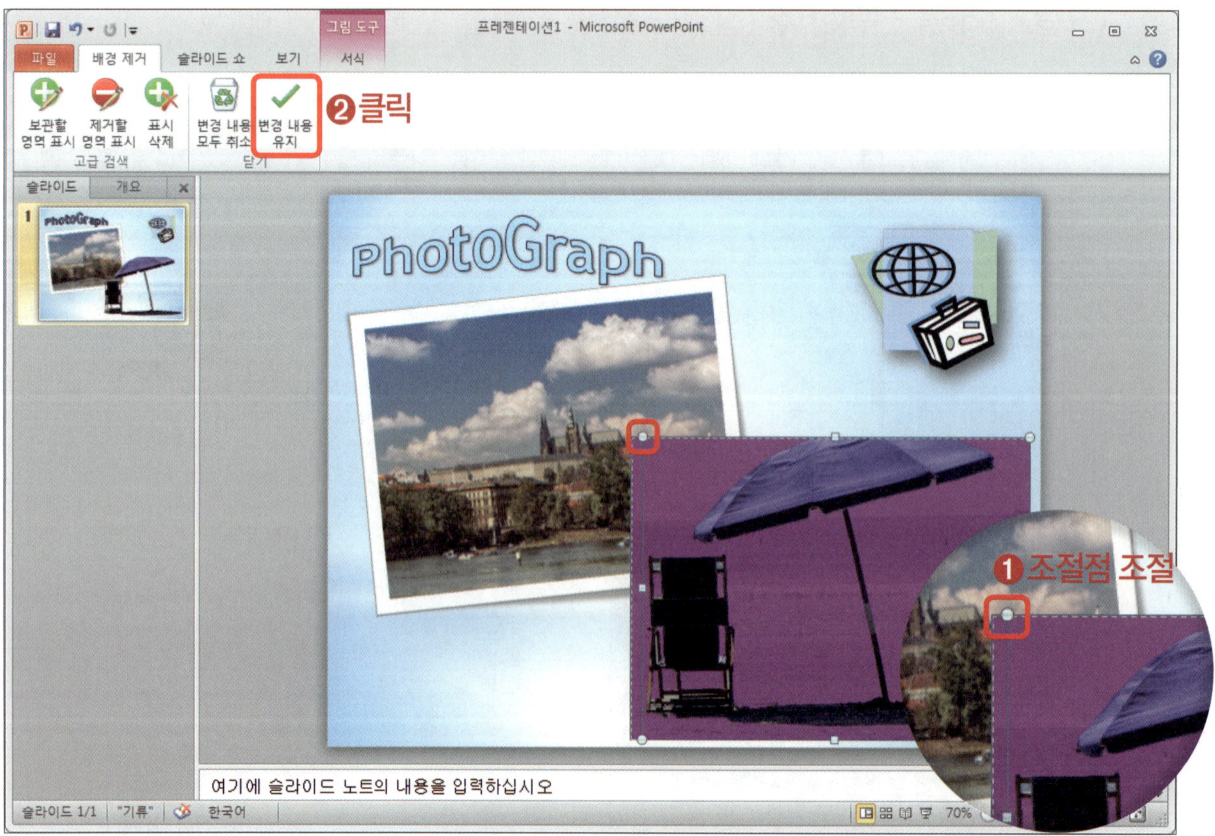

13 다음과 같이 배경이 제거되었는지 확인을 합니다.

TIP

❶ 보관할 영역 표시 : 그림에서 유지할 부분을 표시하는 선을 그립니다.

❷ 제거할 영역 표시 : 그림에서 제거할 부분을 표시하는 선을 그립니다.

❸ 표시선 삭제 : 그림을 삭제하여 유지하거나 제거할 영역을 변경합니다.

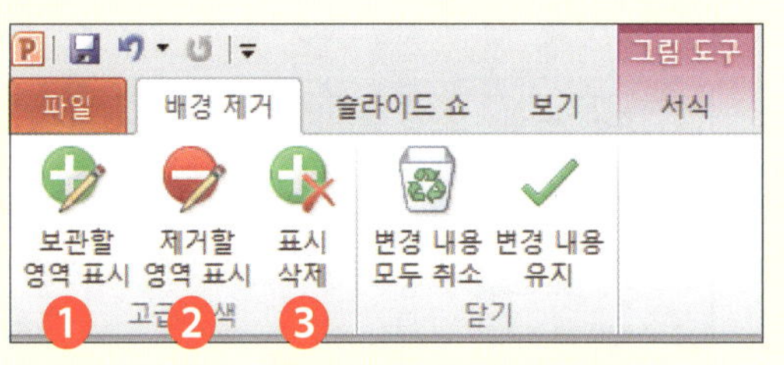

실습2 SmartArt를 이용한 조직도 만들기

SmartArt 기능은 이용하여 도식화된 도형을 쉽게 만들 수 있는 기능으로 계층 구조형을 이용하여 조직도를 만들 수 있습니다.

1 [홈] 탭의 [슬라이드] 그룹에서 [새 슬라이드 🔲] 단추를 클릭하고 '빈 화면'을 선택하여 슬라이드를 추가한 후 [삽입] 탭의 [일러스트레이션] 그룹에서 [SmartArt 🔲] 단추를 클릭하고 [SmartArt 그래픽 선택] 대화상자에서 [계층 구조형]의 '계층 구조형'을 선택한 후 [확인] 단추를 클릭합니다.

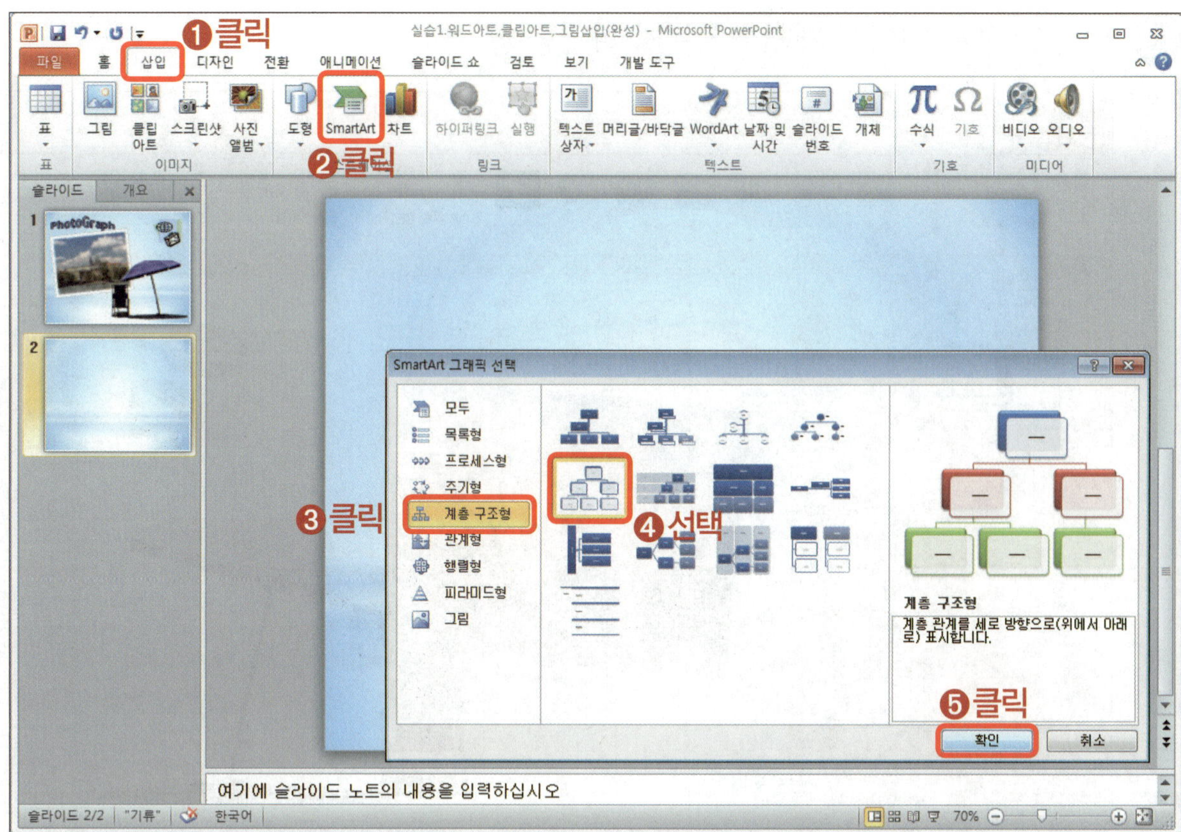

❷ 계층 구조형이 삽입되면 가장 위쪽 도형이 선택된 상태에서 [SmartArt 도구]-[디자인] 탭의 [그래픽 만들기] 그룹에서 [도형 추가 📷] 단추를 클릭하고 [아래에 도형 추가]를 선택합니다.

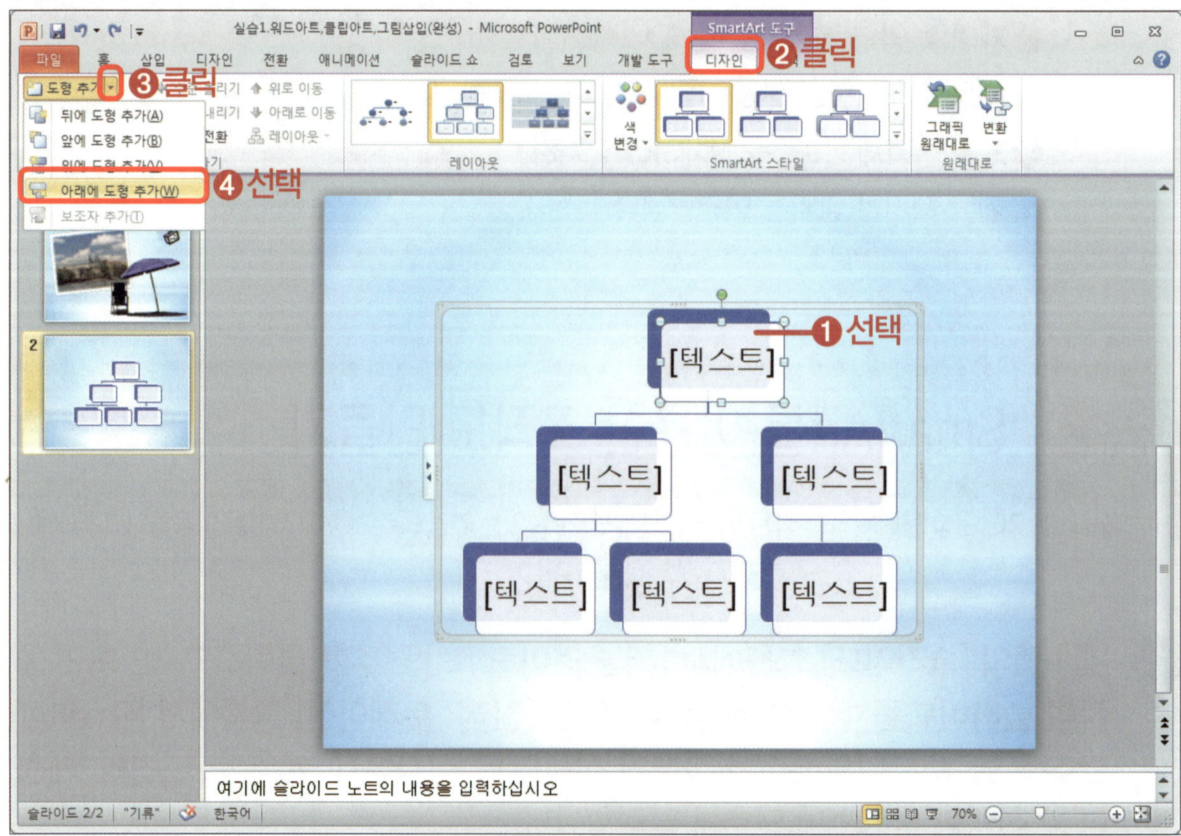

❸ 2열의 가장 오른쪽 도형을 선택하고 [SmartArt 도구]-[디자인] 탭의 [그래픽 만들기] 그룹에서 [도형 추가 🔲] 단추를 클릭하고 [아래에 도형 추가]를 선택합니다.

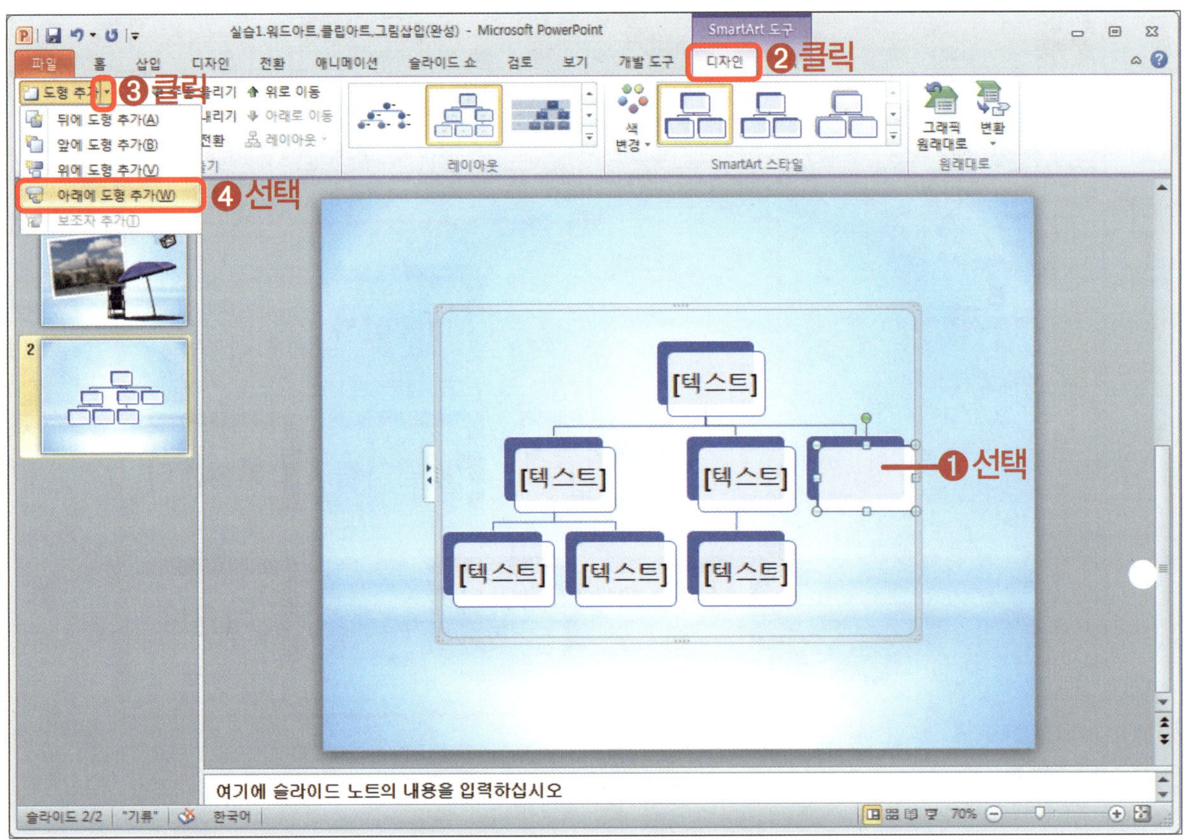

❹ 3열의 세 번째 도형을 선택하고 Delete 키를 눌러 삭제합니다.

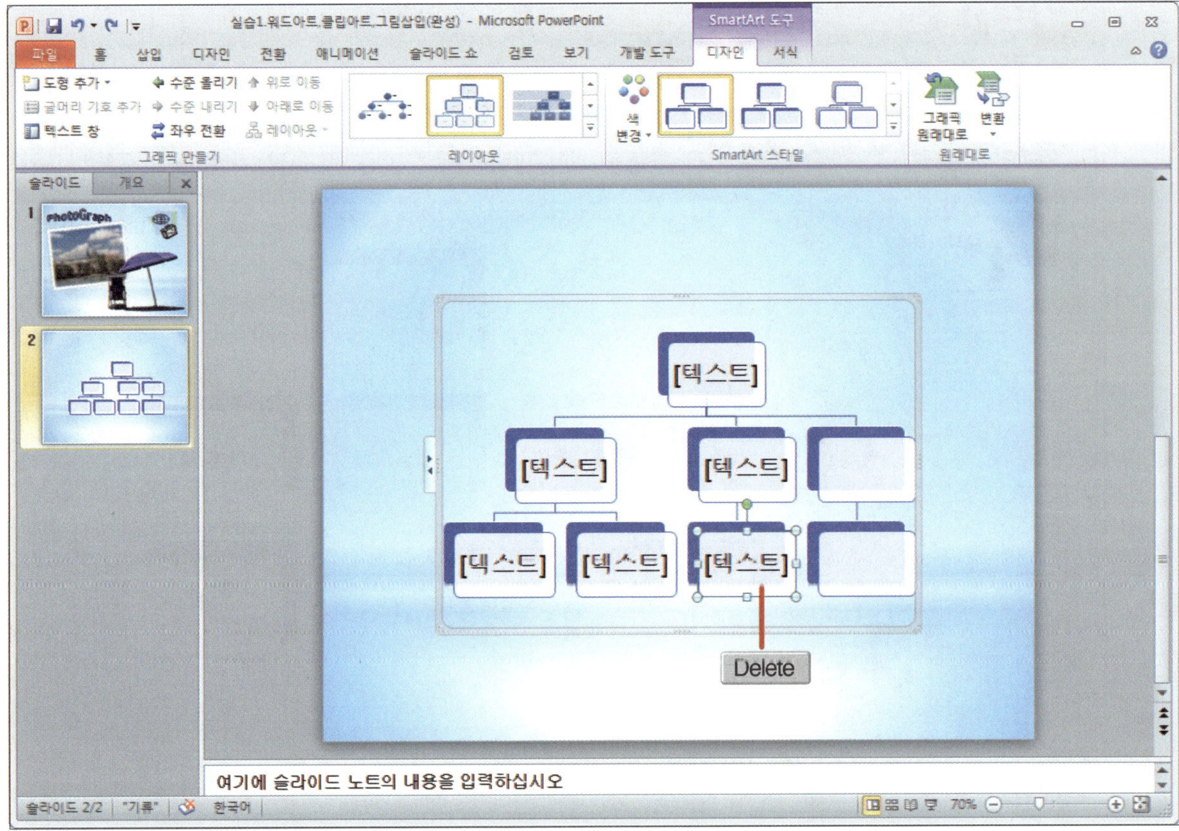

5 도형 추가가 완료되면 계층 구조형 테두리를 마우스로 드래그하여 크기와 위치를 적당히 조절하고 다음과 같이 내용을 입력합니다.

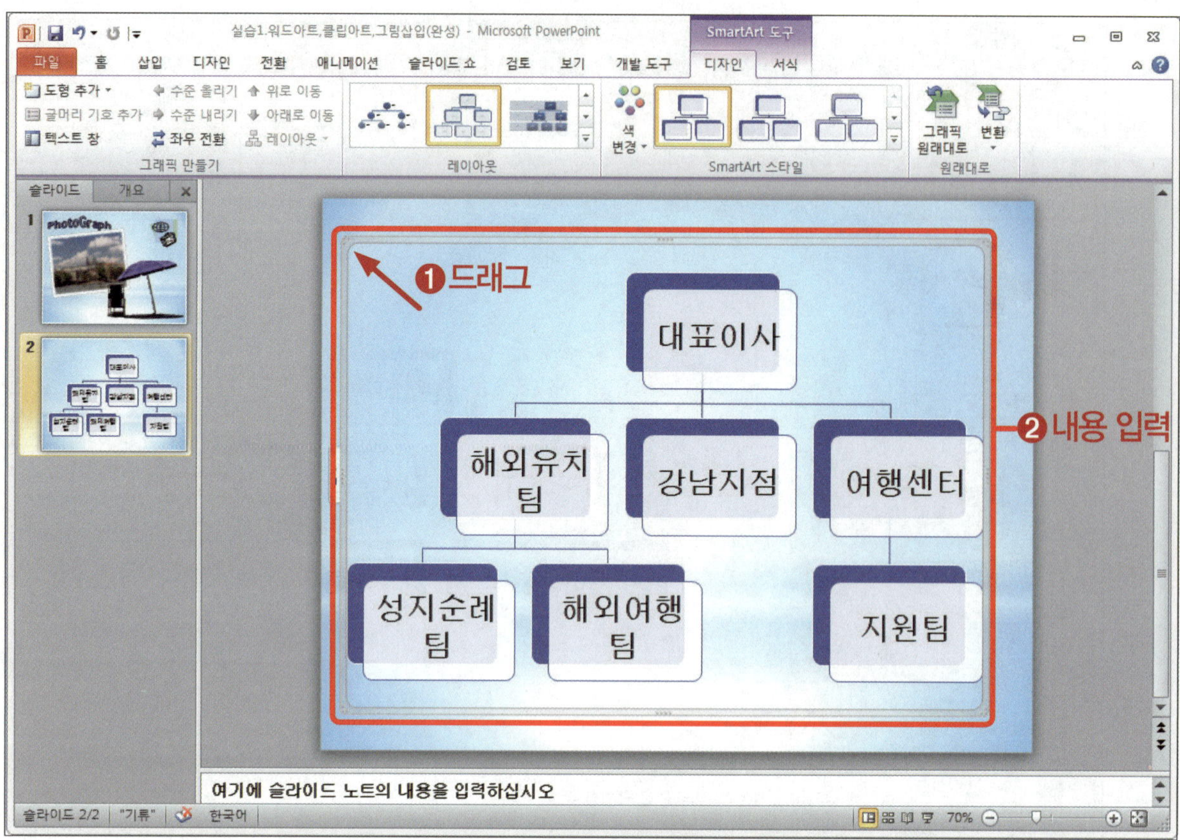

6 [홈] 탭의 [글꼴] 그룹에서 글꼴 크기(20)를 지정합니다.

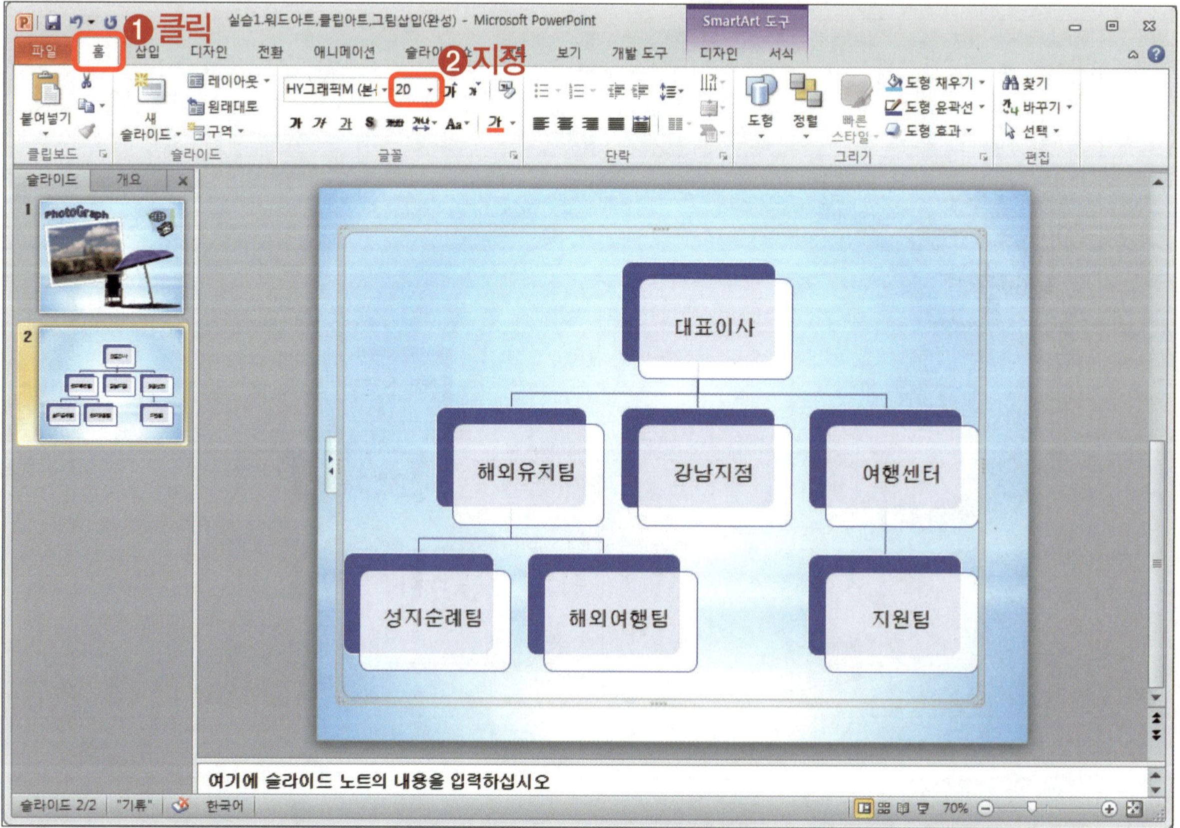

7 [SmartArt 도구] – [디자인] 탭의 [SmartArt 스타일] 그룹에서 [색 변경 ⚇] 단추를 클릭하고 '색상형 범위 – 강조색 3 또는 4'를 선택합니다.

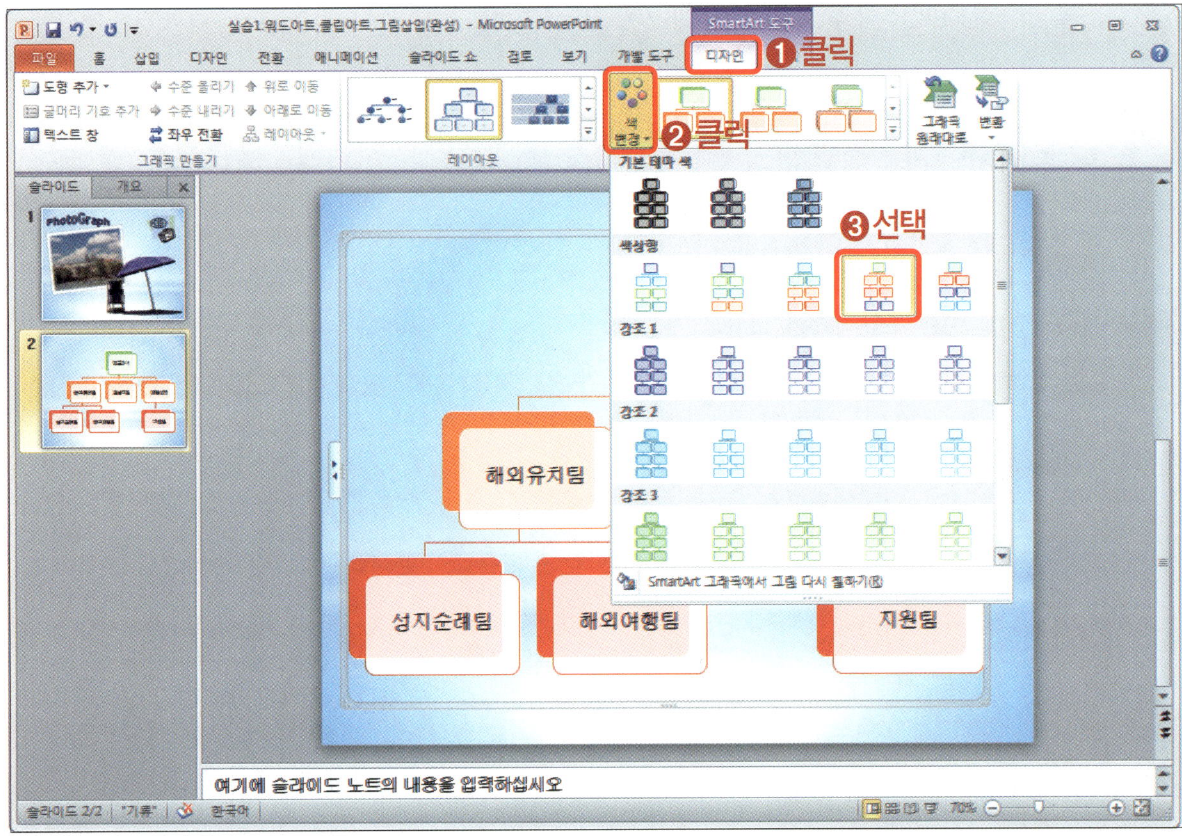

8 계속해서 [SmartArt 스타일] 그룹에서 [자세히 ⚇] 단추를 클릭하고 3차원의 '광택 처리'를 선택합니다.

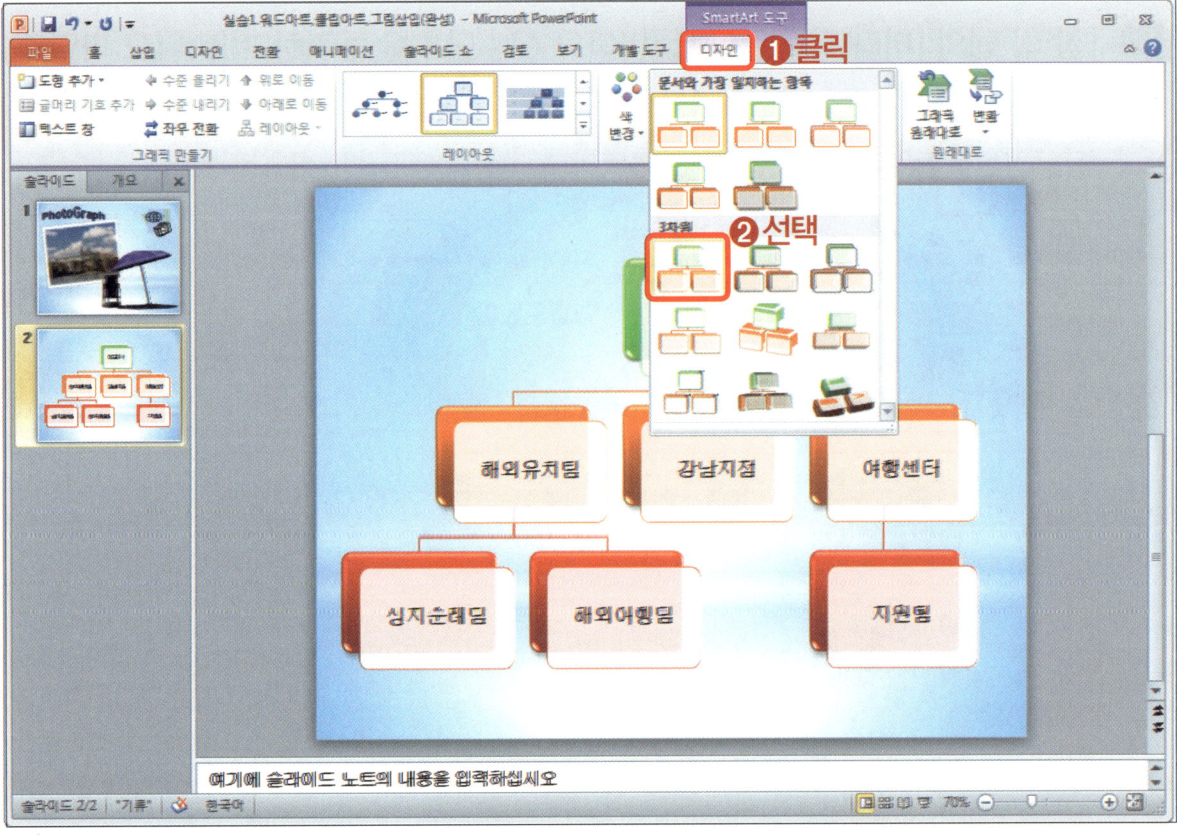

비디오와 오디오 삽입하기

슬라이드에 비디오와 오디오 파일을 각각 삽입하고 효과를 지정하면 보다 효율적으로 정보를 전달할 수 있습니다.

1 [홈] 탭의 [슬라이드] 그룹에서 [새 슬라이드 📄]-[빈 화면]을 선택하여 슬라이드를 추가합니다.

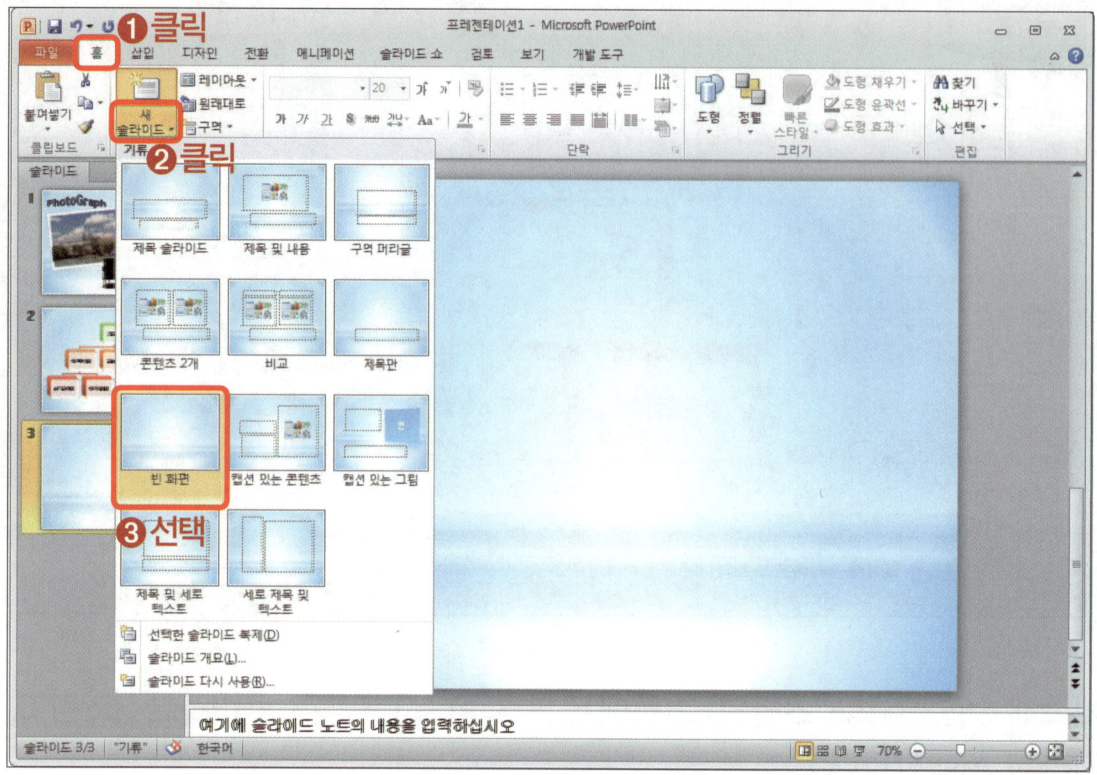

2 [삽입] 탭의 [미디어] 그룹에서 [비디오 🎬] 단추를 클릭하고 [비디오 파일]을 선택합니다.

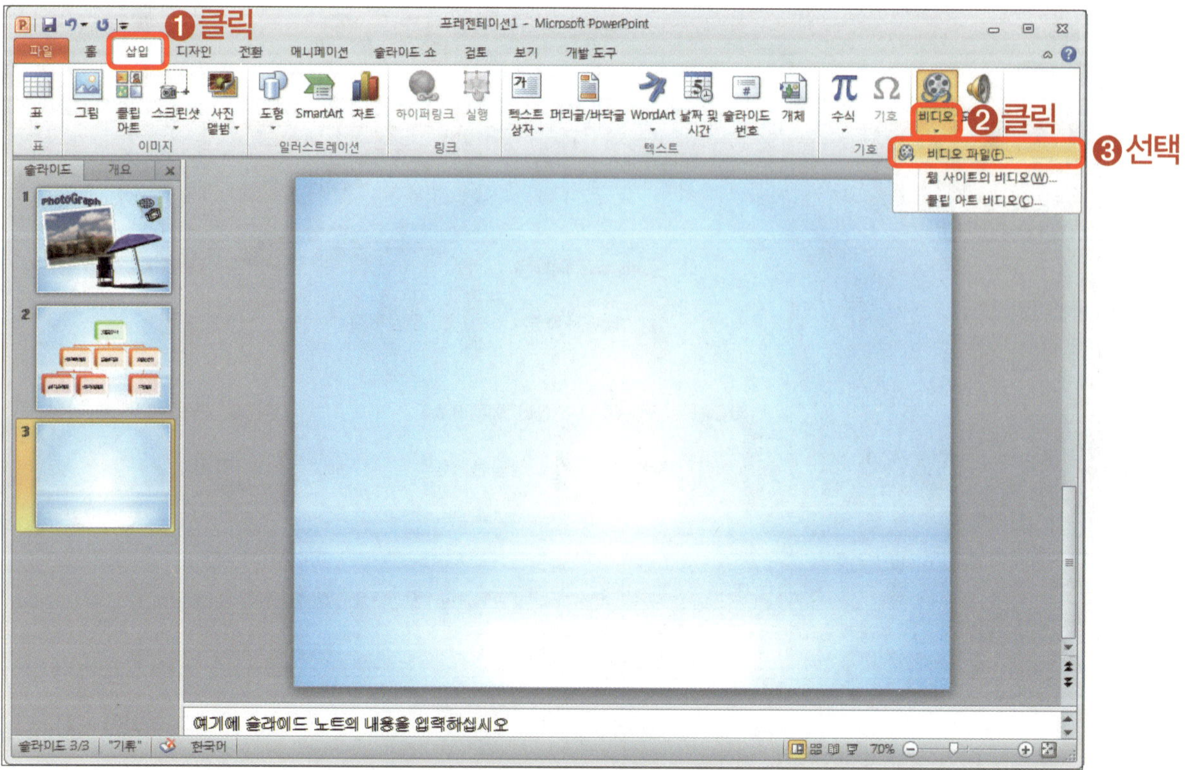

③ [비디오 삽입] 대화상자에서 **찾는 위치(C:₩성안당₩파포2010₩5장)와 파일 이름(동영상1.avi)을 선택한 후 [삽입] 단추를 클릭**합니다.

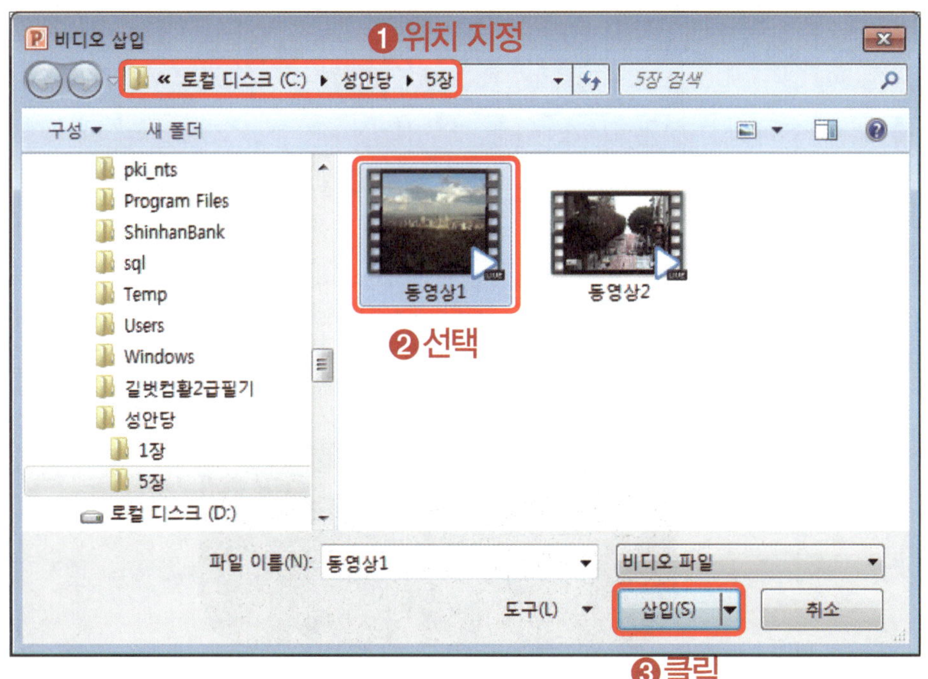

④ 슬라이드에 비디오 파일이 삽입되면 크기와 위치를 조절하고 **[비디오 도구]−[서식] 탭에서 [비디오 셰이프 📷] 단추를 클릭한 후 사각형의 [모서리가 둥근 직사각형 ⬜]을 선택**합니다.

⑤ [비디오 도구]–[재생] 탭의 [미리 보기] 그룹에서 [재생 ▶] 단추를 클릭하면 비디오가 실행되는 것을 확인할 수 있습니다.

⑥ 오디오를 삽입하기 위해 [삽입] 탭의 [미디어] 그룹에서 [오디오 🔊] 단추를 클릭하고 [오디오 파일]을 선택합니다.

7 [오디오 삽입] 대화상자에서 **찾는 위치(C:₩성안당₩파포2010₩5장)와 파일 이름 (음악1.mp3)을 선택하고 [삽입] 단추를 클릭**합니다.

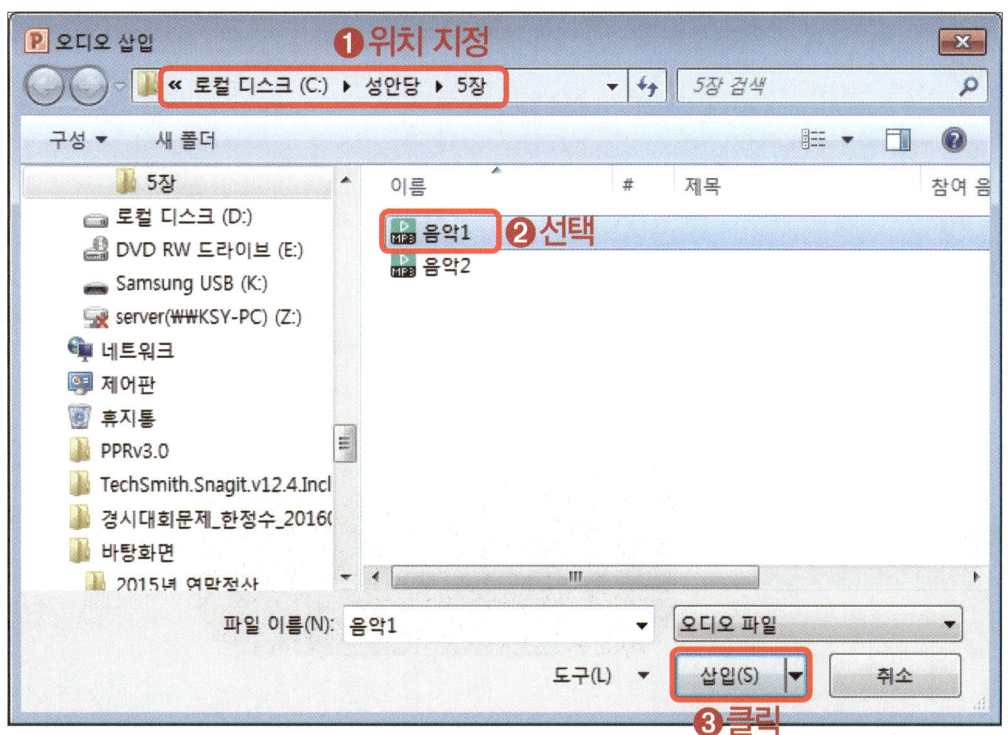

8 슬라이드에 스피커 모양의 아이콘이 삽입되면 크기와 위치를 적당히 조절합니다.

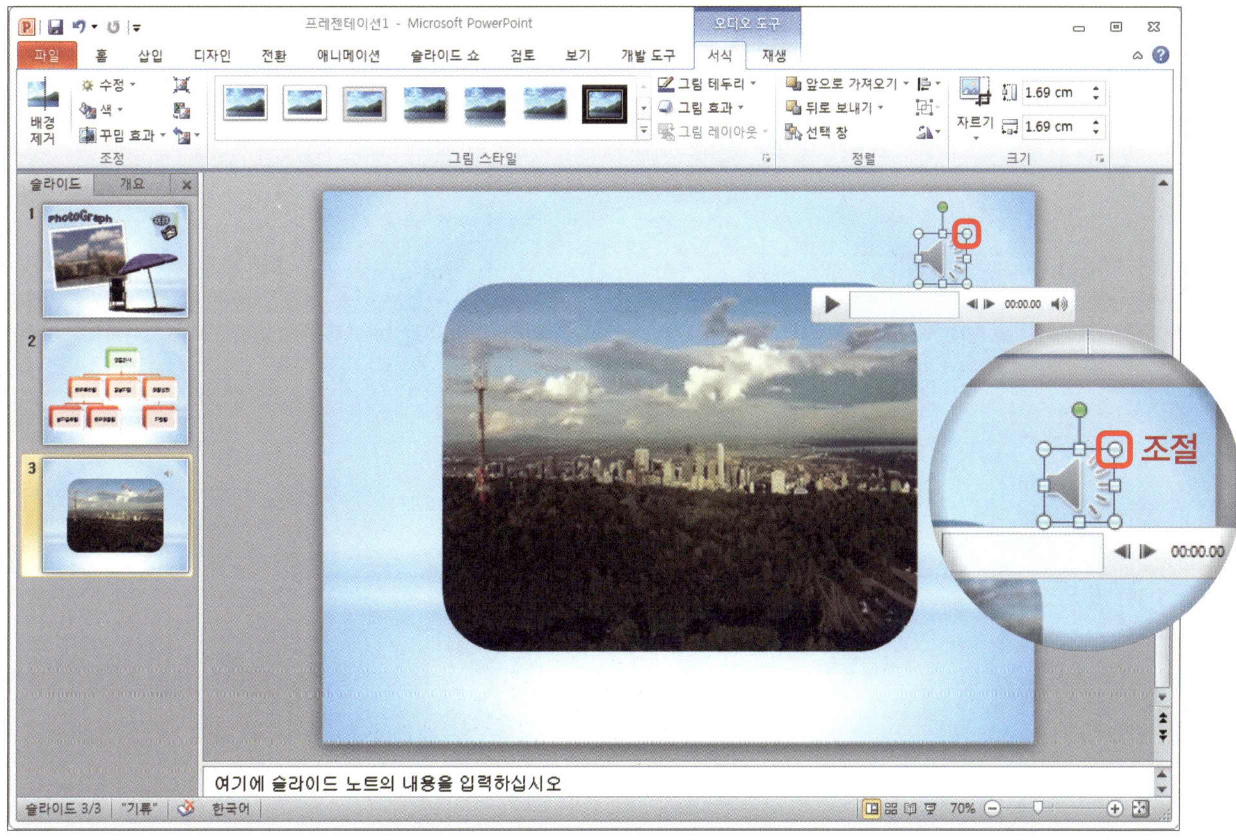

9 [오디오 도구]–[재생] 탭의 [오디오 옵션] 그룹에서 시작의 [목록 ▾] 단추를 클릭하고 [자동 실행]을 선택합니다.

1 '빈 화면' 레이아웃에 '각' 테마를 적용하고 다음과 같이 WordArt를 삽입한 후 편집해 보세요.

▶ WordArt 종류 : 채우기 – 담청색, 텍스트2, 윤곽선 – 배경 2

▶ 테스트 효과 : [변환] – [휘기] – [휘어 올라오기]

> **Hint!**
> • [삽입] 탭의 [텍스트] 그룹에서 [WordArt] 단추를 클릭하고 [그리기 도구] – [서식] 탭의 [WordArt 스타일] 그룹에서 [WordArt] 종류는 '채우기 – 담청색, 텍스트2, 윤곽선 – 배경 2'를 선택하여 삽입합니다.
> • [그리기 도구] – [서식] 탭의 [WordArt 스타일] 그룹에서 [텍스트 효과] – [변환] – [휘기] – [휘어 올라오기]를 선택합니다.

2 다음과 같이 클립아트와 그림을 삽입하고 편집하여 보세요.

▶ 클립아트 : 화폐

▶ 그림1 : 파포2010₩5장₩과일.jpg 삽입, 그림 스타일(반사형 모서리가 둥근 직사각형)

▶ 그림2 : 파포2010₩5장₩상품.jpg 삽입, 그림 배경 제거

3 '빈 화면' 레이아웃에 SmartArt의 '계층 구조형 – 조직도형'을 삽입하고 내용을 입력한 후 다음과 같이 편집하여 보세요.

▶ 색 변경 : 색삭형 – 강조색

▶ 전체 표시 스타일 : 3차원 – 광택처리

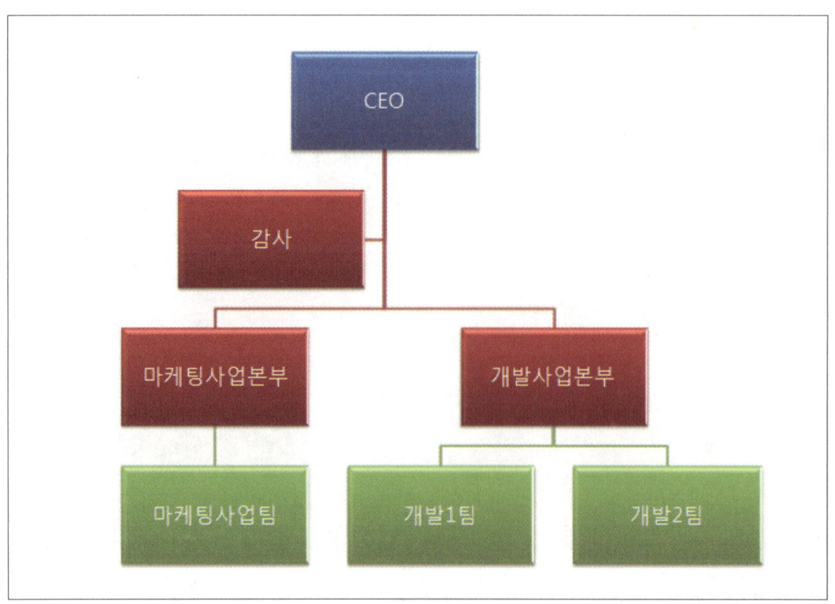

4 '파포2010₩5장₩유럽여행.pptx' 파일을 불러온 후 다음과 같이 오디오와 비디오 파일
을 삽입하여 보세요.

▶ 오디오 : 파포2010₩5장₩소리.mp3 파일 삽입, 오디오 재생(자동 실행)

▶ 비디오 : 파포2010₩5장₩여행.avi 파일 삽입, 비디오 셰이프(모서리가 둥근 직사각형), 비디
오 재생(자동 실행)

Hint!
- [오디오 도구]−[재생] 탭의 [오디오 옵션] 그룹에서 시작의 [목록] 단추를 클릭하고 [자동 실행]을
  선택합니다.
- [비디오 도구]−[서식] 탭의 [비디오 스타일] 그룹에서 [비디오 셰이프] 단추를 클릭하고 '모서리
  가 둥근 직사각형'을 선택합니다.
- [비디오 도구]−[재생] 탭의 [비디오 옵션] 그룹에서 시작의 [목록] 단추를 클릭하고 [자동 실행]을
  선택합니다.

06장 슬라이드 마스터 및 슬라이드 쇼 진행하기

슬라이드 마스터 기능과, 바닥글, 페이지번호 등을 삽입하는 기능을 알아보고, 애니메이션 기능을 이용하여 동적인 슬라이드를 만들어봅니다. 하이퍼링크 기능을 이용하여 원하는 슬라이드로 이동하는 방법에 대하여 알아보고, 슬라이드 쇼를 진행하고 펜을 이용하는 방법에 대하여 알아보도록 합니다.

완성파일 미리보기

○ 예제파일 : 파포2010₩6장₩신제품보고서.pptx
○ 완성파일 : 파포2010₩6장₩신제품보고서(완성).pptx

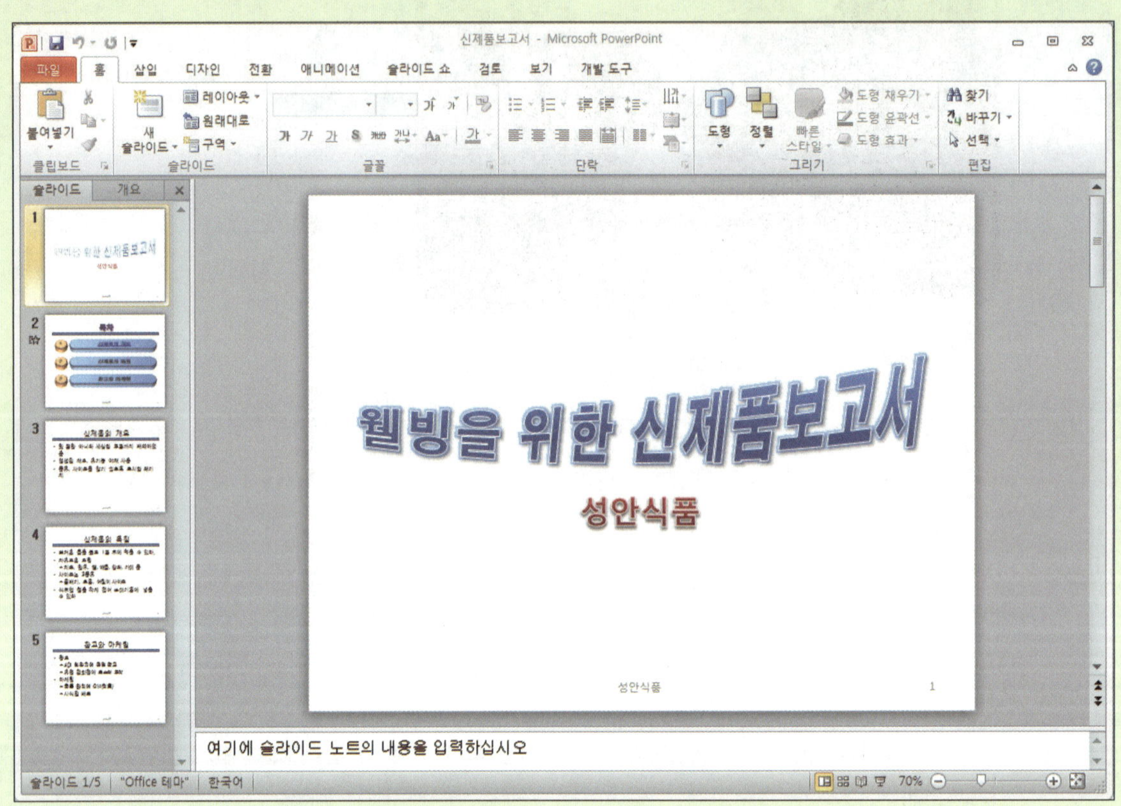

체크포인트

실습1 작성된 슬라이드에 슬라이드 마스터 기능을 이용하여 도형 삽입, 바닥글, 페이지 번호 등을 지정하는 방법에 대하여 알아봅니다.

실습2 도형에 애니메이션 기능을 이용하여 효과를 지정하는 방법에 대하여 알아봅니다.

실습3 하이퍼링크 기능을 이용하여 다른 시트로 이동하는 방법에 대하여 알아봅니다.

실습4 슬라이드 쇼를 진행하고 가상 펜으로 표시하는 방법에 대하여 알아봅니다.

슬라이드 마스터 설정하기

작성된 슬라이드에 슬라이드 마스터 기능을 이용하여 모든 슬라이드에 도형을 동시에 삽입할 수 있고, 바닥글과 페이지 번호를 표시할 수 있습니다.

1 슬라이드를 불러오기 위하여 [열기] 대화상자에서 **찾는 위치(C:₩성안당₩파포 2010₩6장)와 파일이름(신제품보고서.pptx)을 선택하고 [열기]를 클릭한 후 [보기] 탭의 [마스터 보기] 그룹에서 [슬라이드 마스터 ▥]를 클릭**합니다.

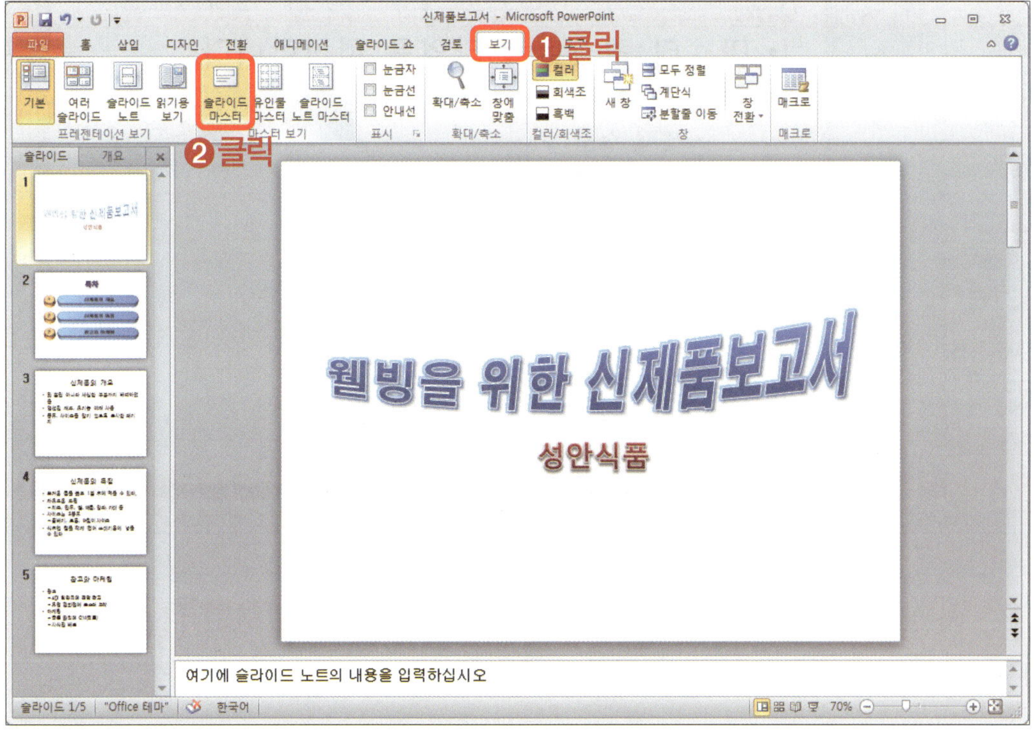

2 왼쪽 창에서 '제목 및 내용 레이아웃'을 선택하고 **[삽입] 탭의 [일러스트레이션] 그룹에서 [도형 ▦] 단추를 클릭한 후 '사각형'에 있는 [직사각형 ▢]을 선택**합니다.

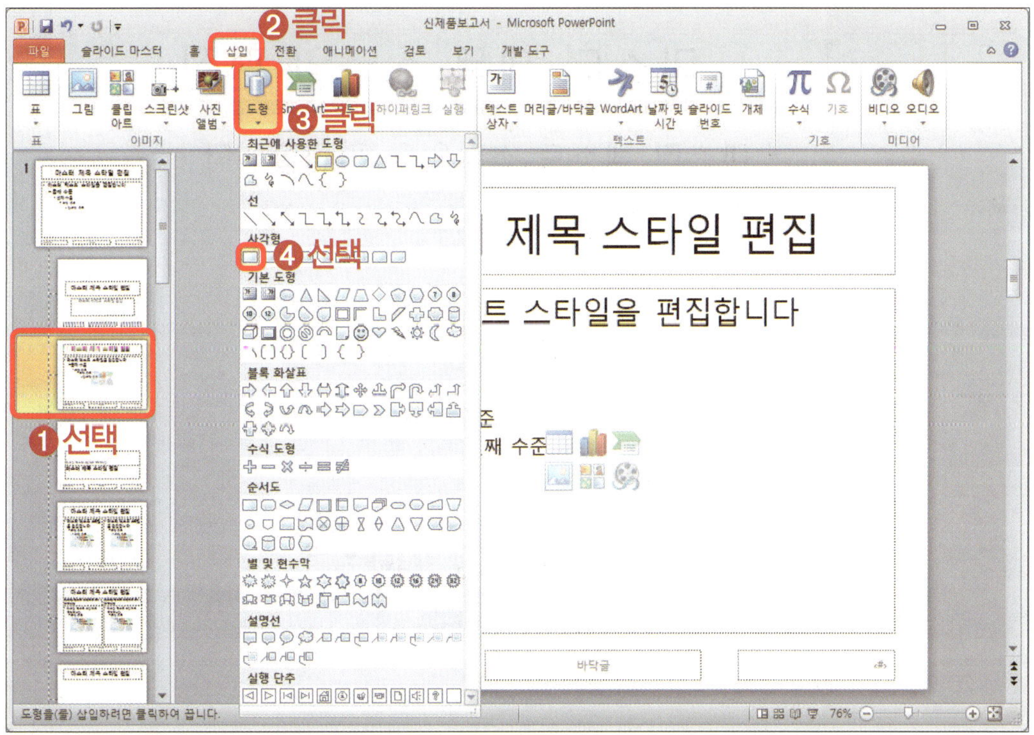

3 마우스 포인터가 '+' 모양으로 변경되면 제목 하단 부분에 드래그하여 적정한 크기로 도형을 삽입합니다.

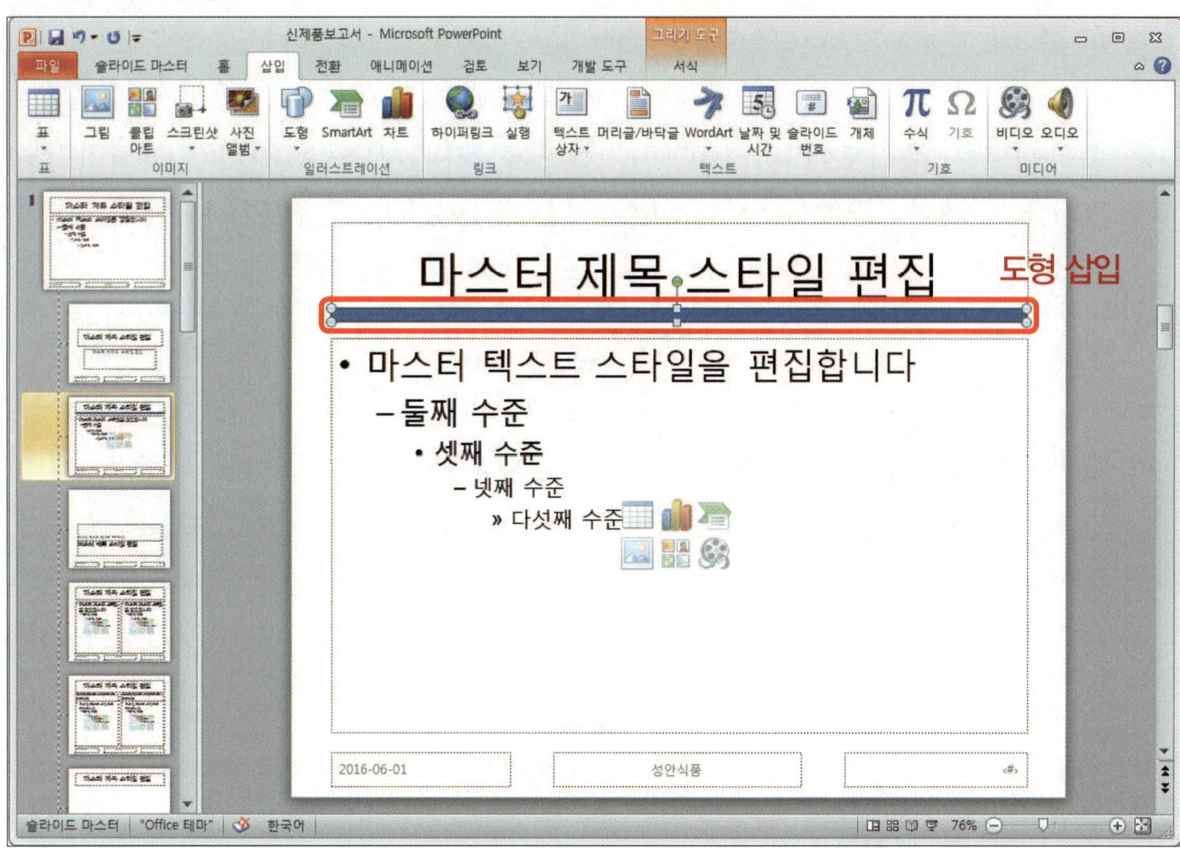

4 슬라이드 마스터 하단의 바닥글 영역에 『성안식품』을 입력하고 [삽입] 탭의 [텍스트] 그룹에서 [머리글/바닥글 📄] 단추를 클릭합니다.

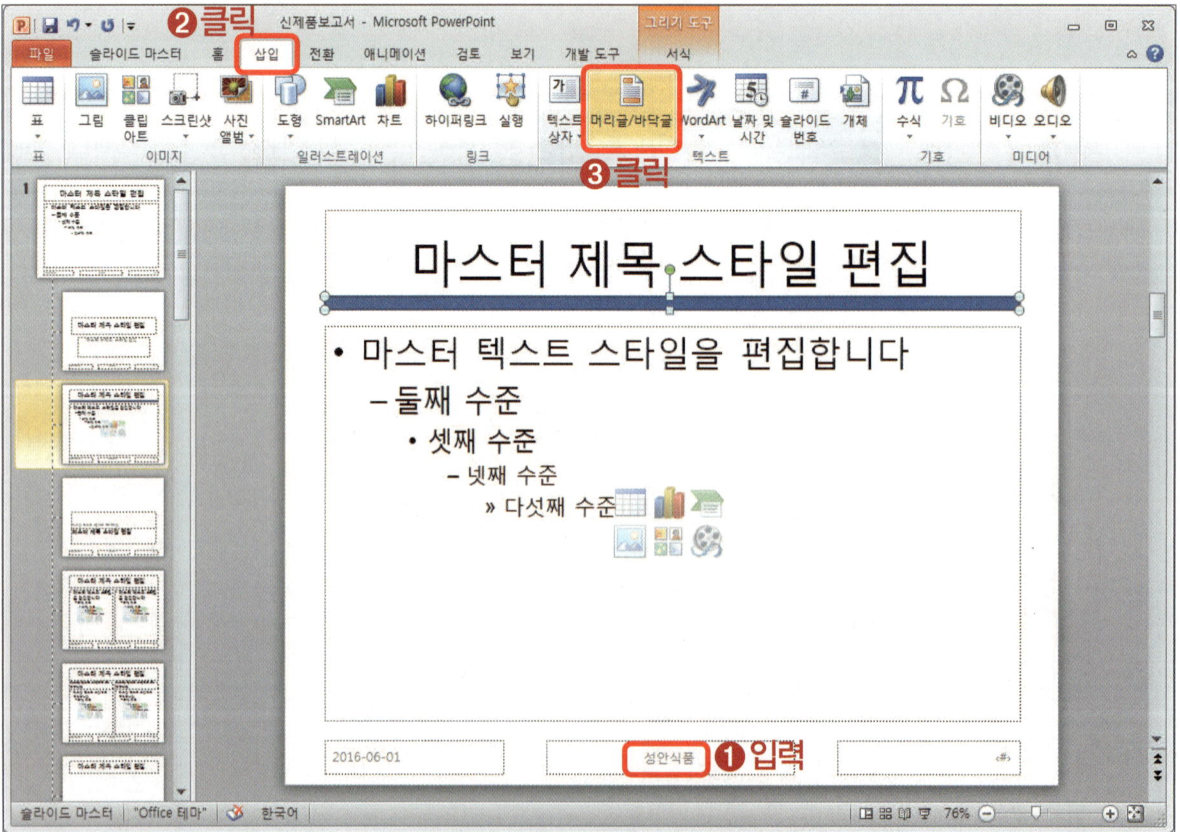

❺ [머리글/바닥글] 대화상자의 [슬라이드] 탭에서 '슬라이드 번호'와 '바닥글'에 체크 하고 [모두 적용] 단추를 클릭합니다.

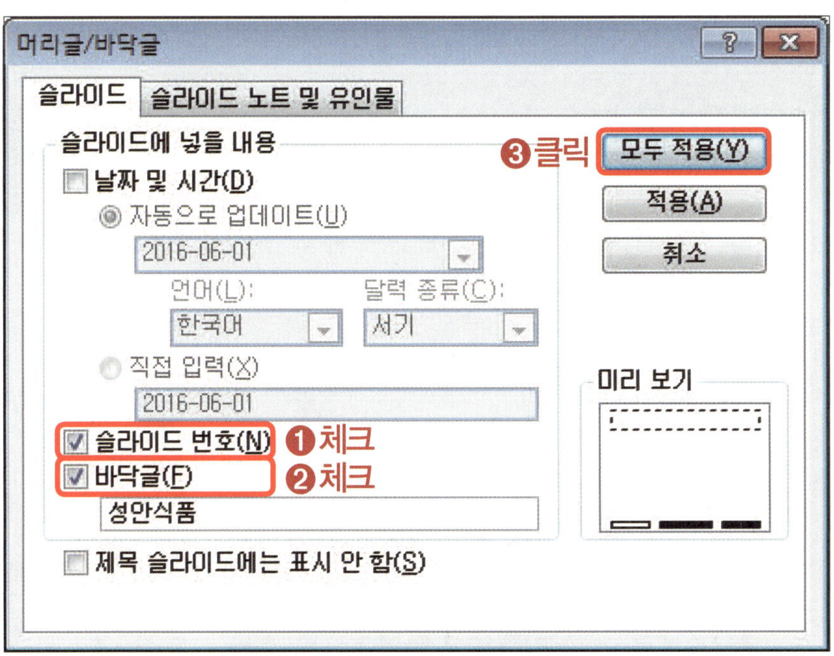

❻ [슬라이드 마스터] 탭의 [닫기] 그룹에서 [마스터 보기 닫기 ☒] 단추를 클릭합 니다.

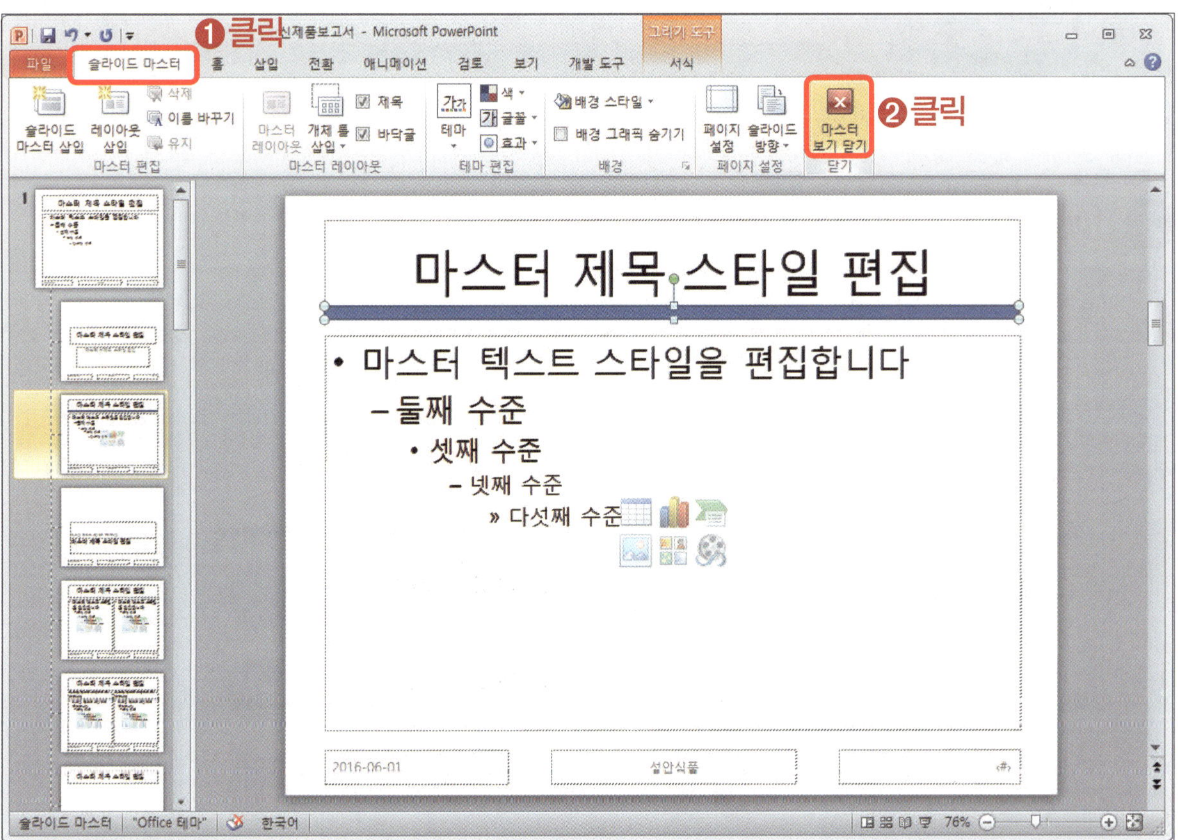

애니메이션 효과 넣기

삽입된 개체에 애니메이션을 지정하고 효과 옵션을 지정하여 동적인 슬라이드를 만들 수 있습니다.

① '슬라이드2'를 선택하여 이동하고 다음과 같이 애니메이션을 지정할 목차 도형을 범위 지정하여 모두 선택합니다.

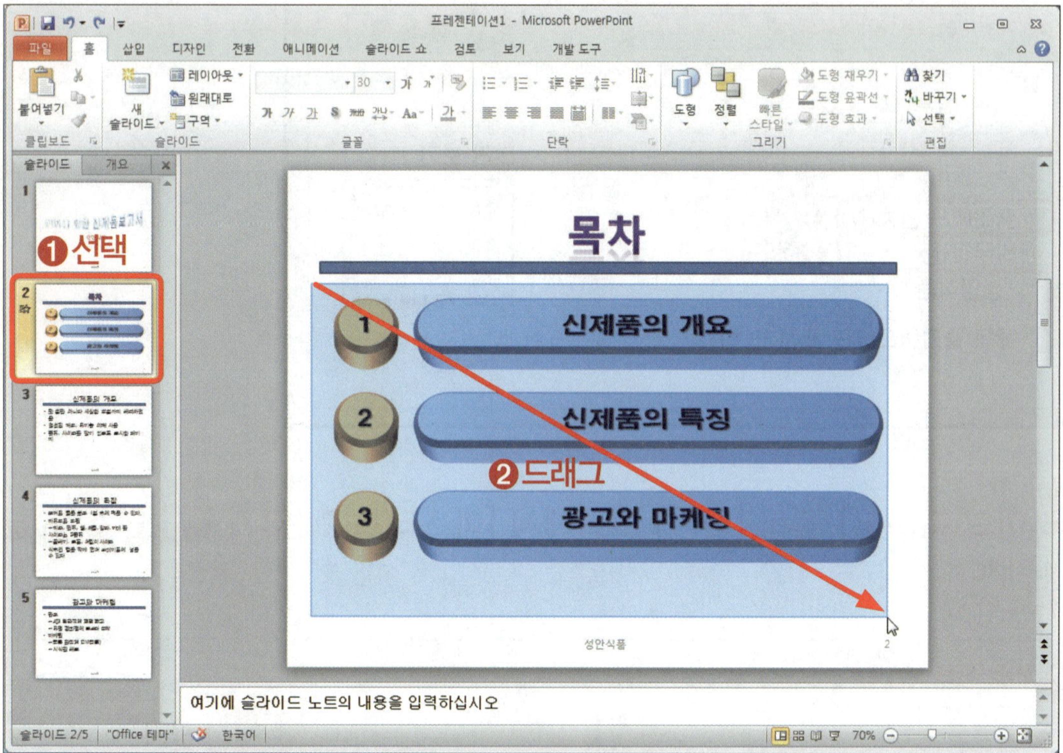

② **[애니메이션] 탭의 [애니메이션] 그룹에서 [날아오기 ⭐]를 선택합니다.**

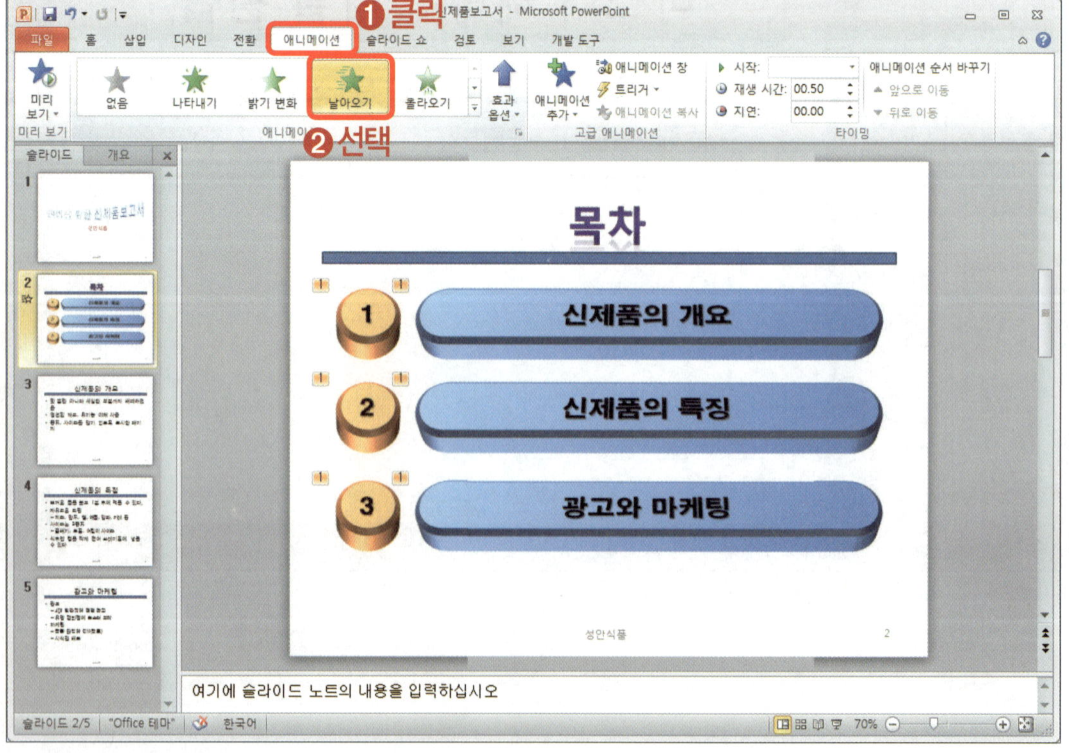

❸ [애니메이션] 탭의 [애니메이션] 그룹에서 [효과옵션 ⬆] 단추를 클릭하고 [왼쪽에서
➡]를 선택합니다.

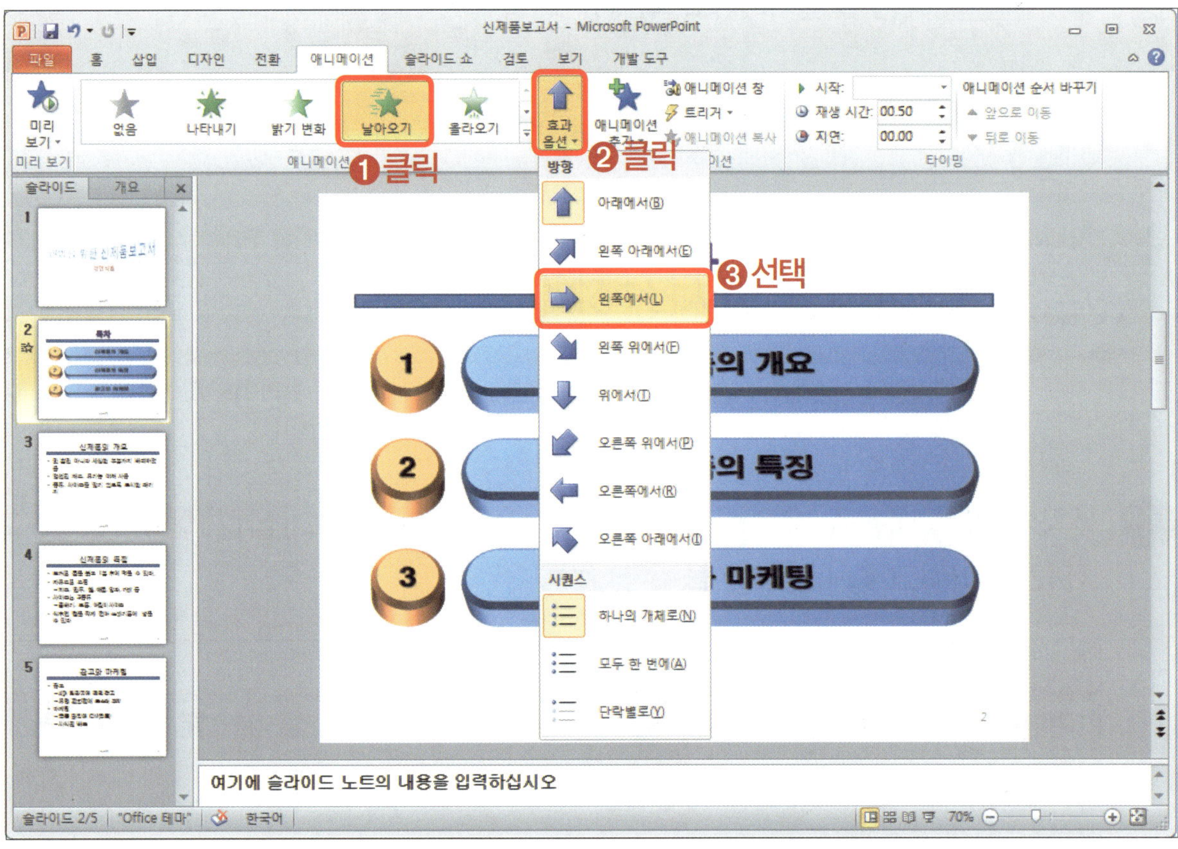

❹ [애니메이션] 탭의 [미리보기] 그룹에서 [미리보기 ⭐] 단추를 클릭하여 애니메이션
효과가 지정되었는지 확인합니다.

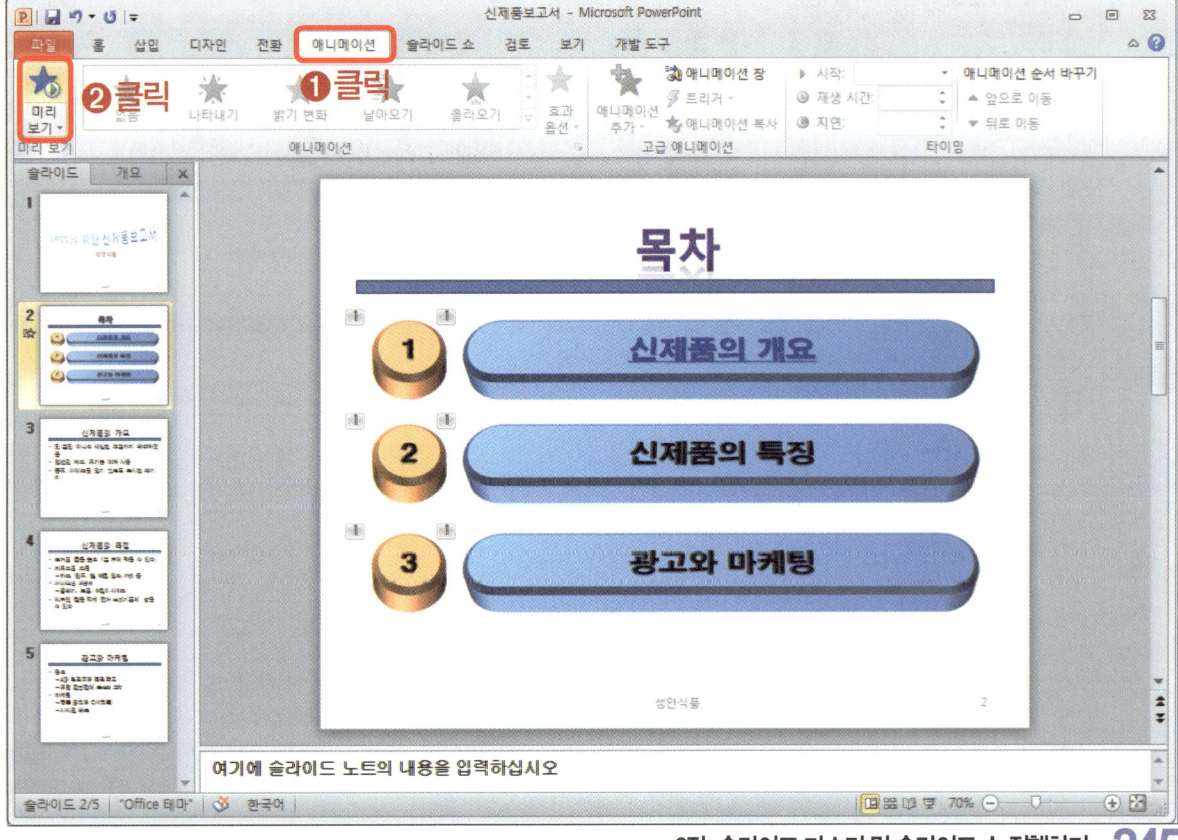

슬라이드에 설정한 애니메이션 효과를 확인할 경우에 애니메이션 창에 있는 [재생
▶ 재생] 단추를 클릭하여도 확인이 가능합니다.

 **하이퍼링크 지정하기**

하이퍼링크 기능을 이용하여 슬라이드 쇼 진행 시 빠르게 원하는 슬라이드로 이동하게 만들 수 있습니다.

1 목차에 있는 내용을 마우스로 드래그하여 범위 지정하고 **[삽입] 탭의 [링크] 그룹에**
서 [하이퍼링크 🌐] 단추를 클릭합니다.

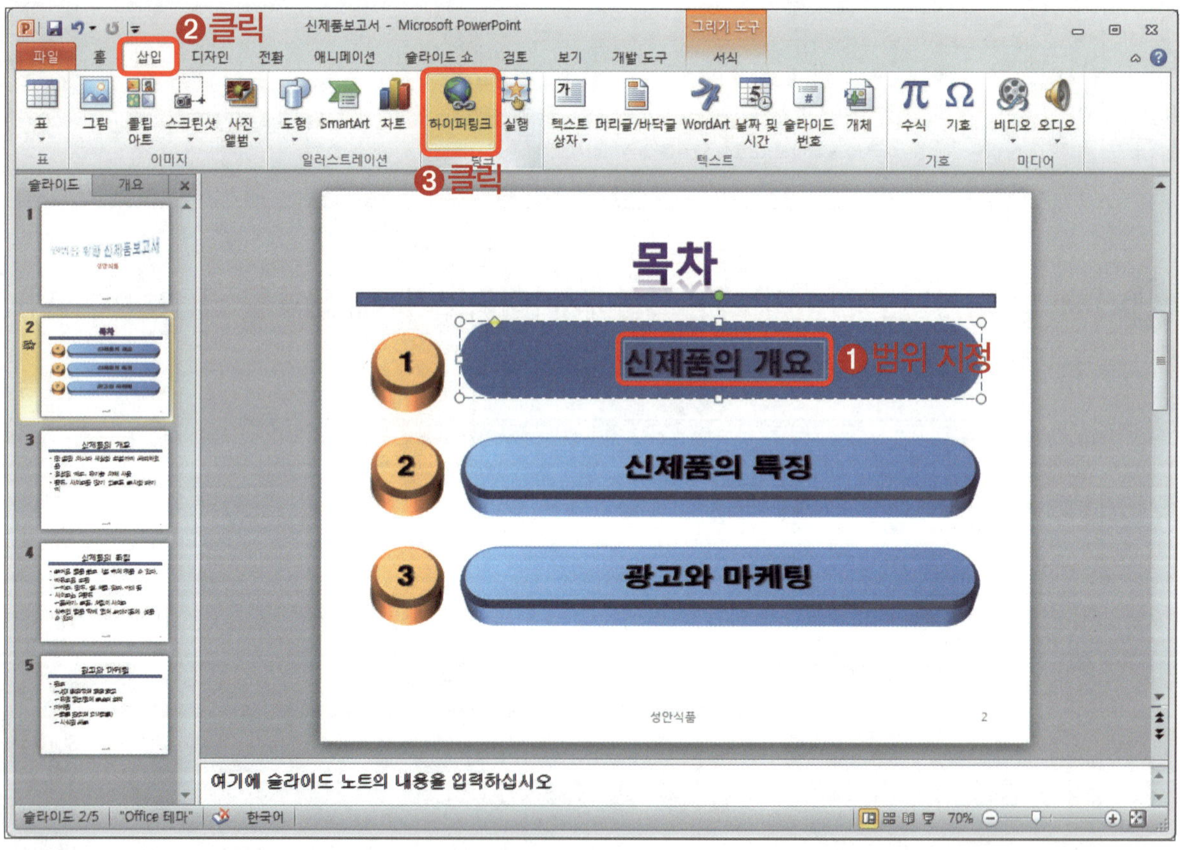

② [하이퍼링크 삽입] 대화상자에서 '연결 대상'은 [현재 문서]를 선택하고 '이 문서에서 위치 선택'은 [3. 신제품의 개요]를 선택한 후 [확인] 단추를 클릭합니다.

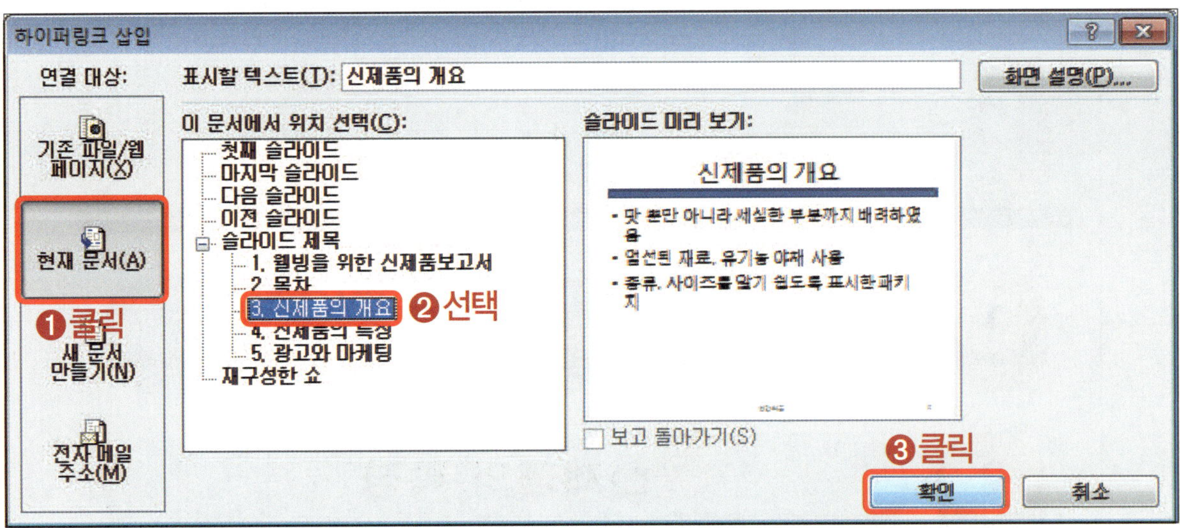

③ 하이퍼링크가 설정된 텍스트에는 변경된 글꼴 색과 밑줄이 표시되어 나타납니다.

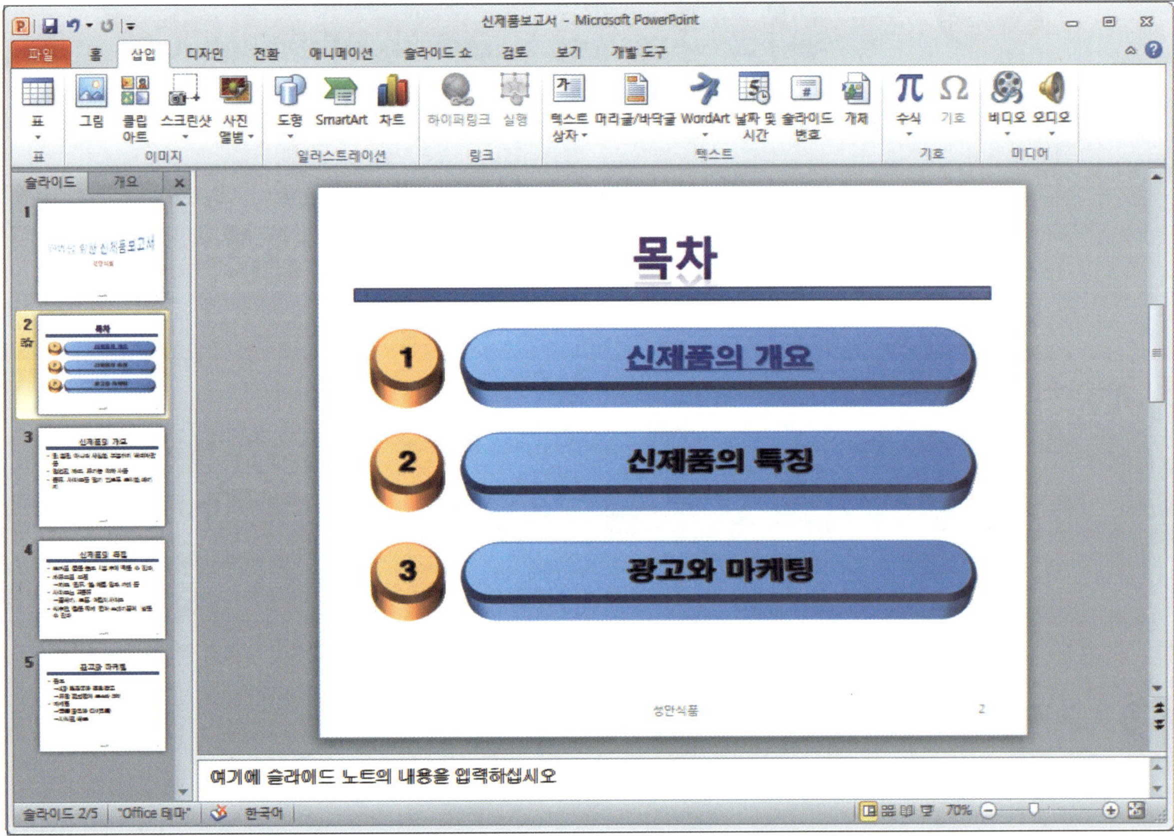

④ 하이퍼링크를 확인하기 위해서 [슬라이드 쇼] 탭의 [슬라이드 쇼 시작] 그룹에서 [현재 슬라이드로부터 🖳] 단추를 클릭한 후 슬라이드 쇼가 실행되면 하이퍼링크로 설정된 텍스트를 클릭하여 이동합니다.

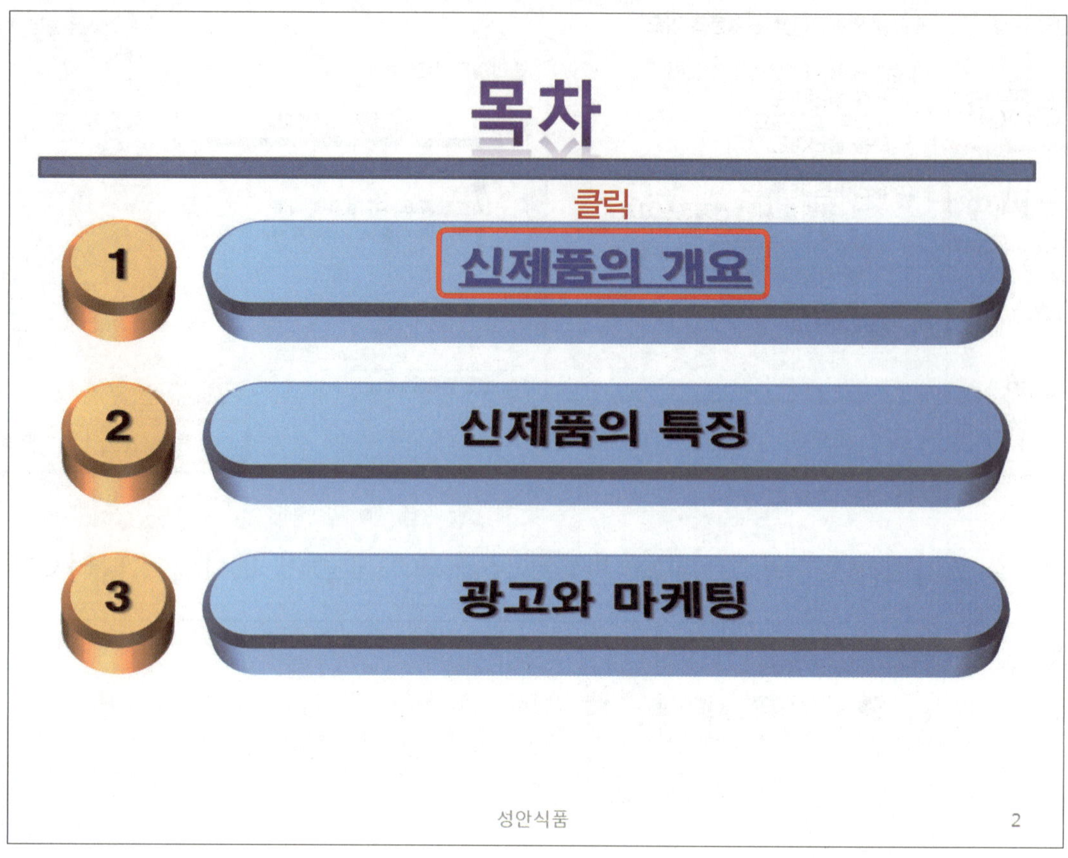

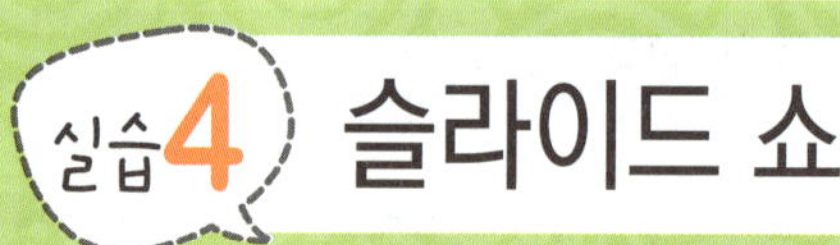

실습4 슬라이드 쇼 진행하기

슬라이드 쇼를 진행할 때 마우스를 이용하여 슬라이드에 가상 펜으로 강조할 부분을 그릴 수 있습니다.

① '슬라이드 1'을 선택하여 이동한 후 [슬라이드 쇼] 탭의 [슬라이드 쇼 시작] 그룹에서 [처음부터 🖳] 단추를 클릭합니다.

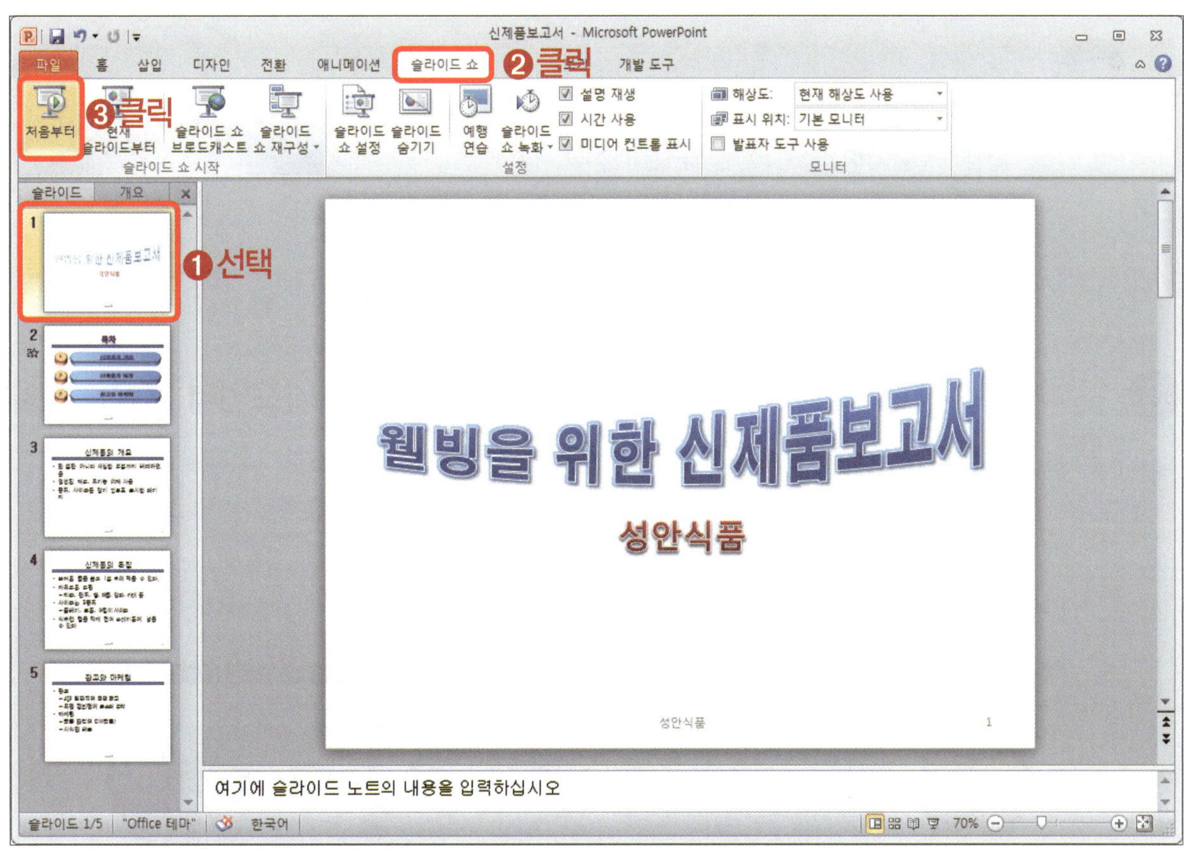

❷ 다음과 같이 '슬라이드 1'부터 **슬라이드 쇼가 진행되면 마우스로 화면을 클릭하거나** `Enter` **키를 눌러 슬라이드를 이동**합니다.

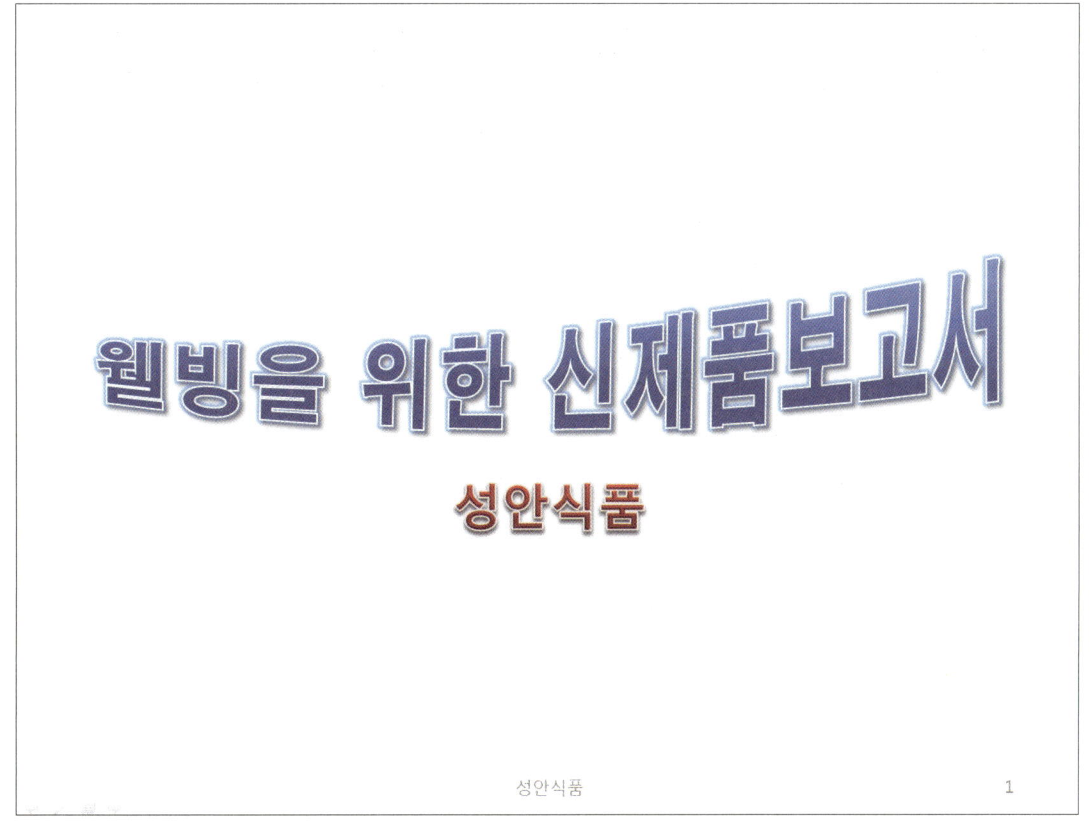

❸ '슬라이드2'의 화면에서 마우스 오른쪽 단추를 클릭하고 **[포인터 옵션]−[펜]을 선택**합니다.

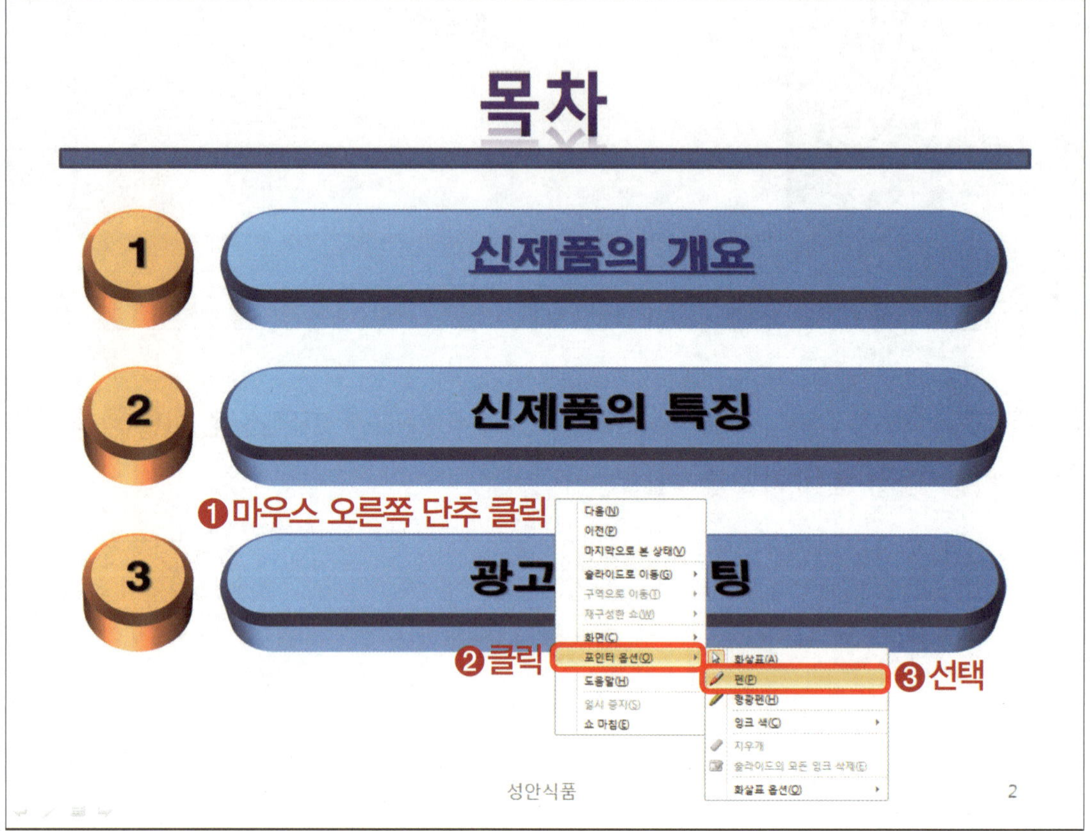

4 마우스 포인터가 변경되면 중요 부분을 마우스로 드래그하여 표시하고 Enter 키를 누릅니다.

5 마지막 슬라이드까지 Delete 키를 누르면 슬라이드가 종료가 되고 이때, 잉크 주석의 유지를 묻는 **대화상자가 나타나면 [아니요] 단추를 클릭**하여 슬라이드를 종료합니다.

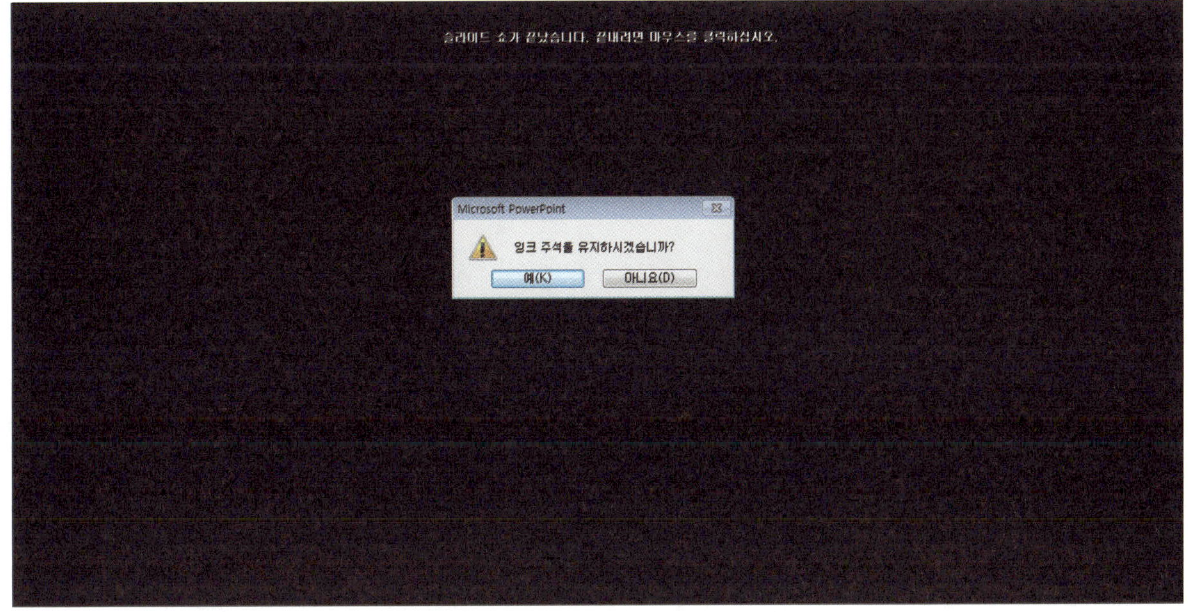

○ 예제파일 : 파포2010₩6장₩마케팅.pptx
○ 완성파일 : 파포2010₩6장₩마케팅(완성).pptx

1 '파포2010₩6장₩마케팅.pptx' 파일을 불러오고, 다음과 같이 슬라이드 마스터를 지정하여 보세요.

▶ 도형 삽입 : 직사각형

▶ 도형 스타일 : 도형 채우기(연한녹색/황록색, 강조3), 도형 윤곽선(윤곽선 없음)

> **Hint!**
> • [보기] 탭의 [마스터 보기] 그룹에서 [슬라이드 마스터] 단추를 클릭합니다.
> • 직사각형 도형을 회전시켜 삽입한 후 도형 스타일을 지정합니다.

2 슬라이드에 다음과 같이 슬라이드 마스터를 추가로 지정하여 보세요.

▶ 바닥글 삽입(성안식품)

▶ 슬라이드 번호 삽입

3 슬라이드 2에서 하이퍼링크와 애니메이션을 지정하여 보세요.

▶ 첫 번째 목차에서 하이퍼링크(슬라이드3) 지정

▶ 목차도형에 애니메이션 효과(올라오기), 효과 옵션(떠오르며 내려가기)지정

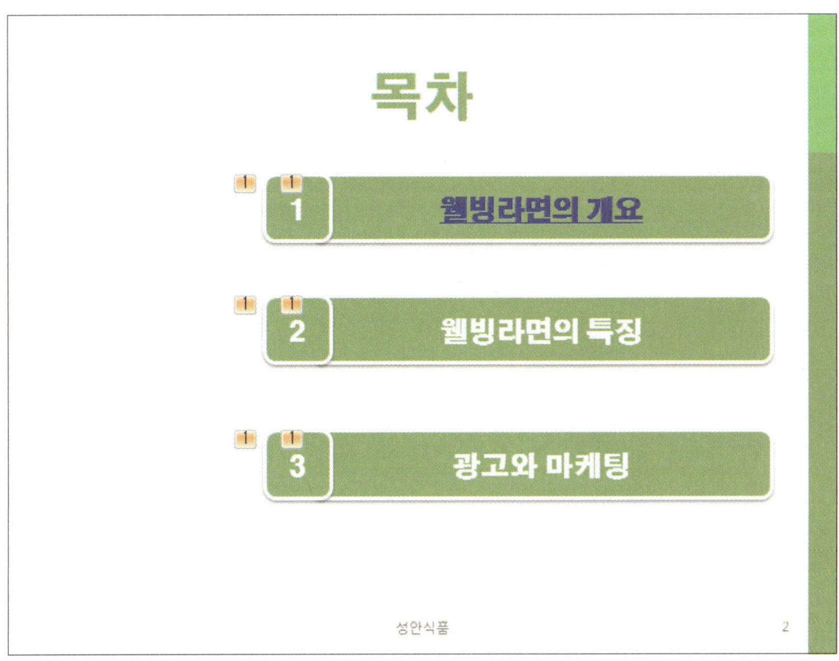

4 슬라이드 쇼를 실행한 후 '슬라이드3'에서 펜을 이용하여 중요 부분을 다음과 같이 표시하여 보세요.

> **Hint!**
> • 슬라이드3으로 이동하고 [슬라이드 쇼] 탭의 [슬라이드 쇼 시작] 그룹에서 [현재 슬라이드부터 ▣] 단추를 클릭하여 슬라이드 쇼를 진행합니다.
> • 슬라이드 쇼 화면에서 마우스 오른쪽 단추를 클릭하고 [포인터 옵션] – [펜]을 선택한 후 중요 부분을 드래그하여 표시합니다.

[울산광역시]

엘리트정보처리세무회계(중구 성남동 청송빌딩 2층~6층)

경남컴퓨터학원(남구 신정 2동 명성음악사3,4층)

다운컴퓨터학원(중구 다운동 776-4번지 2층)

대송컴퓨터학원(동구 대송동 174-11번지 방어진농협 대송지소 2층)

명정컴퓨터학원(중구 태화동 명정초등 BUS 정류장 옆)

크린컴퓨터학원(남구 울산병원근처-신정푸르지오 모델하우스 앞)

한국컴퓨터학원(남구 옥동 260-6번지)

한림컴퓨디학원(북구 연암동 375-1 3층)

현대문화컴퓨터학원(북구 양정동 523번지 현대자동차문화회관 3층)

인텔컴퓨터학원(울주군 범서면 굴화리 49-5 1층)

대림컴퓨터학원(남구 신정4동 949-28 2층)

미래정보컴퓨터학원(울산시 남구 울산대학교앞 바보사거리 GS25 5층)

서진컴퓨터학원(울산시 남구 달동 1331-13 2층)

송샘컴퓨터학원(동구 방어동 281-1 우성현대 아파트상가 2, 3층)

에셋컴퓨터학원(북구 천곡동 410-6 아진복합상가 310호)

연세컴퓨터학원(남구 무거동 1536-11번지 4층)

홍천컴퓨터학원(남구 무거동(삼호동)1203-3번지)

IT컴퓨터학원(동구 화정동 855-2번지)

THC정보처리컴퓨터(울산시 남구 무거동 아이컨셉안경원 3, 4층)

TOPCLASS컴퓨터학원(울산시 동구 전하1동 301-17번지 2층)

[경기도]

샘물컴퓨터학원(여주군 여주읍 상리 331-19)

인서울컴퓨터디자인학원(안양시 동안구 관양2동 1488-35 골드빌딩 1201호)

경인디지털컴퓨터학원(부천시 원미구 춘의동 116-8 광덕프라자 3층)

에이팩스컴퓨터학원(부천시 원미구 상동 533-11 부건프라자 602호)

서울컴퓨터학원(부천시 소사구 송내동 523-3)

천재컴퓨터학원(부천시 원미구 심곡동 344-12)

대신IT컴퓨터학원(부천시 소사구 송내2동 433-25)

상아컴퓨터학원(부천시 소사구 괴안동 125-5 인광빌딩 4층)

우리컴퓨터전산회계디자인학원(부천시 원미구 심곡동 87-11)

좋은컴퓨터학원(부천시 소사구 소사본3동 277-38)

대명컴퓨터학원(부천시 원미구 중1동 1170 포도마을 삼보상가 3층)

한국컴퓨터학원(용인시 기흥구 구갈동 383-3)

삼성컴퓨터학원(안양시 만안구 안양1동 674-249 삼양빌딩 4층)

나래컴퓨터학원(안양시 만안구 안양5동 627-35 5층)

고색정보컴퓨터학원(수원시 권선구 고색동 890-169)

셀파컴퓨터회계학원(성남시 중원구 금광2동 4359 3층)

탑에듀컴퓨터학원(수원시 팔달구 팔달로2가 130-3 2층)

새빛컴퓨터학원(부천시 오정구 삼정동 318-10 3층)

부천컴퓨터학원(부천시 원미구 중1동 1141-5 다운타운빌딩 403호)

경원컴퓨터학원(수원시 영통구 매탄4동 성일아파트상가 3층)

하나탑컴퓨터학원(광명시 광명6동 374-10)

정수천컴퓨터학원(가평군 석봉로 139-1)

평택비트컴퓨터학원(평택시 비전동 756-14 2층)

[전라북도]

전주컴퓨터학원(전주시 완산구 삼천동1가 666-6)

세라컴퓨터학원(전주시 덕진구 우아동)

비트컴퓨터학원(전북 남원시 왕정동 45-15)

문화컴퓨터학원(전주시 덕진구 송천동 1가 480번지 비사벌빌딩 6층)

등용문컴퓨터학원(전주시 완산구 풍남동1가 15-6번지)

미르컴퓨터학원(전주시 덕진구 인후동1가 857-1 새마을금고 3층)

거성컴퓨터학원(군산시 명산동 14-17 반석신협 3층)

동양컴퓨터학원(군산시 나운동 487-9 SK5층)

문화컴퓨터학원(군산시 문화동 917-9)

하나컴퓨터학원(전주시 완산구 효자동1가 518-59번지 3층)

동양인터넷컴퓨터학원(전주시 완산구 삼천동1가 288-9번 203호)

골든벨컴퓨터학원(전주시 완산구 평화2동 893-1)

명성컴퓨터학원(군산시 나운1동792-4)

다울컴퓨터학원(군산시 나운동 667-7번지)

제일컴퓨터학원(남원시 도통동 583-4번지)

뉴월드컴퓨터학원(익산시 부송동 762-1 번지 1001안경원 3층)

젬컴퓨터학원(군산시 문화동 920-11)

문경컴퓨터학원(정읍시 연지동 32-11)

유일컴퓨터학원(전주시 덕진구 인후동 안골사거리 태평양약국 2층)

빌컴퓨터학원(군산시 나운동 809-1번지 라파빌딩 4층)

김상미컴퓨터학원(군산시 조촌동 903-1 시영아파트상가 2층)

아성컴퓨터학원(익산시 어양동 부영1차아파트 상가동 202호)

민컴퓨터학원(전주시 완산구 서신동 797-2번지 청담빌딩 5층)

제일컴퓨터학원(익산시 어양동 643-4번지 2층)

현대컴퓨터학원(익산시 동산동 1045-3번지 2층)

이지컴퓨터학원(군산시 동흥남로 404-8 1층)

비전컴퓨터학원(익산시 동산동 607-4)

청어람컴퓨터학원(전주시 완산구 평화동2가 890-5 5층)

정컴퓨터학원(전주시 완산구 삼천동1가 592-1)

영재컴퓨터학원(전라북도 완주군 삼례읍 삼례리 923-23)

탑스터디컴퓨터학원(군산시 수송동 827-10번지 강남빌딩 2층)

[전라남도]

한성컴퓨터학원(여수시 문수동 82-1번지 3층)

[경상북도]

현대컴퓨터학원(경북 칠곡군 북삼읍 인평리 1078-6번지)

조은컴퓨터학원(경북 구미시 형곡동 197-2번지)

옥동컴퓨터학원(경북 안동시 옥동 765-7)

청어람컴퓨터학원(경북 영주시 영주2동 528-1)

21세기정보처리학원(경북 영주시 휴천2동 463 4 2층)

이지컴퓨터학원(경북 경주시 황성동 472-44)

한국컴퓨터학원(경북 상주시 무양동 246-5)

예일컴퓨터학원(경북 의성군 의성읍 중리리 714-2)

김복남컴퓨터학원(경북 울진군 울진읍 읍내4리 520-4)

유성정보처리학원(경북 예천군 예천읍 노하리 72-6)

제일컴퓨터학원(경북 군위군 군위읍 서부리 32-19)

미림-엠아이티컴퓨터학원(경북 포항시 북구 장성동 1355-4)

가나컴퓨터학원(경북 구미시 옥계동 631-10)

엘리트컴퓨터외국어스쿨학원(경북 경주시 동천동 826-11번지)

송현컴퓨터학원(안동시 송현동 295-1)

[경상남도]

송기웅전산학원(창원시 진해구 석동 654-3번지 세븐코아 6층 602호)

빌게이츠컴퓨터학원(창원시 성산구 안민동 163-5번지 풍전상가 302호)

예일학원(창원시 의창구 봉곡동 144-1 401~2호)

정우컴퓨터전산회계학원(창원시 성산구 중앙동 89-3)

우리컴퓨터학원(창원시 의창구 도계동 353-13 3층)

웰컴퓨터학원(김해시 장유면 대청리 대청프라자 8동 412호)

이지컴스쿨학원(밀양시 내이동 북성로 71 3층)

비사벌컴퓨터학원(창녕군 창녕읍 말흘리 287-1 1층)

늘샘컴퓨터학원(함양군 함양읍 용평리 694-5 신협 3층)

도울컴퓨터학원(김해시 삼계동 1416-4 2층)

[제주도]

하나컴퓨터학원(제주시 이도동)

탐라컴퓨터학원(제주시 연동)

클릭컴퓨터학원(제주시 이도동)

[강원도]

엘리트컴퓨터학원(강릉시 교1동 927-15)

권정미컴퓨터학원(춘천시 후석로 246 4층)

형제컴퓨터학원(속초시 조양동 부영아파트 3동 주상가 305-2호)

강릉컴퓨터교육학원(강릉시 임명로 180 3층 301호)